LOCUS

LOCUS

LOCUS

LOCUS

from

vision

from 92 反脆弱

Antifragile

作者：Nassim Nicholas Taleb

譯者：羅耀宗

責任編輯：湯皓全

美術編輯：何萍萍

校對：呂佳真

法律顧問：董安丹律師、顧慕堯律師

出版者：大塊文化出版股份有限公司

台北市105022南京東路四段25號11樓

www.locuspublishing.com

讀者服務專線：**0800-006689**

TEL：(02) 87123898　FAX：(02) 87123897

郵撥帳號：18955675　戶名：大塊文化出版股份有限公司

總經銷：大和書報圖書股份有限公司

地址：新北市新莊區五工五路2號

TEL：(02) 89902588（代表號）　FAX：(02) 22901658

製版：瑞豐實業股份有限公司

初版一刷：2013年7月

初版二十七刷：2023年9月

定價：新台幣500元

Printed in Taiwan

Antifragile
反脆弱

Nassim Nicholas Taleb 著
羅耀宗　譯

目次

第五冊　非線性與非線性

第六冊　否定法

第七冊　脆弱性與反脆弱性的倫理

獻給莎拉・約瑟芬・塔雷伯（Sarah Josephine Taleb）

章節摘要與地圖

黑體字表示書末詞彙表有解釋。

第一冊：《反脆弱：導讀》

第一章。解釋為什麼我們在課堂上漏掉「反脆弱性」這個字詞。達摩克里斯—菲尼克斯—海德拉就是脆弱—強固—反脆弱。領域相依。

第二章。我們在哪裡找到過度補償。迷戀是經濟學之外，最具反脆弱性的東西。

第三章。有機和機械的差異。**觀光化**和試圖從生活中抽走波動性。

第四章。整體的反脆弱性往往有賴於部分的脆弱性。為何死亡是生命之所必需。錯誤對集體的利益。為什麼我們需要承受風險的人。談談現代化錯失的要點。向創業家和承受風險的人致敬。

第二冊：《現代化與否定反脆弱性》

普羅克拉斯提斯之床

第五章。透過兩兄弟的故事，看兩種不同的隨機性。瑞士如何不是由上向下控制。**平常世界**和**極端世界**的不同。城邦國家、由下而上政治體系的優點，以及自治市雜訊的穩定作用。

第六章。喜歡隨機性的系統。物理學之內和之外的退火。解釋過度穩定的有機體和深奧系統（政治、經濟等）造成的影響。唯理智論的缺點。美國的外交政策和假穩定。

第七章。介紹**天真的干預和醫療傷害**，這是最爲人忽視的現代化產物。雜訊和訊號，以及來自雜訊的過度干預。

第八章。預測是現代化的產物。

第三冊：《非預測的世界觀》

第九章。胖子東尼能夠嗅出脆弱性，尼洛吃得很久的午餐，以及**指脆弱推手**的油水。

第十章。特里費特教授拒絕吃自己開的藥，以及我們借重塞內加和斯多噶學派，解釋爲什麼每一樣反脆弱的東西，上檔利益必然多於下檔損失，因此能從波動、錯誤和壓力因子獲得利益——這稱作**基礎不對稱**。

第十一章。混合什麼，以及不要混合什麼。生活和各種事物採行**槓鈴策略**，而從脆弱轉爲反脆弱。

第四冊：《可選擇性、技術與反脆弱的智慧》

（喜歡秩序的教育和喜歡混亂的創新之間的緊張。）

第十二章。泰勒斯相對於亞里士多德，以及**可選擇性**讓你不必知道發生了什麼事——爲何混爲一談，所以被人誤解。亞里士多德如何不明其義。私生活中的可選擇性。修補的表現優於刻意設計的情況。**理性的漫遊者**。

第十三章。成長背後的不對稱報償，此外幾乎別無其他。**蘇聯—哈佛錯覺**，或者教鳥怎麼飛效應。副現象。

第十四章。**綠木材謬誤**。認識與試誤之間的緊張，以及角色在歷史上的演變。如果說知識產生財富，那麼是哪種知識？當兩件事不是同一回事。

第十五章。改寫科技史。科學歷史如何被輸家改寫。我在本身的那一行親眼所見，以及我們可以如何概化。生物知識是否傷害醫療？把運氣扮演的角色隱藏起來。如何而能成爲優秀的創業家？

第十六章。如何應付足球媽媽。一位**漫遊者**的教育。

第十七章。胖子東尼和蘇格拉底辯論。爲什麼我們不能去做自己無法解釋的事，以及爲什麼我們必須解釋自己所做的事？**酒神精神**。採取冤大頭或非冤大頭的方法去做事。

第五冊：《非線性與非線性》

第十八章。**凸性、凹性和凸性效應**。爲什麼規模會造成脆弱。

第十九章。**點金石**。更深入探討凸性。房利美如何倒閉。非線性。察覺脆弱性和反脆弱性的試探啓發法。凸性偏誤。**詹森不等式**，以及它們對無知的影響。

第六冊：《否定法》

第二十章。**嗜新狂**。利用否定法觀察未來。**林迪效應**：舊東西活得比新東西久，並和它的年齡成正比。**恩貝多克利斯的地磚**。爲什麼不理性相對於認知中的理性具有優勢。

第二十一章。**醫療與不對稱性**。醫療問題的決策準則：爲何重病患者有凸性報償，健康的人總暴露在凹性效應中。

第二十二章。**減法醫療**。在個人和環境的隨機種類之間引進適配性。我爲何不想永生。

第七冊：《脆弱性與反脆弱性的倫理》

第二十三章。移轉脆弱性的代理問題。切身利害。信念的許定，或者心口合一。羅伯．魯賓問題、約瑟夫．史迪格里茲問題和艾倫．布林德問題，三者都和代理有關，其一是盡揀好的來說。

第二十四章。倫理倒置。群體可能錯了，而個人知道它錯了。人們如何身陷一種意見之中，以及如何使他們自由。

第二十五章。結語。

後記。尼洛前往黎凡特參加阿多尼斯的復活慶典時發生的事。

前言

一、要怎麼愛風

風吹滅蠟燭，卻助長火勢。

隨機、不確定、混沌也是一樣：你會想利用它們，而不是躲得遠遠的。你會想當火，期待風的來臨。這總結了本書作者面對隨機和不確定，不想當風中殘燭的態度。

遇到不確定，我們不會只想存活下來就好。除了活過不確定，我們還想——像一些積極的羅馬斯多噶學派階級那樣——最後由我們說了算數。我們的使命是如何馴服，甚至主導或征服看不見、不透明和難以解釋的事物。

要怎麼做？

二、反脆弱

有些東西會從震撼得到好處；當暴露在波動、隨機、混亂和充滿壓力因子的環境中，它們反而茁壯成長，而且喜歡冒險和不確定。但是這種現象儘管到處都有，脆弱（fragile）一詞卻找不到剛好相反的詞。且讓我們稱之爲反脆弱（antifragile）。

反脆弱不只是堅韌（resilience）或強固（robustness）而已。堅韌可以抗拒震撼，保持原狀；反脆弱表現得更好。任何與時俱變的東西，例如進化、文化、觀念、革命、政治體系、技術創新、文化與經濟成就、企業生存、美食食譜（例如雞湯，或者加一滴干邑白蘭地〔Cognac〕的韃靼牛排）、都市的崛起、法律體系、赤道雨林、細菌的抗藥性……等，都具有這個特質。連我們作爲地球一種物種的存在也是一樣。反脆弱性決定了活著的有機物（或者深奧的體系，例如人的身體）和呈現惰性的東西（例如桌上的訂書機等物體），兩者之間的差別。

反脆弱喜歡隨機和不確定，而這也表示——十分重要——它喜愛某一類的誤差。反脆弱性有一種奇特的性質，允許我們去處理未知，可以不必了解它們便放手去做——而且做得很好。且讓我講得更白些：由於反脆弱這個特性，大致來說，我們比較長於做事，拙於思考。任何時候，我寧可愚蠢而反脆弱，也不想極爲聰明卻脆弱。

我們很容易看到身邊的事物喜歡某種程度的壓力和波動：例如經濟體系、你的身體、你的營養（糖尿病和阿茲海默症，似乎主要來自飲食缺乏隨機性，以及缺乏偶爾挨餓的壓力因子）、你的心靈。甚至有一些金融契約具有反脆弱性：有人將它們設計成能從市場的波動中獲利。

反脆弱讓我們更了解脆弱。正如我們沒有減少疾病就無法改善健康，或者不曾減少虧損便無法增進財富，反脆弱性和脆弱性落在一條頻譜上，只是程度有別。

非預測性

理解反脆弱性的機制，我們可以建立起系統性且寬廣的指導方針，在商業、政治、醫療和一般生活中不確定的情況下，做出非預測性的決定——在未知占優勢的任何地方，在充滿隨機、無法預測、不透明，或我們對事物的了解不完整的任何情況中，都能做出決定。

研判某樣東西是否脆弱，遠比預測發生某件事可能傷害它要容易。脆弱性是可以衡量的；風險則無法衡量（除了賭場，或者有些人自稱是「風險專家」）。我所說的「黑天鵝」問題——我們不可能計算重大稀有事件的風險，並且預測它們是否發生。有些東西受波動傷害到底有多敏感，很容易處理，比預測會造成傷害的事件是否發生好著手。所以我們建議顛覆現在的預測、預言和風險管理方法。

我們建議在每個應用的領域或地區，根據一些準則，透過減少脆弱性或者善用反脆弱性，以脫離脆弱，邁向反脆弱。運用簡單的不對稱性測試，十之八九總能察覺反脆弱性（和脆弱性）：任何事物只要從隨機事件（或者若干震撼）得到的上檔利益（upside）多於承受的下檔損失（downside），就是反脆弱；反之則爲脆弱。

剝奪反脆弱性

有件事十分重要：如果反脆弱是存活下來的所有自然（和深奧）系統的特質，那麼剝奪這些系統的波動、隨機和壓力因子，反而會傷害它們。它們會衰弱、死亡或爆炸。我們已經因爲壓抑隨機性和波動性，而使經濟、我們的健康、政治生活、教育，以及幾乎每一樣東西都變得脆弱。只要躺在床上一個月（最好還有一字未刪的《戰爭與和平》，以及總共八十六集的《黑道家族》〔*The Sopranos*〕影集可看），就會導致肌肉萎縮，深奧系統（complex systems）也會因爲少了壓力因子而衰弱，甚至死亡。現代化、結構化的世界已有不少地方，因爲由上而下的政策和古怪的新發明（本書稱之爲蘇聯—哈佛妄想〔Soviet-Harvard delusions〕）做出這樣的事，也就是攻擊系統的反脆弱性，而傷害我們。

這是現代化的悲劇，正如神經過敏、過度保護子女的父母，愛之卻適足以害之；想要幫助我們的人，往往傷害我們最深。

如果由上而下的幾乎每一樣東西，都使我們變得脆弱，並且阻礙反脆弱性和成長，那麼由下而上的每一樣東西，在數量正確的壓力和混亂之下，都會欣欣向榮。發現（或者創新、技術進步）的過程本身，有賴於能夠增進反脆弱性的修補和積極承擔風險，而不是靠正式的教育。

犧牲別人以取得上檔利益

於是這把我們帶到社會中最大的脆弱因素，也是危機的最大製造者，那就是缺乏「切身利害」。有人從波動、變動、混亂中獲取上檔利益（或利得），並使別人暴露在發生損失或受到它們傷害的下檔風險之中，靠犧牲別人而變得反脆弱。**以別人的脆弱為代價而取得的這種反脆弱性是**隱形的——由於蘇聯—哈佛知識圈看不到反脆弱性，所以這種不對稱性很少被人發現，而且（到目前爲止）沒有人去教它。此外，我們發現，在二〇〇八年起的金融危機期間，由於現代機制和政治事務日趨複雜，讓別人承受風險而爆炸的這種做法很容易掩飾。以往只有承受風險的人才會位高權重。他們必須爲自己採取的行動承擔下檔損失。所謂英雄，是爲別人承受下檔損失的那些人。今天的情況恰好相反。我們見到反英雄這個新階級崛起：他們是官僚、銀行家，或者只知道借別人的名氣以自抬身價，參加達沃斯（Davos）會議的人；以及學者握有太多權力，卻不必承擔真正的下檔損失或責任。他們上下其手玩弄系統，卻由一般公民付出代價。

歷史上不曾見過那麼多不承受風險的人，也就是個人不暴露在危險之中，卻能發揮那麼大的控制力量。

我們應該遵守的首要倫理準則是：你不應該犧牲別人的脆弱，而取得反脆弱性。

二、「黑天鵝」的解藥

我想在自己不了解的世界中活得很愉快。

「黑天鵝」（Black Swans）是指後果很大、但無法預測和不規則的重大事件——指特定觀察者無法預測的事件，而這位無法預測的人如果因爲發生這些事件而大吃一驚，並且受到傷害，通常稱之爲「火雞」。我說過，人類的大部分歷史來自「黑天鵝」事件，卻花費心思微調對普通事件的了解，然後發展各種模型、理論或表述，卻不可能去追蹤它們，或者衡量這些震撼發生的可能性。

「黑天鵝」綁架了我們的大腦，讓我們以爲「多多少少」或者「差不多」能夠預測它們，因爲事後回顧，都能解釋它們。由於這種可預測的錯覺，所以我們不了解這些「天鵝」在生活中扮演的角色。生活遠比我們記憶中的迷宮還要錯綜複雜——我們的心靈忙著將歷史轉成平順和線性的東西，結果使得我們低估了隨機性。但當我們看到隨機事件，便心生畏懼而過度反應。由於這種畏懼和渴望秩序，人類建立的一些系統破壞了事物的無形或者沒有那麼有形的邏輯，結果很容易暴露在「黑天鵝」的傷害之中，而且幾乎不曾從它們得到任何利益。你找的是秩序，卻得到假秩序；擁抱隨機，才能得到某種秩序和情況。

深奧系統充滿著相互依存卻很難察覺的要素，以及非線性反應。非線性的意思是說，當你把藥物的劑量增爲兩倍，或者將工廠的員工人數增爲兩倍，效果不會是原來的兩倍，而是多很多或者少很多。在費城待上兩個星期，愉快不會是只待一個星期的兩倍——我試過。把反應畫成圖，它不會是一條直線（這也就是「線性」的意思），而是一條曲線。在這種環境中，人會誤用簡單的因果相關；只看單一部分，很難知道整體如何運作。

人造的深奧系統往往會引發如瀑布般傾瀉而下和一發不可收拾的連鎖反應，而降低或甚至消除可預測性，並且製造出超大事件。所以說，現代世界的技術知識可能不斷增加，但說來矛盾，事情的發展卻遠比從前難以預測。由於人造系統增加、脫離祖先和自然的模型，以及由於每一樣東西的設計十分複雜，而失去強固性，種種理由使得「黑天鵝」扮演的角色與日俱增。此外，我們成了一種新疾病的受害者。本書將這種病稱作**嗜新狂**（neomania）。由於這種病，我們建立起容易受「黑天鵝」傷害的系統——卻稱之爲「進步」。

「黑天鵝」問題一個惱人的層面——實際上是大致爲人忽視的中心要點——在於稀有事件發生的機率根本無法計算。我們對百年洪災的了解，遠低於五年洪災——發生機率很小的時候，模型誤差會大增。**事件愈少見，愈難處理，我們愈不知道發生頻率為何**——可是，事件愈少見，參與預測、建模和在會議上使用 PowerPoint 投影片，並在各種顏色的背景寫上方程式的「科學家」愈有信心。

大自然由於它的反脆弱性，所以是擅長處理稀有事件的最佳專家，也是「黑天鵝」的最佳管理者。這件事對我們幫助很大；長達數十億年的歷史，它不必靠人才遴選委員會找來受過常春藤名校教育的主管，以指揮控制的方式管理，也能成功走到今天。反脆弱性不只是「黑天鵝」的解藥；了解它也使我們在知性上比較不害怕，進而勇於接受這些事件在歷史、科技、知識，以及其他層面都有其存在的必要。

強固不夠強固

大自然不只求「安全」。它更積極摧毀和取代、選擇和重組。談到隨機事件，「強固」肯定不夠好。長期而言，由於無情的時間，即使最不脆弱的東西，也會毀壞——可是地球可能已經存在四十億年之久，我們相信，單單強固，絕對不足以辦到：你需要完美的強固性，一道裂縫才不會演變到最後毀掉整個系統。由於完美的強固性難以獲得——我們需要一個機制，讓系統得以利用隨機事件、無法預測的震撼、壓力因子和波動性，不斷自我再生，而非受到它們的傷害。

長期而言，反脆弱可以受益於預測誤差。你只要跟著這個觀念走到結尾，從隨機性受益的許多東西應該就會主宰今天的世界——受到傷害的東西則應該會消失。呃，事後看來正是如此。我們有個錯覺，以爲世界是按照規劃好的設計、大學所做的研究和官僚機構提撥的資金在運作，但有令人信服——非常令人信服——的證據顯示這是個錯覺。我把這種錯覺稱作教鳥怎麼飛。技術是承受風險的人以修補和試誤的形式，利用反脆弱性得到的結果，而書呆子所做的設計只有站到後台的份。工程師和修補者努力開發東西，但歷史是學者寫的；我們有必要修正歷史對成長、創新和許多這類事情所做的解讀。

談（某些）東西能否衡量

脆弱性相當容易衡量，風險卻一點都不容易衡量，尤其是和稀有事件有關的風險。①

我說，我們能夠估計，甚至衡量（反）脆弱性，但不管我們多麼老練圓熟，都無法計算震撼與稀有事件的風險和機率。我們執行的風險管理，是研究一件事未來發生的可能性，而且只有若干經濟學家和其他精神錯亂的人，才會違背經驗，宣稱他們能夠「衡量」這些稀有事件未來發生的可能性。一些冤大頭不顧過去的經驗和以往這些說法成眞的紀錄，便信之不疑。但是脆弱性和反脆弱性是一個物體、一張咖啡桌、一家公司、一個產業、一個國家和一個政治體系目前特質的一部分。我們可以察覺脆弱性，看到它，甚至在許多場合衡量它，或者至少衡量相對脆弱性，誤差很小，但比較風險（到目前爲止）並不可靠。你無法相當可靠地說某個極少發生的事件或震撼，比另一個極少發生的事件或震撼更有可能發生（除非你喜歡自欺），但你可以以高出很多的信心表示，一旦某件事發生，某個物體或某個結構比其他的物體或結構更爲脆弱。你可以輕而易舉表示，祖母面對氣溫急遽變化比你脆弱，軍事獨裁者面對政局變動比瑞士脆弱，銀行面對危機比其他部門脆弱，或者結構不良的現代建築面對地震比沙特爾大教堂（Cathedral of Chartres）脆弱。你甚至能夠預測何者會存在比較長的時間，而這是我們的中心命題。

① 賭場和人爲情況與結構等定義狹隘的某些領域除外。

我主張不討論風險（這需要預測且顯得軟弱），而是採用脆弱性的概念。脆弱性不是在預測，而且和風險不一樣，有個有趣的字眼，能夠描述機能上正好相反的東西，那就是反脆弱性這個一點都不軟弱的概念。

要衡量反脆弱性，我們有個像點金石那樣的處方，利用簡潔和簡化的準則，就能從健康到社會的建構等各個領域確認它。

我們早就無意間在實際生活中利用反脆弱性，卻刻意排拒它，尤其是在知性生活中。

脆弱推手

我們的看法是，不要去干擾我們不了解的事物。呃，有些人偏偏愛反其道而行。脆弱推手（fragilista）就屬於這種人，通常在星期五西裝革履；他以冰冷嚴肅的臉孔聽你的笑話，而且因爲老是坐辦公桌、搭乘飛機和看報紙，很早就有背痛的問題。他經常參與奇怪的儀式，也就是一般所說的「會議」。除了這些特質，他總是認爲沒看到的東西不在那裡，或者他不了解的東西不存在。總而言之，他傾向於誤將未知當作不存在。

脆弱推手容易產生**蘇聯—哈佛妄想**，（用不科學的態度）高估科學知識的觸角。由於這種妄想，他成了所謂的**天真理性主義者**、**合理化者**，有時則只是**理性主義者**，意思是說，他相信他自然而然就理解各種事物背後的理由。另外，我們不要將合理化和理性混爲一談——兩者幾乎完全相反。在物理學之外，通常在深奧的領域中，各種事物背後的理由傾向於不讓我們把它們看得那麼清楚，甚至讓脆弱推手看得更不清楚。不過，自然事物不在使用者手冊中自我宣傳的特質，並不構成很大的障礙：有些脆弱推手會聚在一起，以他們的「科學」定義，寫出使用者手冊。

因此，由於脆弱推手這種人，現代文化愈來愈看不到生活中那些神秘、難以理解的事物，或者尼采（Nietzsche）所說的酒神精神（Dionysian）。

我們可以將尼采的用詞改得比較欠缺詩意，但一樣充滿人生洞見的布魯克林白話，也就是本書人物胖子東尼（Fat Tony）說的「冤大頭遊戲」。

簡單的說，脆弱推手（醫學、經濟、社會計畫者）會促使你去參與政治和採取行動等所有的人造事務。做這些事情的**利益雖小，但是看得到，可是副作用可能十分嚴重且無形**。

醫療脆弱推手總是過度干預，否認人體自然的痊癒能力，開給你吃的藥可能有非常嚴重的副作用；政策脆弱推手（奉行干預主義的社會計畫者）誤將經濟當作洗衣機，認為需要由他不斷出手去攪和；精神脆弱推手用藥物治療孩子，以「改善」他們的知性和感性生活；足球媽媽脆弱推手（譯註：足球媽媽是指開車載孩子去踢足球並在一旁觀看的媽媽）；金融脆弱推手要大家使用「風險」模型，結果摧毀銀行體系（然後再度使用它們）；軍事脆弱推手干擾深奧系統；預測脆弱推手使你承受更多的風險；此外還有更多的脆弱推手。②

② 海耶克（Hayek）並沒有將他的有機價格形成（organic price formation）觀念帶到風險和脆弱性。在海耶克看來，官僚缺乏效率，不是脆弱推手。我們一開始談的是脆弱性和反脆弱性，卻岔題進入有機價格形成。

事實上，政治論述缺乏一個概念。政治人物在演說、目標和承諾中，針對的是「堅韌」、「堅固」等懦弱的概念，不是反脆弱性，並且在這個過程中，令成長和進化的機制爲之窒息。我們不是由於懦弱的堅韌概念而走到這裡。更糟的是，我們不是因爲政策制定者而到達今天所在的位置——但我們需要鼓勵、保護和尊重那些偏愛風險與犯錯的人，並且致上謝意。

簡單卻更為複雜的地方

深奧系統並不需要複雜的系統、政府的管理和難懂的政策。這一點和許多人所想的恰好相反。愈簡單愈好。複雜會使出乎意料的後果，產生倍數連鎖反應。由於情況不透明，出手干預會帶來始料未及的後果，之後爲後果中「始料未及」的部分道歉，然後再度出手干預，以矯正二階影響，結果反而爆發一連串「始料未及」的反應，而且每一次反應都比前一次更糟。

可是在現代生活中，我們很難採取簡單的做法，因爲這違背某一種人的精神。他們設法把事情弄得複雜，如此才能合理化自己專業存在的理由。

少即是多，而且通常更有效。所以我將提出數量不多的一些手段、指示和禁令，說明如何在我們不了解的世界中生存，或者如何**毫不畏懼**的和我們顯然不了解的事物共同運作，以及更爲原則性的問題，也就是我們應該以什麼方式和這些事物共同運作。或者更好的做法是，如何勇敢面對我們的無知，不以身而爲人感到羞恥——而是作爲積極和自豪的人。但這或許需要進行某些結構上的改變。

我建議用一張圖，修正我們的人造系統，讓簡單——和自然——自行發展。

但是簡單沒有那麼易於取得。史帝夫．賈伯斯（Steve Jobs）發現，「你必須設法讓自己的心思純淨，它才會簡單」。阿拉伯人有句話形容犀利的文章：**不需要技巧便能了解，卻需要高超的手法才能寫成**。

試探啓發法將經驗法則簡化，讓事情變得簡單，容易執行。但是它們的主要優點，在於使用者知道它們並不完美，只是權宜之計，因此比較不會被它們的力量所愚弄。當我們忘記這一點，它們才會變得危險。

四、本書

探索反脆弱觀念的這趟旅程，如果要說有什麼不同的話，那應該說它並非直線。

有一天，我突然發現，脆弱性——一直缺少一個技術性定義——可以說成是**不喜歡波動的東西，而不喜歡波動的東西**，也不喜歡隨機、不確定、混亂、錯誤、壓力因子等等。不妨想想任何脆弱的東西，例如客廳裡的物品，像是玻璃相框、電視機，更好拿來說明的是櫥櫃裡的瓷器。如果你將它們標示爲「脆弱」，必然希望它們安安靜靜、井然有序且可預測地待在原處。脆弱的物品不可能因爲地震，或者好動的姪兒來訪而受益。此外，不喜歡波動的每一樣東西，也不喜歡壓力因子、傷害、混沌、事件、混亂、「始料未及」的後果、不確定，以及十分重要的時間。

反脆弱性可說是從脆弱性的這個明確定義而來。它喜歡波動之類的東西，也喜歡時間。它和非線性有強大且對它有用的關係：對某個隨機來源的反應呈現非線性的每一樣東西，不是脆弱就是反脆弱。

最奇怪的是，**任何脆弱的東西厭惡波動**，以及反過來說，任何反脆弱的東西喜歡波動，如此明顯的特質，科學和哲學方面的論述完全沒有提及。完全沒有。我長大成人的大部分日子，都投入研究各種事物對波動的敏感性這個奇怪的專業，長達二十年之久——我曉得這是奇怪的專業，稍後我一定會解釋。我在這門專業的關注焦點，放在尋找哪些東西「喜愛波動」或者「厭惡波動」；所以我必須做的事，是將這個觀念從我專心投入的金融領域，擴大到從政治學到醫學，再到晚餐計畫等各個領域中，在不確定情況下做決定的更廣泛概念。③

有兩種人投入鑽研波動的這個奇怪專業。第一種是學者、報導作家和評論家，研究未來的事件，也寫書和論文；第二種是實務工作者，不研究未來的事件，而是設法了解事物如何對波動有所反應（但是實務工作者通常忙著寫書、文章、論文、演說、寫方程式、理論，以及接受高度閉塞的榮譽學會會員的表揚）。這兩種人的差異十分重要：我們說過，了解某樣東西是否會受到波動傷害——因此顯得脆弱——遠比預測超大型「黑天鵝」等有害的事件容易。但是只有實務工作

③關於「厭惡波動」，我用的技術性名詞稱作「短維加」（short vega）或者「短伽馬」（short gamma），意思是說「波動增加會受到傷害」。「長維加」（long vega）或者「長伽馬」（long gamma）用於會受益的事物。本書將用「短」和「長」，分別描述受到負面和正面的影響。我絕對不相信人有能力預測波動，這一點十分重要，所以我只將重點放在各種事物如何對波動有所反應上。

者（或者動手做事的實幹者）能夠自發性地抓住要點。

（相當快樂的）混亂家族

來談一下技術面。我們一直表示，脆弱性和反脆弱性是指因爲暴露在和波動有關的某樣東西之下，可能得到的利益或者受到的傷害。某樣東西到底是什麼？簡單的說，它是混亂大家族中的一員。

> 混亂大家族（或聚落）的成員有：(1)不確定（uncertainty），(2)變異（variability），(3)不完美、不完整的知識，(4)意外（chance），(5)混沌（chaos），(6)波動（volatility），(7)混亂（disorder），(8)熵（entropy），(9)時間，(10)未知（the unknown），(11)隨機（randomness），(12)動亂（turmoil），(13)壓力因子（stressor），(14)錯誤（error），(15)結果的離散（dispersion of outcomes），(16)缺少知識（unknowledge）。

不確定、混亂和未知造成的影響完全相當：反脆弱系統（在某種程度內）幾乎受益於全部三者，脆弱則受到幾乎全部三者的傷害——即使你必須在大學校園不同的建築裡尋找它們，而且那些不曾在生活中承受眞正的風險，或更糟的是，不曾有過生活的假哲學家會告訴你，「它們顯然不是相同的東西」。

爲什麼會提到時間？時間的功能和波動類似：時間愈長，發生的事件愈多，混亂愈多。假使面對一些小錯誤，你可以只受到有限的傷害，因此而表現出反脆弱性，時間會使那種錯誤或者反向錯誤最後對你有利。這就是你的祖母所說的經驗。隨著時間的推移，脆弱會降低。

只有一本書

這使得這本書成爲我的中心著作。我只有一個主觀念，每一次都將它帶到下一步，最後這一步——也就是這本書——比較像是大躍進。我和「實務的自己」（也就是我的實務工作者靈魂）重新搭上線，因爲這將我身爲實務工作者和「波動專家」的整個歷史，與我對隨機和不確定的知性及哲學興趣結合起來。在這之前，它們各走各的路。

我的著作不是針對特定的主題所寫的獨立文章，各有起始和到期日；相反的，它們是從那個中心觀念衍生出來，互不重疊的章節。那個中心觀念可說是個主文集，專注於不確定、隨機、機率、混亂，以及要在我們不了解的世界中做什麼事。這個世界有看不到的元素和特質、隨機和深奧；也就是，我們必須在不透明的狀況下做決定。這本文集稱作《不確定》（*Incerto*），由三個部分構成，加上哲學和技術性附錄。我根據的準則是，任何一本書（例如《反脆弱》）裡面隨便的一章，和另一本書（例如《隨機騙局》〔*Fooled by Randomness*〕）裡面隨便的一章，兩者的距離，應該類似於一本厚書中兩章之間的距離。這樣的準則，讓這本文集可以跨越各個領域（遊走於科學、哲學、商業、心理學、文學和自傳式段落之間），卻不致淪爲雜交之下的產物。

所以這本書和《黑天鵝效應》（*The Black Swan*）的關係如下所述：雖然有時間先後（以及本書將《黑天鵝效應》的觀念帶到它的自然和規範性結論這個事實），《反脆弱》卻是主要的一本書，《黑天鵝效應》比較像是它的補充讀物和理論論述，甚至是作爲它的初級附錄。爲什麼？因爲寫作《黑天鵝效應》（以及它之前的《隨機騙局》）的目的，是說服我們相信有個悲慘的狀況，並且努力說明這一點；這本書一開始就敲定不需要說服讀者相信(a)「黑天鵝」主宰社會和歷史（以及由於事後的合理化，人們認爲自己有能力了解它們）；(b)因此，我們不是相當清楚正在發生的事，尤其是在急遽的非線性狀況中；所以我們即刻切進實務面。

沒有內涵，就沒有信念

本書的準則和實務工作者的精神一致，也就是：我吃自己做的菜。

我只寫我做過的事，每一行都取材自我的專業生活，而且我建議其他人承受或避開的風險，也是我自己承受或避開的風險。如果我錯了，自己一定先身受其害。當我在《黑天鵝效應》警告銀行體系的脆弱性時，賭它會崩垮（尤其是在我說的話沒人理會時）；若非如此，我覺得把它寫出來是不合倫理的。這種個人的自律，適用於每個領域，包括醫療、技術創新和人生中的簡單事務。這不表示一個人的經驗能夠形成充分的樣本，而對某個觀念做成結論；個人的經驗只能讓他發表的看法顯得眞誠無僞。個人的經驗不會有我們在研究中看到的那種盡揀好的來說的做法，尤其是所謂的「觀察性」研究中，研究人員努力尋找過去的型態，而由於資料量十分龐大，因此反倒掉了進自己編出的一套故事的陷阱中。

此外，寫作時，如果我必須到圖書館查詢某個主題，把這當作寫作本身的一部分，我覺得是墮落和不合倫理的行為。我把這件事當作過濾器——而且是唯一的過濾器。如果我對某個主題缺乏足夠的興趣，因此不是出於本身的好奇心或者目的而去**獨立**探討它，以及從前不曾做過這種事，那麼我根本不應該去寫它。就是這麼簡單。這不表示我不能接受到圖書館（包括實體和虛擬圖書館）去查東西；而是認為不應該將它們當作任何觀念的來源。學生寫某些主題的文章，到圖書館吸取知識，以提升自己的學養，是值得的；靠寫作賺取收入、也為其他人所敬重的專業人員，則應該使用更強而有力的過濾器。只有經過提煉、長久以來存在於我們內心，以及從現實而來的觀念，才是可以接受的。

現在該來重提不是那麼有名的一個哲學概念，稱作**信念的許定**（doxastic commitment）。這是指一組超越言語的信念，由於信之不疑，所以我們願意為它們承受個人風險。

如果你看到某件事

現代社會以法律取代倫理，但是好律師可以玩弄法律。

所以我要揭發對系統進行「套利」的人，將脆弱性移轉，或者將反脆弱性偷走。我將指名道姓說出這些人是誰。詩人和畫家是自由的，而隨著這種自由而來的，是嚴格的道德責任。第一條倫理準則是：

如果你看到有人在詐騙而不說出來，那麼你也是在詐騙。

給狂妄自大的人好臉色，不會比狂妄自大對待好人要好。人人都寬容，便會犯下不分善惡的錯。

此外，許多作者和學者喝了半瓶葡萄酒，私底下講的話，便和他們在檯面上寫的東西不一樣。由此可見，他們寫出來的東西是虛假的。社會上很多問題，源於有人振振有詞地表示：「別人也這麼做。」所以如果我在喝了第三杯黎巴嫩白酒之後，私底下說某個人是倫理上危險的脆弱推手，我便有責任在這裡說出來。

用文字說某些人和某些機構行騙，而別人還沒這麼說，是有成本負擔的，但是和嚇阻他們比起來，這樣的成本很低。《黑天鵝效應》一書獻給數學家貝諾・曼德伯（Benoît Mandelbrot），他在看了校樣之後，打電話給我，平靜地說：「我應該用哪一種語言說祝你『好運』？」後來證明我不需要任何運氣；面對各式各樣的攻擊，我具有反脆弱性：中央脆弱推手代表團愈是攻擊我，我說的話就散播得愈廣，因爲會有更多的人檢視我的論點。我現在感到慚愧的是當時沒有講更多實話。

妥協是一種縱容行爲。我唯一遵守的一句現代格言，是喬治・桑塔雅納（George Santayana）說的：**當一個人以毫不妥協的真誠，評斷這個世界，以及評斷其他人……他在道德上是自由的。**這不只是個目標，更是責任。

第二個倫理論點。

我有責任要自己走科學程序，理由很簡單，因爲我要求別人做相同的事，但除此之外，沒有更多的要求。當我讀到醫學或其他科學的實證主張，我會希望這些主張通過同行評審的機制，接受某種事實檢查，檢視所用的方法是否嚴謹。另一方面，邏輯陳述，或者用數學推理支持的陳述，則不需要這種機制：它們可以且必須自己站得住腳。所以我以特殊和學術性的形式，發表這些書的技術註腳，除此之外，就沒做別的事（而且註腳僅限於需要證明的聲明或者更爲詳盡的技術論點）。但是爲了語出眞誠，以及避免只顧追逐學術生涯（使知識淪爲運動競賽，只會貶低知識），我禁止自己發表這些註腳以外的任何東西。

不要讓事情僵化

在我所說的「奇怪的專業」中，當交易人和企業人超過二十年之後，我嘗試了人們所說的學術生涯。因此我有話要說——事實上，這是我所持生活中的反脆弱性觀念，以及**自然**和**非自然**的疏離二分法背後的驅動因素。商務是有趣、刺激、生氣蓬勃和自然的活動；以目前的方式走向專業化的學術界，則不具這些特性。有人認爲學術界「比較安靜」，是在起伏波動和承受風險的商業生活之後，讓情緒舒緩下來的過渡階段。但他們可能要大吃一驚：投入新的行業之後，每天都會浮現一些新問題和叫人害怕的事情，取代和消除前一天的頭痛、憎恨和衝突。一根釘子取代另一根釘子，只是樣貌非常不同而已。學術界（尤其是社會科學）似乎互不信任；他們執著在一個小天地中，善妒，也板起冰冷的臉孔仇視別人，起初小小的斥責，演變成惡意。他們在電腦螢幕前面待久了，加上環境一成不變，孤單的身影久而久之便僵化了，更別提這裡的妒忌水準之高，我在商場上幾乎不曾看過……根據我的經驗，金錢和交易會使人與人的關係純淨；「認可」和「功勞」等觀念與抽象的東西，卻歪曲了人際關係，製造了永久對立的氣氛。我逐漸發現，那些貪求各種證書的人令人厭惡、反感和難以信任。

商務、企業、地中海東部黎凡特的露天市場（雖然不是大型市場和公司），種種活動讓人能夠發揮最好的一面，使得大多數人願意寬恕別人、誠實、有愛心、信任別人且開放心胸。身爲近東地區基督教徒少數族群的一員，我可以保證商務（尤其是小型商務）是跨進寬容心境的大門——依我之見，這是展現任何形式的寬容唯一的一道門。它勝過合理化和教導。就像反脆弱性修補，錯誤很小，也很快就會被遺忘。

我希望快快樂樂做人，並且生活在其他人樂天知命的環境中——在我涉足學術界之前，不曾想過那個環境竟然呈現某種商務形式（加上閉門自行做學問）。生物學家兼作家，以及自由主義經濟學家梅特・瑞德利（Matt Ridley）讓我覺得，身爲知識分子的我，骨子裡其實是善於經商的腓尼基交易人（或者更準確地說，是迦南人）。④

五、組織

《反脆弱》是由七冊書和註釋構成。

爲什麼叫作「書」？我將談倫理和否定法（via negativa）的章節分開來給小說家和隨筆作家魯爾夫．杜伯里（Rolf Dobelli）看過之後，他的第一個反應是：每一部分都應該是獨立的一本書，以短篇或中篇隨筆的形式發表。將書籍內容「摘要」的人，必須寫下四或五句不同的說明。但我認爲它們根本不是獨立的隨筆；每一部分都是一個中央觀念的應用，不是更深入去探討，就是進入不同的領域：進化、政治、商業創新、科學發現、經濟、倫理、認識論和一般哲學。所以我將它們稱爲書，而不叫作章節或篇。在我看來，書並不是寫得更長的期刊論文，而是閱讀經驗；學術界的閱讀，目的通常是爲了引用一些觀念到他們的文章中——並不是爲了樂趣、好奇，或者只是因爲喜歡讀而讀——當他們無法迅速瞄過文字，摘要成一句話，並且和他們正在著手處理的論述連結起來，便會倍感挫折。此外，隨筆和教科書南轅北轍——書是將自傳式沉思、寓言和比較哲學性和科學性的調查混合在一起。我投入全部心力，以及根據我在承受風險的行業曾有的全部

---

④不，我要再次表示，那不是堅韌。在研討會的演講結束時，我常被問到這個問題：「那麼，強固和反脆弱的不同在哪裡？」或者更爲無知，甚至更氣人的問題：「反脆弱是堅韌，不是嗎？」聽了我的回答，他們的反應通常是「啊」，露出「爲什麼不早說？」的表情（我當然說過）。連我寫的定義和察覺反脆弱性的科學論文，初審審查人也完全搞不清狀況，竟將反脆弱和強固混淆——而那位科學家還曾經仔細閱讀我下的定義。所以值得再說一次：強固或堅韌既不會受到波動和混亂的傷害，也不會得到幫助，而反脆弱會受益於它們。但是這個概念得花一番工夫才會落實到心裡。人們稱之爲強固或堅韌的許多東西，都只是強固或堅韌而已，另一半才是反脆弱。

經驗下筆寫機率；我帶著傷疤而寫，因此我的想法和自傳無法分離。個人隨筆是探討不確定那個主題的理想形式。

本書內容如下：

本前言的附錄用一張表，也就是沿著脆弱性頻譜，畫一張周延的世界圖，以呈現三元組（Triad）。

第一冊《反脆弱：導讀》闡述這個新特質，並且討論進化和有機體是典型的反脆弱系統。它也探討集體的反脆弱性和個體的脆弱性兩者間的取捨。

第二冊《現代化與否定反脆弱性》說明當我們去除系統——主要是政治體系——的波動，會發生什麼事。我們討論了稱作單一民族國家的干預，以及治療者造成傷害的觀念。治療者本來想幫助你，結果反而造成很嚴重的傷害。

第三冊《非預測的世界觀》介紹胖子東尼和他如何以直覺去察覺脆弱性，並以羅馬哲學家和實幹者塞內加（Seneca）的著作爲本，說明事物的根本不對稱性。

第四冊《可選擇性、技術與反脆弱的智慧》說明世界的神秘特質，各種事物的背後存有一定的不對稱性，而不是存有人的「智慧」，以及可選擇性如何驅動我們走到這裡。這和我說的蘇聯—哈佛方法相反。胖子東尼和蘇格拉底爭論我們如何做出難以解釋的事情。

第五冊《非線性與非線性》（沒寫錯）談點金石以及和它相反的做法：如何化鉛爲金和如何化金爲鉛。長達兩章的篇幅，構成本書的技術面中心部分——它們有如本書的管路——描述脆弱性（以及非線性，更明確的說，指凸性效應），並且指出某一類凸性策略所帶來的優勢。

第六冊《否定法》闡述減法勝過加法（無爲勝過有爲）的智慧與效果。這一部分介紹凸性效應的概念。第一個應用當然是在醫藥方面。我只從認識論、風險管理方法去探討醫藥——從那裡去看，情形便不同。

第七冊《脆弱性和反脆弱性的倫理》從移轉脆弱性的角度去探討倫理。移轉脆弱性是指一方得到利益，另一方受到傷害，並且點出缺乏切膚之痛所產生的問題。

本書最後是圖表、註釋和技術面附錄。

本書在三個層次上寫成。

第一，文學與哲學，包含格言和圖說，但是除了談凸性效應的第五冊（點金石），如果要提技術性論點，鐵定少到不能再少（聰明的讀者儘管跳過第五冊，因爲其他地方會濃縮介紹相關的觀念）。

第二，附錄，包含圖表和比較技術性的討論，但不做縝密的推導。

第三，補充資料和比較詳盡的論點，全部以技術性論文和註釋的形式呈現（請勿將我的說明和列舉的格言當作證據；不要忘了，個人隨筆不是科學文件，但科學文件就是科學文件）。所有這些補充文件整理成電子技術附件，免費提供。

附錄：三元組，或者世界圖和分屬三個特質的事物

現在我們的目標——在費了一番工夫之後——是用一條線，在讀者心裡，把看起來天差地別的各個元素連結起來，例如老加圖（Cato the Elder）、尼采、米利都的泰勒斯（Thales of Miletus）、城邦國家系統的力量、技術勞工的永續性、發現的過程、不透明的片面性、衍生性金融商品、抗生素抗藥性、由下而上的系統、蘇格拉底受邀過度合理化、教鳥怎麼飛、迷戀之愛、達爾文的進化，詹森不等式（Jensen's inequality）的數學概念、可選擇性和選擇權理論、祖先的試探啓發法、約瑟夫・德・邁斯特（Joseph de Maistre）和艾德蒙・伯克（Edmund Burke）的作品、維特根斯坦（Wittgenstein）的反理性主義、經濟學界騙人的理論、修補和拼裝、因爲成員死亡而變本加厲的恐怖主義、向技術勞工社會致歉、中產階級的倫理瑕疵、古法鍛鍊身體（和吸收營養）、醫療傷害的觀念、恢弘大度（megalopsychon）的榮耀概念、我所沉迷的凸性觀念（以及我對凹性的害怕）、二〇〇〇年代末的銀行和經濟危機、對備餘的誤解、觀光客和漫遊者的差別等。所有這些，都串在一條線上——而且我相當肯定是很簡單的一條線。

怎麼串？我們可以先來看各種事物——幾乎每一樣重要的事物——可以如何對應或者劃分到三個類別。我將這三個類別稱作三元組（Triad）。

三個一組的事物

我們在前言中，談過應該把注意焦點放在脆弱性上，而不是去預測和計算未來的機率，以及脆弱性和反脆弱性落在同一條頻譜，只是輕重有別而已。我們在這裡要做的事，是畫一張暴露程度圖（這就是所謂的「眞實世界解決方案」，但是只有學者和其他非眞實世界的運作者使用「眞實世界解決方案」一詞，而不是簡單稱之為「解決方案」）。

三元組將各種事物劃分到以下列名稱爲首的各欄中。

脆弱　強固　反脆弱

記得我們說過，脆弱喜歡安穩，反脆弱從混亂中成長，強固則不是那麼在意外在的環境。我要請讀者先瀏覽三元組，看看本書的觀念可以如何應用在各個領域。簡單的說，面對任何一個主題、當你討論一樣東西或政策時，你要做的事，是確定應該將它放進三元組的哪一類，以及應該做什麼事，才能改進它的狀況。舉例來說，集權化的單一民族國家落在三元組的最上邊，正好屬於脆弱那一類，分權化的城邦國家體系，則落在最下邊的反脆弱類。了解後者的特性，我們就能擺脫大型國家不理想的脆弱性。或者拿錯誤來說。上邊的脆弱那一類中，錯誤很少發生，但一旦發生，規模都很大，因此無法扭轉；至於下邊，錯誤規模小且溫和，甚至能夠扭轉和迅速克服。

它們的資訊也很豐富。因此某種修補和試誤系統將擁有反脆弱的特質。如果你想要變得具有反脆弱性，那就要將自己置於「喜愛錯誤」的狀況——也就是位於「討厭錯誤」的下邊——方法是犯下不計其數的錯誤，接受小小的傷害。我們將把這個過程和方法稱作「槓鈴」策略。

或者拿健康來說。加法治療在上邊，減法治療在下邊。利用試誤法，去除藥物，或者其他某種不自然的壓力因子——例如麩質、果糖、鎮靜劑、指甲油，或諸如此類的物質——比增加用藥更強固。因為增加用藥會有未知的副作用，而且儘管有「證據」和證據個頭，那些副作用還是未知。

讀者看得出來，這張圖不受限制地橫跨各個領域和人類所追求的各種事物，例如文化、健康、生物、政治體系、技術、都市組織、社會經濟生活，以及讀者多多少少有直接興趣的其他事務。我甚至將做決定和漫遊者合併在一起。因此，一個簡單的方法會把我們帶到以風險為基礎的政治哲學和醫療決定。

運作中的三元組

請注意這裡的脆弱和反脆弱是相對名詞，不是非常絕對的特質：一種東西落在三元組的上頭，反脆弱性比落在下頭的另一種東西要高。舉例來說，技術勞工的反脆弱性高於小企業，但搖滾樂明星的反脆弱性高於任何技術勞工。債務總是會使你落在脆弱的那一邊，使得經濟體系變得脆弱。但是，事物的反脆弱性最多只能承受某個壓力水準。你的身體會因為某些數量的傷害而受益，但最多只能達到某個限度——被人從巴別塔頂丟下來，不會有太多好處。

黃金強固：此外，中間那一欄的**強固**，不等於亞里士多德的「黃金中段」（golden middle；通常被誤稱爲「中庸之道」〔golden mean〕）。例如，慷慨介於揮霍和吝嗇之間，但不見得一定如此。一般來說，反脆弱性是理想的特質，卻不必然如此，因爲有些情況中，反脆弱性的成本極高。此外，我們很難想像強固一定是理想的特質——引用尼采的話來說，一個人可能會因爲永生而死。

最後，讀者現在好不容易理解一個新詞的意思，可能對它要求太多。如果反脆弱性的名稱相當模稜兩可，並且限於特定的傷害或波動來源，以及暴露程度最多到某個範圍，那麼它和脆弱性一詞相比，這些情況都相去不遠。反脆弱性是相對於某種狀況而言。拳擊手可能相當強固，身體健壯，也許會因爲一次又一次的拳賽而更強，但他在感情上說不定很脆弱，一旦被女朋友拋棄，便會痛哭流涕。你的祖母，特質可能剛好相反，身體脆弱，但個性堅強。黎巴嫩內戰的一幕，仍栩栩如生地深印在我腦海：一個瘦小的老寡婦（穿著黑衣）大聲斥責敵方的民兵，在戰鬥中震碎她家玻璃窗。他們拿槍指著她；一顆子彈就可以了結她的生命，但他們顯然被她嚇壞了，不知如何是好。她和拳擊手正好相反；身體脆弱，性格卻不脆弱。

現在就來看三元組。

表一　中心三元組：三種暴露程度

	脆弱	強固	反脆弱
神話—希臘	達摩克里斯的劍，坦塔羅斯頭上的大石	不死鳥菲尼克斯	九頭蛇海德拉
神話—紐約與布魯克林	約翰博士	尼洛・屠利普	胖子東尼，尤金尼亞・克拉斯諾亞⑤
黑天鵝事件	暴露在負黑天鵝事件中		暴露在正黑天鵝事件中
商業	紐約：銀行體系		矽谷：「要失敗就快」、「虛心若愚」
生物與經濟體系	效率，優化	備餘	退化（機能備餘）
錯誤	討厭錯誤	錯誤只是資訊	喜愛錯誤（因爲錯誤很小）

⑤約翰博士、尼洛・屠利普、胖子東尼和尤金尼亞・克拉斯諾亞是《黑天鵝效應》中的人物。尼洛・屠利普也是《隨機騙局》中的人物。

	脆弱	強固	反脆弱
錯誤	不可扭轉，（少見的）大錯誤，爆炸		產生可扭轉的小錯誤
科學／技術	定向研究	見機而做的研究	隨機修補（反脆弱修補或拼裝）
二分法事件暴露	研究事件，衡量它們的風險，事件的統計特質	研究暴露在事件中的風險，暴露的統計特質	修正對事件的暴露程度
科學	理論	現象	試探啓發法，實務訣竅
人體	緩和、萎縮、「老化」、肌消失	米特拉達提斯化、康復	毒物興奮效應、肥大
思考方式	現代	中世紀歐洲	古地中海
人際關係	朋友	親戚	吸引力
古文化（尼采）	太陽神精神	酒神精神	太陽神精神和酒神精神取得平衡
倫理	弱者	恢弘	強者
倫理	缺少切身利害的系統	有切膚之痛的系統	把心投入的系統
政府的管理	規定	原則	美德

	脆弱	強固	反脆弱
系統	隨機來源集中		隨機來源分散
數學（函數）	非線性—凹性或凹性—凸性	線性，或者凸性—凹性	非線性—凸性
數學（機率）	左偏（或者負偏）	波動性低	右偏（或者正偏）
選擇權交易	短波動，伽馬，維加	單一波動	長波動，「伽馬」，「維加」
知識	外顯	內隱	凸性內隱
認識論	眞—假		冤大頭—非冤大頭
人生與想法	個人與知識上的觀光客		擁有一座大型私人圖書館的漫遊者
財務依賴	企業員工，白日夢族	牙醫，皮膚科醫生，利基工作者，賺取最低工資者	計程車司機，技術勞工，妓女，×錢
學習	教室	眞實生活，受苦課程	眞實生活和圖書館
政治體系	單一民族國家，集權		由城邦國家組成，分權
社會體系	意識型態		神話

	脆弱	強固	反脆弱
	後農業現代住宅區		遊牧和狩獵採集部落
知識	學術	專長	博學
科學	理論	現象學	以證據爲基礎的現象學
心理福祉	創傷後壓力		創傷後成長
決策	以模型爲基礎的機率決策	以試探啓發法爲基礎的決策	凸性試探啓發法
思考家	柏拉圖，亞里士多德，阿維羅伊	早期斯多噶學派，曼諾多圖斯，波普爾，伯克，維特根斯坦，約翰·葛雷	羅馬斯多噶學派，尼采，尼采或者黑格爾（否定），雅斯貝爾斯
經濟生活	假經濟學派	人類學家	宗教
經濟生活（對經濟生活的影響）	官僚		創業家
聲譽（專業）	學術，企業高階主管，教宗，主教，政治人物	郵政員工，貨車司機，火車乘務長	藝術家，作家

	脆弱	強固	反脆弱
聲譽（階級）	中產階級	最低工資者	波希米亞人，貴族，繼承的財富
醫療	肯定法加法治療（給藥）		否定法減法治療（例如戒除香菸、碳水化合物等不吃）
哲學／科學	理性主義	經驗主義	懷疑，減法經驗主義
	可分離的		不可分割的整體
經濟生活		業主自行經營	
金融	賣出選擇權		買進選擇權
知識	實證科學	哲學	藝術
壓力	慢性壓力因子		急性壓力因子，會康復
決策	有所作爲		無所作爲（「錯失機會」）
文學	電子閱讀器	書籍	口述傳承
商業	產業	小企業	技術勞工
食品	食品公司		餐廳
金融	債務	股本	創業投資
金融	公共債務	私人債務，不紓困	可轉換債券

	脆弱	強固	反脆弱
一般	大型	小型但專精	小型但不專精
風險承受	馬可維茨	凱利公式（Kelly criterion）	使用有限賭注的凱利公式
法律體系	成文法，法典		普通法，衡平法
政府的管理	法令規定		試探啓發式調控
金融	銀行，假經濟學家管理的對沖基金	對沖基金（若干）	對沖基金（若干）
商業	代理問題		業主經營
雜訊—訊號	只有訊號		隨機共振，模擬退火
模型誤差	對錯誤呈現凹性		對錯誤呈現凸性
教育	足球媽媽	街頭生活	槓鈴：父母當文庫，街頭打架
體力訓練	有組織的運動，健身機器		街頭打架
都市規劃	羅伯·摩西，勒·柯布西耶		珍·雅各

第一冊　反脆弱：導讀

本冊頭兩章介紹和說明反脆弱性。第三章說明有機和機械的區別，例如你家的貓和洗衣機不同。第四章談有些東西的反脆弱性如何來自其他東西的脆弱性，以及錯誤如何對某些東西有益，卻對其他東西無益——人們傾向於稱這種東西為進化，並且大做文章。

1 達摩克里斯與海德拉之間

請砍我的頭——如何藉由某種魔法，令顏色有了顏色——如何在杜拜舉重

一半的生命沒有名稱

你到郵局去，準備寄一樣禮物。這個包裹裝滿香檳酒杯，收件人是住在西伯利亞中部的表親。由於運送途中包裹可能受到傷害，你會在上面蓋上紅色的「脆弱」、「易碎」，或者「小心搬運」等戳記。和這種情況剛好相反，也就是「脆弱」的反面該怎麼說？

幾乎所有的人都會回答「脆弱」的相反詞是「強固」、「堅韌」、「堅固」，或者類似的字眼。但是堅韌、強固（以及類似的字詞）是指既不會破碎，也不會變得更強的物品，所以你不需要在它們上面寫任何字——你曾經看過包裹上面蓋上綠色粗體字，說它「強固」嗎？從邏輯上來說，和「脆弱」包裹剛好相反的包裹，上面應該寫「請粗暴處理」或者「請勿小心搬運」。它的內容物不只不會破碎，更會因為各式各樣的傷害而受益。易碎的包裹在**最好**的情況下是沒有受到傷

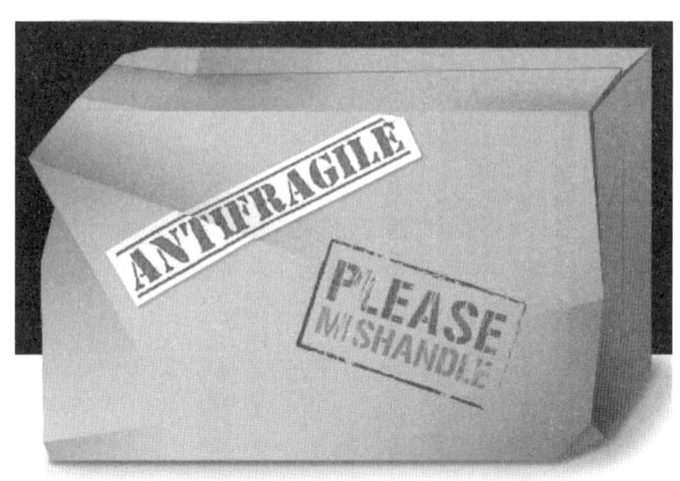

圖一　懇請給它壓力和隨便處理的包裹。

來源：Giotto Enterprise and George Nasr

害，強固的包裹在**最好**的情況和**最糟**的情況都是沒有受到傷害。因此脆弱的相反是**最糟**的情況下沒有受到傷害。

我們將這種包裹稱作「反脆弱」；我們有必要造個新詞，因爲《牛津英語字典》（*Oxford English Dictionary*）沒有簡單的非複合字能夠表達脆弱的相反情況。由於反脆弱的觀念不是我們意識中的一部分——但幸好這是我們的祖先行爲、我們的生物裝置的一部分，也是存活下來每一個系統普遍擁有的性質。

要知道這個概念在我們心裡有多生疏，請重複做上面所說的實驗，並且在下一次聚會、野餐或暴動前的集會中，問身邊的人脆弱的反義詞是什麼（而且一定要堅持，你要的是**剛好**相反的詞，也就是性質和報償相反的東西）。除了強固，你可能得到的答案是：不會破碎、堅固、做得很好、堅韌、堅強、防某些東西（例如防水、防風、防鏽）——除非他們聽過這本書。而且，不只個人被它混淆，連分枝知識也被它搞混；我找過的每一本近義詞和反義詞字典，都犯下這樣的錯誤。

用另一種方式來看：由於**正**的相反是**負**，而非**中性**，所以正脆弱性的相反詞應該是負脆弱性（所以我稱之為「反脆弱」），不是只傳達強固、堅強和不會破碎等觀念的中性字眼。事實上，如果我們把它寫成數學式，反脆弱性便是脆弱性前面加個負號。①

這個盲點似乎無所不在。已知的主要語言，不管是現代，還是古代，不管是口語，還是俚語，都沒有「反脆弱」這個字詞。俄羅斯語（蘇聯腔）和標準布魯克林英語似乎沒有字詞能夠用來稱呼反脆弱性，而是將它和強固混為一談。②

一半的生命——有趣的一半生命——我們沒給它們取名。

---

① 正如凹性是凸性前面加一個負號，而且有時稱作反凸性。

② 除了布魯克林英語，我還查過大部分印歐語系，包括古代（拉丁語、希臘語）和現代：羅曼斯語（義大利語、法語、西班牙語、葡萄牙語）、斯拉夫語（俄羅斯語、波蘭語、塞爾維亞語、克羅埃西亞語）、日耳曼語（德語、荷蘭語、布林語），以及印度伊朗語系（印度語、烏爾都語、波斯語）。非印歐語系的語言，如閃語（阿拉伯語、希伯來語、阿拉米語）和突厥語（土耳其語）也找不到。

請砍我的頭

如果我們沒給反脆弱性通用名稱，不妨到神話中找個相當的東西。神話透過強而有力的比喻，表現歷史智慧。羅馬人取用希臘的一則神話說，西西里暴君戴恩尼修斯二世（Dionysius II）令阿諛奉承的朝臣達摩克里斯（Damocles）參加奢華的宴會，但將一把劍用馬尾上的一根毛綁在天花板上，對準他的頭。馬毛承受壓力，最後一定斷掉，接下來會是血淋淋的畫面，引起高聲尖叫，然後是古代的救護車出動。達摩克里斯十分脆弱——劍刺進他的頭，只是時間早晚的問題。

另一則古代傳奇，則是希臘人借用古閃米特族和埃及的傳奇故事。鮮豔奪目的不死鳥菲尼克斯（Phoenix），每次引火自焚之後，就會從自己的灰燼中重生。牠總是會回到原始的狀態。菲尼克斯正是我長大成人所居住城市貝魯特的古代象徵。傳奇故事說，貝來圖斯（Berytus；貝魯特的古名）在將近五千年的歷史中，曾被摧毀七次，但是重新站起來七次。這個故事似乎相當可信，因爲我親眼看到第八次；我的童年快結束時，貝魯特的中央地區（這座都市的古城）因爲血腥的內戰，第八次被夷爲平地。我也見到它第八次重建。

但是展現最新樣貌的貝魯特，重建之後比起上次更好——而且我們看到一個有趣的反諷：西元五五一年的地震將羅馬法學院埋在地下，竟在重建時被人發現。這有如歷史給的紅利（但是考古學家和不動產開發商公開相互辱罵）。這已經不是菲尼克斯了，而是超越強固的其他某種東西。這將我們帶到第三個神話比喻：九頭蛇海德拉（Hydra）。

希臘神話中的海德拉，是像蛇那樣的怪物，有好幾個頭，棲息在阿哥斯城（Argos）附近的勒拿（Lerna）湖。每次被砍掉一個頭，就會長出兩個頭。所以牠喜歡受到傷害。九頭蛇表現了反脆弱性。

達摩克里斯的劍代表權力和成功的副作用：崛起而統治一群人之後，不可能不面對這種持續存在的危險——總是有人會積極設法推翻你。而且，和劍一樣，這種危險安靜無聲、無法阻擋、斷斷續續出現。在沉寂一段相當長的時間之後，很可能在一個人已經習慣了它，以及忘了它的存在時，猝然落下。就在你現在的損失會遠多於從前的時候，「黑天鵝」等在那邊，準備撲向你，而這是成功（和成長）的代價，或許是過度成功不可避免的懲罰。追根究柢，重要的是那根線的強度——不是晚宴展現的財富和權力。但是對於那些願意傾聽的人來說，幸好這是可以確認、可以衡量和可以處理的脆弱。三元組的整個要點在於：許多情況中，我們能夠衡量線的強度。

此外，我們需要考慮這種成長之後的沒落，可能如何對社會造成傷害，因爲達摩克里斯的劍落下，會帶來我們現在所說的連帶傷害，而殃及參加宴會的其他客人。舉例來說，大型機構崩塌會對整個社會造成影響。

某種精密複雜，也會使我們面對「黑天鵝」顯得脆弱：當社會日益複雜，裡面會有愈來愈多的「尖端」精密成分，以及愈來愈多的專業分工，因此更容易受到崩塌的傷害。考古學家約瑟夫．田特（Joseph Tainter）以十分精彩且具說服力的方式，提示我們這個觀念。但是情況不必演變到那種地步：只有不願意多走一步以及了解現實矩陣的人，才會落到那步田地。爲了反制成功帶來的傷害，你需要高劑量的強固，甚至高劑量的反脆弱性，去抵銷它的力量。你需要成爲菲尼克斯，或者海德拉，以防達摩克里斯之劍刺向你。

談命名的必要性

我們知道的事情，比我們自認知道的還要多，而且遠多於能夠講出來的。如果我們的正式思考體系貶抑大自然，而且眞的找不到一個名稱去稱呼反脆弱性，以及每當想到這個概念，就傷透腦筋，那並不表示我們的行爲就會忽略它。從我們的行爲表現出來的認知和直覺，可能優於我們的所知和列舉、用言語討論，以及教室中教的。我們會詳細討論這一點，尤其是利用**透過否定而得知**（apophatic；以我們目前的辭彙無法明白說出來或直接描述的事情）這個強而有力的概念去理解；因此現在我們只談這個奇怪的現象。

語言學家蓋伊．杜意徹（Guy Deutscher）在《透過語言的玻璃》（*Through the Language Glass*）一書指出，許多原始聚落並沒有色盲，卻只能用語言形容兩三種顏色。做簡單的測試時，他們能將絲線和相對應的顏色配對。他們能夠察覺彩虹各個色層之間的差異，卻無法用他們的辭彙表示。這些人是文化上的色盲，不是生物結構上的色盲。

同樣的，我們是在知識上對反脆弱性視而不見，不是在有機結構上看不到反脆弱性。要知道這兩者的差別，不妨想想你需要在一段故事中使用「藍色」這個名稱，但你不知怎麼稱呼它。

我們視爲理所當然的許多顏色，很長一段時間並沒有名稱，而且在西方文化的主要文獻中也沒有名稱。這件事並沒有很多人知道。包括希臘和閃米特族在內的古地中海文件，也只有少數的顏色辭彙，而且偏向暗和亮——希臘詩人荷馬（Homer）和他同一時代的人，只叫得出三或四種主要顏色：黑、白，以及彩虹中的一些模糊部分，通常包含紅或黃的成分。

我聯絡上杜意徹。他十分樂意幫忙，並且指出，古人甚至沒有辭彙用於形容藍色那麼基本的東西。古希臘人缺乏「藍色」這個字詞，可以解釋為什麼荷馬一再提到「酒暗色的海洋」（wine-dark sea; oinopa ponton），令讀者（包括本人）相當困惑。

有趣的是，英國首相威廉．格萊斯頓（William Gladstone）一八五〇年代首次發現這件事（卻遭到一般新聞記者不公平且不加思索地抨擊）。格萊斯頓相當博學，在出任各種公職的空窗期，寫了多達一千七百頁的荷馬論文。格萊斯頓在最後一節，指出當時的顏色辭彙相當有限，而現代人對更多的顏色細微差別相當敏感，得歸因於跨世代的眼睛訓練。但在當時的文化中，不管顏色如何變動，人們還是能夠指出其間的細微差別，除非眞正的色盲。

格萊斯頓在許多方面都令人讚賞，除了博學、人品出衆、尊重弱者、精力充沛這四個非常吸引人的特質（作者認為尊重弱者，是僅次於知識勇氣，第二個最吸引人的特質），他也展現了相當出色的先見之明。他研究且講出當時極少人敢於提出的說法：英雄史詩《伊利亞德》（*Iliad*）是眞實的故事（特洛伊市當時還沒被人發現）。除此之外，他堅持財政預算必須平衡，更是有先見之明，也和本書非常有關。財政赤字已經證明是社會與經濟體系中首要的脆弱來源。

原始反脆弱性

兩個入門級的反脆弱概念有名稱可以稱呼它們。我們要介紹這兩個先驅應用，是用在特殊的狀況。它們屬於溫和的反脆弱性層面，而且限於醫療領域。但這是個不錯的起點。

根據傳說，小亞細亞黑海南岸古王國本都（Pontus）的國王米特拉達提斯四世（Mithridates IV）在父親遭到暗殺之後，躲藏期間不斷攝取低於致命劑量的毒物，並且逐步加重分量，以防日後自己遭人下毒。他後來將這個程序納入一個複雜的宗教儀式。但不久之後，這種抗毒性帶給他麻煩，因爲他想服毒自殺卻不能如願，「已經強固自己，不至於遭人毒殺」。他只好請同一陣營的軍事將領用劍刺殺他。

這種方法因爲古代名醫佘塞斯（Celsus）而聞名，稱作米特拉達提斯解毒劑（Antidotum Mithridatium），後來在羅馬一定相當盛行，因爲一個世紀後，尼祿（Nero）皇帝企圖弒母卻受阻。尼祿一直想要殺母親阿格里皮娜（Agrippina）。更精彩的是，阿格里皮娜是卡里古拉（Caligula）的姐妹（據稱是哲學家塞內加的情婦，這樣一來，故事更加精彩。稍後我們會再提到塞內加）。但是知子莫若母，阿格里皮娜早就料到兒子的意圖，尤其是只有這麼一個獨子的時候。她懂得一些毒藥，因爲她可能毒害過至少一位丈夫（我說過，故事相當生動有趣）。因此，在她懷疑尼祿對自己有所圖之後，便針對兒子的手下可能取得的毒藥，展開和米特拉達提斯一樣的防毒措施。阿格里皮娜和米特拉達提斯一樣，最後死於比較機械式的方法，因爲她兒子（想必是他沒錯）找刺客殺她。

這給了我們一個雖小但有意義的教訓：一個人不可能對一切展現強固的能力。兩千年後的今天，還是沒人找得到令我們「刀槍不入」的方法。

米特拉達提斯化是指服用少量的某種物質，經過一段時間，便不致受到數量更大的那種物質傷害。接種疫苗和過敏治療就是使用這種方法。這還稱不上反脆弱，仍然是落在比較溫和的強固層級上，但我們已經往前邁出一步。而且，我們得到一個提示：少了毒藥，或許會讓我們變得脆弱，而要走向強固，起點是接受少量的傷害。

現在想想有一種狀況：服用某種劑量的毒性物質，反而使你整個身體更好，也就是從強固往上走一步。藥物學家所造的毒物興奮效應（hormesis）這個字詞，是指少量的有害物質，反而像良藥那樣，有益於生物。服用少許本來對身體有害的物質，不要吃太多，會對生物有益，並且因為激發某種過度反應，而使得整體更好。當時的人不是把它解讀成「因害得益」，而是從「傷害取決於劑量的多寡」或者「醫療取決於劑量的多寡」的角度去解釋。科學家感興趣的是劑量反應呈現非線性。

古人相當清楚毒物興奮效應（就像他們知道有藍色這種顏色，卻無法表達）。但在一八八八年，德國毒理學家雨果．舒爾茨（Hugo Schulz）首次（用科學方式）描述它（但仍然沒給它命名）。舒爾茨觀察到，少量的毒物會刺激酵母生長，而較大的劑量則會造成傷害。有些研究人員表示，吃蔬菜的好處可能不在於攝取我們所說的「維他命」，或者其他某些合理化的理論（也就是以敘事的形式闡述，似乎有其道理的觀念，但還沒有經過嚴謹的經驗檢定），而是如下所說：植物是以有毒的物質保護自己不受傷害和驅退掠奪者，而如果我們攝取正確的數量，或許能夠刺激我們的有機組織——他們是這麼說的。同樣的，服用有限且劑量低的毒，會激發健康效益。

許多人表示，限制攝取熱量（不管是永久性的，還是偶一爲之），會激起健康上的反應和開關，而延長實驗室中動物的預期壽命，還會產生其他好處。人類活得太長，如果限制攝取熱量，眞的延長我們的預期壽命，那就無法讓研究人員測試（如果假說是對的，受測者會活得比研究人員還長）。但是限制攝取熱量，似乎會使人更爲健康（也可能改善他們的幽默感）。但由於豐盛會帶來相反的效果，偶爾限制熱量也可以解讀如下：飲食太過規律，反而對你不好，因爲消除人的飢餓壓力因子，可能使他們的生活無法發揮充分的潛力；所以所有的毒物興奮效應所做的事，似乎是重建飲食的自然數量和人的飢餓。換句話說，毒物興奮效應是常態，缺乏毒物興奮效應則會傷害我們。

一九三〇年代之後，由於某些人誤認爲毒物興奮效應和順勢療法（homeopathy）有關，它失去了科學界的若干尊重、興趣和實踐。認爲兩者之間有關是不公平的，因爲它們的機制極爲不同。順勢療法是根據其他原則，例如微量且高度稀釋的致病因子（少到幾乎察覺不到，因此無法引起毒物興奮效應）有助於治療疾病本身。極少經驗證據支持順勢療法，而且它的檢定方法屬於今天的另類醫療，而毒物興奮效應是一種現象，有大量的科學證據支持。

但更重要的是，我們現在可以了解，消除系統受到的壓力因子，也就是極爲重要的壓力因子，不見得是好事，反而會造成傷害。

領域獨立就是領域相依

系統可能需要某種壓力和攪動的這個觀念，有些人在某個領域中理解，換個領域卻不懂。所以我們現在也能看到自己心靈中的**領域相依**（domain dependence）。「領域」是指人活動的地方或類別。有些人能夠理解一個領域（例如醫學）中的某個觀念，換個領域（例如社會經濟生活）卻認不出它來。或者，他們在課堂上了解，但是到了比較複雜的街頭卻不清楚。人類不曉得為什麼，一旦脫離平常學習的情境，便無法認出原先學得的狀況。

關於領域相依，我可舉個鮮活的例子。在假都市杜拜一家飯店的車道上，有個人看起來像是銀行家，身後跟著一位穿制服的服務生拖著他的行李（我可以不費吹灰之力，一眼就認出某個人是某一類銀行家，因為我的身體對他們很敏感，甚至到了影響呼吸的地步）。大約十五分鐘後，我見到那位銀行家在健身房舉自由重物，試著用壺鈴模仿自然的運動，好像他正甩動手提箱。領域相依到處可見。

此外，問題並不只在於醫藥圈（的某些人）曉得米特拉達提斯化和毒物興奮效應，卻在社會經濟生活等其他的應用中視而不見。即使同一個醫藥圈，也有人在這裡懂得，卻在那裡不懂。同一位醫生可能建議你多運動，使自己「強壯一點」，可是幾分鐘後，卻又為了一點小小的感染，開處方讓你服用抗生素，讓你「不致生病」。

領域相依的另一個例子：問一位美國公民，擁有很大獨立自主空間（因此不受國會干擾）的半政府機構，是不是應該將管制汽車、報紙、馬爾貝克（Malbec）葡萄酒的價格，當作它的專業管理領域。他一定氣得跳腳，因爲這違背了美國所代表的每一個原則，並且認爲你一定是後蘇聯時代的共產主義分子，才會問這樣的問題。然後問他，同一個政府機構是不是應該管制外匯，而且主要是管制美元兌歐元和蒙古貨幣圖格里克（tugrit）的匯率。反應相同：我們又不是法國。然後輕輕點他一下，說美國的聯邦準備銀行（Federal Reserve Bank）所做的事情，正是控制和管理另一種東西的價格，稱作放款利率，也就是經濟中的利率（並已證明其擅長此道）。支持自由意志論的總統候選人隆・保羅（Ron Paul）提議廢除聯邦準備，或甚至限制它扮演的角色時，被人說他頭殼壞去。但如果他提議設立一個機構，管制其他價格，也會被人認爲他頭殼壞去。

不妨想像有個人，天生擅長於學習語言，卻無法將一些概念從某種語言轉換成另一種語言，所以每次學習新的語言，都需要重新學習「椅子」、「愛」或者「蘋果派」。不這麼做，他不認得「house」（房子；英語）、「casa」（家；西班牙語）或者「byt」（房間；閃語）。從某一方面來說，我們都有類似的障礙，相同的觀念呈現在不同的情境中，我們就認不得。我們似乎注定要被事物最表層的部分、包裝、禮物的外盒所欺騙。這是反脆弱性十分明顯的地方，我們反而看不到的原因。這不是我們思索成功、經濟成長或創新，一般所接受方式的一部分，很可能只是來自面對壓力因子所產生的過度補償。我們在別的地方，也看不到發生這種過度補償（領域相依也可以說明爲什麼許多研究工作者很難理解不確定、了解不完整、混亂和波動，是同一關係密切家族的一員）。

無法轉譯到另一個領域，是身而爲人的一種心理障礙；當我們努力去克服它或突破它，才會開始得到智慧或理性。

我們來更深入探討過度補償。

2 每個地方都有過度補償和過度反應

在希斯洛機場的飛機跑道上寫字容易嗎？——設法讓教宗將你的作品列為禁書——如何毆打一位經濟學家（但別打得太用力，只要足以坐牢就行）

有一天，我在英國資政和政策制定者大衛．哈伯恩（David Halpern）的辦公室，看到自己的領域相依。他回應反脆弱性的觀念，向我提起有一種現象，稱作創傷後成長，和創傷後壓力症候群相反，也就是受到過去事件傷害的人超越自己。我不曾聽過這件事，而且慚愧得很，不曾努力想過它的存在：是有少數一些文獻提到它，卻沒在一門狹隘的學科之外宣揚。我們在知識分子和所謂的飽學之士所用的詞彙中，聽過比較可怕的創傷後障礙，而不是創傷後成長。但是通俗文化已經察覺到和它相當的現象，所以有「吃得苦中苦，方爲人上人」這句話。古地中海的經典文獻和祖母輩也有同樣的說法。

知識分子傾向於關注從隨機性而來的負面反應（脆弱性），而不是正面反應（反脆弱性）。不只心理學如此，而是所有的領域全面存在。

你如何創新？首先，試著陷入麻煩之中。我的意思是說嚴重的麻煩，但不是那種叫人一蹶不振的麻煩。我認爲——不是推測而已，而是深信——創新和精明是受到有其需要的原始情況激發，後來的發展卻遠遠不止於滿足那種需要（例如從原先的發明或嘗試發明的意外副作用而來）。這個主題當然有一些經典的想法，就像拉丁諺語說的，精明來自飢餓。這個觀念普遍存在於經典文獻：羅馬詩人奧維德（Ovid）的作品說，患難激發才智，翻譯成布魯克林英語，意思是：「當人生給你一顆檸檬……」

從面對挫敗的過度反應而釋出的過剩精力就是創新！

古人給我們的訊息，遠比表面上所見還要深沉。現代人在許多層級上使用的創新和進步方法與觀念，和古人背道而馳。我們傾向於認爲創新來自官僚機構的撥款、經由規劃，或者找來得獎無數的創新與創業教授（從來不曾有過任何創新）教哈佛商學院的學生，或者聘用顧問師（從來不曾有過任何創新）。這是一種謬誤——不妨看看從工業革命到矽谷的崛起，**沒有受過多少教育**的技工和創業家，對各種科技大躍進所做的不成比例貢獻，你便能了解我的意思。

可是雖然反證歷歷在目，而且能從古人（或者祖母）免費汲取智慧，今天的現代人還是試圖從安逸、安全和可預測的情況中去發明，而不接受「需要其實是發明之母」的概念。

許多人和偉大的羅馬政治家御史加圖（Cato the Censor）一樣，認爲安逸（幾乎任何形式的安逸）是邁向浪費之路。① 他不喜歡安逸來得太容易，因爲擔心人的意志會因此薄弱，而且他不只擔心個人如此，也擔心整個社會向下沉淪。寫這些段落時，我們正活在債務危機之中。整個世界不曾那麼富有，卻也不曾背負那麼重的債務，靠借來的錢過活。紀錄顯示，整個社會愈富有，我們愈難量入爲出。和匱乏比起來，我們較難因應豐盛。

航空業最近觀察到飛機自動化對駕駛員構成的挑戰不足，導致飛行對他們來說太過舒適，舒適到危險的地步，加圖聽了一定會笑出聲來。由於挑戰太低，駕駛員的注意力渙散和技巧遲鈍，反而造成飛行意外，導致傷亡。一部分問題在於聯邦航空管理局（Federal Aviation Administration; FAA）要求業者多利用自動化飛行技術。但是幸好FAA最後弄清楚問題出在哪裡；它最近發現駕駛員經常「把太多的責任推給自動化系統」。

如何贏得賽馬

據說最好的馬和速度較慢的馬比賽會輸掉，但和更強的對手比賽卻會獲勝。由於缺乏壓力因子、反毒物興奮效應、缺乏挑戰而出現補償不足，一等一的馬就會遇弱則弱。十九世紀的巴黎詩人波特萊爾（Baudelaire）寫道：「信天翁的巨大翅膀使牠走路不便」——許多人修微積分丙的成績，比修微積分甲的成績要好。

過度補償的機制隱藏在最不可能的地方。如果跨洲飛行感到疲累，不妨到健身房流點汗，而

①加圖這位政治家在三本書之前的《隨機騙局》（*Fooled by Randomness*）中，驅逐所有的哲學家離開羅馬。

不是躺在床上休息。此外，有個很多人都知道的妙招是，如果你希望趕緊做好某件事，就將那件事交給公司裡面最忙（或者次忙）的人去做。大部分人都會把閒暇時間浪費掉，因爲在那段時間內，他們好像得了官能障礙症，懶散而失去動力——他們愈忙，做起其他的事情愈起勁。這也是過度補償在作用。

我發現發表演說也有個妙招。會議主辦單位總是告訴我，講話一定要講得很清楚，像電視節目主持人那樣字正腔圓，甚至可能得在台上跳舞，以吸引聽衆的注意。有些人想將作者送去上「演說學校」——曾經有人向我提出這樣的建議，我掉頭就走，當下決定換掉出版商。但我發現，耳語比高喊要好。最好是讓聽衆稍微聽不清楚。我在當場內交易員（pit trader；一種很瘋狂的人，站在擁擠的地方，高喊尖叫，不斷競價）時，得知一個人發出的噪音和他的社群等級（pecking order）成反比：就像黑手黨老大，力量最強的交易員所講的話，別人聽得最不清楚。一個人應該有足夠的自制力，促使聽衆用心傾聽，因爲這會逼得他們進入知性上超速運轉的模式，全神貫注。曾經有人稍微研究過注意力的這種矛盾：有經驗證據支持關於「不流暢」（disfluency）造成的影響。心理上努力做一件事，會使我們像汽車換檔那樣換到更高速的檔，啓動精力更旺盛和更具分析力的大腦機制。②管理大師彼得．杜拉克（Peter Drucker）和心理分析師雅克．拉康

②這麼一點點的努力，似乎會扳動兩個截然不同的心理系統之間的開關，其一是直覺，另一是分析，也就是心理學家所說的「系統一」和「系統二」。

（Jacques Lacan）在他們各自的領域中，總是講得讓聽衆如癡如醉。他們和打扮光鮮亮麗的演說者，或者受過輔音訓練的電視節目主持人剛好相反。

同樣或者類似的過度補償機制，使我們在少量的背景隨機雜訊中更加專注，好像爲了抗拒那種雜訊，反而有助於提升我們的心理專注力。想想人在快樂的時光中，具有一種非凡的能力，能夠過濾掉雜訊，並在其他那麼多高聲的談話中區辨訊號。所以我們不只變得過度補償，有時候也需要雜訊。我和許多作家一樣，喜歡坐在在咖啡廳裡，就像他們說的那樣，在阻力下工作。有些人就寢時愛聽樹葉的沙沙聲或者浪濤聲：甚至有古怪的電子新發明會製造「白噪音」③，幫助人們睡得更好。這些令人分心的小小聲音，就像毒物興奮效應那樣，在某個限度之內發揮它們的效果。雖然我還沒試過，但我確定在希斯洛（Heathrow）機場的飛機跑道上寫字會很難。

以備餘的形式呈現的反脆弱反應

那次倫敦之行，聽到「創傷後」一詞，我腦中的某個東西亮了起來。我當下了然於心，曉得這些反脆弱的毒物興奮效應只是一種備餘（redundancy）的形式，於是大自然所有的觀念在我心中交會。所有一切都是爲了備餘。大自然喜歡給自己過度的保險。

③白噪音中的「白」並沒有特殊的意義；它只是用來指呈現常態分布的隨機雜訊。

一層又一層的備餘，正是自然系統的核心風險管理特質。我們人類有兩個腎臟（連會計師也有）、多餘的備用零件，而且許多許多東西（例如肺、神經系統、動脈）也有多餘的容量，而人類設計的東西，往往只是備而不用而已，更可說是反備餘——我們有背負債務的歷史紀錄，而這和備餘正好相反（在銀行存進五萬元現金，或者更好的做法，在床墊底下藏五萬元，算是備餘；欠銀行相同的金額，則是債務，也就是備餘的相反）。備餘是個含糊不清的概念，因爲如果沒有什麼不尋常的事發生，那就像是在浪費。除非有不尋常的事情發生——通常是這樣。

此外，備餘不見得是消極無爲；它也可以十分積極。舉例來說，假設你爲了安全起見，倉庫中存有多餘的肥料，然後剛好因爲中國的動亂造成肥料供不應求，這時你就可以賣出多餘的存貨，賺得厚利。或者，如果你有多餘的石油蘊藏，便能在供給緊俏的時候，賣出它們，賺得很高的利潤。

我們發現非常相同的邏輯，也適用於過度補償：它只是一種備餘形式。九頭蛇多出的一顆頭和人類多出的一顆腎臟沒有兩樣，和擁有更多的容量，以忍受額外的壓力因子沒有兩樣。假設你攝取十五毫克的有毒物質，身體可能會做好攝取二十毫克或更多有毒物質的準備，因此而產生的副作用，是你整個人變得更壯。你能夠多忍受五毫克的毒物，和額外多儲存十分重要或必要的東西（例如銀行存有多餘的現金或地下室存有較多的食物）沒有兩樣。回頭談創新的動因：從挫敗而產生的額外動機和意志力數量，也可以視爲額外的容量，和多準備一些糧食沒有兩樣。

會過度補償的系統，必然處於過量的模態，建立起多餘的容量和力量，以因應最糟的結果，以及對可能發生危險的資訊有所反應。這種多餘的容量或力量，一旦機會來了，本身當然可能有其用處。我們稱這爲機會性備餘，因此即使沒有危險發生，這種多餘的力量也有它的好處。下一次遇到企業管理碩士分析師或商學院的教授，不妨告訴他們，備餘不是守勢作爲；它比較像是投資，不像保險。告訴他們，他們所說的「無效率」，往往很有效率。

事實上，我們的身體是以非常複雜的方式發現機率，而且遠比我們的智力更擅長於評估風險。舉個例子來說，風險管理專業人員是從過去尋找所謂的最糟情況（worst-case scenario）資訊，並且用它去估計未來的風險——這種方法稱作壓力測試（stress testing）。他們以歷史上最糟的經濟衰退、最糟的戰爭、歷史上最糟的利率波動，或者最糟的失業率水準，作爲將來最糟結果的精確估計值。但他們不曾注意這種不一致性：這個所謂的最糟事件發生時，超過當時的最糟情況。

我稱這種心理缺陷爲**盧克萊修問題**（the Lucretius problem），因爲盧克萊修這位拉丁詩人兼哲學家寫過：愚蠢的人相信世界上最高的山就是他見過最高的那座。我們認爲自己這輩子見過或聽過的任何最大東西，是有可能存在的最大東西。幾千年來我們都這麼做。法老王統治下的埃及正好是由官僚管理、第一個完整的由上而下單一民族國家，抄寫員必須追蹤尼羅河的最高水位，並且用它估計將來的最糟情況。

福島核子反應爐可以見到相同的情形。這座核子反應爐二〇一一年在海嘯來襲之後，經歷了一場浩劫。這座核子反應爐興建的時候，耐得住過去歷史上最糟的地震，建造人員沒想過遠比這還要糟的情況——也沒想過過去最糟的事件發生時，一定叫人大吃一驚，因爲那是前所未見的。同樣的，聯邦準備理事會的前主席、脆弱推手博士艾倫・葛林斯潘（Alan Greenspan）在向國會致歉時，講了這麼一句經典名言：「以前不曾發生過。」大自然不像脆弱推手葛林斯潘，當然會爲以前不曾發生的事做好準備，因爲它會**假定有可能發生最糟的傷害**。④

如果說人類打的是過去的戰爭，那麼大自然打的是下一場戰爭。你的身體對於未來，比你更有想像力。不妨想想人如何訓練舉重：身體對於承受的重量會有過度反應，並且做好過度的準備（最多當然只能到生物上的極限）。這就是人體變得更強的方式。

銀行危機爆發之後，我接到各式各樣的威脅，《華爾街日報》建議我「儲備保鏢」。我試著告訴自己不要擔心，保持冷靜，相信這些威脅是來自心懷不滿的銀行家；不管怎麼說，人都是先挨打之後，才會在報紙上看到新聞，而不是反過來。但是這樣的想法，我沒有放在心上，所以每當人在紐約或倫敦，就算喝了洋甘菊茶，我也無法放鬆心情。我開始在公共場所疑東疑西，四處掃射身邊的人，確定沒有被人跟蹤。我開始認眞考慮聘用保鏢的建議，但發現自己當保鏢更吸引人（而且可以省很多錢），更好的方式是看起來像保鏢。我找到重約二百八十磅（一百三十公斤）、兼差當保全人員的訓練師萊尼·「蛋糕」（Lenny "Cake"）。他的暱稱和體重都源於愛吃蛋糕。萊尼·蛋糕只是我所住鄰近地區體格最嚇人的，而且已有六十歲。因此，我沒上他的課，而是看他怎麼訓練別人。他採用「最大舉重」式的訓練方法，而且始終不改，因爲他覺得這種方法的效果最好，

---

④這麼明顯的問題還沒有進行實證檢定：能否從過去的歷史，預測極端事件會發生？啊，根據一個簡單的檢定：抱歉，沒做過。

也最不花時間。這個方法只需要短時間待在健身房，受訓者只要專注一件事：一舉突破過去能夠舉起的最大重量。過去的最大重量，有點像是最高水位。這樣的訓練，限於試圖超越最高水準一或兩次，而不是花時間在一點都沒有樂趣且很花時間的重複動作上。這樣的練習，讓我看到舉重的自然形式，而這樣的形式，符合以證據爲基準的文獻所說的：努力突破上限，其餘的時間休息和吃超大塊牛排。到現在，四年來，我不斷試著推升自己的極限；看著我的生物結構如何預期和因應比過去的上限還要高的水準——直到達到它的極限——實在叫人驚嘆不已。當我用一根桿子，掛上三百三十磅的重量而硬舉（也就是摹仿搬起石頭到腰部），然後休息，便可以相當放心地期望我的身體會預測下次我可能需要舉起三百三十五磅的重量，而準備好更大的力氣。除了在公共場所不再那麼疑東疑西，以及恢復平靜之外，我得到的好處包括一些始料未及的小小便利。當我在甘迺迪機場的入境大廳，被轎車司機糾纏，堅持要載我一程時，只要輕輕對他們說「他×的滾開」，他們便會很識相地馬上離開。但也有大大的壞處：我在會議上遇見的一些讀者，很不習慣和外表看起來像保鏢的知識分子互動——知識分子可以是文雅的、瘦弱的，以及身材走樣的（當他們穿著斜紋軟呢外套），但沒人想過他們看起來像是殺豬的。

有件事情會讓進化論者忙上一陣子。風險分析師、我最喜歡的知識分子對手（以及詩人朋友）阿倫．布朗（Aaron Brown）向我提起他觀察到的一件事：「適應」（fitness）本身可能相當不精確，甚至曖昧不明，這就是爲什麼超越適應的反脆弱性能夠說明混淆的原因。「適應」的意思是什麼？剛好調整到能夠適應特定環境過去的歷史，或者外推到壓力強度更高的環境中？許多人似乎會說是第一種適應，而忽略了反脆弱的概念。但是如果我們要用數學式，寫下標準的天擇模型，我們寫出的會是過度補償，而不只是「適者」而已。⑤

連心理學家研究創傷後成長的反脆弱反應，看到相關的資料，也不是相當明瞭整個概念，因爲在使用字詞表達時，它們會淪爲「堅韌」的概念。

論暴動、愛和其他出乎意料壓力受益者的反脆弱性

一旦我們努力克服領域相依，過度補償的現象似乎就無所不在。

生物領域中了解細菌抗藥性的人，卻完全不懂塞內加在《寬恕》（*De clemencia*）一書中談懲罰收到反效果的名言。他寫道：「一再懲罰，雖然能夠壓制少數人的仇恨，卻會激起所有人的仇恨……就像樹木被修剪之後，會再長出無數的枝椏。」以鎮壓手段對付革命，眞的砍掉一些示威者的頭之後，長出頭的速度會愈來愈快。愛爾蘭有首革命歌曲一語中的：

路障架得愈高，我們愈堅強。

⑤設定一個簡單的篩選準則：某一物種所有成員的脖子需要有四十公分長才能存活。經過幾代，存活下來的群體脖子平均長度將**超過**四十公分（用較爲技術性的方式來說，受到某種吸收障礙的隨機過程影響，將使我們觀察到的平均數高於障礙）

到了某個時點，在一些人願意爲理念犧牲自己的生命（但他們不認爲那是犧牲）而展現英雄氣概，以及渴望享有成爲烈士的特權推波助瀾之下，群衆被怒氣和痛恨所蒙蔽，進而產生突變。因此政治運動和叛亂具有高度的反脆弱性。試圖蠻橫鎮壓，而不是設法操縱、讓步，或者像大力英雄海克力斯（Heracles）對付海德拉那樣，運用更靈活的計謀，那就會成爲冤大頭。

如果反脆弱是面對壓力因子和傷害而甦醒過來，並且過度反應和過度補償的東西，那麼在經濟生活之外，你會找到的最具反脆弱性的東西之一，是某種執迷的愛（或恨）會因爲距離、家人失和，以及刻意去扼殺等障礙，而引起過度反應和過度補償。文學作品裡面有許多人物，陷入反脆弱激情的形式之中，似乎違背了自己的意志。普魯斯特（Proust）寫的長篇小說《追憶逝水年華》（*La recherche*）中，社會歷練豐富的猶太藝品經銷商斯萬（Swann）愛上交際花奧黛特（Odette）。她是一位「風塵」女子，算是半個妓女，或者可能只是四分之一個妓女，卻對他很壞。她那難以捉摸的行爲，令他更加迷戀，竟然貶抑自己，只爲了多待在她身邊一刻。他毫不避諱地跟在她後頭，追隨她到她和其他男人的幽會之處，不知羞恥地躲在樓梯間，而這當然令她對他更加喜怒無常。這個故事，據推測是普魯斯特將他本人迷戀（男性）司機的眞實故事改寫成小說。再看看迪諾・布札第（Dino Buzzati）的半自傳小說《米蘭之戀》（*Un amore*），敘述米蘭一名中年男子愛上——當然是意外——斯卡拉大劇院（Scala）的舞者。她也兼差當妓女，當然對他也很壞，不時利用他、占他便宜、壓榨他。可是她對他愈壞，他愈是心甘情願受她虐待，以滿足能和她在一起片刻的反脆弱渴望。但這裡有某種形式的圓滿結局：根據布札第的傳記，他在六十歲的時候，娶了曾經當過舞者、二十五歲的艾兒梅莉娜（Almerina）。她似乎是故事中的主角；不久之後，布札第去世，她成了他文學遺產的盡責守護人。

即使像盧克萊修（本章稍早提到，談高山故事的那位作者）等作者高聲批判愛的迷戀、禁錮和疏離，視它為一種（可防止的）疾病，到後來是欺騙了我們或者自己。根據傳說，宣揚放棄男歡女愛的盧克萊修，本人可能難以自拔地——反脆弱——陷入熱戀。

有些想法就像折磨人的愛那樣，想要擺脫它們，它們愈是揮之不去，反而成了一種迷戀。心理學家告訴我們，控制思想會收到反效果：你花愈多力氣去控制自己的觀念和想法，到頭來你的觀念將你控制得愈牢。

請將我的書列為禁書：資訊的反脆弱性

資訊具有反脆弱性；和努力推廣資訊比起來，試圖傷害資訊反而會使它壯大。舉例來說，許多人只是試著保衛資訊卻弄得身敗名裂。

狡猾的威尼斯人曉得如何將資訊偽裝成秘密而傳播出去。不妨照著下面的實驗方式，將八卦消息傳播出去：告訴某個人一項機密，而且堅持那是機密，拜託傾聽者「不要告訴任何人」；你愈是堅持保守秘密，它愈有可能散播出去。

我們在人生很早的時候，就曉得書和觀念具有反脆弱性，能從遭到攻擊中汲取養分——借用羅馬皇帝馬可．奧里略（Marcus Aurelius；實幹型的斯多噶學派作者之一）的話來說：「火遇到障礙燒得更旺。」禁書總是吸引人想要一探究竟，而這是它們對禁令具有反脆弱性的表現。我兒時看的第一本書，是格雷姆・葛林（Graham Greene）寫的《權力與榮耀》（*The Power and the Glory*）。選它的原因沒別的，正是因爲梵蒂岡將它收進《目錄》（*Index*；也就是禁書）之中。十幾歲時，我也飽讀美國移居海外作家亨利・米勒（Henry Miller）寫的書——他的主要著作一年內售出一百萬本，而這要感謝高達二十三個州下達禁書令。《包法利夫人》（*Madame Bovary*）或《查泰萊夫人的情人》（*Lady Chatterley's Lover*）情況也相同。

一本書招來批評，正是它引人注意的鐵證，發出那不是無聊著作的訊號；對一本書而言，無聊是非常糟糕的一件事。拿艾茵・蘭德（Ayn Rand）爲例來說：她寫的《阿特拉斯聳聳肩》（*Atlas Shrugged*）和《源泉》（*The Fountainhead*）等書，半個多世紀以上有數百萬人看過，儘管被批評得體無完膚，而且甚至令她名譽掃地，但那麼多人看這些書的原因，很可能正是因爲如此。⑥強度是一階資訊：重要的是批評者花了多少力氣，試圖阻止別人看那本書，或者推而廣之，在日常生活中，重要的是詆毀某個人所做的努力，而不是說了什麼。因此，如果你眞的希望人們去看一本書，那就要告訴他們，那本書「評價過高」，並且讓人感覺你爲此十分生氣（如果要收到相反的效果，則稱之爲「評價過低」）。

巴爾札克（Balzac）曾經談到女伶如何支付新聞記者（通常是付出實物），幫她們寫有利的評

⑥法國有一長串的作者，能夠成名的原因在於曾經有過犯罪紀錄，包括詩人洪薩（Ronsard）、作家尚・惹內（Jean Genet）和其他許多人。

論——但是最狡猾的女伶，則要他們寫不利的評論，因爲這會使她們顯得更加有趣。

我剛買了湯姆．荷蘭（Tom Holland）談回教興起的書，唯一的理由是格倫．鮑索克（Glen Bowersock）抨擊他。鮑索克一般認爲是還在世的研究羅馬時期的黎凡特最有名望的學者。在那之前，我本來以爲荷蘭只是個大衆化作家，若非鮑索克抨擊他，我不會眞的想看他的書。我甚至不曾設法拜讀鮑索克的書評。所以這裡有個簡單的經驗法則（試探啓發法）：要估計研究的素質，只要看作者以書面回覆，批評最烈的人或者批評最輕的人，何者的才具較低而定。

批評本身面對反擊也有反脆弱性，也就是找碴的人希望反過來遭到抨擊，以便證明自己有點份量。據稱非常善妒的思考者讓．佛雷龍（Jean Fréron），在善妒的思考者間，才具平平，卻在學術史上留名，只因爲他激怒了才華洋溢的伏爾泰（Voltaire），氣到對佛雷龍寫了一些諷刺詩。伏爾泰本身也討人厭，擅長於捉弄別人，好從別人的反應中得到好處，卻忘了他人也能對他如法炮製。或許伏爾泰的魅力在於他不懂得隱藏鋒芒。所以相同的隱形反脆弱性也適用於對我們的觀念和人身展開的攻擊：我們害怕它們，也不喜歡負面的宣傳報導，但是如果你能在惡毒的攻勢過後存活下來，對你會很有幫助，不過這取決於對方看起來有很強的動機，以及氣得恰到好處——正如你聽到一位婦女在一位男子前面說另一位婦女的壞話（或者反過來）。這是一種明顯的選擇偏誤：爲什麼他要抨擊你，而不抨擊別人，或者說，其他千百萬人都不值得抨擊？根據反脆弱性，他耗用精力抨擊你或者說你的壞話，反而讓你出名。

我的曾祖父尼可拉斯．戈斯恩（Nicolas Ghosn）是個足智多謀的政治人物，儘管樹敵無數（最重要的大敵，是我們塔雷伯家族這邊的高曾祖父），卻一直大權在握，並且擔任公職。我的祖父，也就是他的長子，剛進入政府服務，展開前景看好的政治生涯時，他的父親臨死前在床邊告訴他：「兒啊，我對你很失望。我不曾聽到有人說你的壞話，這證明你沒有能力招妒。」

另謀高就

我們從伏爾泰的故事得知，人不可能消滅批評；如果它傷害你，你就離開。換工作比控制你的聲譽或公共認知要容易。

有些工作和專業的聲譽很容易受到傷害，而這在網際網路時代，不可能加以控制——這些工作不值得擁有。你不會想要「控制」你的聲譽；你無法靠控制資訊流而做到這件事。相反的，把注意焦點放在改變你暴露的環境，例如站在聲譽不致遭到破壞的位置，或甚至置身於可以從資訊的反脆弱性獲益的情況中。就這方面的意義來說，作者具有反脆弱性，但稍後我們會談到，大部分的現代專業通常缺乏反脆弱性。

我曾經在米蘭向我的義大利出版商盧卡・霍曼頓（Luca Formenton）解釋反脆弱性（得比手畫腳，加上許多身體語言配合）。我會去那裡，部分是衝著莫斯卡托（Moscato）甜點酒，部分是爲了參加一場會議，另一位主要演說者是有名的脆弱推手經濟學家。我突然想起自己是個作者，於是向盧卡提議做做下述的假想實驗：如果我公開毆打那位經濟學家，我會發生什麼事（除了公開審判會使很多人對「脆弱推手」和「反脆弱推手」的新觀念大感興趣）？你曉得，這位經濟學家有一張欠扁的臉，就像奶油甜餡煎餅卷會讓你忍不住想咬一口那樣。盧卡想了一秒鐘……嗯，看起來他不希望我這麼做，但你知道，這不會傷害書籍的銷路。身爲作者，我做的事情，不可能上《晚郵報》(*Corriere della Sera*)的頭版，因而對我的書不利。幾乎沒有任何醜聞會傷害藝術家或作家。

現在假設我是在倫敦證券交易所（London Stock Exchange）上市的某家公司的中階高級主管，從來不冒穿著隨便的險，所以總是西裝筆挺打領帶（即使在海灘上也一樣）。如果我去攻擊脆弱推手，那會發生什麼事？我曾經開槍殺人和被捕的紀錄會困擾我一輩子。我會成爲資訊反脆弱性的受害者。但是收入接近最低工資的人，例如建築工人或計程車司機，卻不需要過度依賴他的聲譽，可以自由表達自己的意見。和具有反脆弱性的藝術家比起來，他只是顯得強固。背負抵押貸款的銀行中階員工面對極端事件則極爲脆弱。事實上，他會徹底成爲價值體系的囚犯，導致他墮落到極點——因爲他每年需要到巴貝多（Barbados）度假。華盛頓的公務員也是同樣的情形。我們可以使用這個簡單易用的試探啓發法（再說一下定義，是個簡單的濃縮經驗法則），去察覺某個人聲譽的獨立性和強固性。除了極少數例外，穿著邋遢的人顯得強固，或者聲譽具有反脆弱性；鬍子刮得乾乾淨淨，穿西裝打領帶的人，面對和他們有關的資訊則顯得脆弱。

大公司和政府似乎不了解資訊的這種反彈力量，以及它能夠控制想要控制他的人。當你聽到一家公司或負債累累的政府試圖「重振信心」，你便知道它們顯得脆弱，因此注定敗北。資訊是無情的：召開記者會「以平靜市場」，只會導致投資人爭相逃竄，掀起死亡漩渦或銀行發生擠兌。這可以解釋爲什麼我極爲反對政府負債，並且堅決支持所謂的財政保守作風。當你沒有背負債務，就不需要在意你在經濟圈中的聲譽——而且不曉得什麼緣故，只有在你不在意自己的聲譽時，你才傾向於有好聲譽。人們總是借最多錢給最不需要錢的人，好像要誘惑人那般。

而且，我們無視於更多領域中的資訊反脆弱性。如果我在祖先的環境中毆打對手，我可以傷害他、讓他衰弱，甚至永遠除去他——並在這個過程中活動鍛鍊身體。如果我請殺手殺他，他便不見了。但如果我在網站和期刊上發動猛烈的資訊攻勢，則可能只是在幫助他和傷害自己而已。

所以在這一節結束時，要提一個想法。讓我們受益最多的人，不是嘗試幫助我們的人（例如提供「建言」），而是積極嘗試傷害我們，但最後無法如願的人。這件事令人相當困惑。

接下來我們要談有些東西喜歡壓力，有些東西不喜歡，兩者之間的核心差異。

3 貓與洗衣機

壓力即知識（以及知識即壓力）——有機和機械——現在不需要翻譯者——過了兩百年的現代生活之後，搖醒我們心裡的野獸

我們在這裡要做一個大膽的推測，那就是有生命的每一樣東西，在某種程度上都具有反脆弱性（但是反過來說則不成立）。生命的奧祕似乎在於反脆弱性。

一般來說，自然——生物——視變異來源（和範圍）而定，兼具反脆弱與脆弱。人體會因為承受壓力因子而受益（變得更強壯），但最多只能到某個限度。舉例來說，你的骨頭如果偶爾承受一點壓力，密度會變得更高。一八九二年德國一位外科醫生提出正式的理論，將這種機制稱為沃爾夫定律（Wolff's Law）。但是盤子、汽車、無生命物體則不然——它們或許強固，但不具內在的反脆弱性。

一般來說，無生命——也就是不是活著的——物質受到壓力時，不是發生材料疲乏，就是斷裂。我看過的少見例外之一，是研究生布倫特・凱里（Brent Carey）報告二〇一一年所做的實驗

顯示，以某種方式排列的碳奈米管複合材料，會在合成材料中產生前所未見的自我強化反應，「類似於生物結構發生的局部自我強化」。這跨越了有生命和無生命之間的界線，可望藉此發展出適應性承重材料。

我們可以將這種差別，作爲有生命和無生命之間的標記。人造物對我們來說需要具有反脆弱性，才能使用它作爲生物組織，這個事實很能說明生物和合成兩者之間的差異。你住的房子、使用的食物處理機和電腦桌最後都會耗損，但它們不會自我修補。隨著年歲日深（如果是手工藝品的話），它們看起來可能更好，正如你的牛仔褲穿久了，看起來更加時髦那樣，但終有一天，時間會追趕上來，最堅硬的材料到頭來還是會像羅馬的廢墟。你的牛仔褲穿舊了，看起來可能更酷和更潮，但它們的材料沒有變得更強，也不會自我修補。不過，不妨想想，是不是有一種材料能使它們變得更強、自我修復和隨著時間而改善。①

沒錯，人雖然能夠自我療癒，最後卻會耗損（但可望在身後留下他們的基因、書籍，或者其他一些資訊——這是另一個話題）。但是老化的現象遭到誤解，主要是充滿心理偏誤和邏輯缺陷。我們觀察老人，見到他們變老，於是將變老和他們失去肌肉質量、骨頭衰弱、失去心理機能、喜愛法蘭克・辛納屈（Frank Sinatra）的音樂，以及類似的退化效應連結在一起。但是未能自

①用另一種方式來看：機器會受到低水準壓力因子的傷害（材料疲乏），有機體卻會因爲缺乏低水準壓力因子（毒物興奮效應）而受到傷害。

我修復，主要來自失調——原因是壓力因子太少，或者壓力因子出現之間，讓人恢復的時間太少——而且我認爲，失調是指一個人的設計和環境的隨機性結構（我用更技術性的語彙來說，指它的「分布或統計性質」）之間沒有搭配好。我們在「老化」中觀察到的事情，是失調和衰老現象結合在一起的結果，而兩者似乎可以分離——衰老或許無法避免，也不應該避免（因爲如同下一章要說的，這會抵觸生命邏輯）；失調則是可以避免的。老化的不少現象來自誤解安逸造成的影響——這是一種文明疾病：人活得愈來愈長，卻更常生病。在自然的環境中，人不是在老化之後死去——或者是在很短的老化之後死亡。舉例來說，現代人的血壓等數據通常隨著時間而惡化，但狩獵採集者直到生命盡頭之前都沒有變化。

人爲的老化來自內部的反脆弱性遭到窒息。

深奧（The Complex）

有機和機械的二分法，是個不錯的起點，可讓我們對兩種現象的差別產生直覺看法，但我們可以做得更好。社會、經濟活動和市場，以及文化行爲等許多事物顯然是人造的，但會自行成長，到達某種自我組織狀態。它們可能不全然屬於生物，卻像生物那樣增生和複製——不妨想想謠傳、觀念、技術和商業都是如此。它們比較接近貓，離洗衣機較遠，卻常被誤認爲洗衣機。因此我們可以脫離生物和非生物，將兩者的差別概化。區分非深奧和深奧系統（noncomplex and complex systems）是效果更好的做法。

人造的機械和工程新發明，產生的簡單反應相當複雜，卻不「深奧」（complex），因爲它們缺乏相互依存性。按個鈕，例如按下電燈開關，便會得到正如你所要的反應，結果不可能曖昧不明，就算在俄羅斯也是一樣。但深奧系統的相互依存程度很高。你需要從生態環境的角度去思考：消除特定的動物，就會破壞一條食物鏈：獵食者會挨餓，獵物的生長則會不受節制，結果造成錯綜複雜和一連串瀑流式的副作用。迦南人、腓尼基人、羅馬人，以及後來住在黎巴嫩山上的人，消滅獅子之後，愛吃樹根的山羊數量暴增，導致山區林木消失，而這樣的後果，事先很難預料。同樣的，關閉紐約一家銀行，會從冰島到蒙古產生漣漪效應。

在深奧的世界中，「因」本身的概念值得懷疑；我們不是幾乎不可能察覺它，就是根本無法定義它——這是我們不該看報紙的另一個理由，因爲它們總是在爲各種事情找原因。

壓力因子是資訊

現在談到深奧系統的要義。深奧系統包含交互作用的各個部分，它透過壓力因子，或者由於這些壓力因子，將資訊傳送到這些成分。你的身體不是透過邏輯官能、智力，以及推理、運算、計算的能力得到環境資訊，而是透過壓力、經由荷爾蒙，或者我們還沒有發現的其他傳訊物質。我們見過，在你（短暫）受雇於鋼琴搬運公司之後，你的骨頭會因爲承受重量而變得更強。下個耶誕假期，如果你進入無重力太空站一遊，或者花很多時間騎自行車，那麼骨頭會衰弱（極少人知道這件事）。如果你一整個夏天待在蘇聯式的合作農場，你的手掌會長繭。你的皮膚在冬天會

圖二

這張圖說明爲什麼我喜歡骨頭。你可以在印度、非洲和美洲的傳統社會，看到頭上頂著水或穀物的情景。黎凡特甚至有首情歌，描述迷人的婦女頭上頂著雙耳酒罐。頭頂重物的效益，可能高於用藥物提高骨質密度——但是這種治療形式，對製藥公司的盈餘沒有好處。

來源：Creative Commons

變亮，夏天會變暗（尤其是如果你有地中海地區的血統，但愛爾蘭或非洲後裔，或者來自一整年氣候變化比較不大的其他地區，則比較不可能這樣）。

此外，錯誤和它們帶來的後果是資訊；小孩子的邏輯官能不是很發達，所以疼痛是唯一的風險管理資訊。對深奧系統來說，一切都是爲了資訊。而且，資訊傳輸機制遠比我們觸目所及還多。我們將其稱之爲**因果不透明性**（causal opacity）：我們很難看出從因到果的箭頭，使得標準的邏輯和不少的傳統分析方法不適用。我說過，特定事件的可預測性很低，而可預測性會那麼低，是因為這種不透明性。不只如此，更由於非線性的存在，我們需要高於一般系統的可見性——可是我們得到的卻是不透明性。

再拿骨頭來說。我偏愛骨頭，接下來要討論的觀念，重點放在舉起重物，而不是利用健身房的機器。從我找到傑拉德·卡森提（Gerard Karsenty）和他的同事在二〇〇三年《自然》（*Nature*）期刊發表的一篇論文後，便迷上了骨骼。人們傳統上一直認為老化讓骨骼退化（骨質密度下降，變得更脆），好像荷爾蒙只有可能帶來單向的關係（女性在停經後開始有骨質疏鬆症）。卡森提和其他研究人員此後進一步研究發現，反過來說大致上也是對的：骨質密度下降和骨頭健康退化也造成老化、糖尿病，男性則喪失生殖能力和性功能。我們無法將深奧系統中的任何因果關係獨立出來。此外，骨頭的故事和人們對相互依存關係的相關誤解，說明了缺乏壓力（本例中是指骨頭承受重負）可以如何導致老化，以及剝奪渴望壓力的反脆弱系統所承受的壓力因子，如何帶來很大的脆弱性，並且傳送到本書第二冊所探討的政治體系。上一章談到我觀察且試著模仿的萊尼運動方法，似乎除了強化肌肉，也能給骨頭帶來壓力和強化骨頭——他不是很懂其中的機制，卻以試探啟發的方式，發現承受重量對他的系統能做某些事情。圖二中的婦女由於終生頭頂水罐，健康十分良好，體態也非常優美。

我們的反脆弱性存在一些條件。壓力因子發生的頻率有它的重要性。急性壓力因子對人的好處，優於慢性壓力因子，尤其是在前者發生之後，有充分的復原時間，因此允許壓力因子執行傳訊機制的功能。舉例來說，看到一條蛇從我的鍵盤爬出來，或者吸血鬼進入我的房間，情緒大受震撼之後，經過一段夠長的舒緩期（喝了洋甘菊茶和聽了巴洛克音樂），恢復控制情緒，將對我的健康有益。不過前提當然是我在使盡渾身解數，像英雄般戰鬥，殺掉蛇或吸血鬼之後，能夠站在死屍旁照張相。這種壓力因子當然比主管、抵押貸款、稅務問題、拖拖拉拉不申報所得稅而感到內疚、考試壓力、雜事、電子郵件尚未回覆、表格尚未填寫、每天通勤上下班等溫和但持續不斷的壓力要好，因爲這些事情讓你覺得身陷在生活中難以自拔。換句話說，這些壓力是文明帶來的。事實上，神經生物學家告訴我們，前面那種壓力因子對我們的健康有其必要，第二種則會傷害我們的健康。要知道承受低水準的壓力因子，卻缺乏復原期會造成什麼樣的傷害，不妨想想所謂的中國水刑：一滴水不斷掉在頭上相同的位置，始終不讓你有復原的機會。

海克力斯控制九頭蛇的方式，就是燒灼剛砍掉頭部之處的傷口，防止頭部再生，而展現反脆弱性。換句話說，他干擾了九頭蛇的復原機會。

表二列出兩種類別之間的差異。請注意機械和有機之間可能存在中間步驟，但情況傾向於集中在一邊或另一邊。

表二　機械與有機（生物或非生物）

機械，非深奧	有機，深奧
需要不斷修補和維護	自我療癒
厭惡隨機性	喜愛隨機性（小變異）
不需要復原	需要在壓力因子發生之間能夠復原

不存在相互依存性或者相互依存性很低	相互依存性高
壓力因子造成材料疲乏	缺乏壓力因子導致萎縮
因爲使用而老化（磨損和耗蝕）	因爲不使用而老化②
震撼之後補償不足	震撼之後過度補償
時間只帶來衰老	時間帶來老化和衰老

第二冊要談的主題，也就是由上而下干預政治體系（或者類似的深奧系統），將遇到的中心問題，讀者從這裡應該掌握了一點眉目。脆弱推手誤將經濟當作洗衣機，需要每個月維修，或者將你身體的特質，曲解爲像音樂光碟播放機那樣。亞當・斯密（Adam Smith）將經濟比喻作鐘錶，一旦設定好就會持續轉動。但是我敢說，他並不是以這些名詞來思考事情。其實他是從有機體的角度觀察經濟，只是缺乏一個架構用於表達。亞當・斯密發展出「看不見的手」這個概念，可見他了解深奧系統的不透明性和相互依存性。

但是柏拉圖和亞當・斯密不同，不是很清楚這件事。他用十分有名的**國家之船**（ship of

②佛拉諾・巴洛維克（Frano Barovi）讀了這一章之後寫信給我：「機器：使用它和失去它；有機體：使用它或失去它。」並且指出每一樣活的東西需要壓力因子，但不是所有的機器都不要去用——後面討論退火的時候會再談這一點。

state），將國家比喻成有如一艘海軍艦艇，當然需要艦長監控。他最後表示，適合當艦長的唯一一人是哲學王，也就是一個仁慈的人，握有絕對的權力，並能接觸至善的理型（Form of the Good）。有時我們會聽到有人高喊「誰在統治我們？」，好像世界需要有人統治似的。

均衡，不再均衡

社會學家以「均衡」（equilibrium）一詞，描述相反的力量（例如供給和需求）之間取得的平衡，如此每當出現小小的擾動，或者往某個方向偏離，就像鐘擺那樣，便會往相反的方向調整回來，使情況恢復穩定。簡單的說，這被認爲是經濟體的目標。

更深入了解這些社會學家希望我們到達的境界，會發現這種目標可能是死亡。深奧理論家史都華・高夫曼（Stuart Kaufman）利用均衡的觀念，區分表二所列的兩個不同世界。**非有機、非深奧系統（例如桌子上的物體）處於慣性的狀態就會達到均衡**（依傳統的定義）。**因此對有機物來說，只有在死亡的時候才達到均衡**（依前面所說的意義）。以高夫曼使用的一個例子來說，你的浴缸中，一個漩渦開始形成，之後旋轉個不停。這種狀況永遠「絕非均衡狀態」——而有機體和動態系統似乎以這種狀態存在。[3]對它們來說，正常狀況需要某種程度的波動性、隨機性、不斷交換資訊和壓力，而這可以解釋：一旦被剝奪波動性，它們可能受到傷害。

對孩童犯罪

我們不只厭惡壓力因子，也不了解它們，但我們爲了消除波動和變異，而對生活、活著的東西、科學和智慧犯下罪行。

每當我想到每十個中學年齡以上的美國人，就有一個在服用某種抗憂鬱症藥物，例如百憂解（Prozac），就感到生氣和挫折。現在，每當你的情緒波動起伏，就得爲自己不服用某種藥物找理由辯解。在嚴重的病理情況中，或許有服用藥物的一些好理由，但我的情緒、我的悲傷、突如其來的焦慮，是智慧的第二來源——甚至可能是第一來源。下雨的時候，我會感到愉快，失去活力，慢慢陷入沉思之中，而且往往愈寫愈慢。當雨滴打在窗上，便會出現法國詩人魏爾倫（Verlaine）所說的秋之「哽咽」（sanglots）。有些日子，我進入帶有詩意的憂鬱狀態，也就是葡萄牙人說的**懷舊之情**（saudade），或者土耳其人說的**悲**（hüzün；來自阿拉伯語的悲傷一字）。其他日子，我的攻擊性較強，精力比較旺盛——這時會寫得比較少、散步得較多、做其他事情，和研究工作

③根據物理學家伊利亞・普里果金（Ilya Prigogine）的研究命名，這些是所謂的耗散結構（dissipative structures），狀態和簡單的均衡結構相當不同：它們是在永遠不均衡的狀況中，透過交換能量和物質產生的效應，而形成和維持。

者爭論，回覆電子郵件，在黑板上畫圖。我應該變成一株植物，還是當快樂的蠢蛋？

要是上個世紀就能買到百憂解，波特萊爾的「愁悶」、埃德加・愛倫・坡（Edgar Allan Poe）的心緒、西爾維亞・普拉斯（Sylvia Plath）和其他許多詩人的悲嘆，每個靈魂的每樣事情都會沉寂下來……

如果大製藥公司能夠消除四季，它們也許會去做——當然是爲了賺錢。

還有另一個危險：除了傷害孩子，我們也在傷害社會和我們的未來。我們採取一些措施，目的是減低孩子生活中的變異和波動，卻也會減低我們說的「文化全球化大社會」的變異和差異。

遭到轉譯的懲罰

我們可以在語言的學習中，看到另一個被遺忘的壓力因子特質——我沒見過有人學說母語是從看教科書開始、從文法練起，每季接受兩次考試以查核學習情形，並以系統化方法，將字詞塞進學得的規則中。當你在一種情況中遇到困難，犯過一個又一個錯誤，或者需要在多多少少吃力的情況下和別人溝通，尤其是必須表達迫切的需要時（例如在熱帶地方吃過晚飯後，身體上的需求），才能把一種語言學得最好。

我們不是像書呆子那樣死背去學新字，而是靠另一種努力：和別人溝通，主要是爲了不得不了解別人怎麼想——所以只好把害怕犯錯的恐懼心理暫時擱置一旁。成功、財富和科技使得這種學習模式變得窒礙難行。幾年前，沒人對我感興趣時，外國的會議主辦單位不會派臉書英語

（Facebook English）說得很流利、擅長巴結奉承的「旅遊助理」給我，所以我被迫學會照料自己，比手畫腳，跌跌撞撞，摸索試驗（就像孩子那樣），而學會外國字詞——不靠掌上型裝置，不用字典，什麼都沒用。現在我享受到一些特權和安逸舒適的禮遇——我當然無法抗拒安逸舒適——卻遭到懲罰：有個英語講得很流利的人，在機場拿著拼錯名字的牌子歡迎我，沒有壓力，沒有混淆不清，除了醜不拉幾（但編得井然有序）的教科書，不必接觸俄羅斯人、土耳其人、克羅埃西亞人或波蘭人。更糟的是，這個人嘴巴很甜；在必須適應時差的情況下，諂媚奉承，囉唆個不停，叫人頭痛不已。

不過，學習一種語言的最好方式，可能是在外國被關進牢裡。我的朋友查德·賈西亞（Chad Garcia）的俄羅斯語大有進步，必須歸功於一種無中生有的疾病，只好不情不願地待在莫斯科一家醫院的隔離區。那是一種狡猾的醫療綁架。蘇聯的統治結束之後，情勢一片混亂，醫院因此有機會敲詐旅客，強迫他們待在醫院，除非支付高額費用，才肯在他們的文件上蓋章。查德的俄文原本講得零零落落，卻不得不苦讀托爾斯泰（Tolstoy）的原作，結果學到相當多的辭彙。

觀光化

讓我的朋友查德身受其益的那種混亂，由於現代的觀光化（touristification）疾病而愈來愈少見。這是我造的一個詞，用來反映現代生活中，把人當作洗衣機，擁有簡化的機械反應——並且發給詳細的使用者說明書——的一種現象。我們用有系統的方法，消除事物中的不確定和隨機性，試圖讓最微小的細節也能高度預測。所有這些，都是爲了舒適、便利和效率。觀光客相對於冒險家或漫遊者，就像觀光化相對於生活；它將各種活動（不只是旅遊）轉化成像是演員照本宣科的劇本那樣的東西。我們將見到觀光化如何閹割喜歡不確定的系統和有機體，將最後一滴隨機性從它們的體內抽走——同時給它們得到利益的錯覺。教育體系、計畫撥款給有目的的科學研究、法國的中學畢業會考、健身房的機器等都是元兇。

還有電子行事曆。

但是最糟的觀光化，是我們現代人休閒時過著有如囚犯般的生活：週五晚上聽歌劇、參加早就安排好的聚會、在預定時間發出笑聲，這就像是關在黃金監獄裡面。

這種「唯目標馬首是瞻」的態度，深深傷害存在的自我。

對偶然的秘密渴望

這把我們帶到隨機性的存在層面。如果你不是洗衣機或布穀鳥鐘——換句話說，如果你是活的東西——你的靈魂深處會喜歡某種程度的隨機和混亂。

我們有一種心癢難搔的感覺和隨機有關。我們都喜歡溫和的（和高度馴化的）競賽世界，包括吸引許多觀衆的運動比賽，以及下一次去拉斯維加斯，擲雙骰子時屏息以待的那種感覺。我自己在寫這些段落的時候，試著不受制於精準和明確的計畫，希望文字能從自己內心不透明的地方湧出，帶給自己驚喜。寫作只有在能給我們冒險的悸動感覺時，才有其價値。這也是爲什麼我喜歡寫書，而不喜歡被報紙七百五十字的言論版文章約束的原因。就算報紙編輯不那麼庸俗而惹我厭煩也一樣。還有，眞的，下筆時自己覺得無聊的作者，一定令讀者感到無聊。

如果我能十分精準地預測自己將來的日子像什麼樣，我會覺得和一隻腳踏進棺材沒有兩樣。

此外，這種隨機是過眞正的生活之所必需。世界上所有的財富，也不能買到一種液體，比口乾舌燥時喝到水那麼愉快。極少事情給我們的亢奮勝過在火車上丟掉皮夾（或者筆記型電腦）失而復得。此外，在先人的棲息地中，人類受到自然刺激因子——恐懼、飢餓、渴望——的激勵，促使我們設法去適應環境。如果有孩子被壓在車下哭喊，我們很容易就生出力氣將車子抬起來，或者見到兇猛的野獸過街而來，很容易就會拔腿逃命。不妨拿這些和每天安排好下午六點硬撐著前往健身房，以及被個人訓練師冷嘲熱諷相比——當然了，除非你打算鍛鍊得看起來像保鏢那樣。也請想像：由於環境中的隨機性，我們不得不因爲缺乏食物而有一頓飯不吃，做起來有多容易——而「嚴以律己」，執行十八天的節食計畫，卻相當困難。

有一種人，對他們而言，生活就像某種專案。和他們談過之後，幾個小時內，你的心情都不會太好；生活品嘗起來開始像是不加鹽巴煮出來的菜。我這個愛找刺激的人，心裡有一具察覺別人在鬼扯的偵測器，和我的無聊偵測器不相上下，好像我們人裝有一種自然的過濾器，總是想要避免單調無聊。先人的生活中沒有家庭作業，沒有主管，沒有公務員，沒有學業成績，不需要和院長交談，不需要諮詢企業管理碩士，沒有作業程序表，沒有申請單，不需要出差到新澤西，沒有文法難題，不需要和讓你無聊的某個人講話：生活充滿隨機的刺激，而且不管好壞，沒有一樣事情讓人覺得像是工作。④雖然危險，卻絕不無聊。

最後，具有變異性（因此具有隨機性）的環境，不會使我們像在人類設計的系統中那樣，受到慢性壓力的傷害。走在凹凸不平的非人造地面上，不會有兩個步伐完全相同。而缺乏隨機性的健身房機器，給你的則恰好相反：強迫你無止境地重複非常相同的動作。

不少現代生活帶來慢性壓力傷害，但那是可以避免的。

接下來我們要探討進化這個偉大的反脆弱專家使用的招數。

④法國哲學家盧梭（Rousseau）和英國哲學家霍布斯（Hobbes）都不是這麼說的。沒錯，那個時候的生活可能「殘酷且短暫」，但是要我們有所取捨，承受古人生活上的不便，作爲避免現代折磨的必要成本，則是犯了嚴重的邏輯錯誤。我們沒有理由不同時擁有古今的美好。

4 害死我的，使別人更強大

一方的反脆弱得自其他人的脆弱——引起我們想太多，卻做太少的觀念——別人失敗，我們才能成功——有一天你可能收到感謝函

層級式的反脆弱性

本章要談錯誤、進化和反脆弱性，只是有點不一樣：主要是由於別人的錯誤——某些人的反脆弱性，必然來自犧牲別人的脆弱性。一個系統中，犧牲某些單位——脆弱的單位，或者是人——往往是其他單位或整體取得福祉之所必需。經濟要具有反脆弱性，需要每家新創公司呈現脆弱性，而這正是使創業精神得以發揮的原因：個別創業家呈現脆弱性，而且失敗率必然偏高。

因此，在層級存在的情況下，反脆弱性變得有點複雜，也更加有趣。自然的有機體不是最後的單一單位；它由次單位組成，而它本身可能是某個更大集合體的次單位。這些次單位可能彼此競爭。再舉個商業上的例子來說。餐廳呈現脆弱性；它們相互競爭，但一個地方上的餐廳集合起

來，而因此擁有反脆弱性。要是個別餐廳十分強固，因此屹立不倒，整個商業將遲滯不前，或者顯得疲軟，供應的食物不會比自助餐廳要好——我指的是蘇俄式的自助餐食物。此外，它會受害於系統性的短缺，有時更會爆發重大的危機，需要政府紓困。所有的品質、穩定和可靠性，都有賴於餐廳本身的脆弱性。

所以系統內部的某些部分可能需要具有脆弱性，整個系統才能擁有反脆弱性。有機體本身可能相當脆弱，但是加密在生殖它的基因中的資訊，將具有反脆弱性。這可不是小事一樁，因爲進化的邏輯背後正是如此。這也同樣適用於創業家和個別科學研究工作者。

還有，幾個段落之前我們提到「犧牲」。可嘆的是，發生錯誤的好處往往歸於別人，或者整體所有——好像是把個人設計成爲了更大的好處而犯錯，卻不是爲了自己的好處。但我們在討論錯誤的時候，經常不考慮脆弱性的層級和移轉。

進化與不可預測性

我說過，米特拉達提斯化和毒物興奮效應的概念是「原始」反脆弱性，也就是一種入門概念：它們甚至有點幼稚，需要改良，甚至超越它們，才能觀察整體的深奧系統。毒物興奮效應是一種比喻；反脆弱性則是一種現象。

第一，米特拉達提斯化和毒物興奮效應只是非常弱的反脆弱形式，從波動、意外或傷害，得到的利益有限，而且超過某個劑量之後，保護或者有利影響就會出現某種反轉。毒物興奮效應只喜歡少量的混亂，或者應該說是需要少量的混亂。它們有趣的地方，主要在於剝奪混亂會造成傷害，而我們在直覺上並不懂這一點——我們的內心不容易了解其間複雜的反應（我們的想法是線性的，而這些劑量的依存反應是非線性的）。我們的線性心靈不喜歡細微的差異，並將資訊化為二元的「有害」或者「有助」。

第二是核心弱點，我們從外面看有機體，認為它是個整體、單一的單位，但情況可能多了那麼一點細微的不同。

有一種更強的不同的反脆弱性，和超越毒物興奮效應的進化有關——其實和毒物興奮效應非常不同；甚至恰好相反。如果我們從外面觀察，而不是從裡面觀察，是可以將它描述為毒物興奮效應——受到傷害時變得更強。但這裡所說的另一種反脆弱性則會進化，而且是在資訊的層級上運作——基因是資訊。這個單位和毒物興奮效應不同，不會因為面對壓力而變得更強；它會死亡。但它會將好處移轉；其他的單位會存活下來——而存活下來的單位，擁有的特質能夠改進所有單位的集合體，帶來修正的現象。教科書和《紐約時報》週二的科學版面，語意不明地通稱為「進化」。所以這裡說的反脆弱性，不是指內在柔弱的有機體之反脆弱性，而是指它們的基因密碼的反脆弱性；基因密碼可以活得比它們久。這個密碼其實並不關心單位本身的福祉——恰恰相反，因為它會摧毀它旁邊的許多東西。羅伯特・崔佛斯（Robert Trivers）提出「自私基因」（selfish gene）的觀念，認為基因和有機體之間存在競爭關係。

事實上，進化最有趣的地方，在於它是因為**反脆弱性**才能運作；它喜愛壓力因子、隨機、不確定和混亂——而個別有機體卻相對顯得脆弱，基因庫則藉由震撼以增進它的適應力。

因此，我們從這一點可以看出大自然和個別有機體之間存有緊張關係。

每一個活的東西或者本質上有機的東西，生命都有限，最後會死亡——連聖經裡長壽的麥修徹拉（Methuselah）也活不到一千年。但它們通常是在繁殖後代之後死亡，而後代的基因密碼不同於上一代，資訊已經修改。麥修徹拉的基因資訊仍然存在於大馬士革、耶路撒冷，當然也存在於紐約的布魯克林。大自然不覺得它的成員在生殖能力耗盡之後還有什麼大用處（也許除了動物群居的特殊狀況之外，例如人類和大象需要祖母，協助其他成員扶植後代當家作主）。大自然喜歡在資訊的層級上，也就是以基因密碼的形式，讓遊戲繼續進行下去。所以有機體需要死亡，好讓大自然具有反脆弱性——也就是說，大自然懂得見機而作、冷血無情和自私自利。

我們來做個假想實驗，想像有一種不死的有機體，也就是它沒有到期日。爲了存活，它將需要完全適應環境中所有可能發生的隨機事件，也就是未來所有的隨機事件。隨機事件令人討厭的特質，就在於它的隨機性。它不會預告到來的時間，好讓有機體做好準備，先行調整，以承受震撼。不死的有機體有必要事先適應所有這些事件。隨機事件發生之後才來因應，爲時已晚，所以有機體需要做好準備，以承受震撼，否則只好說再見。我們談過，人體會擁有稍多一點的能力，以因應壓力因子，但這樣的效率仍然很低；它們仍然無法預見將來。它們可以準備迎接下一場戰爭，卻無法打勝仗。事件發生之後才來適應，不管速度有多快，都嫌遲了一點。①

有機體爲了永生不死，需要絲毫不差地預測未來——近乎絲毫不差還不夠。但是大自然讓有機體一次只活一段時間，在連續的世代間加以修改，就不需要預測未來的情況，只要對事物應該朝哪個方向前進，有個極爲模糊的概念就行。事實上，甚至連模糊的方向也不需要。每個隨機事件會以生態變異的形式帶來它本身的解藥。看起來好像大自然每一步都會自我改變，而且每一刻都在修改它的策略。

從經濟和體制生活來談論這件事。如果由大自然掌控經濟的運作，它絕對不會持續不斷去拯救活著的成員，讓它們永遠活著。它也不會有永遠的政府和負責預測的部會，去試著智取未來──它不會讓美國行政管理預算局（Office of Management and Budget）的騙術高手犯下這種知識傲慢的錯誤。

如果我們將歷史看成是和大自然類似的深奧系統，那麼它和大自然一樣，不會讓任何一個帝國永遠統治地球──即使從巴比倫人到埃及人，到波斯人，到羅馬人，到現代的美國，每一個超級強權都相信它能永久統治，並且成功製造出一些歷史學家，爲那樣的看法提出理論依據。系統會受到隨機性──以及不可預測性──的影響，建立起一個超越強固的機制，每一代都見機而

① 從技術面來說明爲什麼適應力標準和機率無關（不想了解技術面的讀者可以跳過這個註腳不看）。在任何期間 t，看不到 t 之後會發生什麼事，也就是任何高於 t 的期間會發生什麼事，因此反應會落後（那種時間落後是無法壓縮的），這樣的隨機程序特質稱作**非預期策略**（nonanticipative strategy）。這是隨機整合的要件。時間落後無法壓縮，是不可避免的核心問題。有機體只能採用非預期策略──所以大自然一定具有非預測性質。這一點至爲重要，連斯特拉托諾維奇（Stratonovich）所代表的俄羅斯學派等機率學家，以及使用他的積分方法的人也搞混了。他們掉進常見的心理扭曲中，認爲未來會發出我們能夠察覺的某種訊號。但願眞的如此。

作，自我改造，結果整個群體和物種不斷在變化。

「黑天鵝」管理學入門課程：大自然（以及像大自然的系統）喜歡有機體**之間**存在多樣性，而不是在永生的有機體**之內**存在多樣性，除非你像荷蘭唯物主義哲學家斯賓諾莎（Spinoza），或者存在於亞洲的宗教裡面，或者像克里希伯斯或艾彼科蒂塔斯的斯多噶學派（Stoicism of Chrisippus or Epictetus）的多神論那樣，將大自然本身視爲永生的有機體。如果你遇到研究文明的歷史學家，不妨試著向他解釋這一點。

我們來看看進化如何從隨機和波動（當然是在某種劑量之內）得到利益。除非發生極度的震撼，導致某一物種滅絕，否則在某一限度內，系統內部的雜訊和騷動愈多，最適者繁殖和隨機突變在定義下一代的特質方面，造成的影響愈大。假設一種有機體產生十個後代。如果環境十分穩定，十個後代將全數能夠繁殖。但如果環境不穩定，導致其中五個後代消失（可能是因爲平均體質比存活下來的兄弟姐妹孱弱），那麼能夠繁殖的後代，是進化認爲（總的來說）比較好的，使得基因經過某種適應。同樣的，如果後代之間因爲偶然的隨機自發性突變、基因密碼複製錯誤而出現變異，那麼最好的後代會繁殖，因而增進該物種的適應力。所以進化從隨機得到利益的途徑有兩條：突變的隨機性以及環境的隨機性——兩者都以類似的方式，導致存活下來的下一代特徵出現變化。

即使在某個極端事件發生之後，整個物種滅絕，那也沒什麼大不了，因爲這是整個遊戲的一部分。進化仍在運作，因爲存活下來的其他物種適應力最強，從消失的恐龍手中接掌世界——進化並不是爲某一物種效力，而是爲整個大自然效力。

但是請注意，進化只喜歡隨機性到某種限度。②如果發生天災地變，整個地球上的生命完全消滅，最適者也無法生存。同樣的，如果隨機突變的速率太高，那麼從適應得到的利益或許無法持久，甚至可能因爲新的突變，反向而行：我將一再重複表示，大自然只在**某個限度內**擁有反脆弱性，但這個限度相當高——它可以承受很大、很大的震撼。就算核子爆炸滅絕了地球上的大部分生命，而不是所有的生命，某些老鼠或細菌也會從不曉得什麼地方——或許是海底——冒出來，然後故事重新開始，只是裡面沒有我們，也當然沒有行政管理預算局。

因此，毒物興奮效應是指個別的有機體從本身直接受到傷害而受益，進化則發生於傷害使得個別有機體消滅，將利益移轉給其他存活下來的有機體和未來的世代。

要了解有機體族群喜歡**傷害**（同樣的，是在某種限度之內）以展開進化，而不是有機體本身喜歡傷害，可以拿抗生素抗藥性現象來說明。你愈是用力傷害細菌，存活下來的細菌會愈強——除非你能完全消滅它們。癌症治療也一樣：能在化學療法的毒性和放射線攻擊之後存活下來的癌細胞，往往繁殖得更快，並且占據較弱的細胞所留下的眞空。

---

②對波動的喜愛沒有限度時，會有強大的反脆弱性——獲得利益的上限在很遠的地方，或者眞的沒有極限——天空才是極限所在。只有在人造的人工生命，如經濟契約和文化產品，才會存在這些，自然程序則不然。附錄中會談及更多。

有機體是群體，群體是有機體

我是從物理學家轉爲遺傳學者的安托萬・丹欽（Antoine Danchin）③針對反脆弱性所做的研究，想到可以從群體的角度，而非個體的角度（後者得到的利益是從前者受到的傷害而來）看事情。丹欽認爲，分析的時候，需要考量有機體不是分離出來的獨立物體：這裡面有層級存在。如果你從群體的角度看事情，就必須超越「毒物興奮效應」和「米特拉達提斯化」等名詞，不將它們視爲反脆弱性的特徵。爲什麼？我們重複說一下前面的論點：毒物興奮效應是用來比喻直接的反脆弱性，也就是當有機體直接從傷害受益；從進化的角度來看，則是在層級上高於那個有機體的某樣東西從傷害中受益。從外面看，好像有毒物興奮效應存在，但從裡面看，則有贏家和輸家。

這個分層如何運作？一棵樹木有許多枝椏，這些枝椏看起來像小樹；此外，這些大樹枝有更多較小的樹枝，看起來像是更小的樹。這種情形體現了所謂的**碎形自我相似性**（fractal self-similarity），這是數學家貝諾・曼德伯（Benoît Mandelbrot）的觀點。事物也有類似的層級，但我們只從外面看到最上面一層。細胞由胞間分子群構成；有機體又由細胞群構成，物種則由有機體群構成。

③他和共同作者在《基因》（*Genes*）期刊發表一篇論文，談生物系統的反脆弱性觀念。有趣的是，這篇文章是看了本書的草稿而發；本書又針對丹欽的文章加以修改。

物種的強化機制來自犧牲某些有機體；而有機體的強化，則犧牲某些細胞，如此一路向下，也一路向上。

舉例來說，如果你喝少量的有毒物質，根據丹欽的說法，使你的有機體變得更好的機制，是你系統**內部**的進化，細胞內的壞（弱）蛋白質被比較強——和比較年輕——的蛋白質取代，而比較強的蛋白質則逃過一劫（或者類似的運作）。當你讓自己挨餓，壞蛋白質會先分解，並且由你的身體回收——這個過程稱作**自體吞噬**（autophagy）。這純粹是進化過程，也就是爲了提高適應力而選擇和**殺掉**最弱的。但你不必接受特定的生物理論（例如蛋白質老化和自體吞噬），才會接受這個一般觀念：有機體內部的生存壓力，對它處於外部壓力之下，有助於整體的改善。

錯誤，謝謝你

現在我們要談錯誤，以及某些人的錯誤如何對別人有益。

我們可以將脆弱性、錯誤和反脆弱性之間的關係簡化成如下所述。當你相當脆弱，那就需要依賴事物確實按照早就計畫好的路徑進行。偏異必須盡可能小——因爲偏異造成的傷害多於幫助。這是爲什麼脆弱使用的方法，**需要**很能預測未來的原因，而相反的，預測系統會帶來脆弱性。當你需要偏異，而且因爲未來的大部分結果都將對你有幫助，所以你不在意未來可能出現的結果離散，那麼你便具有反脆弱性。

此外，如果將錯誤當作一種資訊來源，以理性的方式進行嘗試錯誤法（trial and error），那麼其中的隨機要素其實沒有那麼隨機。如果每一次的嘗試都提供資訊，讓你了解什麼事情行不通，你的解決方案便會開始成形——於是每一次的嘗試都變得更有價值，那就像是費用，而不是錯誤。而且，一路走去，你當然會不斷地發現某些事情。

從別人的錯誤中學習

但是不要忘了本章談的是分層、單位、層級、碎形結構，以及每個單位的利益和次單位的利益之間的差異。所以其他人的錯誤往往對我們這些人有益——可悲的是，不是對他們有益。在正確的情境中，我們見到壓力因子是資訊。對反脆弱性來說，錯誤造成的傷害應該少於利益。當然了，我們談的是有些錯誤，不是所有的錯誤；不致毀滅整個系統的錯誤，有助於防止更大的災難發生。工程師和工程歷史學家亨利．佩特羅斯基（Henry Petroski）提出一個非常精彩的論點：要是「鐵達尼號」（Titanic）沒有發生那次有名的致命意外，我們會繼續建造愈來愈大的遠洋輪船，下一次的災難，悲劇會更大。所以死亡的人是爲了更大的利益而犧牲的；毫無疑問的，他們拯救的生命多於損失。「鐵達尼號」的故事說明了系統得到的利益，和它的若干個別部分受到的傷害，兩者之間是不同的。

福島發生的災難也是如此：我們可以這麼說，由於這次事件，我們察覺到核子反應爐（以及小機率）的問題，因此阻止了更大的災難發生（請注意當初天眞的壓力測試和依賴風險模型，犯下相當明顯的錯誤；這和經濟危機一樣，都沒有人想聽）。

每一架飛機墜毀，都使我們進一步提高安全性、改善系統，使得下一次飛行更爲安全——那些死亡的人，對其他人的整體安全做出貢獻。瑞士航空111班機、環球航空800班機、法國航空447班機，都促使我們改善系統。但這些系統會從錯誤中學習，是因爲它們具有反脆弱性，而且建立它們的時候，設計成能夠利用小錯誤；經濟崩潰則並非如此，因爲經濟系統以目前的方式建立，不具有反脆弱性。爲什麼？每年有數十萬架飛機飛上天空，一架飛機墜毀不會波及其他飛機，所以錯誤受到侷限，而且具有高度的認識性——可是全球經濟系統卻像一個整體那般運作：錯誤會散播出去，而且愈滾愈大。

同樣十分重要的一點是，我們談的是局部性的錯誤，不是整體的錯誤；是小錯誤，不是嚴重和致命的錯誤。好系統和壞系統因此有別。像航空公司這種好系統，設計成能從小錯誤中獲益，而且不互相影響——或者可以說，彼此呈現負相關，因爲錯誤會降低未來發生錯誤的機率。這是觀察一種環境是反脆弱（例如航空），而另一種是脆弱（例如現代的經濟生活，呈現「地球是平的」風格，唇齒相依）的方式。

每一次空難都降低了下一次發生空難的可能性，但每一家銀行崩垮，卻讓下一家銀行崩垮的可能性提高。建構理想的社會經濟體系時，我們需要消除第二種錯誤——也就是會造成傳染的那種錯誤。我們再來探討大自然。

大自然是從一個非系統性錯誤到另一個非系統性錯誤建立起來的：我搬石頭時發生的錯誤，如果校準得很好，就會引導我下一次只遭到小傷害，因爲我會試著避免疼痛——畢竟這是人感到疼痛的目的。美洲豹的動作像是大自然的交響樂，不需要個人訓練師指導牠們用「適當的形式」，將鹿銜到樹上。人提供的建議，在網球、保齡球或射擊等人造的運動可能有幫助，但對自然的動作沒有益處。

有些企業喜歡它們**本身**的錯誤。再保險公司的營業重點放在承保巨災風險（保險公司找它們「再保險」這種無法分散的風險），能在災難或尾端事件打擊它們**之後**表現得不錯。如果它們能夠繼續營業，而且「做好準備」（極少公司能訂好計畫，因應這種偶發事件），那它們就會急遽提高溢價以為彌補——因為顧客會過度反應，而支付過高的保險費。它們宣稱對於公平價值（fair value；也就是合適的再保險價格）毫無概念，但肯定知道在壓力很大的時刻，訂定過高的價格，足以讓它們賺得長期的利潤。它們需要做的事，是將錯誤壓低到夠小的程度，好讓它們能在錯誤發生後繼續存活。

如何成為德蕾莎修女

變異會造成錯誤，而且需要去適應；這也能讓你知道誰是你的朋友。你的失敗和成功都會提供給你訊息。但是有時在你以只有你一個人必須負責的錯誤，傷害某個人之後，才會知道他的品格，而這是生命中的美好事物之一——有些人以寬大的態度，原諒我犯下的錯誤，著實令我驚訝不已。

當然，你也會從別人的錯誤中學習。你也許永遠不知道某個人是什麼樣的人，除非他們有機會違背道德或倫理規範。我記得有位中學女同學，人看起來很好且誠實，而且是我們童年時期，反對貪圖物質享受的烏托邦分子的一員。可是後來和我的預期（以及她那無辜的表情）相反，我相信她並沒有成爲天主教慈善工作者德蕾莎修女（Mother Teresa）或者德國左派革命家羅莎・盧森堡（Rosa Luxemburg），因爲她背棄第一任（有錢的）老公，投向另一個更有錢富翁的懷抱，等到這個人發生第一次財務困難，她又掉頭而去，找尋另一個更有錢和更有權（也更慷慨）的愛人。在沒有波動的環境中，我（很可能也包括她）會誤將她看成是烏托邦分子和聖人。社會中的某些人——沒有和她結婚的人——因此得到寶貴的資訊，而其他人，也就是受害於她的人，則付出慘痛的代價。

此外，我認爲輸家的特徵是在犯錯之後，不懂得內省、從錯誤中學習、覺得難堪、產生防衛之心，並且試著解釋爲何他會犯下錯誤，而不是以新的資訊來豐富自己，然後邁開步子往前走。這種人往往認爲自己是某個大陰謀、壞老闆，或者壞天氣的「受害者」。

最後，我認爲，不曾犯過錯的人比只犯過一次錯的人不可靠。而犯下許多錯的人——但是同樣的錯誤不犯兩次以上——比不曾犯過錯的人可靠。

爲何整體討厭個體

我們談過，由於分層，生物的反脆弱性才能運作。次有機體之間的敵對關係，對進化做出貢獻：我們身體中的細胞相互競爭；細胞之內，蛋白質相互競爭，如此一路向上或向下。我們也可以將這一點用到人的努力上。經濟也有類似的層級：個人、技術勞工、小公司、公司中的部門、公司、產業、區域經濟，最後最上層則是整體經濟——我們甚至可以用更多的層級來區分得更細。

經濟要擁有反脆弱性，並且展開我們所說的進化，每一家單一個別企業必然需要呈現脆弱性，容易破碎——進化需要有機體（或者它們的基因）在被其他有機體取代時死亡，如此才能取得改善，或者在它們不像其他有機體那麼適應時，避免繁殖。因此，較高層級的反脆弱性，可能需要較低層級展現脆弱性——並且有所犧牲。每一次你用咖啡機煮早上的卡布奇諾，你是從製造咖啡機失敗的創業家呈現的脆弱性得到利益。他的失敗，才能使優異的商品放上你家廚房的流理台。

再來看看傳統的社會。這裡也有類似的層級：個人、直系家屬、大家族、部落、使用相同方言的人、族群、團體。

雖然蟻群中的犧牲相當明顯，我卻相當肯定，個別商業人士顯然不是那麼願意爲了整體經濟更大的利益而切腹自殺；他們關心的必然是爲自己尋找反脆弱性，或者至少某種層級的強固性。這不見得與整體——也就是經濟——的利益相容。所以每個部分的特質和它們加起來的整體特質不同，便會帶來問題——事實上，整體希望部分受到傷害。

冷酷無情竟然是改善的引擎，著實令人感到痛苦。

那麼，解決方案是什麼？沒有方法能夠取悅每一個人——但我們有方法可以減輕非常弱的人受到的傷害。

問題比你所想的還要嚴重。學生進商學院，是學習如何表現優異，以確保自己的生存——但是整體經濟卻希望他們**不要**生存，願意無視於勝算高低，而去冒很多不假思索的風險。他們置身其中的個別產業，因爲一次又一次的失敗而改善。自然系統和像自然那樣的系統，希望個別經濟主體展現過度的自信，也就是高估自己的成功機率，卻低估所經營企業失敗的風險，只要他們的失敗不影響別人就好。換句話說，它們要的是局部性的過度自信，不是全面性的過度自信。

我們見到餐廳這一行展現十足的效率，原因正是在於餐廳相當脆弱，每一分鐘都有餐廳倒閉，可是創業者卻無視於這種可能性，總是覺得他們穩賺不賠。換句話說，某種輕率，甚至自殺式的冒險行爲，對經濟來說是健康的——但前提是並非所有的人都冒相同的風險，而且這些風險相當小且限於局部。

我們將談到，政府以紓困行動干擾這個模型。它們偏愛的公司通常規模夠大，非救不可，以免其他企業遭到波及。這和健康的冒險行爲恰好相反；健康的冒險行爲，是將**脆弱性從集體移轉給不適應者**。人們通常難以理解，不曉得我們應該實施的解決方案，是建立一個系統，其中不管誰倒下去，都不會拖累其他人——持續不斷的失敗，有助於保存整個系統。說來矛盾，許多政府的干預行動和社會政策，最後是傷害弱者，卻鞏固舊機構。

沒害死我的，害死了別人

現在該來揭穿一個迷思的眞相。

我是反脆弱的鼓吹者，必須警告讀者不要產生錯覺，在反脆弱性不存在的情況下，以爲看到了它。我們可能誤將系統的反脆弱性，視爲個人的反脆弱性，但事實上那種反脆弱性是犧牲個人而取得的（這是毒物興奮效應和選擇之間的差異）。

尼采的名言「殺不死我的，使我更強大」，很容易被誤解爲指米特拉達提斯化或毒物興奮效應。這很可能是兩種現象之一，但也可能表示「殺不死我的，並沒有使我更強大，而是因為我比別人強大而逃過一劫；但是它害死了別人，整個群體現在平均比以前強大，因爲弱者不見了」。換句話說，我通過了結業考試。我曾經在談論因果關係的假錯覺文章中討論過這個問題，說有篇報紙文章指出，黑手黨的新成員曾經遭蘇聯流放，「因爲到過古拉格（Gulag；蘇聯的集中營）而變得堅強」。由於最弱的人在古拉格之旅中死掉，所以我們會產生他們強化的錯覺。有時我們見到人們在試煉之後活下來，由於存活的人群比原來的人群強壯，於是我們會認爲這些試煉對他們是好事。換句話說，試煉只是一場無情的考驗，殺掉失敗的人。我們看到的，可能是我在前面說過的，將脆弱性（應該說是反脆弱性）從個人移轉給系統。且讓我以不同的方式來說。活下來的人群顯然比原來的人群強壯——但是個人並非如此，因爲比較弱的人已經死亡。

有人付出代價讓整個系統得以改善。

我和我們

個人和集體利益之間有形的緊張，在歷史上是新見的現象：以前是用幾乎無關痛癢的個人行爲來處理。英雄是爲了群體而犧牲：這對部落是好事，但對於在激戰中死亡的人則是壞事。人肉炸彈展現了英雄的本能，以及置個人死生於度外，以群體興亡爲己任的異常行爲。慷慨赴死前的恐怖分子，心情和狂喜近似，因此無視於本身的死亡。認爲人肉炸彈是因爲相信回教許諾天堂有處女和其他娛樂獎賞正等著他們，所以願意自我犧牲是錯的，因爲正如人類學家史考特．艾特朗（Scott Atran）指出的，黎凡特地區的第一個人肉炸彈，是有希臘東正教背景——我的部落——的革命分子，不是回教徒。

我們有個像開關那樣的東西，在人們參加社區舞蹈、大規模騷動，或者戰爭時，爲了群體而殺害個體。你現在滿腦子想的都是群衆。你是艾利亞斯．卡內蒂（Elias Canetti）所說的**有節奏和悸動的群衆之一員**。在你下一次參加街頭暴動時，當群衆的狂熱完全消除了對當局的恐懼，你也會感受到不同的群衆體驗。

現在來將這一點概化。從某個距離之外看這個世界，我可以見到人和自然之間呈現十分緊張的關係——這是因爲脆弱性取捨而引起的緊張。我們見到大自然如何希望她自己（也就是整體）生存下去——而不是每個物種都生存——正如接下來每個物種都希望它的個體呈現脆弱性（尤其是在繁殖之後），好讓進化的選擇能夠發生。我們見到脆弱性從物種移轉到個體，是整體生存之所必需：物種具有反脆弱的潛力，因爲去氧核糖核酸（DNA）是資訊，但物種的成員會易損，因此必須準備犧牲，而且事實上是爲了集體的利益而如此設計。

反脆弱性，反脆弱個頭。我對下面要提到的一些適應和選擇的觀念不是很以爲然，因此寫這些段落相當痛苦——我討厭選擇的冷酷無情，不喜歡大自然的無常。我厭惡傷害他人才能進步的概念。生爲人道主義者，我反對犧牲個人而成全系統的反脆弱性，因爲如果你根據這方面的道理去推論，我們每個人將無足輕重。

啓蒙運動（Enlightenment）的一大貢獻，是將個人推到前面，強調他的權利、他的自由、他的獨立性，以及他的「追求幸福」（不管「幸福」是什麼意思），而最重要的是他的隱私。啓蒙運動雖然否定反脆弱性，但它和繼之而起的政治體系，卻使我們（在某種程度內）從歷史上一直居於支配地位的社會、部落、家庭中解脫出來。

傳統文化的單位是集體；而且一般可能認爲它會受到個人行爲的傷害——當女兒未婚懷孕，或者家裡有人涉及大規模的金融詐騙和龐奇（Ponzi）騙案，或者更糟的是，在大學教財務經濟學之類的詐騙課程，會令全家蒙羞。這些道德仍然存在。十九世紀末或二十世紀初，法國鄉村仍然常見某個人動用畢生的積蓄，清償遠房表親背負的債務（這種實務稱作一筆勾銷〔passer l'éponge〕，字面上的意思是指用海綿擦掉黑板上的債務），以保存大家族的尊嚴和好名聲。這被視爲一種義務（我承認，我在二十一世紀初也盡到自己的一些義務！）。

我們顯然需要系統存在，個人才能生存。所以我們需要在唇齒相依和錯綜複雜的情況下，非常小心地犧牲其他人的利益，以維護某一方的利益。④

④許多人一開始都認爲自己的死亡是最糟的「黑天鵝」情境。其實不然。除非他們研讀了太多的現代經濟學，否則便會明白表示同意自己的死亡**加上**摯愛的人死亡，**加上**人類的毀滅，將遠比本身的死亡糟糕。回頭談前面提到的深奧系統。我們只是一條大鏈的一環而已，而且我們同時關心自己和系統，也希望保存那條大鏈的各個部分。

西西里島有個黑手黨，稱作我們的事業（Cosa Nostra）。這個黑幫所說的「正人君子」（uomo d'onore），指的是遭到警方逮捕後，不計個人利益，三緘其口，絕不出賣朋友。他寧可蹲苦牢，也不認罪而傷害其他成員。部落（我們的事業）優先於個人。但是新一代的認罪協商者，令黑手黨元氣大傷（請注意，黑手黨所謂的「光榮」，只限於幫內的團結——他們其實會說謊，而且在其他方面，沒有什麼可敬之處。他們會在背後放冷槍，而這在地中海東岸，被視爲極其懦弱的行爲）。

同樣的，我們人類可能以自我爲中心，卻犧牲其他物種。我們會傷害生態體系的脆弱性，以確保本身的生存。人類的利益優先於大自然的利益；而且我們能夠忍受某種無效率、某種脆弱性，以保護個人，雖然犧牲大自然太多，最後可能傷害我們自己。

我們見到集體的利益和個人的利益之間有所取捨。不打破個別的蛋，經濟無法生存，而且我們似乎沒有必要抑制進化的力量，以圖利個人。我們可以設法讓個人免於飢餓、提供某種社會保障，並且給他們尊嚴，或者如下所說的提供更多。

全國創業日

在此同時，如果我是烏托邦分子（眞的），我會很討厭自己所做的研判，但我認爲還是有希望存在的。

英雄行爲及它所贏得的尊敬，是社會給那些爲別人承受風險的人的一種補償形式。創業是一種高風險和英雄式的活動，是經濟成長，或甚至單單爲了生存之所必需。

從認識論的觀點來看，這也是集體需要的——如此才能促進專業知識技能的發展。什麼事情都沒發現的人，其實也提供了知識給別人。缺少結果（表示此路不通）的知識正是最好的知識——可是他贏得的掌聲微乎其微，或者根本沒有掌聲。他是這個程序的核心部分，但獎勵歸於他人所有，更糟的是，他沒有得到尊敬。⑤

有人因爲過度自信，開設餐館卻以失敗收場。我在享受美食的同時，他卻可能在吃鮪魚罐頭。不感激他，我未免太沒良心。

現代社會爲了進步，對待破產的創業家的方式，應該和我們紀念死去的士兵相同。或許不必一樣隆重紀念，只要使用完全相同的邏輯就行了（創業家仍然活著，但也許在道德上破產，以及在社會上遭到污名化，尤其是如果他住在日本的話）。無論死活，都沒有所謂的失敗的士兵（除非他表現懦弱）——同樣的，世界上是有成功的胡說八道者、假哲學家、評論員、顧問師、遊說者，或者不承受個人風險的商學院教授（抱歉），卻沒有失敗的創業家或失敗的科學研究工作者那種事情。

心理學家把「過度自信」看成是一種疾病，認爲會使人在冒險的時候，無視於成功的機率。

---

⑤通訊記者讓—路易・若特（Jean-Louis Rheault）寫道：「我注意到，愈多人誇讚抽象概念的創業家，遇到眞正的創業家時，反而愈鄙視他們。」

但是在反脆弱的情況中，展現溫和的英雄式冒險行為，以造福別人的過度自信，和負面的「黑天鵝」有關、比較齷齪的現代冒險行為，例如「科學家」計算福島反應爐造成傷害的風險時過度自信，兩者是有差別的。在前者的情況中，他們說的過度自信是件好事，不需要用藥治療。

創業家和公司內部只知計算的經理人不同。經理人在組織的層級往上爬，幾乎不曾承受任何眞正的下檔損失。這群人很少承受風險。

伊拉斯謨（Erasmus）所說的忘恩負義者（ingratitudo vulgi），在全球化和網際網路的時代中愈來愈多。

我希望——也是解決方案——將來能有個全國創業日，傳達這樣的訊息：

你們大部分的人會失敗、名譽掃地、家徒四壁，但我們感謝你們為這個世界的經濟成長，以及拯救他人脫離貧窮，所承受的風險和所做的犧牲。**你們是我們的反脆弱來源**。國家感謝你們。

第二冊 現代化與否定反脆弱性

如同波特萊爾在那首悲傷的詩中寫到的信天翁，適合在天上飛，到了地上就無用武之地，走起路來搖搖擺擺地很吃力。「波動性」（volatility）一詞來自拉丁語的飛（volare），十分貼切。剝奪政治（和其他）體系的波動性會傷害他們，最後會像瀑布層層而下那樣造成更大的波動。

這一部分，也就是第二冊，談的是來自否定毒物興奮效應的脆弱性、有機體的自然反脆弱性，以及我們出於好意，扮演指揮家的角色，卻傷害到系統。我們不讓社會和經濟體系遭受壓力因子和隨機性的干擾，將它們放在輕鬆舒適的現代化普羅克拉斯提斯之床上，反而造成它們的脆弱，最後遭到傷害。

普羅克拉斯提斯（Procrustes）是希臘神話中的旅店老闆，為了讓旅人躺在床上剛好符合床的長度，便將太高的人的手腳砍短，把太矮的人的手腳拉長。但是身高恰到好處的旅人，剛好有一張適合的床可睡。

我們在第三章說過，將有機體視為簡單的機器，是種簡化，或近似，或化約的做法，正好和普羅克拉斯提斯之床相同。我們這麼做，往往是出於最崇高的意圖，就像我們會受到壓力，不得不「修理」東西，並且因為害怕隨機和喜歡平順，經常導致它們爆炸。①

第二冊也會討論人和自然力量之間的競爭、某些反脆弱系統渴望波動，以及我們如何使社會、政治（和其他）體系過度穩定，而容易遭受「黑天鵝」傷害。

①簡化失敗的地方，也就是將非線性的東西簡化，用線性來代替，造成的傷害最大。這是最常見的普羅克拉斯提斯之床。

5 露天市場與辦公大樓

紅白兩派都前往蘇黎世——戰爭不是監獄——火雞計畫受阻——記住我們活在極端世界

兩種專業

我們來談兩個完全相同的雙胞胎約翰和喬治的故事。他們（都）生於塞普勒斯（Cyprus），現在住在大倫敦地區。約翰在一家大銀行的人事部門當文書，工作了二十五年，負責處理員工輪調全球各地的事務。喬治是計程車司機。

約翰的收入非常好預測（或者他是這麼認爲），享有福利給付，一年休假四個星期，每在職二十五年就會得到一只金錶。每個月有三〇八二英鎊的錢存進他在當地納特西銀行（Nat West）開立的活期存款帳戶內。他提領一點錢去還倫敦西區房子的抵押貸款、支付水電費和買羊奶酪，還剩一點錢可以存下來。週六上午醒來，他總是賴在床上，不肯立刻起床。他無憂無慮，告訴自己「人生十分美好」——直到銀行危機爆發，才知道大事不妙，因爲他可能變成「冗員」。失業會對他造成嚴重的打擊。他是人事專家，見多了許多人在五十歲遭到遣散，漫長的事業生涯戛然而止，再也回不去職場了。

喬治和他兄弟住在同一條街上，開黑色計程車——這表示他花了三年時間，熟記大倫敦的大街小巷，掙來有權在街道上攬客的執照。他的所得波動很大。有些日子「不錯」，可以賺進數百英鎊；有時很糟，甚至不敷成本；但是年復一年，他的平均收入和兄弟差不多。到目前為止，二十五年的生涯中，只休過一天，沒賺到車資收入。由於所得起伏不定，所以他老是抱怨，不像兄弟那樣工作有保障；但事實上這只是錯覺，因為他擁有更多。

這就是人生的核心錯覺：認為隨機的風險高，所以是壞事；消除隨機，就能消除風險。

計程車司機、妓女（非常古老的行業）、木匠、水電工、裁縫師和牙醫等技術勞工，所得波動都很大，但面對小小的專業「黑天鵝」，也就是會使他們的所得完全消失的事件，卻有相當高的強固性。他們的風險是看得見的。但是受雇於人的上班族卻不是這樣，他們的所得雖然不會大起大落，卻可能在接到人事部門的一通電話之後，所得立刻掉為零而大受震撼。受雇者的風險是隱藏的。

這些技術勞工的收入容易變動，事業生涯反而帶有一些反脆弱性：小小的變異會使他們不斷設法適應和改變，從環境中學習，並且持續處於必須適應的壓力之下。我們說過，壓力因子是資訊；這些生涯面對的壓力因子持續存在，使得他們必須見機而作，設法調整。此外，他們也能接納饋贈和驚喜、免費選擇權——我們會在第四冊談到，這是反脆弱的正字標誌。喬治習慣於有時遇到要求十分瘋狂的顧客，而且他可以自由自在拒絕：在冰島火山爆發引起恐慌的那段期間，英國空中交通癱瘓，曾有一位有錢的老婦人，請他開車載她前往法國南部參加婚禮——來回二千哩。妓女同樣有那麼一點小小的機率，遇見對她十分癡迷的有錢恩客，送她非常昂貴的鑽石，甚至願意娶她爲妻，只要忍受一段短短的過渡期，便成爲未亡人。

喬治也可以自由選擇繼續開車，直到不想開爲止（許多人繼續開計程車，直到八十來歲，主要是爲了打發時間），因爲他是自己的老闆，不像他兄弟，到了五十來歲就完全沒人肯雇用他。

這兩種所得波動之間的差異，適用於政治體系——而且我們會在下面兩章談到，也適用於生活中的幾乎每一樣事情。用人的力量去平滑隨機性，會產生相當於約翰的所得：平穩卻脆弱。這種所得比較容易受到大震撼的傷害，瞬間掉爲零（如果他住在少數幾個福利國家之中的一個，是可以領到若干失業給付）。自然的隨機性比較像喬治的所得：非常大的震撼扮演較小的角色。此外，這種變異有助於改善系統（因此改善反脆弱性）。計程車司機或妓女的收入下降一個星期，會給他們和環境有關的資訊，提示他們需要到城內客戶常去的新地方；約一個月沒有收入，會促使他們修改技能，另謀出路。

此外，對自力營生的人來說，不致命的小錯誤是資訊，而且是寶貴的資訊，會引導他修正原來的做法以適應環境；對於像約翰那樣的受雇者，錯誤會成爲永久的紀錄，在人事部門建成檔案。紐約洋基隊一九五〇年代的當家捕手，也是強打者約吉·貝拉（Yogi Berra）曾說：「我們都犯過不對的錯誤。」——對約翰來說，所有的錯誤都是不對的錯誤，大自然喜愛小錯誤（若非如此，基因變異就不可能發生），人類卻不然——因此當你依賴人的判斷，就只好任憑心理偏誤擺布，不喜歡反脆弱性。

因此，我們人類害怕第二種變異和天眞的脆弱系統，於是用保護它們的方式，反而阻止它們形成反脆弱性。換句話說，每當適合使用時，這一點都値得一提再提：避開小錯誤會使大錯誤更爲嚴重。

中央集權國家和約翰的所得類似；城邦國家的模式則和喬治相近——約翰有個大雇主，喬治則有許多小雇主——所以他能選擇最適合自己的雇主，因此任何時點，「有更多的選擇」。前者產生穩定的錯覺，但那是脆弱；後者有易變的錯覺，但具有強固性，甚至呈現反脆弱性。

你在系統中看到的變異愈多，它愈不容易受「黑天鵝」傷害。現在拿瑞士的故事，來探討以上所說如何適用於政治體系。

列寧在蘇黎世

最近我在蘇黎世一家小館子改裝的豪華餐廳，看著價格超貴的菜單，不知如何點餐，因爲價格至少是美國品質相當的餐館的三倍。全球最近這一場危機，使得瑞士的安全天堂地位更勝以往，導致它的貨幣匯價急遽上揚——瑞士是世界上反脆弱性最強的國家；它從其他地方發生的震撼得到利益。我的朋友是一位作家，對我說，以前住過這裡的列寧（Lenin），常和達達派詩人崔斯坦・查拉（Tristan Tzara）在這座館子下棋。沒錯，後來改名爲列寧（原名弗拉基米爾・伊里奇・烏里揚諾夫〔Vladimir Ilyich Ulyanov〕）的俄羅斯革命家，曾在瑞士待過一段時間，炮製他的由上而下偉大現代國家藍圖，後來並在中央極權國家控制下，展開規模最大的人類實驗。我突然覺得，列寧待過的這個地方有點怪異，因爲幾天前我在日內瓦湖畔的蒙特勒（Montreux）參加一場會議，地點正好選在俄羅斯流亡貴族、受害於列寧的瓦拉迪米爾・納博科夫（Vladimir Nabokov）度過餘生最後二三十年的相同飯店。

我覺得有趣的是，紅白兩派都庇護，也就是布爾什維克黨人和他們後來取而代之的白俄貴族都受到庇護，似乎是海爾維第共和國（Helvetic Confederation；譯註：瑞士的官方全稱）的主要業務之一。蘇黎世、日內瓦或洛桑等大都市，都能見到政治難民來這裡尋求庇護：例如被回教徒推翻的流亡伊朗皇室，以及最近執行「B計畫」的非洲當權者。連伏爾泰也曾躲在日內瓦近郊、靠近法國邊界的弗尼（Ferney）一段時間（弗尼那時甚至還沒有加入共和國）。伏爾泰這個受到很好保護卻惹人厭的人，在侮辱法國國王、天主教會或其他權威之後，倉卒逃到弗尼——但一般人不知道的是，他也有尋求財務保護的誘因。伏爾泰是白手起家的富裕商人、投資人和投機交易人。值得一提的是，他有不少財富是來自面對壓力因子的反脆弱性，在流亡之初開始累積財富。

因此，和伏爾泰一樣，也有其他各種難民來到這裡：來自動盪地區的財務難民，可以從他們昂貴卻無趣的服裝、索然無味的語言、做作的禮儀，以及昂貴（閃閃發亮）的手錶看得出來——換句話說，他們和伏爾泰不同。可是他們和許多富人一樣，覺得有權在講完笑話之後自己先笑起來。這些（單調乏味）的人不是來尋求人身的庇護；尋求庇護的是他們的資產。雖然有些政治人物可能喜歡躲得離法國或英國政權遠遠的（法國和英國是消磨週六晚上比較刺激的地方），但他們絕對想要在瑞士開立活期存款帳戶。就經濟面來說，這是世界上最強固的地方——而且好幾個世紀以來都是如此。

各式各樣的人帶著他們的皮夾，來瑞士尋求庇護、安全和穩定。但是所有這些難民沒有注意到一件很明顯的事情：這個世界上最穩定的國家，**竟然沒有**一個政府。而且，雖然它沒有政府，卻沒有因此而不穩定；相反的，正**因為**沒有政府，它才穩定。隨便找個瑞士公民，請他說出總統的姓名，然後計算說得出的人所占的百分率，你會發現，他們通常比較能說出法國或美國總統的姓名，而不是自己國家總統的姓名。它的貨幣最爲強勁（本書撰稿時，是最安全的貨幣），可是它的中央銀行相當小，甚至相對於國家的規模也顯得很小。

那些伺機而動、想要重掌大權的政治人物，曾經注意到這裡沒有政府，相信他們是因爲瑞士沒有這種政府，才能在那裡，並且因此而調整他們的單一民主國家和政治體系觀念嗎？一點都看不出來。

說瑞士沒有政府也不見得完全正確。他們只是沒有一個大型**中央**政府，或者一般論述所說的「政府」。治理他們的是完全由下而上，像是自治市、稱作州的區域性實體、接近主權獨立的迷你國家，統一成共和國。共和國裡面有相當大的波動，居民之間的敵意停留在爭奪噴泉或者其他乏味辯論的層次上。這不見得令人愉快，因爲鄰居會變成好事之徒——這是從下而上，不是從上而下的專制政體，但仍然是專制政體。但是這種由下而上的專制形式提供一層保護傘，能夠對抗烏托邦的浪漫影響，因爲在這種缺乏知性的氣氛中，不會產生什麼大觀念——在日內瓦舊城區的咖啡館待一下下，尤其是在週日的午後，便足以了解這個程序高度缺乏知性，沒有任何宏偉的事物，甚至可說一切都微不足道（有一個非常有名的說法，說瑞士最偉大的成就，是發明布穀鳥鐘，而其他國家則有重大的工程——非常好的說法，除了瑞士人並沒有發明布穀鳥鐘之外）。但是這個體系在每一個可能的層級，都產生了穩定性——穩定到無聊的地步。

也請注意你在瑞士，日內瓦所有地方、蘇黎世一些地方（市區），尤其是格施塔德（Gstaadt）和聖莫里茨（San Moritz）等滑雪勝地，會見到浮華得令人生厭的場面，但這不是這個國家的直接產物，也不是它所負使命的一部分，而是成功帶來的結果，因為瑞士像磁鐵那般，吸引醜陋的有錢和避稅難民。

請注意這不是單一民族大國，而是由自生自滅的一些小自治市組成的。

由下而上變異

我所說的由下而上變異——或者雜訊——是指在自治市內部發生的那種政治波動，也就是在日常事務運行時，發生的小鬥爭和摩擦。它不具有規模可變性（或者在規模轉換的情況下，所謂的**不變**〔invariant〕）：換句話說，如果規模增加，例如將某個社群內的人數乘以一百，社群的動態會顯著不同。大國的行為一點都不像巨大的自治市，就像嬰兒不像小大人那樣。兩者的差異在性質上：某個社群內的人數增加，會改變各個實體之間關係的品質。本書前言談過非線性。如果你將某個實體內的人數乘以十，原來的特質就無法保存，也就是會發生轉型。各實體之間的對話會從平凡無奇（但是效果好），轉成抽象的數字，更為有趣，也許更具學術味道，但是效果比較差。

一群自治市展現畫地自限的敵意，也有本身的內部鬥爭，人與人之間相互傾軋，但它們聚集在一起，便成爲相當溫和且穩定的國家。瑞士就像前面所說第二個兄弟的所得，由於地方層級的變異和雜訊而穩定。正如計程車司機每天的所得相當不穩定，但年所得相當穩定。瑞士在總體的層級上顯現穩定性，因爲各州集合起來，產生了一個堅實的系統。

人處理地方事務的方式，和他們處理大而抽象的公共支出的方式非常不同：傳統上，我們活在小單位和部落中，而且在小單位中管理得相當好。①

此外，生物學在自治市的環境，而不是在較大的系統中，扮演某種角色。一國政府不必因爲錢花得太多，或者因爲在越南殺人之類的失敗行動，而像生物反應那樣羞愧難當。和同儕四目交接，會改變一個人的行爲。但是對於每天黏在辦公桌的水蛭來說，數字便只是數字而已。週日上午你在教會遇到的人，會因爲自己犯下的錯誤而渾身不自在——而且會爲那些錯誤負起更大的責任。在小型、局部的規模上，他的身體和生物反應會引導他避免傷害到別人。在大型的規模上，其他人只是抽象的項目；由於和當事人缺乏社會上的接觸，公務員的大腦會起帶頭作用，而不是根據情感做事——也就是只根據數字、電子試算表、統計數字、更多的電子試算表和理論去做事。

①我在這裡跳過經濟論點，不談獨立自主的城邦國家是否展現經濟能量（正如亨利・皮雷納〔Henri Pirenne〕或者梅克斯・韋伯〔Max Weber〕以某種浪漫的方式所主張的那樣）；我的（數學）論點是：把變異半獨立的小單位集合起來，產生的風險特性會和單一大單位非常不同。

我把這個觀念告訴馬克．布萊斯（Mark Blyth）之後，他脫口而出非常明顯的一件事：「史達林（Stalin）不可能存在自治市之中。」

在其他許多地方，小就是美。我們現在先將小單位（總體則是小單位的集合）視為比大單位更具反脆弱性——事實上，大單位勢必分裂（我們稍後會解釋數學上的特質），而相當不幸的，這似乎適用於大公司、非常大型的哺乳動物，以及大型政府。②

關於抽象的國家，還有另一個問題，心理上的問題。我們人類一向藐視不具體的東西。一個正在哭泣的嬰兒，對我們的影響，很容易超過其他地方數千人奄奄一息，卻沒有透過電視機傳送到我們的客廳。第一種情況叫人於心不忍，第二種情況則只是統計數字。我們的情感能量無視於機率。媒體利用我們偏愛奇聞軼事、渴望聳人聽聞的消息，而使事情變得更糟。而且，它們在這麼做的時候，造成很大的不公平。目前每七秒鐘就有一個人死於糖尿病，但是新聞只報導龍捲風受害人的家在空中飛。

問題在於創設官僚制度之後，我們將公務員放在根據抽象和理論事務做決定的位置上，卻誤以為他們是以理性、負責任的方式做決定。

遊說者——遊說者惱人的競賽——也無法存在於自治市或小區域中。由於布魯塞爾的歐洲執

---

② 聽到人們在辯論政治體系時，拿規模不同的國家來相互比較，實在叫人氣結——例如比較新加坡和馬來西亞。單位的大小可能比系統還要重要。

行委員會（European Commission）集中（某種）權力，歐洲人很快就發現這些遊說者的變種爲了某家大公司，而操縱民主制度。一個遊說者只要影響布魯塞爾的一項決定或管理法令，就能造成很大的影響。這方面的報償（成本很低）遠高於自治市。自治市需要許多遊說者，才能說服根深柢固住在社區中的人。③

也請考慮規模造成的另一個影響：小公司比較不可能有遊說者。

同樣的由下而上影響適用於法律。義大利的政治和法律哲學家布魯諾·萊奧尼（Bruno Leoni）提出主張，認爲以法官爲基礎的法律（因爲它的多樣性）具有強固性，而明確且僵化的法典則缺乏強固性。沒錯，這麼一來，選擇法庭就像買彩券——但是這有助於防止大規模的錯誤發生。

我引用瑞士的例子來說明政治體系的自然反脆弱性，以及如何藉管理雜訊以達成穩定，因爲我們可以擁有一種機制，讓它順其自然發展，而不是將它極小化。

請注意瑞士的另一個要素：它可能是歷史上最成功的國家，但是它的大學教育水準和其他富裕國家相比顯得非常低。它的系統，連我那時的銀行業也不例外，是根據學徒模式在運轉，而這

③幸好由於輔助性原則（principle of subsidiarity），歐洲聯盟（European Union）受到法律的保障，不致過度集權：事情必須以最小的可能單位處理，以有效管理它們。這個觀念承襲自天主教會：從哲學上說，一個單位不需要很大（例如國家），也不需要非常小（例如個人），而是介於兩者之間。這是強而有力的哲學陳述，尤其是有鑑於第四章提到的脆弱性移轉，以及稍後會談到的規模導致脆弱升高的概念。

樣的模式幾乎就是職業模式，非理論模式。換句話說，它重技術（工藝和技術秘訣），而輕認識（書籍知識、學識）。

遠離極端世界

我們現在來談談這個過程的技術面，也就是從比較偏向統計的觀點，探討人干預各種事務的波動性所造成的影響。由下而上的波動，以及自然系統的波動，具有某種數學屬性。它產生的那種隨機性，我稱爲平常世界（Mediocristan）——充滿可能相當嚇人的變異，但是整體而言（經過一段時間，或者將自治市集合起來，構成比較大的共和國或實體）傾向於相互抵銷——而不是難以控制的極端世界（Extremistan），其中大部分時候相當穩定，但偶爾會有很大的混亂——這些錯誤會帶來很大的後果。其一是波動，另一是跳動。其一會小幅浮沉，另一則大起大落。正如計程車司機的所得不同於銀行員工的所得。這兩種隨機性在質上截然不同。

平常世界有許多變異，不會發生單一極端的變異；極端世界很少出現變異，但一有變異，便非常極端。

了解兩者差異的另一種方式是：你的卡路里攝取量屬於平常世界。把你一年吃的卡路里加起來，就算不考慮你說的謊，任何一天的卡路里占總數的百分率都不高（例如你一年可能吃掉八十萬卡路里，每天不會高於總數的〇．五％，也就是不超過五千卡路里）。因此，就算有難得一見的異常發生，對整體和長期造成的影響也很小。你的體重不可能一天之內增爲兩倍，甚至一個月也不可能，或者一年內不可能——但是你的財富淨值可能轉眼之間增為兩倍或者減半。

相較之下，拿小說的銷路來說，一半以上的銷售額（以及可能高達九〇%的利潤）往往來自銷路最好的〇．一%小說，所以例外事件，也就是千分之一的事件，在這裡居於舉足輕重的地位。因此金融事務——以及其他的經濟事務——往往屬於極端世界，就像歷史是以不連續的方式進行，從一種狀態跳到另一種。④

圖三讓我們看到反脆弱系統的自然變異遭到剝奪（主要是因爲天眞的干預）之後，如何受到傷害。除了自治市的雜訊，相同的邏輯適用於孩子在無菌的環境中待過一段時間之後，將他丟到沒人保護的人群中；靠上層發號施令，維持政治穩定的系統；價格管制造成的影響；企業享有規模優勢等等。我們從產生穩定但可控制的波動之系統（平常世界），比較接近統計上的「鐘形曲線」（來自溫和的高斯或常態分布），轉變成很難預測、而且主要是跳躍式波動（稱作「厚尾」）的系統。厚尾——和極端世界的意思相近——是指發生機率很低的事件，也就是落在「尾端」的事件，扮演高得不成比例的角色。其一（A圖）雖然波動，但不致急轉直下。另一（B圖）在動亂期間之外沒有顯著的波動，但有可能急轉直下。長期而言，第二個系統的波動高得多——而且波動是以跳躍的方式進行。當我們抑制第一個系統，往往得到第二個系統。

④隨機性分布到數量很多的小單位，以及一些經常發生的小型政治混亂，屬於第一類溫和的平常世界。當隨機性集中在某個單位，便屬於第二種詭異的極端世界。

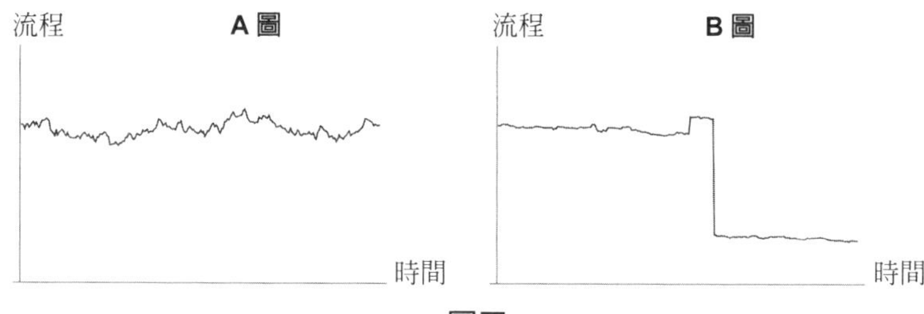

圖三

自治市的雜訊，像露天市場那樣的分散式變異（A 圖）和極權化或人類管理的系統（B 圖）相互比較——或者計程車司機的收入（A 圖）和企業員工的收入（第 B 圖）相互比較。B 圖上的波動會急起直落，或者說是從「黑天鵝」到「黑天鵝」。人類爲了平順而過度干預，或者控制流程，使得我們從一種系統（平常世界）轉變爲另一種系統（極端世界）。這種影響適用於各式各樣波動受到限制的系統一例如保健、政治、經濟，甚至某個人服用百憂解或不服用百憂解的心情。企業家努力打拚的矽谷（A 圖）和銀行體系（B 圖）之間的不同也是如此。

也請注意極端世界的可預測性很低。在第二種隨機性呈現假平順的情況中，錯誤似乎相當少見，但一旦發生，卻會造成很大的影響，而且往往是有如浩劫般的衝擊。事實上，我們在第四冊發展出一個論點：任何東西一加以規劃，往往就會以失敗收場，原因正是出在這些屬性上——認爲規劃可以幫助企業，是個相當大的迷思。事實上，我們發現這個世界太過隨機和太難以預測，很難根據未來的能見度制定政策。經過某種適應和環境狀況的交互作用，才能存活下來。

火雞的大問題

現在從厚尾和極端世界的技術行話和圖形拉回來，改用黎巴嫩口語。在極端世界中，人很容易被過去的性質所愚弄，而將整個故事倒過來說。看圖三的 B 圖，在沒有急轉直下之前，我們很容易相信系統現在是安全的，尤其是當系統從左邊明顯可見

圖四

一隻火雞利用「證據」；由於不知道感恩節就要來臨，牠正根據過去的資料，做「嚴謹的」未來預估。來源：George Nasr

隨機性波動起伏的「可怕」類型，轉爲顯然安全的右圖。看起來好像波動性下降——但事實不然。

有隻火雞被肉販飼養了一千日；每一天都「以更高的統計信賴度」，向分析師幕僚證實肉販的確愛火雞。肉販繼續飼養這隻火雞，直到感恩節前幾天。接著，對火雞來說不是很好的那一天終於到來。肉販做了令火雞驚訝萬分的事情，牠只好修改自己的信念——偏偏這時正當牠對**肉販愛火雞**這句話的信心達到最高之際。在火雞的生命中，本來「一切非常平靜」，而且將來的日子很能預測。這個例子是根據羅素（Bertrand Russell）所做的譬喻改寫的。這裡的關鍵，在於這種驚奇正是我們說的「黑天鵝」；但只對火雞來說是如此，對肉販則不然。

我們也可以從火雞的故事，看到造成傷害的所有錯誤之母：誤將「沒有傷害證明」當作「證明沒有傷害」。這樣的錯誤，我們會看到經常盛行於知識界，也深植於社會學。

所以我們的人生使命很簡單，就是「如何不當火雞」，或者如果可能的話，如何當反過來的火雞——也就是具有反脆弱性。想要「不當火雞」，首先要研判眞實的穩定性和人造的穩定性兩者之間的差異。

當波動性遭到抑制的系統爆炸，會發生什麼事，讀者很容易想像。這一方面，我們有個相當貼切的例子：伊拉克的薩達姆・海珊（Saddam Hussein）和他的政權在二〇〇三年猝然遭到美國推翻，復興黨（Baath Party）遭到取締。超過十萬人死亡，十年後，這個地方仍然一片混亂。

一千二百年

我們一開始是以瑞士爲例，討論國家。現在稍微往東推進一點。

黎凡特地區的北部，也就是大約今天敘利亞的北部和黎巴嫩，可能是從陶器出現之前的新石器時代，直到非常現代，也就是二十世紀中葉，人類歷史上長期維持繁榮的地方。這段期間前後長達一千二百年——而英國只繁榮了大約五百年，斯堪的納維亞半島至今繁榮不到三百年。世界上極少地方曾經像歷史學家說的，長時段（longue durée）持續繁榮。其他的都市不免興起之後衰落；而阿勒頗（Aleppo）、伊梅沙（Emesa；今天的荷姆斯〔Homs〕）和勞迪西亞（Laodicea；今天的拉塔基亞（Lattakia））則一直相當富裕。

黎凡特北部自古以來就有很多貿易商和農業主住在這裡，主要是因爲它位於絲路的中點，也因爲這裡供應小麥給地中海周邊許多地方，尤其是羅馬。這個地方在分裂之前，出了幾位羅馬皇帝和幾位天主教宗，以及超過三十位的希臘語言作家和哲學家（其中包括柏拉圖學院的許多院長），以及美國願景家和電腦創業家史帝夫·賈伯斯的祖先。賈伯斯帶給我們蘋果電腦，我現在正用來改寫這些段落（以及你用來閱讀它們的 iPad 平板電腦）。我們曉得，自羅馬時期有紀錄以來，這個地方就相當獨立自主。羅馬時期，黎凡特是由地方上的菁英管理，透過當地人以分權方法統治。鄂圖曼帝國蕭規曹隨。各個都市鑄造本身使用的貨幣。

然後發生兩件事情。第一，一次世界大戰之後，黎凡特北部有一部分納入新成立的國家敘利亞，和現在歸黎巴嫩所有的其他部分分離開來。在那之前，整個地區是鄂圖曼帝國的一部分，卻像自治區那樣運作——鄂圖曼人和之前的羅馬人一樣忙著打仗，允許地方菁英治理這塊地方，只要上繳足夠的稅負就行。鄂圖曼式的帝國和平，也就是所謂的鄂圖曼治世，和之前的羅馬治世一樣，都有利於商業的發達。契約需要執行，而這是最需要政府的地方。菲利普·曼塞爾（Philip Mansel）在最近的懷舊之作《黎凡特》（*Levant*）一書中，談到地中海東部的都市如何和內地分隔開來，有如城邦國家那樣運作。

在敘利亞統治之後數十年，現代化的復興黨進一步執行烏托邦政策。復興黨人一在這個地方實施極權統治，以及執行中央集權法律，阿勒頗和伊梅沙立刻開始沒落。

復興黨根據它的「現代化」計畫，掃除古老的露天市場製造的髒亂，並以嶄新的現代辦公大樓取而代之。

效果立竿見影：一夜之間，貿易家族紛紛轉移到紐約和新澤西（猶太人）、加州（亞美尼亞人）和貝魯特（基督徒）。貝魯特擁有親商的環境，而且黎巴嫩是溫和、較小且混亂的國家，沒有任何眞正的中央政府。黎巴嫩本身小到可以成爲一個自治市：它比中型的都會區還要小。

戰爭、坐牢或兩者並存

雖然黎巴嫩擁有所有合適的特質，這個國家卻過於鬆散，並且允許巴勒斯坦各不同派系和基督教民兵坐擁武器，結果造成各社群之間的軍備競賽，但它平心靜氣看著整件事的發展。各社群之間也有失衡的情形存在，基督徒試著將它們的認同強加在這塊土地上。混亂可以帶來生氣；但黎巴嫩這個國家比混亂更進一步。這就好比允許紐約每個黑手黨老大擁有比美軍參謀首長聯席會議還要大的軍隊（不妨想像黑手黨老大約翰．高蒂〔John Gotti〕擁有飛彈的情形）。因此一九七五年黎巴嫩爆發激烈的內戰。

我的祖父有位朋友，是富裕的阿勒頗商人，逃離復興黨政權後，說過一句話，想起來仍叫我震撼不已。祖父在黎巴嫩戰爭期間問這位朋友，爲什麼不回阿勒頗，他的回答簡潔有力：「我們阿勒頗人寧可打仗，也不坐牢。」我本來以爲他指的是不想被關到監獄，後來才想到，他說的「坐牢」是指失去政治和經濟自由。

經濟生活似乎也喜歡戰爭甚於坐牢。大約一個世紀前，黎巴嫩和敘利亞北部的每人財富（也就是經濟學家所說的國內生產毛額（gross domestic product；GDP））非常接近——也有相同的文化、語言、族群、食物，連笑話也一樣。樣樣事情都相同，除了敘利亞是由「現代化」的復興黨統治，黎巴嫩卻是十分溫和的國家。雖然內戰導致死傷無數，且人口大量外流，財富倒退好幾個年代，但今天的黎巴嫩儘管混亂至極，生活水準卻高得多——財富是敘利亞的三到六倍之間。

馬基維利（Machiavelli）也看清這一點。讓—雅克．盧梭引述他的話說：「馬基維利寫道，在謀殺和內戰之中，我們的共和國似乎更為強大，公民似乎學到美德……一點小小的攪動，能夠豐富人的才智，而且使物種繁榮的不是和平，是自由。」

羅馬治世

中央集權的單一民族國家在歷史上並不是新現象。事實上，它的形式幾乎和古埃及完全相同。但這在歷史上屬於孤立事件，而且沒有存在很長的時間：埃及這個高高在上的國家，一接觸瘋狂、無法無天、野蠻、混亂、不斷騷擾的小亞細亞入侵者，面對他們的攻擊戰車（可說是一種殺手級微型應用程式）便開始瓦解。

古埃及的王朝並不是以帝國的方式治理國家，而是以整合式國家的方式治理。兩者有顯著的不同——我們說過，這會產生不同種類的變異。單一民族國家依賴中央集權官僚制度，而羅馬帝國和鄂圖曼王朝等帝國則仰賴地方菁英，事實上是允許城邦國家繁榮興盛，保有某種有效的獨立自主——而且，這種獨立自主是在商業上，不是在軍事上，所以對和平很有幫助。其實鄂圖曼人幫了諸侯和封建主一個大忙，因爲鄂圖曼人的做法，有助於防止他們彼此交戰——因此消除了窮兵黷武的誘惑，促使他們不斷壯大；不管這個系統表面上看起來有多麼不公正，但它允許當地人將注意焦點放到商務上，而不是戰爭上。也就是說，這套系統保護他們免於遭到自己的傷害。大衛·休謨（David Hume）在《英格蘭史》（*History of England*）中就主張國家要小，因爲大國會受到戰爭的誘惑。

羅馬人和鄂圖曼人顯然都不是因爲喜歡別人享有自由，而允許他們獨立自主；他們只是爲了自己的便利而這麼做。帝國（主管某些事務）和半獨立地區（可以處理自己的事務）結合之下，比介於兩者中間，擁有自己的旗幟和明確疆域的中央集權單一民族國家更爲穩定。

但是這些國家即使像埃及或中國那樣中央集權，實務上距羅馬和鄂圖曼帝國不會太遠——除了將負責抄寫的知識分子集中起來，以及實施文官制度，建立知識的獨占。有些人可能還記得沒有網際網路、沒有用電子方式監控電匯以監督稅收的日子。而在沒有電報、火車，以及後來的電話等現代通訊網路之前，國家必須依賴信差提供服務。因此地方上的統治者可以自行處理許多事務，即使名義上並非如此。在近代史之前，中央集權國家占經濟的五%左右——而現代埃及則是此數的十倍左右。還有，政府因爲戰爭而分心，所以將經濟事務留給商人去做。⑤

---

⑤請注意人們造出了「巴爾幹化（Balkanization）」一詞，談的是四分五裂的國家所製造的混亂，好像分裂是壞事似的，也好像巴爾幹人可以另有選擇似的——但是沒有人使用「海爾維第化（Helvetization）」以描述它取得的成功。

戰爭或沒有戰爭

我們來看看德國和義大利建立單一民族國家之前的歐洲（德國和義大利美其名為「重新統一」，好像這些國家曾經以浪漫的形式出現堅實的單位）。在這些浪漫的實體成立之前，歐洲四分五裂，沒有一定的狀態，有許多小國和城邦國家處於經常性的緊張狀態中——它們也不斷改變聯盟關係。熱那亞（Genoa）和威尼斯在它們大部分的歷史中，都在競爭地中海東部和南部的霸主地位，就像兩個妓女在搶奪人行道那樣。對於交戰中的小國來說，叫人放心的是：蕞爾小國無法應付一個以上的敵人，所以它們忽敵忽友。某個地方總是存在緊張關係，但不會造成很大的後果，就像大不列顛群島的雨水；不致造成洪災的小雨，遠比長期乾旱之後下暴雨要容易處理。換句話說，這就是平常世界。

接著當然是十九世紀末單一民族國家像傳染病那樣紛紛設立，帶來我們見到的兩次世界大戰和餘波盪漾：超過六千萬人（可能達八千萬人）受害。戰爭和**沒有**戰爭之間的差別十分巨大，出現明顯的不連續帶。這和產業界轉變為「贏家通吃」沒有兩樣，也就是稀有事件居於支配地位。小國林立和前面談過的餐廳業很像：波動雖大，但永遠不會出現危害整體的餐廳業危機——這和銀行業不同。為什麼？因為這個行業是由許多獨立和相互競爭的小單位構成，個別單位不會威脅到系統，使它從一種狀態跳到另一種。隨機性分散了出去，而不是集中在一起。

有些人喜歡持有天真的火雞式信念，認為世界愈來愈安全，而且當然了，他們天真地將這歸因於神聖的「國家」（但是由下而上的瑞士，暴力發生率約爲世界最低）。這就好比說核彈比較安全，因爲它們比較不常爆炸。全世界發生的暴力行爲愈來愈少，但是戰爭有可能更爲慘烈。我們非常接近一九六〇年代差一點發生的浩劫，當時美國準備對蘇聯發動核戰。眞的非常接近。當我們觀察極端世界的風險時，我們看的不是證據（因爲證據來得太遲），看的是潛在的傷害：世界不曾那麼容易受到更大的傷害。⑥我們很難向只看數據的天眞人士解釋，說風險存在於未來，不是存在於過去。

混亂的多種族帝國，也就是所謂的奧匈帝國，在第一次世界大戰之後消失，鄂圖曼的鄰國和敵國也是一樣（兄弟姐妹在很大的程度內亦然——別告訴它們），被乾淨利落的單一民族國家取代。民族雜亂的鄂圖曼帝國（或者應該說是剩下的民族），以瑞士爲藍本，成了土耳其，但是沒人注意到一些格格不入的情況。維也納陷在奧地利之中，除了正式的語言，很少有共通之處。不妨想像將紐約市搬到德州中部，而且仍然稱它爲紐約。維也納猶太裔小說家斯蒂芬·褚威格（Stefan Zweig）是當時世界上公認最具影響力的作家，在他那本辛辣的回憶錄《昨天的世界》（*The*

---

⑥用更嚴謹的方式解讀資料——將看不見的事情進行適當的調整——發現將使地球上大量人口死亡的戰爭，完全符合統計數字所說，而且甚至不會是「離群值」。班·柏南克（Ben Bernanke）發表大平穩（Great Moderation）之說（一種火雞問題），顯示他也受到愚弄；一個人可能被任何過程的特性搞混，將它和從上而下壓抑波動性混爲一談。實驗心理學家史蒂芬·平克（Steven Pinker）等一些人誤判統計程序的特性，並且持有這樣的命題，和金融業中的「大平穩」之說類似。

World of Yesterday）中表達了自己感受到的痛苦。維也納加入亞歷山卓（Alexandria）、士麥那（Smyrna）、阿勒頗、布拉格、薩羅尼加（Thessaloniki）、君士坦丁堡（現在稱作伊斯坦堡）和的里雅斯特（Trieste）等多文化都市的行列，現在被塞進單一民族國家的普羅克拉斯提斯之床，公民陷在世代之間懷舊的感傷之中。褚威格由於無法面對失落感，並且融入其他地方，後來在巴西自殺。當我的黎凡特基督教世界因為黎巴嫩戰爭而粉碎，我處於類似的身體和文化流亡狀態之際，第一次聽聞他的故事。我在想，如果他當年是前往紐約，或許現在還活著。

6 告訴他們我愛（若干）隨機性

極端世界中的馬克士威——餵驢子的複雜機制——維吉爾說去做，所以現在就做

前一章的重點是說，第一個兄弟（脆弱的銀行員工）的風險特性和第二個兄弟（相對具有反脆弱性的計程車司機勞工）大爲不同。中央集權系統的風險特性，同樣不同於由自治市領導，一團混亂的共和國。第二種風險特性長期而言相當穩定，因為他們本身存在某種劑量的波動性。

因電磁理論而聞名的詹姆斯．克勒克．馬克士威（James Clerk Maxwell）以科學論點指出，嚴密的控制會引起反彈，導致爆炸。「調節器」這種新發明，目的是以補償猝然發生的變異之方式，控制蒸汽機的速度。它們的目的在於穩定蒸汽機，也顯然做到了，但矛盾的是，有時行爲反覆無常且當機。輕微的控制行得通；緊密的控制則會引起過度反應，有時造成機器爆成碎片。麥克斯威爾一八六七年發表有名的論文〈論調節器〉（On Governors），將它的行爲建模，並用數學式指出，緊密控制蒸汽機的速度，反而造成不穩定。

馬克士威簡潔利落的數學推導令人讚嘆，也讓我們知道緊密控制的危險可以推而廣之到各個

領域，並且有助於揭露假穩定和隱形長期脆弱的眞相。①在市場上實施固定價格，也就是藉此消除投機客（他們是所謂的「雜訊交易人」）和他們帶來的溫和波動性，會讓我們產生穩定的錯覺，因爲實際上，風平浪靜的期間會被偶爾出現的急起直落的走勢打斷。由於參與者不習慣市場波動，價格一有小小的變動，便會被歸因於內線資訊作祟，或者系統的狀態改變，因而引起恐慌。如果一種貨幣從不波動，那麼一點小小的波動便會使人們相信世界就要結束。注入若干混亂，反而會使系統穩定下來。

沒錯，讓人稍微混亂是有好處的——這對你有好處，對他們也有好處。套用這一點到日常生活來說，假設有個人平常十分守時，很能預測他的行爲，每天都剛好六點回到家，十五年如一日。你可以用他回家的時間設定手錶。他只要晚幾分鐘到家，家人就會焦慮不已。另一個人的行程波動稍多一點——因此難以預測，到家時間差個半小時，也不會令人不安。

變異也可以作爲瀉藥。每過一段時間發生的森林小火災，可以清除系統中最容易燃燒的物質，不讓它們有機會累積太多。採用系統性的方法，防止森林火災發生，「以策安全」的做法，反而會使大火造成的後果嚴重許多。基於類似的理由，穩定對經濟來說不是好事：在不遭遇挫折的長期穩定繁榮期間，企業會變得孱弱異常，而且隱形脆弱會在表層底下悄悄累積——因此，推

①金融家喬治．庫柏（George Cooper）在《金融海嘯——金融危機的成因》（*The Origin of Financial Crises*）一書重提這個論點——論點乾淨利落，一位交易員老朋友彼得．尼爾森（Peter Nielsen）因此買這本書送給他認識的每一個人。

遲危機發生並不是好主意。同樣的，市場缺乏波動，會造成隱形風險在不招來懲罰的情形下日積月累。一個人未遭受市場創傷的時間愈長，騷亂一發生，傷害愈嚴重。

穩定帶來的不利影響，科學模型早已呈現得相當清楚，但是在我當交易員的那段日子，有人告訴我，市場老手（而且只有年紀很大、見過大風大浪的老手）會使用一種試探啓發法：當市場達到「新低」，也就是跌到一段很久以來不曾見過的水準，那就會「血流成河」，人們會奪門而逃。不習慣賠錢的某些人，會蒙受很大的損失，掉進痛苦不幸的深淵。如果幾年來不曾見過那麼低的市場水準，比方說是兩年，我們稱之爲「兩年來的低點」，造成的傷害會多於一年來的低點。他們講得很好，稱之爲「洗盤」，將「意志不堅的人」沖洗出場。「意志不堅的人」顯然是那些脆弱卻不知道自己脆弱的人。他們被虛假的安全感所騙。當許多這種意志不堅的人奔向逃生門，就會共同造成市場崩盤。波動不羈的市場不會讓人經過這麼長的時間而不「洗盤」，三不五時就將風險清除掉，因而防止市場崩盤。

這就是拉丁諺語所說的浮而不沉（Fluctuat nec mergitur）。

飢餓的驢子

到目前爲止，我們一直表示，阻止反脆弱系統出現隨機性不見得總是好主意。現在來談談有些情況中，**加進隨機性**是一種標準作業方法，因爲這是始終渴望隨機性的系統必要的燃料。

一隻驢子如果又飢又渴，而且飢渴相當，距食物和水的距離也相同，不可避免地會死於飢餓或口渴。但只要隨機性地將牠輕輕推向這一邊或另一邊，便會得救。這個比喻稱作布利登的驢子，因爲是中世紀哲學家讓・布利登（Jean de Buridan）引進這個假想實驗，他也介紹其他非常複雜的事情。當某些系統卡在危險的僵局中，只有隨機性能將它們釋放出來。由此可見，缺乏隨機，必死無疑。

將隨機雜訊注入系統，以改善它的功能，這個觀念已經用於許多領域。根據稱作**隨機共振**（stochastic resonance）的一種機制，將隨機雜訊加進背景，能使你更準確地聽到聲音（例如音樂）。前面談過，過度補償的心理效應幫助我們在雜訊中取得訊號；我們這裡談的不是系統的心理特性，而是物理特性。微弱的求救訊號可能微弱到無法被遠端的接收器接收。但如果有背景雜訊存在，並且受到隨機干擾，便能被人聽見。把隨機斷斷聲加進訊號，能使它升高到足以被察覺，因此聽得到的門檻——在這種情況中，沒有什麼事情做得比不用錢的隨機要好。

拿冶金術中的退火方法爲例來說。這種技術需要先加熱一種材料，然後在控制之下使它冷卻，以提高結晶體的大小和減少它們的瑕疵，好讓金屬變得更堅硬，同質性更高。正如布利登的驢子，熱導致原子從原來的位置鬆開，隨機漫步於能量較高的狀態；冷卻則使它們有較高的機會找到更好的新結構。

小時候我親眼看到這種退火效應。家父有些例行之舉，每天回到家，都要輕敲木製的晴雨計，然後從它的讀數，自己預報氣象。晴雨計受到壓力，會使針鬆開，然後找到眞正的均衡位置。這正是一種局部性的反脆弱。數學家從冶金技術那邊得到靈感，使用稱作**模擬退火法**的一種電腦模擬方法，針對只有隨機性才能取得答案的問題和狀況，獲得更多一般性的最適解。

隨機性在搜尋方面運作得很好——有時比人還要好。納森・米佛德（Nathan Myhrvold）介紹我看《科學》（*Science*）在一九七五年刊登的一篇深具爭論性的論文，提到隨機鑽採優於當時應用的任何搜尋方法。

而且說來矛盾，所謂的混沌系統（經歷稱作混沌的一種變異）可以在加進隨機性之後，讓它們穩定下來。我見過一位醫學院學生展示這種奇怪的效應。他找來一張桌子，讓它的表面穩定地震動，然後讓一些球受桌面震動的影響，在上面隨便亂跳。穩定的震動起初使球胡亂彈跳，很不優雅。然後，好像變戲法般，他扳動一個開關，彈跳變得很有秩序且順暢。他所用的魔法，不是消除混沌，而是加進隨機，完全隨機但低強度的震動。改變方法，球的彈跳便從混沌變得有秩序。看完這個漂亮的實驗，我十分激動，很想告訴街上遇到的陌生人：「我愛隨機！」

政治退火

我們很難向一般人解釋壓力因子和不確定在生活中占有一席之地——因此你可以想像，向政治人物解釋這件事會是什麼樣子。但這正是最需要某種隨機性劑量的地方。

曾經有人給我看過一部電影的腳本，內容是根據一則寓言，說有個城市完全靠隨機性統治——非常波赫士（譯註：豪爾瑟・路易斯・波赫士〔Jorge Luis Borges〕是阿根廷作家、詩人）。每過一段時間，統治者就會隨意指定居民在市內扮演某種新角色，例如屠夫現在改做麵包，麵包師變成囚犯等等。最後人民群起反抗統治者，提出要求，說穩定是他們不可剝奪的權利。

我馬上就想到，或許應該寫一則剛好相反的寓言：現在不是由統治者隨機指派工作給公民，而是應該由公民隨機指派工作給統治者，以抽籤的方式掛上他們的職稱，也一樣隨機除去他們的頭銜。這和模擬退火法類似——而且效果沒有比較差。我們發現古人——又是那些古人！——就是這麼做：雅典議會的議員是抽籤選出來的，而採用這種方法的目的，是保護系統不致沉淪。幸好現代的政治體系研究過它的影響。亞歷山德羅．普魯奇諾（Alessandro Pluchino）和他的同事以電腦模擬的方法，讓我們知道加進若干隨機選出的政治人物到整個程序之中，可以改善議會制度的運作。

或者，系統有時會因爲不同種類的壓力因子而受益。在伏爾泰看來，最好的政府形式是穿插著政治暗殺。弒君就像輕敲晴雨計，讓它運作得更好。這也產生了某種經常有其需要的改組，而這樣的改組，永遠不會自願進行。上層出現的眞空，允許退火效應出現，讓新的領導人浮上檯面。我們的社會長期以來早逝率下降，剝奪了自然的管理者流動。謀殺是黑手黨標準的接班程序（上一次十分轟動的退火事件，是高蒂在紐約一家牛排館前幹掉前任，成了家族頭目）。黑手黨之外，主管和董事現在待得比較久。這個事實阻礙了許多領域的發展，例如企業執行長、終身職學者、政治人物、新聞從業人員——所以我們需要以隨機抓鬮的方式，沖銷這種狀況。

不幸的是，我們無法使一個政黨隨機性消失。現在令美國引以爲苦的不是兩黨制度，而是卡在相同的兩黨把持政局。政黨並沒有內建的有機到期日。

古人最後在多少顯得困難的情況中，將隨機抽籤決定方法改良到盡善盡美的地步——並將它納入占卜的領域。抽籤的目的，其實是隨便選個出口，不需要做決定，所以日後不必爲後果負起責任。你只要按照神告訴你的話去做就好，因此將來也無需自我責備。其中一種方法稱作**維吉爾卦**（sortes virgilianae）（也就是由史詩詩人維吉爾〔Virgil〕決定的命運），方法是隨機打開維吉爾寫的《埃涅阿斯紀》（*Aeneid*），然後解讀看到的字句，以指引行動方向。每個困難的商業決策，都應該使用這種方法。我要一說再說，直到聲音沙啞：古人利用隨機性的方式與手法不露痕跡且圓滑老練。舉例來說，我眞的在餐廳練習這種隨機試探啓發法。由於菜單愈改愈長愈複雜，害我遭受心理學家所說的**選擇的暴力**（tyranny of choice），很可能在點了菜之後，心裡一陣刺痛，認爲應該點別的才對。所以我盲目且有系統地看正在用餐的最肥胖男人選什麼，就照點什麼；如果現場沒有這樣的人，我會隨便指著菜單，不去看菜名，平心靜氣地相信太陽神會幫我做選擇。

稱作穩定的定時炸彈

我們說過，少了火災，高度易燃的物質會日積月累。我告訴一些人說，缺乏政治不安，甚至缺乏戰爭，會使爆炸性的材料和傾向，在表層底下日積月累。他們聽了總是驚駭莫名。

第二步：（小）戰爭能救人命？

反啓蒙運動的政治哲學家約瑟夫．德．邁斯特（Joseph de Maistre）表示，衝突會使一個國家壯大。這樣的說法具有高度的爭議性——戰爭不是好事，而且，我是殘酷的文明戰爭的受害人，可以站出來見證它的可怕。但我覺得他的推理有趣——以及優雅——的地方，在於他指出，只分析某件事造成的損失，卻忽視其餘的部分，這樣的做法犯下了錯誤。另一件有趣的事，是人們往往比較容易理解相反的事情，也就是他們曉得，只分析立即得到的利益，卻不考慮長期的副作用是錯的。我們看到死傷慘重造成損失，卻不採取第二步，也就是考慮稍後發生的事——這和園丁不同，因爲他們相當了解，修剪樹木反而能使它們長得更茂盛。

同樣的，和平——某種強迫、抑壓、不自然的和平——可能會付出死傷慘重的代價：不妨想想歐洲經過大約一個世紀的相對和平，人民活在安逸自滿的氣氛中，等到重武裝單一民族國家崛起，終於爆發第一次世界大戰。

再說一遍，我們都愛好和平，也喜歡經濟和情感穩定——但我們不想長期之後當個冤大頭。每個新學年，我們接種疫苗（給自己一點傷害，以提高免疫能力），卻沒有將這個機制移轉到政治和經濟領域。

要告訴外交政策制定者的話

總結而言，用人爲力量壓抑波動的問題，不只在於系統容易變得極爲脆弱；在此同時，它不會顯現看得到的風險。此外，務請記住，波動是一種資訊。事實上，這些系統傾向於太過平靜，只顯現微乎其微的變異，但是寂靜無聲的風險，卻在表層底下慢慢蓄積。雖然政治領導人和經濟政策制定者都明白表示，他們的目的是在抑制波動，以穩定系統，結果卻往往適得其反。人爲抑制的這些系統，變得容易受害於「黑天鵝」。這種環境最後會發生大爆炸，像圖三所示的那種，讓人猝不及防，令多年來的穩定毀於一旦，而且幾乎每一次，最後的結果都比原來的波動狀態惡劣許多。事實上，爆炸發生的時間拖得愈長，經濟和政治體系因此受到的傷害愈糟。

爲了穩定而設法取得穩定（並且忘掉第二步），等於在經濟和外交政策上玩很大的冤大頭遊戲。這張清單長得令人洩氣。拿二〇一一年之前的埃及等腐敗政府來說，美國爲了「避免騷亂」而予以支持長達四十年之久，產生的副作用是一小撮享有特權的掠奪者，運用他們的超級權力作爲後盾——和銀行家用他們的「大到不能倒」地位，詐騙納稅人的錢，並且支付自己高額獎金相同。

現在最令我擔心和生氣的國家是沙烏地阿拉伯；這是由超級強權犧牲每一個可能的道德與倫理尺度——當然也犧牲穩定本身——強制實施由上而下穩定的標準實例。

因此，和美國「結盟」的這個地方，是個徹底的君主政體，不實施憲法。但這還不是在道德上叫人震驚的事。大約七千到一萬五千個皇室家族成員，統治這個地方，過著奢靡的享樂生活，和他們剛起步時的儉樸觀念公然背道而馳。不妨看看這樣的對比：生活嚴峻的沙漠部落，統治的正當性來自阿米許人般的刻苦耐勞，卻因爲握有超級權力，因此而縱情享樂——國王公開出外遊玩，隨從坐滿四架巨無霸噴射飛機。這和他的先人相去甚遠。家族成員累計的財富，現在大多放在西方的保險箱。若非美國撐腰，這個國家早就爆發革命，造成區域性解體，掀起若干動亂，然後也許——現在——便穩定了下來。但是一味阻止雜訊發生，長期而言只會使問題惡化。

沙烏地皇室家族和美國之間「結盟」的目的，顯然是爲了維持穩定。什麼樣的穩定？一個人能使這個體系混亂多久？「多久」其實是不重要的問題：穩定就像貸款，終究必須償還。此外還有倫理上的問題，我留待第二十四章再討論，尤其是有人詭辯，振振有詞地說「爲了什麼事情」，而違背一點都不可彈性處理的道德準則。② 極少人了解一個事實，那就是伊朗人痛恨美國，是因爲美國——一個民主政體——卻扶植伊朗國王這樣的專制鎭壓君主政體，任由他掠奪國家，只爲了讓美國能夠「穩定」進出波斯灣。伊朗今天的神權政治體制，主要是這種專制鎭壓的結果。我們需要學習思考第二步，了解一連串的後果和副作用。

更叫人憂慮的是，美國對中東實施的政策，一向以防範「伊斯蘭基本教義派」——幾乎每一個政權都用過這樣的說詞——爲名，過度專注於壓制任何和所有的政治波動，尤其是自二〇〇一年九月十一日以來。除了殺害回教徒反而使得他們的人數增多外，西方和獨裁的阿拉伯盟國也因爲迫使伊斯蘭基本教義派轉進地下而更加強壯。

美國的政策制定者現在應該了解，他們美其名爲了穩定而干預其他國家愈多，造成的不穩定反而更多（除了急診室式的情況）。或許現在應該縮減政策制定者在政策事務上扮演的角色。

這是救生包裡面應有的一樣東西：少了波動，就沒有穩定。

---

② 請注意西方政府採取的雙重標準。我是基督徒，沙烏地阿拉伯的某些地方去不得，因爲會傷害那個地方的純淨。但是美國或西歐沒有一個公開場所，是沙烏地公民必須止步的。

我們這裡所說的現代化

我對現代化（modernity）所下的定義是，人類大規模支配環境、以系統性的方法磨平世界的鋸齒狀，以及窒息波動性和壓力因子。

現代化等於用系統性的方法，將人類從充滿隨機性的生態中抽離——身體上和社會上的抽離，甚至知識上的抽離。現代化不只是社會課本所定義的中世紀之後、農業時期之後、封建歷史時期之後。它是一個時代的精神，特徵是合理化（利用天眞的理性主義），認爲社會是可以理解的，所以必須由人來設計。於是誕生了統計理論，而且有個糟透了的鐘形曲線。線性科學也出現了。「效率」——或者優化的概念應運而生。

不管好壞，現代化都是一張普羅克拉斯提斯之床——將人化約成看起來相當有效率和實用的東西。這樣的方法，在某些層面行得通：普羅克拉斯提斯之床並不全然都是負面的化約。有些可能有益處，只是非常少見。

想想布朗克斯動物園（Bronx Zoo）中的獅子活在舒適和可預測的環境中（到了星期天下午，訪客會出於好奇、敬畏和可憐，湧進來看牠），而牠的表親卻是自由的。在足球媽媽的黃金時期來臨之前，我們也曾經是自由奔放的人類和自由奔放的小孩。

我們正進入現代化的一個階段，特徵是有遊說者、責任非常非常有限的公司、企業管理碩士、冤大頭問題、世俗化（或者應該說是重新發明一些新的神聖價值，例如以旗幟取代祭壇）、稅務人員、害怕主管、週末待在有趣的地方以及週間待在一般認爲不那麼有趣的地方、分隔「工作」和「休閒」（可是在比較聰明的時代中，兩者看起來相同）、退休計畫、爭論成性的知識分子不同意這個現代化定義、字面思維、歸納推理、科學哲學、社會科學的發明、平滑的地面，以及以自我爲中心的建築師。暴力從個人移轉到國家。金融無紀律也是。所有這些事情的中心，便是否定反脆弱性。

所以我們只好依賴敘事，也就是將行動和冒險知識化。公共事業和官員——甚至大公司的員工——只能做看起來符合某些敘事的事情，而這和不管有沒有動聽的故事，都可以只顧追求利潤的企業不一樣。別忘了，在你敘述一件事情的時候，需要給藍色一點名稱，但是行動時不必給它名稱——動腦筋思考的人少了一個字詞用來表示「藍色」，就會一籌莫展；做事情的人卻不是這樣（我曾經很難向知識分子說明實踐在**知識**上的優越性）。

現代化擴大了情緒性和相關性之間的差異——在自然環境中，我們有理由才會有情緒；今天我們依賴新聞媒體滿足人們喜歡八卦和傳聞軼事的基本需求，也關心非常遠處人們的生活隱私。以往，我們沒有完全察覺反脆弱性、自我組織和自發性療癒的時候，也懂得尊重這些特性，進而建構一些信念，用於管理不確定性和在遭遇不確定之後存活下來。我們將生活的改善交給神作爲代理人。我們可能不認爲少了某種代理，萬物能夠照顧好自己。但代理人是神，不是念過哈佛大學的船長。

所以單一民族國家的崛起，剛好落入這種發展之中——將代理移轉給人。單一民族國家的故事，正是人類犯下的錯誤集中在一起且放大的故事。現代化始於國家獨享暴力，最終則是國家獨占財政不負責任的權利。

我們將討論現代化核心中接下來的兩個中心要素。首先在第七章談天眞的干預主義，以及不該插手去矯正事情所付出的相關成本。接著在第八章準備進入第三冊之際，探討以更爲虔誠的基本教義，取代神管理未來的事件，也就是不管在什麼領域，無條件相信科學預測的觀念，目的是將未來擠進數字化約的格子內，而不管這樣的做法是否可靠。我們已經從宗教信仰，移轉到輕易相信任何能夠僞裝爲科學的東西。

7 天眞的干預

用切除扁桃腺消磨時間——今天千萬別做禍留明天的事——革命發生之後才來預測革命會爆發——撲克牌二十一點給我們的教訓

用一個例子來說明為什麼需要「做些事情」。一九三〇年代，有三百八十九個兒童在由紐約市的醫生看過後，建議其中一百七十四人接受扁桃腺切除手術。剩下的二百一十五個兒童再給醫生看，其中九十九人經過診斷需要接受手術。其餘一百一十六個兒童給第三組醫生看，他們建議其中五十二人做這種手術。請注意這種疾病的發病率是二到四%（這是今天的數字，不是當時，而且當時的手術風險非常高），大約每做一萬五千次這種手術，就有一人死亡，如此你便能了解醫療利益和傷害的損益兩平點大概在哪裡。

這個故事讓我們見到機率性殺人是怎麼運作的。接受不必要手術的孩子，預期壽命都會縮短。這個例子不只讓我們看到插手干預的人所造成的傷害，更糟的是，人們沒有察覺到需要尋找利益和傷害之間的損益兩平點。

且讓我們把這種敦促他人接受幫助稱作「天眞的干預」。接著就來探討它的成本。

干預與醫療傷害

以切除扁桃腺爲例來說，雖然**有些**人接受治療之後得到被人大肆吹噓的好處，但是接受不必要治療的孩子卻遭到傷害。兩者相抵造成的淨損失有個名稱，也就是因爲治療而受到（通常是隱形或者延後出現）的傷害超過利益，稱作**醫療傷害**（iatrogenics），字面上的意思是「醫療者造成的」。iatros 在希臘文中的意思是醫療者。我們將在第二十一章指出，你每次去看醫生和接受治療，就會承受這種醫療傷害的風險，分析的方式應該和我們分析其他取捨的方式一樣：將機率性利益減去機率性成本。

醫療傷害有個經典的例子，那就是於一七九九年十二月去世的美國第一任總統喬治・華盛頓（George Washington）。我們有足夠的證據相信，他的醫生對於他的死亡要負很大的責任，或者至少是加快他的死亡，因爲當時的標準醫療方法包括放血（放掉五到九磅的血）。

醫療者造成傷害的風險爲人忽視，而且視你如何解讀而定，直到盤尼西林問世之前，醫療這一行的資產負債表大致是負的——看醫生會提高你的死亡風險。而且隨著時間的推展和知識的累增，醫療傷害似乎與日俱增，在十九世紀末達到高峰。現代化，眞的要謝謝你：「科學進步」、臨床診療的出現和取代家庭治療，造成死亡率激升，主要的原因是當時所說的「醫院熱」——萊布尼茲（Leibniz）曾經稱這些醫院爲**死亡溫床**（seminaria mortis）。死亡率增加的證據十分明顯，因爲所有的受害人都集中到一個地方：人們死在這些機構裡面，而待在這些機構外面本來是可以存活的。因爲受到不公平待遇而聞名的奧匈醫生伊格納茲・塞梅爾威斯（Ignaz Semmelweis）觀察到，在醫院中生產的婦女，死亡率多於在街頭產子。他稱主流派醫生爲一群罪犯——他們的確是。那些繼續害死病人的醫生，不能接受他提出的事實或對那些事實採取行動，因爲他「沒有理論」支持觀察到的事情。塞梅爾威斯陷入精神抑鬱狀態，無力阻止他看到的謀殺行爲，所以痛恨主流機構的態度。非常諷刺的是，他最後住進精神病院，並且因爲他一再警告的相同醫院熱而死在那裡。

塞梅爾威斯的故事令人鼻酸。這個人受到懲罰、遭到羞辱，甚至爲了拯救他人的性命，大聲說出眞相而死。最糟的懲罰，是他在面對風險和不公平的時候無能爲力。但是這個故事也有圓滿的結局：眞相終於浮現，他的使命最後得到報償，只是晚了一些。我們最後得到的教訓是：不能期待桂冠帶來眞相。

在醫療傷害的領域，醫藥業相對是個好消息，或許是唯一的好消息。我們看到那裡有問題，因爲今天情況開始受到控制；它現在只是我們所說的做生意成本，不過在美國因爲錯誤醫療而害死的人，仍然是車禍死亡人數的三倍（醫生接受這個數字）到十倍之間。一般認爲，醫生造成的傷害——不包括醫院病菌帶來的風險——導致的死亡，多於任何單一癌症。醫療機構使用的決策方法，仍然不顧適當的風險管理原則，但是醫療技術不斷進步。我們必須擔心製藥公司、遊說者、特殊利益團體鼓勵我們接受過度的治療，以及並非立即顯現的傷害便不算是「錯誤」的做法。製藥公司隱匿醫療傷害，並將它們分散出去，而且這樣的做法與日俱增。當外科醫生切錯腳，或者在錯誤的腎臟動手術，或者當病人死於錯誤的藥物反應，我們很容易評估醫療傷害。但當你想像或者發明一種精神疾病，例如注意力不足過動症（ADHD）或者抑鬱症，而給孩子用藥，不讓他們奔出牢籠，長期的傷害大致上難以確定。醫療傷害因爲「代理問題」或者「委託代理問題」而更加複雜。這是指一方（代理人）的個人利益，和利用他所提供服務的人（委託人）的利益背道而馳。舉例來說，證券營業員和醫生存有代理問題，因爲他們最後的利益在於本身的活期存款帳戶，不是你的財務和醫療健康，所以給你建議的人，目的是圖利自己。或者，政治人物念茲在茲的是自己的政治生涯。

首先，不要造成傷害

至少在西元前第四世紀，醫療專業已經知道醫療傷害——「首重治病不可傷害病人」（primum non nocere）是古希臘名醫希波克拉底（Hippocrates）提出的第一原則，並且納入每一位醫生開始執業前所念的希波克拉底誓詞（Hippocrates Oath）中。醫療專業花了約二十四個世紀，才適當地執行這個非常好的觀念，雖然多年來背誦不傷害的誓詞，「醫療傷害」一詞直到最近，也就是數十年前，才被人經常使用——這時已經造成很多傷害。在作家布萊恩·艾波雅（Bryan Appleyard）介紹我認識這個詞之前，我壓根兒不知道確切的說法（我以前是用「意想不到的有害副作用」一詞）。現在讓我們暫時離開醫療專業（大約十來章之後再回來），將從醫療專業誕生的這個觀念，應用到生活的其他領域。由於沒有一種干預能免於醫療傷害，傷害的來源在於否定反脆弱性，以及認爲我們人類有必要出手，好讓各種事物順暢運轉。

想要執行一般化的醫療傷害意識，未免唱高調。醫療專業之外的論述相當缺乏醫療傷害的概念（再說一次，醫療專業的學習速度相當緩慢）。但是就像藍色本來沒有名稱，給某樣東西取個稱呼，有助於讓更多的人意識到它。我們將把醫療傷害的觀念推進到政治、經濟、都市規劃、教育和更多的領域。我曾經在這些領域中，試著和顧問師、學者討論它，卻沒人知道我在說什麼——或者認爲他們有可能成爲傷害的來源。事實上，去找抱持懷疑態度的人一談，他們通常會說你「反對科學進步」。

但是我們可以在某些宗教文獻中找到這種概念。《可蘭經》提到：「自以爲公義的人錯了。」

總結而言，任何天眞的干預都不可以有，即使只是干預，也會造成醫療傷害。

醫療傷害的相反

雖然想要幫助別人卻造成傷害，已經有個名詞，相反的狀況，也就是想要傷害他人，最後反而幫了大忙的，卻不知如何稱呼。只要記住攻擊反脆弱性會適得其反就好。舉例來說，駭客使得系統更爲強大。或者以艾茵・蘭德爲例來說，一味苛評反而讓一本書的銷路更廣。

無能有兩面。梅爾・布魯克斯（Mel Brooks）自編自導的電影《金牌製作人》（*The Producers*）中，紐約兩個搞戲劇的人本來要拍大爛片，票房卻開出長紅，因而惹禍上身。他們將一齣百老匯電影賣給好幾個投資人，以爲只要電影拍得差，多出來的錢就會歸他們所有——如果投資人砸下去的錢沒有得到回報，他們的計畫就不會被發現。問題在於他們非常賣力地拍爛片——稱作《希特勒之春》（*Springtime for Hitler*）——由於技術很爛，竟然拍出一部賣座電影。他們先入爲主的成見並沒有阻礙他們，因而拍出一部很有意思的作品。我在交易這一行，也看到類似的反諷：有個人非常不滿年終獎金領得少，所以拿雇主的錢下很大的賭注——想不到賺了很多錢，多於他眞的刻意這麼做所能賺到的錢。

資本主義背後的觀念，或許是反醫療傷害效應，得到始料未及但沒有那麼始料未及的後果：系統將個人追求自利的目標（或者正確的說，不見得是對人有好處的目標），轉化爲對整體有利的結果。

高處的醫療傷害

有兩個地方特別容易受到缺乏醫療傷害意識的傷害：社會經濟生活和（如同我們在塞梅爾威斯的故事中看到的）人的身體。這兩個地方，我們一向能力低，卻喜歡干預，並且不尊重自發性的運作和痊癒——更別提成長和改善。

如同我們在第三章見到的，有機體（生物或非生物）和機器是有差別的。工程取向的人，喜歡把每一件事當工程問題看待。這對工程問題很好，但當你處理的是貓的問題，找獸醫會比找工程師好得多——更好的是，讓你家的寵物自行痊癒。

表三列出各個領域試圖「改善情況」的做法，以及產生的影響。請注意非常明顯的一件事：

所有的例子中，這樣的做法都等於否定反脆弱性。

表三　各領域中令情況變得脆弱的干預做法及其產生的影響

領域	干預的例子	醫療傷害／成本
醫療、健康	過度治療 穩定餵食、熱度穩定等——否定人體的隨機性	脆弱 醫療錯誤 人比較容易生病（但比較長壽）、肥了
	藥物是用加的，不是用減的	製藥公司、細菌產生抗生素抗藥性
生態	微管理森林火災	總風險惡化——「大火災」變大
政治	中央計畫 美國「爲了穩定」而支持腐敗政權	資訊不透明 革命之後陷入混亂
經濟	「不再有榮枯循環」（葛林斯潘〔美國〕、勞工黨〔英國〕）、大平穩（柏南克） 國家干預 優化 稀有事件訂價的錯覺、風險價值方法、規模經濟的錯覺；忽視二階影響	脆弱 危機發生會更加深重 支持根基穩固、對國家友善的公司；窒息創業家 容易受到傷害、假效率 大爆破

領域	干預的例子	醫療傷害／成本
商業	正面的建議（騙子）、只看報酬，不看風險（應該避免的事情）	肥了騙子、企業破產
都市	市政規劃	都市凋零、貧民聚集在內城區、經濟蕭條、犯罪
預測	儘管過去的紀錄其差無比，卻在「黑天鵝」領域（第四象限）做預測	隱形風險（提供預測給人之後，他們會冒更大的風險）
文學	文字編輯試圖更動你的文字	文字變得比較平淡無奇，更像《紐約時報》式的商品化寫作風格
子女教養	足球媽媽（或爸爸）：將每一項隨機元素從孩子的生活中排除	孩童心靈觀光化
教育	整個概念建立在干預之上	嘲弄一切——改造孩童的頭腦
科技	一味求新	脆弱、疏離、書呆化
媒體	高頻率的無趣資訊	雜訊／訊號過濾機制的破壞干預

鯨魚能像老鷹那樣飛嗎？

社會學家和經濟學家心裡並沒有醫療傷害的意識，當然也不知如何稱呼它——當我決定教一堂經濟學和財務的模型誤差課程，沒有人認眞看待我或者這個觀念，少數認眞的人則試著阻止我，要我拿出「一個理論」（如同塞梅爾威斯的故事），卻不知我要探討和收錄的觀念，正是理論的誤差，以及使用理論卻不考慮從理論而來的可能誤差所造成的影響。

擁有理論是非常危險的一件事。

我們當然不需要理論，就能嚴謹地探討科學。科學家所謂的現象學，就是指觀察經驗規律性，卻沒有明顯可見的理論。我在三元組中，將理論放在脆弱類，現象歸於強固類。理論超級脆弱；它們來了又走、來了又走，然後來了又走；現象則留著。而且我不相信人們會不理解現象既「強固」又有用，理論則言過其實，在物理學以外的領域做決策時並不可靠。

物理學享有特權；它是個例外，這使得其他學門想要模仿它，就像鯨魚想要同老鷹那樣飛翔。物理學的誤差從一個理論到另一個理論慢慢變小——所以說「牛頓錯了」會引人注意。這對可怕的科學新聞寫作是好事，但最後可以知道是在撒謊；說「牛頓的理論在某些特定的案例中不準確」是誠實得多的說法。除了以接近光速運動的物體（你下次度假時應該不會做這種事），牛頓力學所做的預測極爲精準。我們也看過以聳動的標題胡說八道的內容，大意是說愛因斯坦在光速方面「錯了」——而用來證明他錯了的工具極其複雜且精密，結果反而證明這種觀點在近期和遠期的未來對你我都不重要。

另一方面，社會學似乎從一個理論到下一個理論偏離得更爲厲害。冷戰期間，芝加哥大學鼓吹自由放任理論，莫斯科大學則宣揚完全相反的知識——但兩所大學的物理系走向趨於一致，即使沒有完全相同。這是我將社會學的理論放在三元組上欄的原因，因爲對現實世界的決策來說，它們超級脆弱，在風險分析上也不穩定。說它們是「理論」甚至令人不安。社會學中，我們應該稱這些結構爲「嵌合體」，而不是理論。

我們必須建構一套方法來處理這些瑕疵。我們沒時間再等上二十四個世紀。醫療專業造成的醫療傷害分散到整個人口（因此具有平常世界效應），社會學和政策的醫療傷害則因爲力量集中，能炸得我們粉身碎骨（因此出現極端世界效應）。

不要什麼事情都不做

二〇〇七年起的經濟危機，主要的來源在於超重量級脆弱推手葛林斯潘——這絕對是有史以來首屈一指的醫療傷害——試圖消弭「榮枯循環」，使得風險藏在地毯底下，並在那裡蓄積，直到導致經濟爆破，而造成醫療傷害。葛林斯潘的故事中，最叫人沮喪的是，這個人是自由意志主義者，表面上看起來是相信應該讓系統用本身的機制去處理；人可以無休無止地欺騙自己。英國政府的脆弱推手高登·布朗（Gordon Brown），也運用相同的天眞干預手段。布朗是啓蒙運動的學生，公開宣稱他背負的宏偉使命是「消除」景氣循環。脆弱推手布朗首相雖然是醫療傷害大師，卻不能和葛林斯潘平起平坐。他現在試著向全世界宣揚「倫理」和「永續」金融——但他實施資訊科技集權政策（導致成本大幅超支和執行延誤），而不是將小單位分權出去，已經證明很難逆轉。事實上，英國的健康服務運轉所根據的原則是：遠處一座醫院有一根針掉在地上，白廳（Whitehall；政府大樓集中在一起的倫敦街道）應該要聽得到。凡事集中這種很危險的技術論點，將在第十八章探討。

試圖消除景氣循環，會帶來十分嚴重的脆弱性。森林中，這裡和那裡一點小火，可以消除易燃的物質，經濟中這裡和那裡一點小小的傷害，可以及早淘汰脆弱的公司，讓它們「早一點失敗」（如此才能從頭來過），並將系統遭受的長期傷害降到最低。

當某人負責主管某件事，就有倫理的問題產生。葛林斯潘的行動是有害的，但即使他心知肚明，也需要一點英雄般的勇氣，才能在民主政治中爲自己不採取任何行動自圓其說。民主政治中，每個人都有誘因，總是要承諾能比另一個人得到更好的結果，而不管實際的延誤成本是多少。

二話不說，動手干預在各個專業中非常普遍。就像切除扁桃腺那樣，把一份文件交給一般的文字編輯，他總是會建議修改幾個地方，假設每頁改五個地方左右。接受他的「改正」之後，將文件交給另一位文字編輯，如果他的干預百分率和平均值相同（編輯的干預程度其實各不相同），你會看到他建議修改相同的數目，有時是把前一位編輯改過的地方再改回來。找第三位編輯來做這件事，情況還是一樣。

順帶一提，在某個地方做太多事情的人，會在其他地方做得太少——文字編輯也是很好的例子。在我的寫作生涯中，發現過度編輯的人傾向於漏掉眞正重要的錯字（也可以反過來說）。我曾經抽回本來準備在《華盛頓郵報》言論版發表的一篇文章，因為編輯動了太多根本不必要動的文字，好像每個字都改用辭典中的同義字代替。我將這篇文章改投到《金融時報》，編輯只改正一個地方：將一九八九年改成一九九〇年。《華盛頓郵報》非常賣力修改文章，卻漏掉唯一重要的錯誤。我們會提到，干預會耗用心理和經濟資源；在最需要的時候，能用的資源反而很少（你的預期不見得對：不管需要做什麼事，小政府的效能最後可能比較高。但是縮減大小和規模，可能使它比大政府干預更多）。

非天真的干預

我要提醒讀者，不要誤解這裡傳達的訊息。我的論點並不在於反對干預；事實上，從上面所說可以看出，我同樣擔心在眞正需要的時候，干預不足。我只是警告不要有**天眞**的干預，以及缺乏警覺，接受它所造成的傷害。

我要傳達的訊息，肯定會遭到一段時間的誤解。我寫《隨機騙局》一書提出的論點——和這裡的訊息有關——說我們有低估隨機性在人間事物中所扮演角色的傾向，總結說「比你所想的還要隨機」，媒體卻報導成「一切都是隨機」或「一切純靠運氣」，就像普羅克拉斯提斯之床，把文字截頭去尾整整齊齊放進去。我在接受廣播電台訪問時，試著向記者解釋兩種說法之間的細微之處和差別時，對方竟然說我「太過複雜」；於是我乾脆走出錄音室，留下他們在裡面不知如何是好。叫人沮喪的是，犯下這種錯誤的人，必須負責教育新聞工作者，而我們這些外行人，竟然信任他們所報導的事件。我在這裡要說的，只是我們不能無視於系統的自然反脆弱性、它們照顧自己的能力，而且要努力抗拒一種傾向，不要不給它們機會這麼做，而傷害它們和使它們變得脆弱。

如同前面提到的過度熱心的編輯，過度干預必然伴隨著干預不足。事實上，和醫療專業一樣，我們傾向於過度干預利益微乎其微（風險卻很大）的領域，但是在緊急狀況等需要干預的領域卻干預不足。所以這裡要傳達的訊息，是主張在若干領域堅決干預，例如在生態方面，或者限制大公司造成經濟扭曲和道德風險。

我們應該控制什麼？一般來說，應該出手干預以限制（公司、機場或者污染來源的）大小、集中和速度，這對於降低「黑天鵝」風險有利。這些行動可能沒有醫療傷害——但我們很難要政府去限制政府的大小。舉例來說，有人表示，自一九七〇年代以來，限制（並且執行）道路上的車速，使得安全急遽有效提高。這種說法是有道理的，因爲發生車禍的風險，隨著速度不成比例升高（也就是呈現**非線性**），而人天生並不具備這種直覺。有人開著大車，在道路上橫衝直撞，便會危害你的安全，所以需要在他撞上你的敞篷 Mini 之前便加以制止——或者使得退出基因庫的人是他，不是你。速度來自現代化，而且我總是懷疑隱形脆弱性來自後自然時代——我們會在第十八章和十九章進一步提出技術證據。

但是我也接受相反的論點，那就是管理街道的標示似乎沒有降低風險；街道上有了標示，駕駛人就會比較掉以輕心。實驗顯示，當我們將控制權讓給系統去執行，警覺性就會減弱（這同樣是缺乏過度補償的緣故）。駕駛人需要從感到危險而來的壓力因子和緊張中，才會提高注意力和控制風險，依賴外部管理，則做不到這件事——走路不遵守交通規則而死亡的行人，比利用行人專用穿越道而死亡的人要少。有些自由意志主義者以荷蘭城鎮德拉赫騰（Drachten）做過的一個夢幻實驗為例。他們拆掉所有的街道標示牌，發現解除管制反而提高安全性，證實了注意力的反脆弱性在運作，也就是駕駛人覺得有危險和必須負起責任而提高了反脆弱性。在這之後，德國和荷蘭許多城鎮相繼減少街道標示牌。第二章談到飛機自動駕駛時，提到和德拉赫騰相同的效應，也就是自動駕駛的效果適得其反，駕駛員的警覺性因此降低。但是我們要小心，不要將德拉赫騰的效益過度外推，因為將社會中的所有規則取消，效能不會因此提高。如同前述，限制道路車速是基於不同的動態，而且它的風險不一樣。

可是我很難將脆弱性和反脆弱性的觀念，套用到目前美國的政治論述中。美國的政治體系，由惡劣的兩個化石黨把持。民主黨大部分時候主張高度干預、無條件管制和大政府，共和黨則喜歡大公司、無條件解除管制和窮兵黷武——在這裡，兩者對我來說都相同。談到債務，它們更是相同，因為雙方都傾向於鼓勵公民、企業和政府背負債務（這帶來脆弱性和危害反脆弱性）。我相信，談到「黑天鵝」事件，市場和政府都不明智——但是同樣的，由於大自然的構造，她並非如此，比較老式的市場（例如露天市場），也和我們現在擁有的體系不同。

且讓我簡述我對干預的看法。在我看來，主要需有一套系統準則，決定何時干預，何時不去動系統。我們可能需要干預以控制現代化帶來的醫療傷害——尤其是對環境造成的大規模傷害，以及潛在（但還沒有顯現）的傷害集中（這種事情，等我們發現，為時已晚）。這裡提出的觀念，和政治無關，而是根據風險管理而來。我並沒有加入特定的政黨，或者特別偏愛某個政黨；我只是提出傷害和脆弱性的觀念，好讓我們能夠制定合適的政策，以確保我們最後不會炸毀地球和自己。

讚美拖延——像費邊社那樣

有個欺騙的成分和干預有關，而且在專業化的社會中正加速增長。推銷「看看我爲你做了什麼事」遠比「看看我爲你避開了什麼事」容易。根據「績效」建立的獎金制度，當然使問題惡化。我曾在歷史中尋找因爲沒做什麼事而成爲英雄的人，但是要觀察沒有作為很難；我很難找到任何這樣的人。不做背部手術（非常昂貴的外科手術）的醫生，讓背部有機會自行療癒，但他們不像讓這項手術看起來缺之不可的醫生，開了刀之後果然舒緩病患的疼痛，但同時使他暴露在手術風險中，卻給自己帶來巨大的財務獎勵和有利的評語。後者開著勞斯萊斯（Rolls-Royce）轎車。企業經理人努力避免公司發生損失，往往不會得到獎賞。「黑天鵝」世界中的眞正英雄，是防止巨大災害發生的人，而當然了，由於巨大的災害沒有發生，所以他們沒有因此得到表揚或者獎金。我將在第七冊談倫理時，更深入探討獎金制度不公平的概念，以及這種不公平如何因爲複雜性而擴大。

但是如同以往，前人的智慧似乎遠高於我們現代人——而且那種智慧遠爲簡單；羅馬人尊重懂得抗拒和推遲干預的一個人。費比烏斯・馬克西姆斯（Fabius Maximus）將軍的綽號是「拖延者」

（Cunctator），因爲避免和拖延正面交戰，而令軍力明顯居於優勢的漢尼拔（Hannibal）火冒三丈。把漢尼拔的窮兵黷武想成是一種干預形式，相當適當（美國總統小布希也是，但漢尼拔是親自帶兵上陣，不是待在舒適的辦公室中），而且拿他來和「拖延者」的智慧相互比較，便知高下。

英國有一群非常聰明的革命分子，創導一股政治運動，稱作費邊社（Fabian Society），名稱就是來自「拖延者」，因爲他們主張見機而作，推遲革命的步調。費邊社社員包括蕭伯納（George Bernard Shaw）、威爾斯（H. G. Wells）、雷納德與維吉尼亞．吳爾夫（Leonard and Virginia Woolf）、麥唐納（Ramsay MacDonald），連羅素也曾經是社員。事後來看，這是非常有效的策略，但我們強調的重點，不在於他們達成目標的方式，而是他們體認到那是移動目標的事實。拖延可以讓事件自行發展，行動人士能在推動不可扭轉的政策之前，有機會改變主意。費邊社社員見到史達林主義和類似的政權造成的失敗和帶來的可怕故事之後，當然改變了他們的心意。

有一句拉丁話說：「緩緩急進」（festina lente）。古人之中，不只羅馬人尊重主動無所作爲的表現，中國思想家老子也提出無爲（消極達成）的主張。

極少人了解拖延是我們的自然防衛機制，因爲這可以讓事情自行發展，發揮它們的反脆弱性；這來自某種生態或自然的智慧，不見得總是壞事——就人的生存來說，我的身體會抗拒掉進它的圈套。我的心靈會抗拒現代化的普羅克拉斯提斯之床。沒錯，在現代世界中，我申報的所得稅不會照顧自己——但是延後前往不是那麼必要的醫院，或者暫時擱置寫一段文章，直到我的身體告訴我，已經做好準備爲止，我所根據的可能是非常強而有力的自然過濾器。我只在自己覺得喜歡的時候才寫，而且只寫我喜歡的主題——讀者並不是傻瓜。所以我利用拖延，向內心的自我和深層進化的過去傳達訊息，抗拒在寫作上進行干預。可是某些心理學家和行爲經濟學家似乎認爲拖延是一種疾病，需要矯正和治療。①

由於拖延尚未被充分病態化，有些人將它和柏拉圖討論的**意志力薄弱**（akrasia）狀況連結在一起。這是指缺乏自制或意志軟弱的形式；其他人則將它和**意志力喪失**（aboulia）混爲一談，也就是缺乏意志。製藥公司可能有一天會生產出藥丸來治療這種病。

拖延的好處，同樣適用於醫療程序：我們見到拖延能夠保護你不受錯誤的傷害，因爲這讓大自然有機會去做它的事，理由在於一個不討喜的事實：大自然比科學家不容易犯錯。心理學家和經濟學家研究「不理性」，卻不了解人可能只在生命沒有危險的情況下，才表現出拖延的本能。當我看到獅子進入臥室，或者鄰居家裡的圖書室失火，絕對不會拖延。受到重傷後，我不會拖延。我只會在需要做不自然的事和執行不自然的程序時才會拖拖拉拉。我曾經因爲背痛，而一拖再拖，不去做脊髓手術——卻因爲到阿爾卑斯山徒步旅行度假，接著上舉重課程，而完全治好背痛的問題。那些心理學家和經濟學家竟然要我扼殺我的自然本能（內心察覺別人在鬼扯的偵測器），因爲那種本能允許我推遲非急需的手術，並將風險降到最低——這侮辱了我們身體的反脆

① 心理學家研究了干預的相反做法，稱之爲**現狀偏差**（status quo bias）。但是在一個人的專業（應該做點事情的地方）和他的私生活（相反的情形）中，干預和拖延兩者似乎能夠並存。這取決於何種領域。所以這是社會和經濟問題，與常態和誘因有關（但是研究切除扁桃腺的醫生沒有直接的誘因），而不是一種心理特質。

弱性。由於拖延是透過低動機，從自然意志力而來的訊息，所以矯正問題的方法，是改變環境或者一個人的專業，選擇一個人不必和本身的衝動對抗的環境或專業。極少人理解這個邏輯後果，也就是一個人應該過著「拖延是好事」的生活，將它視爲是以自然風險爲基礎的決策形式。

事實上，我是以拖延的方式，寫這本書的內容。要是我拖拖拉拉，不肯寫某一段落，那麼這一段落就應該刪除，這是很簡單的倫理：我爲什麼要去欺騙別人，寫我覺得缺乏自然驅力的主題？②

根據我的生態推理，發現拖拖拉拉不做事情的人並非不理性；不理性的是他的環境。稱他不理性的心理學家或經濟學家，才是沒理性的。

事實上，我們人類很不擅長於過濾資訊，尤其是短期資訊，拖延可能是讓我們過濾得更好，抗拒我們接下來要討論的資訊跳躍所帶來後果的一種方式。

「自然的」概念讓人混淆。哲學家談到一種錯誤，稱之爲**自然主義謬誤**（naturalistic fallacy），意思是說，自然不見得在道德上正確——這一點我相當贊同，正如我們在第四章談過，將達爾文的天擇用到現代社會的問題，以及需要保護失敗的人這種做法有違自然的本意（問題在於有些人

---

② 一位寫書的朋友說，畫家喜歡正在畫畫，但作家喜歡「已經寫好」。我建議，爲了他自己好，也爲了讀者好，他應該停止寫作。

在道德的領域之外誤用自然主義謬誤，以及在一個人有所懷疑的時候，將它誤用到依賴自然主義本能的觀念上）。不管一個人如何切割，談到風險考量，它都不是謬誤。時間是脆弱性的最好考驗——脆弱性包含高劑量的混亂——而且大自然是被時間蓋上「強固」戳印的唯一系統。但是某種假哲學家未能了解風險至上，以及它會在哲學化之後存活下來。這些人最後應該退出基因庫才是——眞正的哲學家會同意我的說法。還有一種更糟的謬誤：人們犯下相反的錯誤，認為**自然主義就是謬誤**。

大規模的神經過敏

想像有一種人，以一般的用語來說，就是神經過敏。他長得瘦削，整張臉看起來扭歪著，講話忽快忽慢。想要表達什麼事情的時候，脖子便不停地扭動。當他臉上長出一顆小粉刺，他的第一個反應是認爲那是癌症，而得癌症是會要命的，還有，癌細胞已經擴散到他的淋巴結。這樣的疑心病，不限於身體健康：例如有人在商場上遭到一點小挫折，馬上覺得公司就要破產，而且肯定破產。在辦公室，他要看每一個可能的細節，並以系統性的方法，將每一座鼴鼠丘改造成一座山。你最不希望發生的事，是在辦理重要任務時，和他一起卡在車陣中。「過度反應」一詞，是爲這種人而設計出來的：他不會有反應，只是過度反應。

和他形成對比的人，冷靜沉著，就算發生火災，也能鎭定面對。這樣的能力，被視爲當領導人、軍隊指揮官或黑手黨教父的必要條件。他們通常不動聲色，不爲小資訊所動。令你印象深刻的是，他們面對困難的狀況，自制力很強。「公牛薩米」（Sammy the Bull）薩爾瓦托雷・格拉瓦諾（Salvatore Gravano）接受訪問時，讓我們看到什麼叫作從容自若，講話冷靜而有條理。這個人涉嫌殺害十九個人（全都是與他競爭的黑幫成員）。他提到作案過程，面不改色，好像是在討論「沒什麼大不了的事情」。第二種人有時會在必要時有所反應；和神經過敏的人不一樣，他極少發火，一旦動怒，大家都知道事情鬧大了，非嚴肅面對不可。

由於現代化，源源不絕供給我們的資訊，正將人類從第二種人改造成第一種神經過敏的人。針對我們討論的主題來說，第二種人只對真正的資訊有反應，第一種人主要是對雜訊有反應。兩種人之間的差異，會讓我們知道雜訊和訊號之間的不同。雜訊是你理該忽視的，訊號則是你需要留意的。

本書稍早只是寬鬆地提到「雜訊」；現在該來精確說明。科學將雜訊概化到實際的聲音之外，用於描述對任何目的完全無用的隨機資訊，必須清理它們，才能理解正在傾聽的東西。舉例來說，加密訊息中，有些元素絕對缺乏意義，只是隨機選擇了一些字母，用來混淆間諜，或者它們是電話線上聽到的斷斷聲，不要理會它們，注意傾聽對方到底在講什麼就行了。

個人或知識上無法區辨雜訊和訊號，正是過度干預背後的原因。

殺人的合法方式

如果你要加快某個人的死亡，不妨給他一位私人醫生。我的意思並不是說給他一位壞醫生，而是說，給他錢，讓他自己去挑。任何醫生都行。

這也許是完全合法地害死一個人的唯一可能方式。從切除扁桃腺的故事可以知道，能夠取得資料，反而提高干預的可能性，使我們的行爲舉止像是神經過敏的人。洛里・薩瑟蘭（Rory Sutherland）向我表示，聘用私人醫生的人，應該特別容易遭到天眞的干預，因而遭受醫療傷害；醫生需要證明花錢聘用他們是值得的，而且需要向自己證明，自己畢竟有一些工作倫理，所以「什麼事情都不做」，無法讓自己和別人滿意。事實上，麥可・傑克森（Michael Jackson）的私人醫生遭到指控的罪名，相當於過度干預而扼殺反脆弱性（但是法庭需要一點時間，才能熟悉這個概念）。你是否曾經想過，爲何擁有一流醫療照護團隊的國家元首和非常有錢的人，和一般人一樣容易死亡？呃，看起來是因為過度用藥和過度醫療照護造成的。

同樣的，企業人士或者負責制定政策的人（例如脆弱推手葛林斯潘），有複雜的資料收集部門爲他們效力，因此拿到許多「即時」的統計數字，能夠過度反應，並且誤將雜訊當作資訊——如他們所說的，葛林斯潘會留意克利夫蘭的吸塵器銷售等資料的波動，「以精準掌握經濟的脈動」，而且他當然會無微不至，親自管理，而將我們送進混沌之境。

做商業和經濟決策時，依賴資料會產生嚴重的副作用——由於連線的關係，資料現在十分豐富，而且隨著一個人更加埋首在資料之中，資料中虛假成分的百分率會跟著增加。資料有個很少人討論的特性：數量龐大的資料是有毒的——連中等數量都有毒。

前面兩章談的是你可以如何利用雜訊和隨機性；但是雜訊和隨機性也能利用你，尤其是在完全不自然的情況中，例如你從網頁或透過媒體取得的資料。

你愈常看資料，雜訊（而不是稱作訊號的寶貴部分）愈有可能不成比例地提高，因此雜訊對訊號比愈高。而且，會有不屬於心理層面，而是存在資料本身裡面的混淆。假設你拿一年的股價，或者岳父家工廠的肥料銷售量，或者海參歲的通貨膨脹資訊來看。進一步假設你觀察的一年資訊，訊號對雜訊比約爲一比一（也就是一半雜訊，一半訊號）——這表示約有一半的變動是眞正的改善或退步，另一半來自隨機性。這個比率來自你觀察的年度資訊。但如果你每天看相同的資料，組成會變成九五％的雜訊、五％的訊號。如果你像一般人看新聞和市場價格的變動那樣每小時觀察資料，比率會變成九九·五％的雜訊相對於〇·五％的訊號。這表示雜訊是訊號的二百倍——這是爲什麼聽新聞的人（除非有非常重大的事件發生）只差一步便成了冤大頭。

以報紙的醫療傷害來說。報紙每天需要用一套新聞塡滿版面——尤其是其他報紙會報導的新聞。但是如果要做對事情，它們必須學會在沒有重大新聞的時候保持沉默。有些日子中，報紙應該只有兩行那麼長，其他日子則印二百頁——和訊號的強度成比例。但它們當然想賺錢，需要賣給我們垃圾食物。而垃圾食物會產生醫療傷害。

這個故事可以從生物的維度來說。我一再表示，在自然環境中，壓力因子是資訊。因此太多的資訊會造成太大的壓力，超過反脆弱性的門檻。在醫療上，我們發現禁食具有療癒的力量，而這是爲了避開和攝取食物有關的荷爾蒙衝動。荷爾蒙傳達資訊到人體的不同部分，太多的話，會使我們的生物系統發生混淆。在這方面，就像以太高的頻率獲得新聞，太多的資訊反而有害——每天的新聞和糖會以相同的方式，混淆我們的生物系統。第二十四章（談倫理）會說明太多的資料（尤其是內容貧乏的資料）如何使統計數字完全失去意義。

現在我們再加進心理的維度：人的設計，不是爲了了解要點，所以我們在情感上對雜訊過度反應。最好的解決方法，是只看資料或情況的非常大變動，永遠不要看小變動。

正如我們不可能誤將熊當作石頭（但可能誤將石頭當成熊），理性、頭腦清楚、沒有受到感染、沒有埋首在資料中的人，幾乎不可能誤將十分重要的訊號（攸關他生存的訊號）當作雜訊——除非他過度焦慮、過度敏感和神經過敏，因此分心，並且被其他訊息搞混。重要的訊號一定有辦法送到你那裡。就切除扁桃腺的例子來說，最好的過濾器是只考慮重病的孩子，也就是每過一段時間，喉嚨就發炎的孩子。

媒體激起的神經過敏

媒體大篇幅報導傳聞軼事，製造許多雜訊。由於這件事，我們愈來愈活在虛擬實境當中，和實際的世界有別，而且日甚一日，卻愈來愈沒有察覺這件事。美國每天有六千二百人死亡，其中許多是死於可預防的原因。但媒體只報導故事色彩最濃和最駭人聽聞的個案（例如颶風、奇怪的意外、小型飛機墜毀），給我們的眞實風險地圖日益扭曲。在先人的環境中，傳聞軼事或者「有趣的」事情是資訊；今天則不再如此。同樣的，媒體給了我們各種解釋和理論，讓我們在了解這個世界時產生錯覺。

而且新聞媒體從業人員對各種事件（和各種風險）的了解，屬於事後回顧性質，就像坐上飛機之後才進行安全檢查，或者古人所說的**戰後出兵**（post bellum auxilium）。由於領域相依，我們忘了需要拿我們的世界地圖和眞實的世界相互比較。所以我們活在愈來愈脆弱的世界，卻認爲它愈來愈容易理解。

總而言之，緩和干預的最佳方式，是盡可能自然地定量供給資訊。在網際網路的時代中，我們很難接受這麼做。我很難解解釋爲什麼你得到的資料愈多，愈是不知道發生什麼事，造成的醫療傷害愈多。人們仍然有一種錯覺，以爲「科學」意味著更多的資料。

國家無能的時候有幫助

一九五九年到一九六一年間，中國發生大飢荒，死了三千萬人。這件事讓我們知道國家「拚命使力」造成的影響。孟鑫（Xin Meng；註：譯音）、錢楠筠（Nancy Qian）和皮耶爾・雅爾德（Pierre Yared）探討各個地區之間的差異，想要了解飢荒的分布情形。他們發現，在飢荒開始之前一段期間，糧食產量較高的地區，飢荒更爲嚴重。這表示，主要的問題出在政府的糧食分配政策，而原因是採購制度缺乏彈性。事實上，上個世紀發生在中央計畫經濟體中的飢荒，百分率高於預期。

但是國家的無能，經常能夠幫助我們免於國家集權和現代化的箝制——也就是反醫療傷害。洞察入微的作家德米特里・奧爾洛夫（Dmitri Orlov）指出，蘇聯瓦解之後，由於糧食生產缺乏效率，以及到處都有非刻意建立的備餘，因而避免了巨大的災害發生，反而有助於穩定。史達林玩弄農業，也造成飢荒。但他和他的接班人永遠無法管理農業，使它「具有效率」，也就是像今天的美國那麼集中和優化，因此每個城鎮周圍都栽種各種主要作物。這樣的做法比較昂貴，因爲沒有得到專業分工的利益，但由於各地缺乏專業分工，所以人們在中央機構嚴重崩垮之後，還是能夠取得各式各樣的糧食。在美國，我們每攝取一卡路里的營養，就要燒掉十二卡路里在運輸上；蘇聯的比率是一比一。我們可以想像糧食供給遭到破壞時，美國（或者歐洲）可能發生的事情。此外，由於蘇聯的住宅興建缺乏效率，人們一直三代同堂，因而產生緊密的關係——就像黎巴嫩戰爭那樣——所以彼此接近，也相互借錢。這裡的人有眞正的感情，不像社群網路那樣。他們也讓飢餓的朋友有飯吃，期待萬一自己處境悽慘，也有某位朋友（很可能是另一位）會幫助他們。

由上而下的國家，不見得做得到。

法國比你想的還亂

接著我們要探討法國運作得好，是因爲它是笛卡兒理性主義由上而下治理的國家那樣的說法。法國人和俄羅斯人一樣幸運，因爲這在很長一段時間內，是個失敗的目標。

我花了二十年的時間，探討法國以超大型國家，由上而下治理，爲什麼可以在那麼多領域中表現得那麼好的原因。這畢竟是認爲國家應該滲透到每一件事情的偉大夢想家讓—巴蒂斯特·柯爾貝爾（Jean-Baptiste Colbert）的國家。沒錯，目前法國的文化充滿著超級干預的氛圍，可以說到了「就算沒壞，也要修理」的地步。法國——不知道爲什麼——能夠運作的東西，往往比其他地方要好；那麼，法國可以拿來作爲證據，說中央官僚機構壓抑自治市的混亂，有利於成長、快樂、美好的科學和文學、超棒的天氣、各式各樣的地中海品種鮮花、高山、便捷的交通、迷人的婦女，以及美食？直到我看了葛蘭姆．羅布（Graham Robb）寫的《非典型法國》（*The Discovery of France*），才發現一個重大的事實，才以全新的眼光看待這個地方，並且努力搜尋文獻，修改自己對這個國家的看法。

其實整個故事就擺在眼前：儘管路易十四、拿破崙和朱爾．費里（Jules Ferry）實施全國教育計畫，試圖統治這塊地方，法國這個單一民族國家大致上只是名目上的。一八六三年的法國並不講法語（五個人裡面只有一個人能講），而是講各式各樣的語言和方言（叫人驚訝的一件事：一九〇四年的諾貝爾文學獎，是頒給法國人弗雷德里克．米斯特拉爾〔Frédéric Mistral〕。他以普羅旺斯語〔Provençal〕寫作，這種南法語言現在已沒人在講）。語言沒有整合——就像乳酪的種類多達四百種左右——說明了這個國家要集權化有多困難。沒有任何族群或語言能將這個地方團結起來——它只是國王和勢力薄弱的貴族所擁有的財產。道路狀況十分可怕，全國大部分地方，旅人無法到達。收稅是個危險的行業，需要鍥而不捨的精神和精明幹練的手腕。事實上，這個國家是逐步被巴黎「發現」的，而且許多時候，是在北非和其他地方建立殖民地之後才發現。讓．尼古拉斯（Jean Nicolas）寫了厚厚一本有趣的《法國叛亂》（*La rebellion française*），指出法國的暴動文化極其博大精深——從歷史上看，這可說是法國眞正的全國運動。

巴黎本身幾乎不爲法國所控制——情況不比葡萄牙語稱作野花（favelas）的里約貧民窟目前不聽巴西中央政府號令好多少。太陽王路易十四將政府搬到凡爾賽，以逃避巴黎群衆。一八六〇年代，奧斯曼（Haussmann）拆除房屋和狹窄的街道，改建成大道，方便警察掌控群衆之後，巴黎才有辦法控制。法國其實仍然分成巴黎和「沙漠」兩個地方，因爲巴黎根本不很在意法國的其他地方。經過道路、鐵路系統、公立學校等漫長的計畫和「五年計畫」，以及電視的普及，這個國家才能集中權力——始於戰後的戴高樂（De Gaulle），直到一九七〇年代末瓦勒里・季斯卡・德斯坦（Valéry Giscard d'Estaing）主政期間才完成，實現拿破崙統一國家的夢想，然後開始分權。③法國可能受益於約二十年的龐大中央政府統治——但是我們同樣可以說，大政府刺激成長之後，並沒有持續太久，超過受歡迎的期間。這樣的快樂情況也使它受益。

瑞典與大政府

除了法國，瑞典和其他北歐國家的謎也令我不解。它們往往被視爲大政府「行得通」的典範，因爲這些國家的政府占整個經濟很大的一部分。爲什麼有個巨大的政府，丹麥竟然是世界上最快樂的國家（假設快樂可以衡量，也是人們想要的）？這些國家不是都比紐約大都會區小嗎？我的

③另一個發現，和有機性最強、最爲混亂的一樣東西，也就是語言，受到的控制有關。法國官方透過法國學院機構，規定學生寫文件，或者寫信給市長抱怨垃圾車收垃圾時太吵，那些措詞可以和不可以被視爲合適的法文。結果很明顯：因此產生了和英文相當，詰屈聱牙和狹隘的正式詞彙——但是範圍更廣的法文口語被錯誤定義爲「俚語」，卻和英語一樣豐富。席琳（Céline）或達爾（Dard）等一些作家，甚至以平行的文學詞彙寫作，混合細膩精準和豐富的俚語，展現了口語和文學融合的獨特風貌。

共同作者、政治學家布萊斯告訴我，這方面的敘事也是錯的：它們的故事和瑞士幾乎完全相同（但氣候很糟，而且沒有好的滑雪勝地）。政府是以收稅者的身分存在，但錢由社群引導，花在社群本身——例如，由社群視民間部門對勞工的需求爲何，在地方上決定需要實施何種技能訓練。經濟菁英比其他大部分民主國家擁有更多的自由——這絕不是我們從外面所看到的國家集權。

此外，瑞典和其他北歐國家在一九九〇年左右冷戰結束時，經歷嚴重的經濟衰退，而以嚴峻的財政政策，因應得可圈可點，因此而能有效避開約二十年後發生的嚴重金融危機。這件事也見證了它們從混亂中受益。

將觸媒和起因混爲一談

受到抑制的系統，如果渴望自然的混亂，最後勢必崩潰，因爲它們相當脆弱，可是失敗從來不被視爲脆弱的結果。相反的，這種失敗被解讀爲預測不良的產物。就像搖搖欲墜的沙柱，將一座脆弱的橋梁倒塌歸因於通過上方的最後一輛貨車是不明智的，更愚蠢的是試著預測哪輛貨車會讓橋梁垮掉。可是人們太常做這種事。

二〇一一年，美國總統歐巴馬將政府沒有預測到那一年春天埃及爆發革命，歸咎於情報失誤（就像美國前總統卡特將他的政府沒有預測到一九七九年伊朗的伊斯蘭革命，歸咎於情報失誤那樣）。他不知道重要的是統計「尾端」受到壓抑的風險——而不是沒有見到最後一粒沙子。拿經濟事件做比喻：二〇〇七至二〇〇八年的金融危機展開之後，許多人認爲，若能事先預測到次級貸款出問題（他們心裡似乎認爲是次貸問題引爆金融危機）會有幫助。老實說，不會有幫助，因爲它是危機的徵兆，不是根本成因。同樣的，歐巴馬將他的政府未能預測到埃及人民起義，怪罪於「情報不良」，顯示他既誤解了深奧系統，也牽涉到不良的政策。在這個故事中，超級強權是不折不扣的火雞。

歐巴馬的錯誤，說明了人們容易產生局部因果鏈的錯覺——也就是將觸媒誤爲起因，並且假設一個人能夠知道哪個觸媒會產生何種效應。埃及最後動盪不安，所有的觀察者都無法預測，尤其是捲入其中的人。因此，怪罪中央情報局（CIA）或其他某個情報機關，就和花錢預測這種事件一樣不智。政府浪費了數十億美元，試圖預測互相依存的系統所產生的事件，因此在個別的層級上，難以從統計上去理解。

大部分人在解釋情勢動盪的原因時，都將觸媒和原因混爲一談。以二〇一一年的「阿拉伯之春」爲例來說。突尼西亞和埃及的暴動起初被歸因於商品價格上漲，而不是造成民不聊生和失去民心的獨裁統治。但是巴林和利比亞是富裕國家，買得起進口穀物和其他商品。此外，幾年前商品價格漲到更高的水準，卻沒有導致人民揭竿而起。同樣的，即使邏輯頭頭是道，焦點卻擺錯了地方。我們必須研究的是系統和它的脆弱性，而非事件——就像物理學家所說的「滲流理論」，要研究的是岩層的隨機性特質，而非岩層單一要素的特質。

銷售預測分析資料給美國政府（卻未發出警告）的承包商之一，桑提亞集團（Sentia Group）的馬克・艾伯杜拉希恩（Mark Abdollahian）指出，關於埃及，政策制定者應該「將這件事想成是在拉斯維加斯。玩撲克牌二十一點遊戲時，如果你的表現比一般好四%，就能賺到不少錢」。但這種類比是錯的——我不能苟同他說的每一句話。預測埃及並沒有「好四%」。這不只是在浪費錢，而且是根據錯誤的焦點，建構起虛假的信心。情報分析師犯下風險管理系統未能預測經濟危機的相同錯誤——並在他們失敗的時候，祭出完全相同的藉口——實在引人側目。政治和經濟的「尾端事件」是無法預測的，而且它們的機率在科學上無法衡量。不管花多少錢做研究，預測革命都不像數牌；人類永遠無法將政治和經濟化爲二十一點那麼容易處理的隨機性。

8 預測是現代化的產物

絕對不要用法語大吼大叫——布黑女士愈來愈受尊重——「黑天鵝」的領域

二〇〇九年秋天，我在韓國和一群西裝革履、自命不凡的人聚在一起。討論小組有個成員叫加藤隆俊（Takatoshi Kato），在當時強而有力的國際機構擔任副常務董事。開始討論之前，他用PowerPoint很快給我們做完簡報，說明他和他的部門對二〇一〇、二〇一一、二〇一二、二〇一三和二〇一四年所做的經濟預測。

那時我還沒決定去爬山、以傳教士般的口吻慢條斯理講話，以及試著羞辱人，而不是當面抨擊他們。聽完加藤的預測，我控制不了自己，當著兩千位韓國人勃然大怒——我氣炸了，幾乎馬上用法文開罵，忘了自己身在韓國。我衝上講台，告訴聽眾，下次有人西裝革履，爲大家預測將來某一天的事情，應該先請他亮出過去所做的預測——以這次來說，我們要看他二到五年前，也就是二〇〇四、二〇〇五、二〇〇六和二〇〇七年對二〇〇八和二〇〇九年（危機發生的年頭）所做的預測。講得客氣一點，這麼一來，他們就能驗證年高德劭的加藤先生和他的同事並不長於預測。而且，不只加藤先生這樣，我們預判政治和經濟重大稀有事件的紀錄不是接近零，而根本是零。我沒打草稿，當場侃侃而談我的解決方法。我們無法將所有預測錯誤的人都關進牢裡；我們無法阻止人們請別人做預測；我們無法要求人們不要聘用下一個對未來做出承諾的人。「我想要活在一個世界中，在那裡，加藤先生之類的人所做的預測不會傷害你們。而這樣的世界，有個特質，稱作強固。」

我在倍感挫折之餘，當下就在那裡想到提出三元組的概念：以脆弱—強固—反脆弱取代預測方法。

布黑女士（Ms. Bré）有競爭對手

我會火冒三丈，是因爲想到預測不是中性的東西。它肯定會造成醫療傷害。預測會給冒險犯難的人帶來絕對的傷害——和給人蛇油，而不去治療癌症，或者像華盛頓那樣放血沒有兩樣。還有，我們有證據。心理學家丹尼．康尼曼（Danny Kahneman）說得沒錯，勸我不要對當權機構裡面備受尊重的成員發脾氣，罵得那些我將來也會是其中一員的知識份子聰明人不知所措。不過，他給我看了醫療傷害的證據，增添我的挫折感和怒氣。我們有無數的實證發現，給某個人一個隨機性的預測數字，便會提高他的冒險程度，即使那個人**明知**預測是隨機的。

我聽到的都是對預測者的抱怨，而下一步很明顯，卻很少人去走：避開預測造成的醫療傷害。我們曉得要防止小孩子搗蛋，卻沒想到要防止預測者的狂妄自大。

預測

我們的生活能夠那麼簡單，是因爲強固和反脆弱不必像脆弱那樣，準確理解我們所存在的世界——而且它們不需要做預測。要了解爲什麼備餘是種非預測性的行爲模式，或者預測成分較低的行爲模式，我們拿第二章的論點來說：如果你在銀行有多餘的現金（地下室還囤積史派姆〔Spam〕肉罐頭、鷹嘴豆和金條等可交易的物品），那麼你就不需要精準地知道，到底哪個事件可能造成你生活困難。①也許是戰爭、革命、地震、經濟衰退、流行病、恐怖份子發動攻擊、新澤西州鬧獨立等等——和處於相反情況的人，也就是背負債務的人比起來，你不需要預測太多。負債的人由於自己的脆弱性，預測的精準性需要高出很多。

多多少少有一些壞牙

你可以控制脆弱性，而且能夠控制的程度，遠高於你所想的。我們整理出三個要點：

①從我度過黎巴嫩戰爭，以及在紐約州威徹斯特郡（Westchester County）幾次風暴造成斷電的經驗，我建議囤積小說，因爲我們通常低估等候問題消散，打發漫長時光的無聊。書籍具有強固性，不會受到斷電的影響。

(1)由於察覺（反）脆弱性——或者如同接下來幾章，胖子東尼告訴我們的，實際上是靠嗅覺聞出來——遠比預測和了解事件的動態與發展容易，所以我們背負的整個使命，化約為一個中心原則，那就是應該做什麼事，好將來自預測錯誤的傷害降到最低（以及將利益提升到最高）。換句話說，當我們犯了錯誤，情況不但不會分崩離析，甚至可能受益。

(2)我們現在並不想改變世界（這件事留給蘇聯—哈佛的烏托邦分子和其他脆弱推手去做吧）；我們應該先提高東西面對瑕疵和預測錯誤的強固性，甚至利用那些錯誤，從檸檬做出檸檬水。

(3)至於檸檬水，歷史好像總是會從檸檬裡做出檸檬水；反脆弱性必然是各種事物承受所有壓力因子之母（稱作時間），往前推進的必要條件。

此外，一件事發生之後，我們要怪的不是未能預見那件事（例如海嘯、阿拉伯閃米特族之春或類似的暴動、地震、戰爭或金融危機）將來臨，而是怪我們沒有了解（反）脆弱性，以及「爲什麼我們做出的某樣東西，面對這類事件時如此脆弱？」沒有見到海嘯或經濟事件來襲是情有可原的；造出某樣東西，面對它們顯得脆弱，才不可原諒。

還有，談到天真的烏托邦主義，也就是我們經不起無視於歷史，以理性的態度，消除使得社會顯得脆弱的貪婪和人類的其他缺點。數千年來，人類一直嘗試這麼做，卻還是本性不改，加上多多少少有一些壞牙，所以我們最不需要的是那些甚至更爲危險的說教者（看起來永遠像是胃腸不適的人）。相反的，比較聰明（和務實）的做法，是讓這個世界不受貪婪傷害，或甚至讓世界能從貪婪和人類其他可見的缺點中受益。

核能工業雖然口碑不佳，卻很少人像這個工業中的一些人那樣，了解箇中要點，並且做出合乎邏輯的結論。福島核災發生之後，這些聰明的核能公司現在曉得，他們應該轉而注意**暴露在失敗中的風險**——因此預測或不預測失敗就變得無關緊要。採用這個方法之後，它們建立夠小的反應爐，並且深埋在地底夠深的地方，周圍有夠多的防護層，一旦出了差錯，對我們的影響不會很大——雖然很花錢，但總比什麼事都不做要好。

另外舉個經濟方面的例子來說。瑞典政府在一九九一年預算出狀況之後，將注意重心放在完全的財政責任上——遠比從前不依賴經濟預測。這有助於它們不受後來的危機衝擊。②

不當火雞

任何人在喝上一杯之前，顯然都知道我們可以將一個人、一家人、有個迷你市政廳的一座村落送到月球，並且預測星球的運行軌道，或者量子物理最細微的影響，可是擁有同樣複雜模型的政府，卻無法預測革命、危機、預算赤字、氣候變遷，或甚至幾個小時後股市的收盤價。

②一個相關的觀念，是理財高手華倫·巴菲特（Warren Buffett）講的話（有可能是別人捏造的），說他想投資的企業，「棒得不得了，連白癡都能經營。因爲遲早都會有白癡去經營那家公司」。

我們有兩個不同的領域，其中之一我們（在某種程度內）能夠預測，另一個——「黑天鵝」領域——應該只讓火雞和火雞化的人去玩。兩者之間的界線，（在非火雞眼裡）就像貓和洗衣機那麼明顯。

社會、經濟和文化生活落在「黑天鵝」的領域內，實體生活則遠非如此。此外，我們需要把各種領域分成這些「黑天鵝」既無法預測且影響重大的，以及稀有事件不值得費心關切，原因在於它們能夠預測，或者因爲它們不重要。

我在前言中提到，「黑天鵝」領域中的隨機性不好處理。我會一再重複說明這件事，直到聲音沙啞。這方面受到的限制是在數學上，就是這麼簡單，而且世界上找不到方法能夠突破這個限制。不管你找來多少個拿到博士學位的俄羅斯人和印度人爲你效力，無法衡量和無法預測的事情，仍將無法衡量和無法預測——也不管我接到多少封仇恨郵件。在「黑天鵝」區，我們永遠達不到知識上的極限，不管統計和風險管理科學推進到多麼複雜的程度。

我提這件事，重點不在於一口咬定我們不可能知道這些事物的任何事情——長久以來，塞克斯都．恩披里科（Sextus Empiricus）、阿爾加惹爾（Algazel）、休謨等一大堆哲學家，以及更多的懷疑論者和懷疑經驗論者，已經提出一般性的懷疑問題——並且正式化和現代化成我的反火雞論點所根據的背景與註腳。所以我要做的事，是指出哪裡應該懷疑，以及哪裡不應該懷疑。換句話說，把注意焦點放在脫離他 × 的第四象限——我給「黑天鵝」領域取了個科學名稱，稱作第四象限，也就是我們暴露在稀有「尾端」事件的程度很高，而且這些事件無法計算。③

現在更糟的是，由於現代化，極端世界的占有率正在升高。贏家通吃的效應正在惡化之中：

一位作者、一家公司、一個觀念、一位音樂家、一位運動員不是大放異彩，就是什麼都不是。這使得可預測性惡化，因爲社會經濟生活中的幾乎每一樣東西，現在都由「黑天鵝」主宰。我們的複雜化不斷使我們好高騖遠，創造出我們愈來愈沒有能力了解的事物。

不再有「黑天鵝」

在此同時，過去幾年，整個世界也往另一個方向走，發現了「黑天鵝」觀念。一些投機分子現在忙著用來自混沌—複雜性—災難—碎形理論、更爲複雜的模型，去預測、預言、預判「黑天鵝」。可是答案一樣相當簡單：**少就是多**；論述是往（反）脆弱性的方向推。

③這是（可以跳過不看的）技術性註腳：這些象限是什麼？把暴露程度和隨機種類組合起來，可以得到四種組合：平常世界的隨機性，對極端事件的暴露程度低（第一象限）；平常世界的隨機性，對極端事件的暴露程度高（第二象限）；極端世界的隨機性，對極端事件的暴露程度低（第三象限）；極端世界的隨機性，對極端事件的暴露程度高（第四象限）。前三個象限，知道或不知道暴露程度，帶來的錯誤都很小。「強固化」可以修正暴露程度，從第四象限移轉到第三象限。

第三冊　非預測的世界觀

歡迎各位讀者來到非預測的世界觀。

第十章以塞內加的斯多噶哲學，作為了解反脆弱性的起點，從哲學和宗教到工程，都可以應用。第十一章介紹槓鈴策略（barbell strategy），並且解釋為什麼混合高風險和高保守行動的這種雙重策略，優於用簡單的中等風險方法做事。

但是我們翻開第三冊，首先要談兩個朋友的故事。他們從察覺脆弱性，並且從利用脆弱推手的問題，而得到很大的樂趣，並且以此為生。

9 胖子東尼和脆弱推手

嗅出脆弱——很難找人共進午餐——趕快打開信封——從新澤西看，重新劃分世界——海愈來愈深

懶惰的旅人

二〇〇八年，經濟危機爆發之前，尼洛．屠利普（Nero Tulip）和東尼．狄貝奈德托（Tony DiBenedetto）之間的關係，很難向外人解釋。人們也稱後者爲「胖子東尼」，或者在政治上比較能爲人接受的「發福東尼」。

尼洛日常生活主要的活動是看書，間或穿插一些雜事。胖子東尼則很少看書，有一天提到想寫回憶錄，尼洛開玩笑說：「胖子東尼寫的書，剛好就是比他看過的書多的那一本。」——總是有點好高鶩遠的胖子東尼，引用一件事回答尼洛：「你曾說過，如果你愛看小說，你會寫一本。」（尼洛曾經提過英國首相兼小說家班傑明．狄斯雷利〔Benjamin Disraeli〕雖然寫小說，卻不喜歡看小說。）

東尼在布魯克林長大成人，後來搬到新澤西，說話的口音，正好和你想的一樣，因此，在不必花很多時間去看書（對他來說也是「沒有用處」的活動），以及對結構化的辦公室工作高度反感的情形下，胖子東尼有很多時間是什麼事也不做，偶爾才做點商務交易。當然了，他吃很多。

午餐很重要

雖然他們身邊大部分人都努力抗拒各式各樣不同的不成功表現，尼洛和胖子東尼卻有個共同點：他們十分害怕無聊，尤其是早上醒來，想到一整天無事可做。所以在這次金融危機爆發之前，他們會走在一起的直接原因，就像胖子東尼說的：「享用午餐」。如果你住在像紐約那樣活躍的都市中，而且個性友善，要找個共進晚餐的好夥伴並不難。你可以放鬆心情，和他聊一些同感興趣的話題。但是要找人吃午餐卻難得要命，尤其是在高度就業的狀況中。你很容易找到像囚犯般的上班族當午餐夥伴，但說眞的，你不會想靠近他們。他們平常承受的壓力，會化爲液態荷爾蒙，從毛細孔流出來。如果你們談的事，是他認爲可能使他正在做的「工作」分心，他們會表現出焦慮的神情。當你請教他們正事，卻可能撥動他們不是那麼無趣的心思，進而打斷你的話：「我得走了」，或者「我兩點十五分有個會要開」。

此外，胖子東尼在某些地方很受尊重。尼洛則不然，喜歡像哲學家那樣沉思，到了餐廳，侍者總當他是隱形人，好像沒這個人存在似的。但東尼一現身在義大利餐廳，立刻會引起熱烈的反應。進入餐廳，侍者和工作人員會列隊歡迎；餐廳老闆會戲劇性的擁抱他。餐後離開時，會和餐廳老闆依依不捨地道別。有些時候，他的母親會看到他在門外，帶著禮物，像是自製的格拉巴酒（或者瓶子沒有任何標示的奇怪液體）、更多的擁抱，以及答應下個星期三回家吃飯。

因此，尼洛人在紐約地區時，午餐時間的焦慮可以減少，因為總是能夠找到東尼。他會和東尼約在健身俱樂部見面；我們的發福英雄在那裡做三項全能運動（桑拿浴、按摩浴、蒸氣浴）。然後去找老闆歡迎他光顧的一家餐廳。東尼曾經告訴尼洛，到了晚上，他對他就沒用了——他可以找到更好、更幽默、更像義大利裔新澤西州人的朋友。他們和尼洛不同，可以給他「一些有用的」點子。

圖書館的反脆弱性

尼洛過著混合式（和短暫的）禁欲生活，盡可能在接近九點的時候上床，冬天有時更早。每當酒精作祟，讓人開始對陌生人談起私生活，或者更糟的是，轉而談論形而上學的東西，他就會想辦法離開聚會。尼洛喜歡在白天做各種事情，設法在早晨陽光溫暖地穿透臥室，在牆上留下條紋圖案時起床。

他喜歡上網向書商訂書，並且經常看書。結束像水手辛巴達和威尼斯旅人馬可．波羅那樣激烈的冒險生活之後，他現在過著平靜而安寧的生活。

尼洛患有審美病，厭惡，甚至恐懼這些東西：穿夾趾拖的人、電視機、銀行家、政治人物（右翼、左翼、中間派）、新澤西、來自新澤西的有錢人（像胖子東尼那樣的人）、喜歡乘船出海

（以及穿著夾趾拖停靠在威尼斯）的有錢人、大學的行政工作人員、文法難題、喜歡攀親帶故的人、電梯音樂，以及衣冠楚楚的推銷員和企業人士。至於胖子東尼，令他覺得反感的東西則不一樣：**虛有其表**，我們猜，那是指所有的表面工夫和行政細節做足、卻漏掉實質內涵的人（甚至不曉得自己是那樣的人），所以和人交談時，總是言不及義，從來不碰中心觀念。

而且胖子東尼能夠聞出脆弱性。眞的可以這麼說。他宣稱，只要看一個人走進餐廳，就能判斷他是什麼樣的人，而且幾乎每次都準。尼洛注意到胖子東尼和首次見面的人談話時，會非常接近他們，而且像狗那樣，用鼻子去嗅。這樣的習慣，甚至連胖子東尼自己都沒有察覺。

尼洛參加一個學會，裡面有六十個翻譯志工，共同將以希臘文、拉丁文、阿拉米語（古敘利亞語）寫成，但尚未出版的古文件翻譯出來，拿給法國 Les Belles Lettres 出版社出版。這群人依個人的自由意志分組。他們訂下的規則之一是：辯論時不因爲你在大學掛什麼頭銜，以及身分地位有多高，意見就比較受重視。另一個規則是強制參加巴黎兩個「尊貴的」紀念日：每年十一月七日的柏拉圖逝世紀念日，以及每年四月七日的阿波羅誕辰紀念日。他也加入當地一個舉重俱樂部，每個星期六在改裝後的車庫集合。參加這個俱樂部的人大都是在紐約工作的警衛、管理員，以及看起來像黑道大哥、夏天穿「打老婆」無袖襯衫在外面閒晃的人。

有閒的人，都會聽從內心的不滿感覺，以及跟著難以控制的興趣走。尼洛愈清閒，愈是覺得想要補償失去的時間，塡補自然興趣出現的缺口，也就是想要稍微更深入了解一些事情。但是他發現，一個人爲了讓自己感覺更深入了解了一件事情，所能做的最糟事情，是嘗試稍微深入一點去了解。威尼斯有句諺語說，**愈是深入海底，海愈深**。

好奇心和上癮一樣，具有反脆弱性，而且會因爲你試圖滿足它而擴大——如同房間裡每一面牆壁都擺書架的人所知道的，書籍背負著秘密的使命，而且具有增生的能力。本書撰稿時，尼洛擁有一萬五千本書，在書商每天寄來書籍之後，都得煩惱如何丟棄空盒子和包裝材料。尼洛覺得醫學教科書讀起來很有趣，因爲他對這個主題懷有自然的好奇心。這和一些人爲了吸收更多知識而不得不讀的奇怪做法不同。這方面的好奇心，來自他曾經兩度與死神擦肩而過。第一次是癌症，第二次是直升機墜機。這些事情，提醒他注意科技的脆弱性，以及人體的自癒力量。所以他花一些時間，閱讀醫學方面的教科書（不是論文——而是教科書），或者專業文章。

尼洛接受的正式教育是統計和機率。他認爲它們是哲學的特殊分枝。成人後，他所有的時間都花在寫一本哲學性和技術性的書籍，書名叫《機率與元機率》（*Probability and Metaprobability*）。但是他每兩年就放棄寫書計畫一次，兩年後才再恢復計畫。他覺得一般人使用的機率概念，太過狹隘，也不完整，無法表達眞實世界中生態體系所做決定的眞正特質。

尼洛喜歡不帶地圖，在老都市中走很長的路。他用下述方法，使自己的旅程去觀光化：在第一個地點待上一段時間之後，才決定下一個目的地是哪裡，因此給自己的行程注入某種隨機性。可是這麼一來，也令他的旅行社氣得跳腳——遊薩格勒布（Zagreb）時，他的下個目的地，得視他在薩格勒布的心情而定。大體而言，吸引他到某個地方的原因，是那個地方的味道；味道難以用文字表達。

在紐約時，尼洛大部分時間是坐在書房中面對窗戶的書桌前，偶爾望向哈德遜河對岸景色朦朧的新澤西，覺得自己沒住在那裡十分幸福。所以他向胖子東尼說：「我對你沒有用處」是相互的（用同樣不懂外交手腕的詞彙表達），可是如同我們即將談到的，這句話不對。

談冤大頭和非冤大頭

二〇〇八年的危機發生之後，可以明顯看出這兩個人的共同點：他們都預測到冤大頭的脆弱性造成危機。他們會走在一起，是因爲他們都相信這種大小的危機，以前所未見的方式和規模，用滾雪球的方式破壞現代經濟的事情勢必發生，原因很簡單：這個世界有冤大頭。但是他們兩個來自完全不同的思想學派。

胖子東尼相信書呆子、行政管理者，以及主要是銀行家，是最終的冤大頭（而那個時候，每個人仍然認爲他們是天才）。此外，他相信他們集體而言，比起個別來說，是更大的冤大頭。而且他擁有自然的能力，能在這些冤大頭摔個大跟頭之前察覺出他們。如同我們說過的，胖子東尼在過著優閒生活的同時，從那樣的活動賺取收入。

尼洛的興趣和東尼類似，除了平常的穿著打扮像個傳統的知識分子。在尼洛看來，根據了解機率的錯覺建立起來的體系，勢必崩潰。

賭脆弱性會出事，他們因此具有反脆弱性。

所以東尼從危機中賺得一大票，進帳將近一億美元，或略高於一億美元——對東尼來說，除了一大票以外的每一件事，都是「閒扯淡」。尼洛也賺了不少錢，但遠低於東尼，不過他對自己賺到錢相當滿意——我們說過，他在財務上已經獨立，並且視賺取金錢爲浪費時間。明白的說，尼洛的家族財富於一八〇四年達到高峰，所以他不像其他的冒險家那樣，懷有社會不安全感，而且金錢對他來說，不可能是一種社會聲明——現在只是博學，到了老年卻可能是智慧。如果你不需要，過多的財富反而是沉重的負擔。在他看來，不論是服飾、飲食，還是生活風格或生活方式，過度精緻都是可憎的，而且財富不是呈現線性。超過某種水準，就會迫使人們的生活變得無止無盡的複雜，讓人擔心鄉村別墅的管家是不是在訛詐他們，工作卻做得很糟。隨著金錢增多，類似的頭痛也跟著增加。

我們將在第七冊討論和冤大頭對賭的倫理，但是這裡分成兩派。在尼洛看來，應該先警告別人，說他們是冤大頭，而東尼卻反對先警告這種想法。「別傻了，」他說，「言詞是給娘們用的。」根據口頭警告建立起來的系統，將由不冒險、空口說白話的人所把持。除非拿走他們的錢，否則這些人不會尊重你和你的想法。

此外，胖子東尼堅持要尼洛用一種儀式，去觀察戰利品的具體表現，例如銀行的帳戶報表——我們說過，這和物品的財務價值，或甚至採購力無關，只是他們的象徵價值而已。他可以理解爲什麼凱撒（Julius Caesar）不惜花費錢財，一定要將高盧的叛軍領袖韋辛格托里克斯（Vercingetorix）帶到羅馬，戴上手銬腳鐐遊行示衆，只是爲了用活生生的人展示他獲得的勝利

我們之所以需要將重點放在行動上，避開言詞，還有另一個因素要考慮：依賴外界的認可有損健康。人們給予認可的方式，既殘忍又不公平，所以最好不要玩這種遊戲。不管別人如何對待你，一定要具有強固性。尼洛曾經和一位具有傳奇色彩的科學家交朋友，非常尊敬這位出衆人物。雖然這個人（在他人眼裡）於自己的領域已經聲名顯赫，卻還是十分在意他在科學界得到的

身分地位。如果有任何作者沒有引用他的名字，或者某個委員會將他不曾得過的獎項發給他覺得比他差的人（那個騙子！），他會十分生氣。

尼洛曉得，不管他們對自己的研究有多滿意，依賴言詞認可的這些自命不凡人士，都被剝奪了東尼所擁有的冷靜沉著；面對他們沒有得到、別人卻得到的恭維，以及學術地位比他們低的某個人，從他們那裡偷走了認可，而付出的情緒代價，他們仍然顯得脆弱。所以尼洛向自己承諾，要用一個小小的儀式擺脫所有這些——以免他自己禁不住受到自命不凡的人誘惑。尼洛從他所說的「胖子東尼賭注」得到的戰利品，扣除新車（一輛Mini）和一支全新的六十美元帥奇（Swatch）手錶等成本，投資組合有一筆可觀的金額，明細每個月從新澤西州一個地址郵寄給他，另外三份報表來自海外。同樣的，重要的不是錢的金額，而是他展現的行動是有形眞實的——金額可以是原來的十分之一，甚至百分之一，但效果依然相同。所以他可以藉由打開含有報表的信件，治好爭取認可的毛病，然後繼續過日子，無視於殘忍和不公平的言詞使用者的存在。

但是跟著倫理走到自然的結論，要是信封裡面裝的是發生虧損的報表，尼洛應該一樣覺得驕傲——以及滿足。一個人値得尊敬的程度，和他根據自己的意見去冒的個人風險——也就是他暴露在下檔損失中的數量——成正比。總而言之，尼洛相信博學、美學和冒險——此外差不多就沒了。

至於基金，則要避開慈善陷阱。尼洛根據胖子東尼訂下的規則去做，也就是用有系統的方法去捐贈，但絕對不捐給直接開口要求的人。而且，他也絕不捐給任何公益慈善組織一毛錢，有可能的例外是，那個組織沒有雇用支薪的人。

孤單

來談談尼洛的孤單。對尼洛來說，二〇〇八年經濟危機爆發之前的黑暗日子裡，沒有人的想法和他一樣，有時令他感到痛苦——有些時候，通常是在週日晚上，他不免懷疑起自己什麼地方錯了，或者這個世界有什麼地方不對勁。和胖子東尼共進午餐，就像口乾舌燥之後喝到水；發現自己沒瘋，或者至少不是**只有自己**發瘋，令他立即放下心中一塊大石。外面有些事情**不對勁**，可是他沒辦法對別人說，尤其是看起來相當聰明的人。

有將近一百萬的專業人士投入經濟活動，任職於各國政府（從喀麥隆到華盛頓特區）、學術界、媒體、銀行、企業，或者自己做家庭功課，以做出經濟和投資決定，卻只有少數一些人見到經濟危機即將來襲——更少人能夠預見整個傷害程度。

而在預見危機即將到來的人當中，沒人知道這次危機是現代化的產物。

尼洛會站在紐約鬧區前世界貿易中心（World Trade Center）的遺址附近，對街一些巨大的大樓建築裡面，大都是銀行和經紀公司，數以百計的人在裡面跑來跑去。他們單單從新澤西往返通勤，便耗掉數十億瓦的能源，吃掉數百萬塗有奶油乳酪的貝果，胰島素反應刺激著他們的動脈，也單單因爲講話、通訊和寫文章，而製造數十億位元組的資訊。

這一切雖然嘈雜，卻徒勞無功，只會製造出令人不愉快的雜訊，表現出缺乏美感的行爲，增加熵數，製造能量，使得紐約生態區的當地氣候暖化，以及對於那種勢必蒸發、稱作「財富」的東西產生大型幻覺。

你可以堆起所有的書，造成一座山。但在尼洛看來，儘管這裡、那裡都有證據，可是書內談到機率、統計或數學模型的任何東西卻都只是**空氣**。而且，和胖子東尼共進幾次午餐學到的東西，比在哈佛圖書館社會科學區①看書的收穫還多。哈佛圖書館的社會科學區有將近兩百萬本書和研究論文，總共需要花上三千三百萬個小時去看，全心全力翻閱，得要將近九千年才看得完。

來談一個重大的冤大頭問題。

非預測者能夠預測的事情

胖子東尼並不相信預測。但是他預測某些人——預測者——會破產，而從中賺到大錢。

這不是很矛盾嗎？尼洛在各個研討會上，會遇見從聖大菲研究所（Santa Fe Institute）來的物理學家。他們相信預測，並且使用新奇的預測模型，可是他們根據預測而經營的商業活動，表現卻沒有那麼好——而胖子東尼雖然不相信預測，卻能從預測致富。

你不能預測整體，卻能預測那些依賴預測的人會冒更大的風險，會遭遇某些麻煩，甚至破

① 那座社會科學圖書館唯一的例外，是一小部分的認知科學文獻——因為其中有一些很管用。

產。爲什麼?做預測的人會因爲預測而脆弱。過度自信的駕駛員，最後會導致飛機墜毀。數字預測會使人冒更多的風險。

胖子東尼具有反脆弱性，因爲他看到那些脆弱獵物的鏡像。

胖子東尼使用的模型相當簡單。他先找到脆弱性，然後賭脆弱單位會崩潰，接著向尼洛講道理，並在社會文化現象方面，和尼洛相互抨擊對方，對尼洛批評在新澤西生活很糟的說法有所反應，而後在脆弱單位崩潰之後海撈一票。接著他便去享用午餐。

10 塞內加的上檔利益和下檔損失

如何在聽了建言之後活下來——沒有什麼好失去的，或者沒什麼好得到的——下次船難時你要怎麼做

在胖子東尼之前兩三千年，另一位義大利半島之子解開了反脆弱性的問題。尤有甚者，他比我們的發福朋友在知識上更有見地，用更出色的散文講大道理。除此之外，他在現實世界的表現並沒有比較遜色——事實上，他經商遠比胖子東尼成功，而且知識不低於尼洛。這個人就是斯多噶派哲學家塞內加。我們提過，有人懷疑他是尼祿母親的情夫（事實不然）。

而且他用斯多噶哲學解開了反脆弱性的問題——反脆弱性連結了三元組的各種要素。

真的不開玩笑？

呂齊烏斯．安涅．塞內加（Lucius Annaeus Seneca）這位哲學家剛好也是羅馬帝國最有錢的人，

部分原因在於他擅長貿易，另一個原因則在於他是故事性很強的尼祿皇帝的家庭教師。幾章之前，我們談過尼祿曾經試圖殺害母親。塞內加支持斯多噶哲學學派，也是斯多噶哲學學派著名的闡釋者。這個學派主張在某種程度內不理會命運。他的著作吸引了像我這樣的人，我介紹朋友看他的書，大部分人也被他吸引，因為他好像在跟我們講話；他說做就做，重視斯多噶學派的實踐層面，並且落實在如何旅行、如何在自殺時處理好後事（他奉命自殺），或者如何因應困境和貧窮，以及甚至更為重要的，如何處理財務。

由於塞內加重視務實的決策，有人——學者——說他不夠理論或哲學。可是評論他的人，沒人察覺到塞內加關於不對稱的看法，正是本書的核心、生活的核心，以及邁向強固性和反脆弱性之鑰。沒有一個人。我要說的是，做決定時，智慧遠比知識重要——不只在實務面如此，在哲學面也是這樣。

其他的哲學家做事的時候，是根據理論去實踐。亞里士多德試圖提供務實的建議，以及數十年前的柏拉圖以他的國家觀念和對統治者提出建議，尤其是對敘拉古（Syracuse）的統治者提供建言，不是收不到效果，就是造成災難。要當成功的哲學家王，一開始是王，遠比一開始是哲學家要好，這可以從下面提到的當代故事看得出來。

決策理論這門學科的現代成員，走的是從理論到實務的單行道。他們有個特徵，就是被最複雜、但最難以應用的問題所吸引，並將這個過程稱為「做科學」。我聽人說起特里費特教授的一件事（我將教授的名字改了，因為這個故事可能是杜撰的，不過根據我親眼所見，這很可能是他特有的狀況）。在決策理論這塊領域，他是經常被人引用的學者之一，寫過不少教授愛用的教科書，並且協助發展某種大而無用、稱作「理性決策」的理論，裡面充滿大而無用的格言和假格言，以及大而甚至更無用的機率和假機率。當時在哥倫比亞大學執教的特里費特，爲了是不是該接受哈佛大學的聘書而傷腦筋——許多大談風險的人，終生沒有遇過比這種決定還要困難的冒險行爲。有位同事建議他運用他那備受推崇的學術技術，將「最大期望效用」派上用場，並說：「你老是在寫這些東西。」特里費特很生氣地回道：「少來了，這可不是在開玩笑！」

相形之下，塞內加才眞的是「不開玩笑」。他曾經遭遇船難，家人都罹難，只有他大難不死。他後來寫信給朋友，提出一些務實和沒有那麼務實的建議。最後，當他了結自己的生命時，是以有尊嚴的方式，一絲不苟地照他著作中所宣揚的原則進行。哈佛的經濟學家寫的文章，只有想寫論文的人才會去讀，後者寫的文章，又只有想寫論文的人才會去看，而且（可望）被歷史上無情的鬼扯偵測器給吞噬。一般人所稱的小塞內加寫的文章，在他死後兩千年，仍然有活生生的人在閱讀。

我們就來探討他的思想。

生命中下檔損失較少的事物

我們先從下述的衝突談起。我們說過，塞內加是羅馬帝國最富有的人，財富高達三億銀幣（denarii；爲了讓讀者了解這筆錢到底有多大，不妨看看大約同一時間，猶大爲了三十個銀幣出賣耶穌，也就是相當於一個月的薪水）。沒錯，一個人在他的幾百張桌子（用象牙當桌腳）之一爲文貶斥物質財富的重要性，當然不是很具說服力。

我們從文獻中，對斯多噶哲學的傳統理解，是它在某種程度內無視於命運——以及人必須與宇宙取得和諧的其他觀念，這裡一併跳過。它不斷貶抑世俗財富的價值。斯多噶學派的創始人季蒂昂的芝諾（Zeno of Kition）遭遇船難時（古文書中記載許多船難），宣稱自己十分幸運，卸下了一切重擔，現在可以好好研究哲學。塞內加的著作中，扣人心弦的一句話，是遭逢不幸之後，「我沒什麼好損失的」（nihil perditi）。斯多噶哲學會使你渴望巨災帶來挑戰。而且斯多噶學派輕視豪奢的行爲：塞內加談到一個過著揮霍生活的人說：「他負債累累，因爲他必須向另一個人或財神借錢。」①

用這種方式來觀察，斯多噶哲學談的只是純粹的強固性——因爲不管是好或壞，只要達到一種狀態，能夠免於外在環境的影響，也就是對命運所做的決定不顯現脆弱性，便叫強固。隨機事件不會對我們有什麼影響（我們強到不會失敗，也不會貪心想要享受上檔利益），所以我們待在三元組中間那一欄。

直接閱讀塞內加的著作，而不是透過評論者去了解，我們會學到不同的東西。塞內加的斯多噶哲學版本，是對命運具有反脆弱性。幸運女神不會帶來下檔損失，而是帶來許多上檔利益。

---

①讀者如果想要了解佛教和斯多噶哲學有什麼不同，我有個簡單的答案。斯多噶學派是會表態的佛教徒，也就是會對命運說：「X你的」。

沒錯，塞內加的目標表面上是哲學，試著堅守如上所說的斯多噶傳統：斯多噶哲學談的不是利得和好處，所以表面上它不是落在反脆弱性的層級上，而只談控制人的命運，以及降低心理層面的脆弱性。但是評論者完全漏掉一件事。如果財富是一種重擔，沒有需要，那何必去擁有？塞內加爲何要保有財富？

我在第二章說過，心理學家忽視創傷後成長，卻將注意焦點放在創傷後傷害上，可見知識分子不理會反脆弱性——在他們看來，我們的世界傾向於停留在強固。我不知道爲什麼，但他們就是不喜歡。這使他們不去想塞內加要的是來自命運的上檔利益，而這並沒有什麼不對。

我們先向這位大師學習他如何主張緩和下檔損失，而這是斯多噶哲學傳達的標準訊息——也就是強固，保護自己不受情緒的傷害，如何離開三元組第一欄所列的那類事情。第二步，我們要說明他眞正主張的其實是反脆弱性。第三步，我們將在第十八章和第十九章概化他所用的技巧，提出偵測反脆弱性的一般方法。

斯多噶學派的情緒強固化

成功會帶來不對稱：你現在可能失去的，遠多於可能得到的。因此你會顯得脆弱。回頭來談達摩克里斯劍的故事。對他來說，不會有什麼好消息，但是呼之欲出的壞消息多得是。當你變得富有，失去財富的痛苦，超過獲得額外財富的情緒利得，所以你開始活在持續不斷的情緒威脅當中。困在身外之物中的富人，被財富控制，夜不安枕，壓力荷爾蒙濃度很高，幽默感降低，甚至鼻間開始長毛和罹患類似的疾病。塞內加表示，財物令我們憂慮下檔損失，因此在我們依賴它們的時候，有如一種懲罰。所有的事情都是下檔損失，沒有上檔利益。尤有甚者：人對境遇的依賴——以及受境遇而來的情緒影響——會形成一種奴役形式。

古人相當熟悉好和壞、利益和傷害造成的影響不對稱——我發現李維（Livy）在塞內加之前半個世代寫過：「人對好事的感受，不如對壞事的感受那麼強烈。」古人——主要歸功於塞內加——遠遠領先以「風險（或損失）規避」概念爲中心、發展出各種理論的現代心理學家和特里費特之類的決策理論家，而且更爲深入、更爲實用，而且所言超越庸俗的治療方法。

容我用現代的詞彙再說一次。拿你失去的可能很多、得到的可能很少的情況來說。如果一筆額外數量的財富，例如一千腓尼基舍客勒（Phoenician shekels）對你沒有好處，但是同樣數量的損失，會讓你覺得受到很大的傷害，那麼這就出現不對稱。而且這不是好的不對稱，因爲你變得脆弱。

應對這種脆弱性，塞內加提出的務實方法，是經由心理練習，拋除擁有的財物，如此當損失發生，他便不會覺得痛——這是從人的境遇奪回自由的一種方式。這就好比購買保險契約，以防損失發生。舉例來說，塞內加展開旅程時，隨身攜帶的東西，幾乎和他萬一發生船難會有的東西完全相同，包括一條毯子，好在地上睡覺，因爲當時旅社很少（但我必須加上一點：在當時的環境中，他「只有一兩名奴隸」隨行）。

爲了指出他的見解十分適用於現代，接下來我要說明我如何應用斯多噶學派的想法，奪回生活中隨機事件的心理控制權。我一向討厭受雇於人，以及因此必須依賴某個人武斷的意見行事，尤其是當大公司內部所做的不少事情，違背我的倫理感時。因此，除了八年，我都自力營生。但在那之前，也就是在我做上一份工作時，還沒開始上班，就先寫好一封辭職信，鎖在抽屜裡，因而讓我在那邊工作的期間，感到自由自在。同樣的，我做過交易員，而交易這一行充滿著高度的隨機性，持續不斷的心理傷害，刺入人的靈魂深處，所以我會利用心理練習，每天早上假設最糟的事情已經發生——所以當天接下來的每一件事，都算是賺到的。事實上，心理上調整到「最糟狀況」的這種方法，優點勝過治療，因為我會因此去冒最糟情況十分清楚、下檔損失有限且已知的某種風險。凡事順遂的時候，要嚴守紀律，在心理上拋除身外之物十分困難，但這正是一個人最需要紀律的時候。此外，我有時候會像塞內加那樣旅行，置自己於不舒適的境遇中（但和他不同，我沒有「一兩名」奴隸隨行）。

聰明的生活就是要利用這種感情定位方法，消除傷害所造成的刺痛，而我們說過，使用的方法是在心理上拋除財物，如此一旦發生損失，才不致感到痛苦。世界的波動不再對你產生負面的影響。

調適情緒

以這種方式來看，斯多噶學派談的是調適（domestication）情緒，不見得是消除情緒。它不是要將人變成植物。我認為，現代的斯多噶學派哲人是**將恐懼化為謹慎、痛苦化為資訊、錯誤化為啓示、渴望化為行動的人**。

塞內加提出一套因應生活和妥善運用情緒的完整訓練方法——而這要歸功於有效的小技巧。舉例來說，羅馬斯多噶學派用來區分生氣和正當行爲，避免造成日後懊悔不迭的傷害，一種手法是至少等上一天，才痛打違反規定的僕人。我們現代人或許不認爲這種做法有什麼特別正確之處，但是不妨看看行事一向愼重的哈德良皇帝（Emperor Hadrian），竟在怒不可遏的情形下，刺瞎一名奴隸的眼睛。等到哈德良息怒，覺得後悔時，造成的傷害已經不可挽回。

塞內加也提出一套社會行爲，希望我們能投資在好的行爲上。有些東西可以從我們身上取走——但是良好的行爲和德行誰也拿不走。

如何成為主人

到目前爲止，塞內加的故事爲人熟知，我們也學會從三元組的上欄（脆弱）走向中間那一欄（強固）。但是塞內加更進一步。

他說，財富是智者的奴隸，卻是愚者的主人。因此，他稍微背離所謂的斯多噶學派習慣：**他保有上檔利益**。依我之見，如果以前的斯多噶學派宣稱他們喜歡貧窮勝於富有，我們必須懷疑他們的態度，因爲這可能只是說說而已。由於大部分人都貧窮，所以他們可能說出符合本身境遇的一番話（我們將從米利都的泰勒斯的故事，了解酸葡萄的概念——認知遊戲會使你相信摘不到的葡萄，味道是酸的）。塞內加是用行動來表現的人，所以我們不能忽視他保有財富的事實。他讓我們知道，他喜歡財富，**卻不讓財富傷害他**，這是很重要的一件事。

塞內加甚至在《論恩惠》（*De beneficiis*）一書中說明他使用的策略，以「簿記」（bookkeeping）一詞，公開稱之爲成本效益分析：「登錄效益的方法很簡單：把它全部當成支出就行了；如果有人歸還，那顯然是利得（這兩個字是我強調的）；如果沒有歸還，並不算損失。我是爲了給而給。」雖然說這是道德簿記，但終究和簿記沒有兩樣。

所以他對命運使了一個手段：留下好東西，丟棄壞東西；縮減下檔損失，保有上檔利益。這是一種自利行爲，也就是消除來自命運的傷害，以及用非哲學的方式，保留上檔利益。就人們所了解的斯多噶學派的意義來說，這種成本效益分析很不像斯多噶學派（研究斯多噶學派的人，似乎希望塞內加和其他的斯多噶學派的想法，和研究斯多噶學派的人一樣）。於是出現了上檔利益和下檔損失的不對稱。

這是形式最純的反脆弱性。②

基礎不對稱

我們來將塞內加的不對稱化成一條規則。

---

② 對於那些相信斯多噶學派創始人芝諾徹底反對物質財富的人，我有話要對他們說：我意外發現有人提到他從事航運金融業，積極投資，完全不像反財富的烏托邦分子。

我稍早前使用的概念，是困境造成的**損失比較多**。如果生命中的事件，使你的損失多於利益，那麼這就有不對稱存在，不是好事。這種不對稱普遍看得到。我們來看看它如何把我們帶向脆弱。

以第一章的包裹爲例來說：它不喜歡擠壓，而且討厭混亂家族中的成員——所以它是脆弱的（由於絕對得不到好處，所以非常脆弱，因此不對稱性非常強）。具有反脆弱性的包裹，從擠壓得到的好處多於損失。簡單的說：如果我「沒有什麼好損失的」，那就有利無弊，所以我具有反脆弱性。

整張表一列出各個領域中的三元組，可以用這些詞彙來解釋，而且每樣東西都行。要了解爲什麼不對稱報償喜歡波動，不妨想想：如果你的失少於得、上檔利益多於下檔損失，那麼你會喜歡波動（總的來說，這會帶來利益），而且你也具有反脆弱性。

我的責任是以基礎不對稱（foundational asymmetry），將如下所說的四個要素連結起來。

> 脆弱性意味著失多於得，等於下檔損失多於上檔利益，等於（不利的）不對稱。

以及

> 反脆弱性意味著得多於失，等於上檔利益多於下檔損失，等於（有利的）不對稱。

就某個波動來源而言，如果可能的得超過可能的失，那麼你具有反脆弱性（反過來說也是一樣）。

此外，如果你的上檔利益多於下檔損失，那麼你可能因爲缺乏波動和壓力因子而受到傷害。

現在，我們如何將這個觀念——減少下檔損失，增加上檔利益——付諸實踐？可以利用下一章介紹的槓鈴方法。

11 不要和搖滾明星結婚

如何背著丈夫以及和誰偷情的精確準則——介紹槓鈴策略——外交官搖身一變成為作家，以及反過來進行

槓鈴（或者雙峰）策略是取得反脆弱性，並向三元組下欄移動的一種方式。一夫一妻制的鳥類以和當地搖滾明星偷情的方式，實踐這件事。作家如果白天做的是閒差事，不必寫東西，可望寫出更好的東西。

損壞的包裹無法恢復原狀

邁向反脆弱的第一步，是先降低下檔損失，不是提高上檔利益；也就是說，減少暴露在負面「黑天鵝」的機率，並讓自然的反脆弱自行運作。

緩和脆弱性不是選項，而是非做不可的事。這聽起來好像不言可喻，但要點似乎爲人遺漏。

脆弱性就像不治之症，非常磨人。包裹一旦在糟糕的情況下損壞，即使外在狀況恢復，也不會自行修復。脆弱性具有棘輪般的特質，也就是傷害不可逆。重要的是所走的路徑、事件發生的順序，而不只是目的地——這也就是科學家所說的**路徑相依**（path-dependent）特性。路徑相依可以說明如下：先做腎結石手術，再麻醉身體，和順序反過來的治療程序不同。或者，用餐的時候，先喝咖啡和吃甜點，最後才喝番茄湯，與相反的順序比起來，享受的程度不同。考慮路徑相依時，我們的方法就變得很簡單：不管上檔利益的潛力如何，我們很容易找到脆弱的東西，把它放在三元組的上欄——因爲損壞的東西，傾向於永遠處於損壞的狀態。

企業人士經常忽視從路徑相依而來的脆弱性，因爲他們受到靜態思維的訓練，傾向於相信創造利潤是他們的主要使命，或許有時才會想到生存和風險控制——他們遺漏掉生存優先於成功的強烈邏輯特性。要創造利潤和買寶馬（BMW）汽車之前，先求生存才是好觀念。

不考慮脆弱性，那麼速度和成長——以及和動作有關的任何事情——等概念都是空洞而無意義的。一個人在紐約市以時速二百五十哩開車，我們可以相當肯定他什麼地方也去不了，因爲有效速度必然等於時速零哩。雖然我們應該注重有效速度，而非名目速度，這個道理不用多講也相當清楚，但是複雜的論述卻用某些東西掩飾這個基本要點。

根據路徑相依的觀念，我們不再能將經濟的成長和發生衰退的風險、財務報酬和最後致命一擊發生虧損的風險、「效率」和發生意外的危險區隔開來。效率的概念本身變得相當沒有意義。如果賭徒有最後賠個精光的風險（把每一塊錢都輸回去），那麼他所用策略的「潛在報酬」完全無關緊要。幾年前，有位大學同事向我炫耀，說學校的捐贈基金賺進的報酬率高達二〇%左右，卻不曉得這些報酬和脆弱性有關，很容易就發生災難性的虧損——果不其然，某一年的壞表現，吃光了所有這些報酬，並且危及大學的經營。

換句話說，如果某樣東西具有脆弱性，那麼它發生損壞的風險，將抹殺掉你爲了改善它或者使它變得「有效率」所做的任何事情，除非你先降低發生損壞的風險。正如普珀里琉斯·西魯斯（Publilius Syrus）所寫的，你無法既倉促又安全地做好任何事情——幾乎沒有一件事辦得到。

我們很容易以讓子孫背負債務的方式，促進國內生產毛額（GDP）的成長，但將來的經濟可能因爲需要償還這些債務而崩潰。GDP就像膽固醇，似乎有如一張普羅克拉斯提斯之床，用來詐詐系統。所以說，就像墜機風險很高的飛機，「速度」的概念無關緊要，因爲我們知道它可能到達不了目的地，具有脆弱性的成長也稱不上成長，可是各國政府還沒有了解這一點。工業革命前後的黃金年頭，成長確實非常溫和，平均每人不到一%，但這段期間卻將歐洲推進到世界霸主地位，這樣的成長雖低，卻相當強固——不同於現在各國爭相追逐成長，與沉迷於速度的青少年駕駛人沒有兩樣。

塞內加的槓鈴

這將我們帶到以槓鈴的形式出現的解決方案——面對不確定，幾乎所有的解決方案都呈現槓鈴形式。

槓鈴的意思是什麼？我用槓鈴（一根槓軸，兩端加重，供舉重者使用）來說明將極端狀況分隔開來，和避開中間那一段，兩者組合起來的觀念。在我們提到的情境中，它不見得是對稱的：它只由兩個極端組成，中間什麼都沒有。我們也可以用更爲技術性的詞彙稱它爲雙峰策略，因爲它有兩個明顯的峰態，而不是只有中央一個峰態。

我起初用槓鈴的畫面描述一種雙重態度，在某些領域中以安全的方式去運作（也就是對負面「黑天鵝」呈現強固性），並在其他領域承受很多小風險（也就是張開雙手，接納正面的「黑天鵝」），因而取得反脆弱性。這是在一邊展現極端的風險規避行爲，在另一邊展現極端的風險愛好行爲，而不只是展現「中等」，或者令人聽了不快的「溫和」風險態度（事實上這是一種冤大頭遊戲，因爲中等風險容易受巨大的衡量錯誤影響）。但由於槓鈴的結構，它也會降低下檔風險——因此消除毀滅的風險。

我們以庸俗金融爲例來說明，因爲它解釋起來最容易，卻是最易遭人誤解。如果你有九〇%的資產以無聊的現金（假設你受到保護，不受通貨膨脹影響）或者某種「計價單位」的形式持有，另外一〇%購買風險極高的證券，那麼你的虧損最多不會超過一〇%，但是你的上檔利益很大。至於百分之百投資於所謂「中等」風險證券的人，會承受因爲風險計算錯誤而完全毀滅的厄運。這種槓鈴技術，矯正了稀有事件無法計算，以及對估計錯誤呈現脆弱性的風險；這種財務槓鈴的最大虧損是已知的。

所以反脆弱性是**激進加偏執**的組合——減低你的下檔損失，保護你自己不受極端的傷害，並且讓上檔利益（也就是正面的「黑天鵝」）照顧自己。所以我們明白了塞內加的不對稱——只要降低極端的下檔損失（情緒傷害），而不是改善中間的東西，上檔利益就會多於下檔損失。

楨鈴可以是由不受中段拖累的各種極端做法組成的任何雙重策略——總之，它們都會帶來有利的不對稱。

同樣的，要了解楨鈴和非楨鈴之間的差別，不妨想像餐廳本來應該端上主菜快餐牛排，一分熟，附加沙拉（搭配馬爾貝克紅酒），然後在你吃完肉之後，另外給你羊乳酪蛋糕（搭配慕斯卡〔Muscat〕紅酒）。可是餐廳並沒有照你點的內容上菜，而是將蛋糕和牛排切成小塊，再用噪音很大的機器，將所有這些東西攪和在一起。「中段」的活動就像這種混搭方式。第九章提過的尼洛，是和門警、學者來往，而很少和中層人士有交情。

遇到風險很高的事情，我寧可不要飛機上所有的工作人員都「審愼樂觀」，或者表現處於中段的某種態度，而希望他們極爲樂觀，駕駛員則非常悲觀，甚至偏執更好。

會計師與搖滾明星

生物系統到處可以看到楨鈴策略。以下面所提的交配方法爲例來說明，我們稱之爲九〇%會計師、一〇%搖滾明星（我純粹報導事實，並不寬容這種事）。某些一夫一妻制的物種（包括人類）中，雌性動物往往會找相當於會計師的對象結婚，或者更無趣的是，找經濟學家結婚，因爲這些人能夠給她們穩定的生活，可是她們偶爾會和積極的阿爾法（alpha，譯註：阿爾法是指一群動物中最強勢的一個），或者說是搖滾明星偷情，作爲雙重策略的一部分。她們利用配偶外的交配，取得基因的上檔利益，或者享受某些樂子，或者兼而有之，以限制自己的下檔損失。連偷情的時間看起來也好像非隨機性質，似乎總是剛好碰到懷孕可能性最高的期間。我們在所謂的一夫一妻制鳥類中，看到採取這種策略的證據：牠們樂於偷情，一群小鳥有十分之一以上來自推定的父親以外的雄性。這種現象是眞有其事，但用來解釋的理論則莫衷一是。進化理論學家宣稱雌性希望同時擁有經濟／社會安定和子女基因良好。至於落在中間的對象，未必能提供所有這些優點（阿爾法雄性雖能提供好基因，卻不可能提供穩定的生活，反之亦然）。爲什麼魚與熊掌不能兼得？也就是既有安定的生活，又有良好的基因？但另一個理論說，牠們可能只是想要享樂——既有安定的生活，又能享樂。①

第二章說過的過度補償要能運作，需要以某些傷害和壓力因子作爲發現的工具。這表示，必須以允許孩子稍微玩火（不能多於「稍微」），從受到傷害中學習，因爲這對他們本身將來的安全有幫助。

這也表示必須讓人體驗某些壓力（但不能是太大的壓力），才能讓他們稍微覺醒。但是在此同時，我們需要保護他們不致遭到很高的危險——忽視小危險，將你的精力投入於保護他們不遭受重大的傷害。而且只保護他們不遭受重大的傷害。這顯然可以轉用到社會政策、健康照護，以

①有證據顯示這種槓鈴策略存在，背後的理論卻不清楚——進化理論家喜歡敘事，但我喜歡證據。我們無法確定動物的配偶外交配策略是否眞能增進適應力。所以說槓鈴——也就是會計師加上偷情——雖然存在，目標卻可能不是爲了改善物種；也許只是爲了以低風險「享樂」。

及其他更多的事物。

我們可以在先人的傳說中找到類似的觀念：意第緒（Yiddish）諺語說：「爲最糟的情況做準備；最好的事情會照顧自己。」這聽起來好像陳腔濫調，其實不然：不妨看看一般人總是爲最好的事情做準備，卻希望最糟的事情能照顧好自己。我們有無數的證據顯示，人們規避小損失，卻不是那麼注重非常大的「黑天鵝」風險（他們低估了這種風險），因爲他們總是爲可能的小損失做好保險措施，卻不理會不常發生的大損失。這樣的做法恰好反其道而行。

離開黃金中段

我們繼續來探討槓鈴。許多領域中，中段並非「黃金中段」，而且雙峰策略（極爲安全加極爲投機）更適合使用。

以文學這種所有的事業生涯中，最不妥協、最投機、最吃力，而且風險最高的行業爲例來說明。法國和歐洲其他地方的文學作家有個傳統，就是找個閒差事，例如當個無憂無慮的公務員，不必太花腦筋，工作保障卻很高。這樣的低風險工作，在你離開辦公室之後就可以丟到腦後，剩下的閒暇時間就能專心寫作，根據自己的標準，自由寫出想要的任何東西。法國作家中，學者少之又少。另一方面，美國的作家往往成爲媒體或學界的一員，淪爲系統的囚犯，傷害他們的寫作品質，而且以研究學者來說，他們活在持續不斷的焦慮、壓力之中，而且眞的嚴重損傷他們的心靈。你就像娼妓那樣，根據某個人設定的標準，寫下每一行，因而傷害你內心深處相對應的部分。另一方面，閒差事加上寫作是相當舒緩的模式，這樣的美好組合，僅次於財務獨立，甚至可能比財務獨立還要好。舉例來說，法國知名詩人保羅．克勞德（Paul Claudel）和聖瓊．佩斯（Saint-John Perse），以及小說家斯湯達爾（Stendhal）都是外交官；英國有很多作家是公務人員（特羅洛普〔Trollope〕在郵局工作）；卡夫卡（Kafka）受雇於一家保險公司。最棒的是斯賓諾莎以磨製鏡片爲業，使他的哲學完全免疫於任何形式的學術傷害。青少年時期，我認爲投入文學和哲學生涯要有所成就，最自然的方式是進入懶散、令人愉快、一點都不吃力的外交那一行，就像我家族中的許多人那樣。鄂圖曼有個傳統，喜歡將正統基督徒派遣爲特使和大使，甚至擔任外交部長。黎凡特仍然保有這樣的傳統（我的祖父和曾祖父當過外交部長）。但是我擔心風水輪流轉，情勢將對基督徒少數族群不利，而且後來證明果然如此。所以我當上交易員，利用自己的時間寫作，而且讀者應該看得出來，我是用自己的方式去寫。商業人士加學者這種槓鈴組合是理想的；下午三、四點我離開辦公室之後，白天的工作便結束了，一切等到隔天再說，所以我可以完全自由自在地去做自己覺得最有價值和最有趣的事。當我試著進入學術界工作，那種感覺就像囚犯，被迫依照別人沒那麼嚴謹、自吹自擂的方法去做。

專業工作可以是系列性的：起初從事非常安全的專業，然後投入投機性的專業。我有個朋友，在書籍編輯那種非常安全的工作上，表現十分出色。大約十年後，他完全脫離那一行，踏進投機且風險很高的行業。這是不折不扣的槓鈴：萬一投機失敗，或者未能如同原先的預期，令他得到滿足，他可以重回老本行。塞內加就是這麼做的：他原本過著非常活躍、冒險的生活，接著縮回哲學的領域，從事寫作和冥思，而不選擇兩者的「中段」組合。從「實幹者」轉變爲「思考者」的許多人，例如蒙田（Michel de Montaigne），都曾經歷一系列的槓鈴：先是純行動，然後是純省思。

或者，如果我必須工作，我發現比較理想（和比較不痛苦）的方式，是密集工作一段非常短的時間，然後接下來什麼事也不做（假設什麼事也不做，是眞的什麼事也不做），直到我完全恢復過來，想要重新來過，而不是像日本人上班時間那麼冗長、單調乏味、密集程度低，且剝奪睡眠那樣地工作。主菜和點心是分開來的。

二十世紀最多產的作家之一喬治・西默農（Georges Simenon）確實像我說的那樣，一年只寫六十天，其餘三百天「無所事事」。但他出版了兩百本以上的小說。

調適不確定性

我們將在本書其他地方，看到許多槓鈴，不對稱性完全相同，在面對風險時，能產生相同的保護，並且有助於我們善用反脆弱性。它們看起來都極爲類似。

我們先來看看一些領域的槓鈴。在個人風險方面，你可以很容易給自己做出槓鈴，消除在任何領域中遭到毀滅的機會。我個人對某些風險十分偏執，但對其他風險卻十分激進。我訂下的準則是：不抽菸、不吃糖（尤其是果糖）、不騎機車，以及不在市內騎自行車，或者推而廣之，不在撒哈拉沙漠等沒有汽車的地方騎自行車，也不混跡於東歐的黑手黨中、不搭不由職業駕駛員開的飛機（除非有副駕駛員）。除此之外，我可以承受各式各樣的專業和個人風險，尤其是不會造成致命傷害的風險。

社會政策應該保護非常弱的人，讓堅強的人自行做好他們的工作，而不是協助中產階級鞏固他們的特權，因而封殺進化，以及帶來各式各樣的經濟問題，結果受害最大的是窮人。

英國成為官僚國家之前，也曾有冒險家（經濟上和實體上的冒險）和貴族構成的槓鈴。貴族除了維持某種審慎的態度，其實並沒有扮演重大的角色，冒險家則漫遊於世界各地，尋找貿易機會，或者待在國內修補機器。現在的倫敦市，是由發了大財的波希米亞中產階級構成。

我的寫作方法如下所述：一方面寫任何人都看得懂的散文，另一方面則寫技術性論文，絕不寫介於兩者之間的東西，例如接受新聞記者採訪，或者在報紙言論版發表文章，除非出版商有所要求。

讀者或許還記得第二章說過的運動方法，也就是一次舉起一個人所能舉起的最高重量，然後什麼事也不做，而不要長時間耗在健身房，做密集度較低的舉重練習。這種做法，再加上不費吹灰之力的長時間散步，構成一種運動槓鈴。

我們還有更多的槓鈴。你可以像希臘人在飲酒狂歡接近尾聲的時候，做些瘋狂的事情（三不五時砸爛家具），然後在比較重大的決策上保持「理性」。你可以看有如垃圾般的八卦雜誌，同時看經典或深奧的作品；絕不看落於兩者之間的東西。你可以找大學生、計程車司機和園丁，或者一流的學者談話；絕對不要找平庸、做一天和尚撞一天鐘的學者交談。如果你不喜歡某人，只要別理他或者視若無睹就好，千萬不要用言詞攻擊他。②

所以暫且把面對隨機性的槓鈴策略，視為以緩和脆弱性的方式，也就是消除下檔的傷害風險，取得反脆弱性——亦即降低不利事件所造成的痛苦，同時保有潛在利得的好處。

回頭來談金融，槓鈴的形式不需要是投資於受通貨膨脹保障的現金，其餘購買投機性證券。只要能消除毀滅風險的任何事情，都能使我們擁有這樣的槓鈴。傳奇色彩濃厚的投資人雷．達里奧（Ray Dalio），給玩投機性賭注的人訂下一條守則：「務必確保無法接受的結果（也就是毀滅的風險）發生之機率爲零。」這種守則正是給投資人一具槓鈴。③

薩瑟蘭提出另一個觀念：英國對罹患輕微酗酒問題的病患，開出的指導準則是，降低每天喝酒的數量到某一公克値之下。但是最適當的政策，是一個星期有三天滴酒不沾（好讓肝臟有機會長時間休息），其餘四天隨你愛喝多少就喝多少。這件事和其他槓鈴觀念的數學計算，將在稍後討論詹森不等式（Jensen's inequality）時再加以說明。

---

② 以金融業爲例，二〇〇八年我主張將銀行收歸國營，而不要出手紓困，並且採取其他的投機形式，不讓納稅人自由離去。沒有人接受我的槓鈴觀念——有人討厭自由意志主義的層面，其他人則討厭國營化的部分。爲什麼？因爲半吊子的做法——在這裡是指同時管理兩者——不會建功，因爲好律師一定會鑽漏洞。避險基金應該解除管制，銀行則收歸國營，藉此形成槓鈴，而不是像我們現在擁有的那種可怕東西。

③ 這又和領域相依有關。人們認爲有必要爲自己的房屋投保，但這不是從財務策略的角度去判斷。不過，談到投資組合，由於新聞媒體框架事情的方式，因此他們不是用相同的方式看待投資組合。他們認爲我的槓鈴觀念是一種策略，需要探討它作爲一種投資的**潛在報酬**。這不是要點所在。槓鈴只是一種生存保險的觀念：建立槓鈴有其必要，不是可有可無的做法。

三元組下欄的大部分東西都含有槓鈴的成分，這是必要條件，但不充分。

所以正如斯多噶學派是調適情緒，不是消除情緒，槓鈴也是調適不確定性，而非消除不確定性。

第四冊　可選擇性、技術與反脆弱的智慧

現在我們進入創新、選擇權（options）和可選擇性（optionality）的概念。我們要談如何踏進難以穿透的領域，並且完全主宰它、征服它。

你真的知道要往哪裡去？

聖托瑪斯．阿奎那（Saint Thomas Aquinas）寫的《神學大全》（*Summa Theologiae*），是那種前無古人、後無來者的不朽巨著。所謂**大全**，是指全面探討某一學科，同時解放它，不受以前的權威加在它身上的結構束縛——也就是它像反教科書。我們舉的這個例子，主題是神學，意思是說每一樣事情都帶有哲學性，而且針對和他的論點有關的每一種知識發表評論。它反映了——以及大致指引了——中世紀的思想。

這和主題簡單、封閉的書大不相同。

從《神學大全》許多地方一再重複的一個句子，可以看到飽學之士污衊反脆弱性之一斑。這

句話的一種變化形式是：「除非為了某個目的，否則代理人不會有所行動。」換句話說，代理人理當知道他們要往哪裡去，這個目的論論點（teleological argument，其中的 teleological 一字，是從 telos〔終極目的〕而來）起源於亞里士多德。包括斯多噶學派在內的每個人（但是不包括懷疑論者），在知識上喜歡這種目的論點，但實際行動當然不是。順帶一提，阿奎那引用說這句話的人不是亞里士多德——他稱亞里士多德為「哲學家」——而是集亞里士多德思想大成的阿拉伯哲學家伊本．路西德（Ibn Rushd；也稱阿維羅伊〔Averroes〕，阿奎那稱他為「評論家」）。「評論家」造成很大的傷害。西方思想受阿拉伯的影響遠遠超過一般所認為的，但中世紀以後的阿拉伯逃過了中世紀的理性主義。

植根於「除非為了某個目的，否則代理人不會有所行動」這句話的整個思想傳承，正是最無所不在的人類錯誤所在之處，更因為兩個世紀以上的無條件科學理解之錯覺而變本加厲。這個錯誤也是脆弱性最高的一個。

目的論謬誤

我們這裡所說的目的論謬誤，是指你有個錯覺，以為現在十分清楚自己將往哪裡去、過去你十分清楚自己會往哪裡去，以及其他人過去取得成功，是因為知道自己將往哪裡去。

理性的漫遊者和觀光客不同，每一步都會做決定，修改自己的行程，所以他能根據新的資訊吸收事物，這也是尼洛在他的旅遊途中，設法付諸實踐的，而且，往往是由他的嗅覺指引。漫遊者不是計畫的奴隸。不管是實際的，還是象徵性的觀光，都充滿目的論錯覺；它假設人的眼光是完整的，因此使人陷入很難修改的計畫中，而漫遊者不斷地——以及十分重要的，理性地——邊吸收資訊，邊修改目標。

但是我們要警告：漫遊者見機而作的做法，在生活和商場上很好，但是在個人生活和涉及他人的事務上則不然。人際關係中，見機而作的相反是忠誠。這是一種高尚的情操，但需要投資在正確的地方，也就是投資在人際關係和道德承諾上。

認為你十分清楚自己將往哪裡去，並且假設你**今天**知道**明天**的偏好會是什麼，這樣的錯誤還有個相關的錯誤，也就是產生錯覺，認為**其他人**也知道他們將往哪裡去，以及只要開口問，他們就會告訴你他們想要什麼。

絕對不要問別人他們想要什麼，或者想去哪裡，或者他們認為自己應該往哪裡去，或者更糟的事，他們認為明天會渴望什麼。電腦創業家賈伯斯之所以表現優異，正是來自不信任市場調查和焦點團體（focus groups）——問人們他們想要什麼——並且跟著本身的想像力走。他運用的方法，是相信人們不知道他們想要什麼，直到你提供他們那樣東西，他們才知道。

一個人如果能夠從一種行動改弦易轍，那表示他有改變的**選擇權**。選擇權——以及選擇權的特質可選擇性——是第四冊的主題。可選擇性會帶我們到許多地方，但歸根究底，選擇權會使你變得具有反脆弱性，並且允許你從不確定性的正面受益，卻不致因為負面而受到等量齊觀的嚴重傷害。

美國的首要資產

由於可選擇性，事物才能運作和成長——但是這需要某種人才辦得到。許多人不斷嘆息美國的正式教育水準（例如以數學成績來定義）低落。可是這些人未能理解，**新東西**從我們這裡出現，並在其他地方被模仿。而這樣的現象，不能歸功於大學，因為大學得到的讚美，顯然遠多於它們的成就所應得到的。

就像工業革命時的英國，美國的資產很簡單，就是在冒險和運用可選擇性方面，也就是它具有驚人的能力，能以理性的形式嘗試和犯下錯誤，不必因為失敗、從頭再來、再次失敗而感到羞愧。相形之下，現代的日本，人們會因為失敗而感到慚愧，因此人民盡其所能，將風險隱藏起來，不管是金融風險，還是核子風險，都是如此。所以他們坐在炸藥上，卻只得到很小的利益。這樣的態度，和他們傳統上尊敬落難英雄，以及所謂的失敗得十分光榮，形成奇怪的對比。

第四冊會把這個觀念帶到它的自然結局，並且提出證據（從中世紀的建築到醫學、工程和創新等各方面的證據），說明我們的最大資產，也許在我們最不信任的東西上：某些承受風險的系統內建的反脆弱性。

12 泰勒斯的甜葡萄

起而行，而非坐而談——免費選擇權的觀念——可以稱哲學家為暴發戶嗎？

亞里士多德的《政治學》（*Politics*）有一則傳聞，提到蘇格拉底之前的哲學家和數學家米利都的泰勒斯。故事占了將近半頁，提到反脆弱性和人們將它抹黑，並且介紹我們認識可選擇性。這個故事值得一提的地方，在於可說是有史以來最具影響力的思想家亞里士多德，對於自己所提的傳聞，完全弄錯了要點何在。他的信徒也一樣，尤其是在啓蒙運動和科學革命之後。講這件事，並不是要貶抑偉大的亞里士多德，而是要說明智慧會使你不重視反脆弱性，並且輕忽可選擇性的力量。

泰勒斯這位哲學家，是有腓尼基血統、講希臘語的愛奧尼亞人，住在小亞細亞的海岸城鎮米利都。他像一些哲學家，樂在所做的事情當中。米利都是個貿易重鎮，重商精神通常歸因於來這裡定居的腓尼基人。但泰勒斯表現出身無分文的哲學家特徵。他聽膩了經商朋友暗指他「有能力的人做事，其他人則投入哲思」，於是露了一手：用頭期款買下米利都和希俄斯（Chios）附近每一台橄欖油壓榨機的季節性使用權，只支付很低的租金。後來橄欖大豐收，大家都需要使用橄欖油壓榨機，於是他按自己開出的條件，將橄欖油壓榨機交還所有者，一來一回間大賺一筆，然後繼續回去哲思。

他的收入或許不足以使他成爲巨富，卻得以向其他人，以及我想，向他自己，證明他不只會空口說白話而已，而且眞的將財富置之度外。這樣的錢，我用粗話「×錢」稱之——這筆錢多到足以享受財富的大部分（如果不是全部）好處（最重要的好處是獨立，以及能夠只用你感興趣的事情占據心靈），而不必承受它的副作用，例如必須打黑領帶，參加公益慈善活動，以及被迫傾聽有人彬彬有禮解說用很多大理石改裝房屋的細節。財富最糟的副作用，是強迫它的受害人交際應酬，也就是擁有大房子的人，最後往往是和擁有大房子的其他人交際應酬。富裕和獨立超過某個水準，紳士們就不再顯得那麼風度翩翩，談話也愈來愈無趣。

泰勒斯的故事有許多寓意，而且全都和不對稱（以及反脆弱報償的建構）有關。其中的中心要點和亞里士多德所說的話有關：**「但是由於他的天文學知識，雖然仍是冬天，他卻觀察到橄欖將有大豐收……」**所以在亞里士多德看來，理由顯然在於泰勒斯卓越的知識。

卓越的知識？

其實泰勒斯是讓自己站在一個位置，能夠利用本身的缺乏知識——這正是不對稱性的秘密特質。關於這種上檔利益對下檔損失的不對稱性，我們想要傳遞的訊息，關鍵在於他不需要了解太多來自星星的訊息。

他只是很簡單地和別人簽定一個不對稱性的典型契約，而這可能是你所能找到、形式最純粹的唯一明顯不對稱性。這是一種選擇權，也就是買家「有權利，但不負義務」，而當然了，另一方，也就是賣家「有義務，但沒有權利」。泰勒斯有權利，但不負義務，可以在需求激增的情況下使用橄欖油壓榨機；另一方則負有義務，卻沒有權利。泰勒斯用很低的價格，買到那種特權，虧損有限，可能的結果卻很大。這是有紀錄的第一筆選擇權。

選擇權是反脆弱性的代理人。

選擇權和不對稱性

橄欖油壓榨機這件事發生於塞內加在他的象牙腳桌子上寫作之前約六百年，在亞里士多德之前三百年。

第十章列出的公式：**反脆弱性**等於**得多於失**等於**上檔利益多於下檔損失**等於**（有利的）不對稱性**等於**喜歡波動性**。如果在你對的時候賺的錢多於錯的時候受到的傷害，那麼長期而言，你會從波動受益（反之亦然）。如果你一而再、再而三支付太多錢買選擇權，才會受到傷害。但是在這個例子中，泰勒斯顯然做了一筆好買賣——而且我們會在第四冊的其他地方，看到我們不必花錢去買大自然和科技創新帶給我們的選擇權。金融選擇權可能相當昂貴，因為人們知道它們是選擇權，而且有人收取某個價格，出售它們——但是最有趣的選擇權是免費的，再不濟也相當便宜。

總之，當我們知道自己用便宜的價格買進——亦即不對稱為我們效力時——我們根本不需要知道發生什麼事。但是這個特質超越以便宜的價格買進：當我們擁有某種優勢，就不需要了解一些事情。可選擇性的優勢在於當你做對，報償比較大，所以不需要太常做對。

甜葡萄選擇權

我所謂的選擇權，和我們在日常生活中所說的選擇權沒有兩樣——選擇權最多的度假勝地，比較有可能提供滿足你品味的活動；選擇最少的度假勝地，有可能經營失敗。所以你對於選擇權較為寬廣的度假勝地，需要的**資訊比較少**，也就是需要的知識比較少。

泰勒斯的故事，有其他的隱形選擇權。一個人如果聰明地運用財務獨立，可以變得強固；它給你選擇權，並且允許你做出正確的選擇。自由正是終極的選擇權。

此外，除非你面對選擇權和各種選擇，否則你永遠不會認識自己，或者認識你眞正的偏好。你應該還記得，我們說過生活的波動有助於提供資訊給我們了解他人，但也可以用來了解自己。許多人貧窮，並非自己所願，等到編造出一個故事，說貧窮是他們選擇的——好像他們擁有選擇權——之後才變得強固。有些人眞的有選擇權；許多人其實沒有選擇權——一切是他們編造出來的。就像伊索寓言裡面提到的酸葡萄，是人用來說服自己，相信摘不到的葡萄是酸的。隨筆作家米歇爾．德．蒙田認為泰勒斯這件事，是能夠免除酸葡萄心理的故事：你需要知道是不是因為你眞的不喜歡追求金錢和財富，才**不喜歡**它們，或者是因為你說財富對一個人的消化系統不好，或是干擾晚上的睡眠，或是其他的託辭，而說財富不是好事，以便為自己無法取得成功自圓其說。

這件事帶給泰勒斯啓示，曉得他有自己的生活選擇——他到底有多眞心想要追求哲學。他本來可以有其他的**選擇權**。這件事值得再說一遍：選擇權，任何選擇權給你的上檔利益多於下檔損失，所以是反脆弱性的向量。①

泰勒斯賺錢支持自己的哲學研究，成了自己的贊助人，或許這是一個人所能達到的最高層次：同時擁有財務獨立和知識生產力。他現在有更多的**選擇權**。他不必告訴別人——出錢資助他的人——他要往哪裡去，因爲他自己甚至可能不知道要邁向哪裡。由於選擇權的力量，他不必告訴別人。

接下來一些小故事，將幫助我們更深入了解**可選擇性**的概念——選擇權式的報償和選擇權式的情況之特質。

倫敦的星期六晚上

這是倫敦的星期六下午。我正在傷腦筋，設法應付一個主要的壓力來源：晚上要去哪裡。我喜歡去派對，好遇到意想不到的事情（參加派對有可選擇性，如果有人想要以很低的下檔損失，從不確定性受益，或許這是最好的建議）。我害怕孤家寡人在餐廳吃飯，重讀西塞羅（Cicero）的

①我認爲，有錢的主要好處（超過只是獲得財務獨立），是可以在沒有酸葡萄心理的情形下，鄙視有錢人（你會在白雪皚皚的滑雪勝地發現許多有錢人）。當這些閒人不曉得你比他們有錢，你會覺得葡萄更甜。

《圖斯庫蘭論辯》（*Tusculan Discussions*）的相同段落。這本書可以放在口袋，我隨身攜帶了十年之久（每年讀三頁半）。幸好來了一通電話，緩和我的害怕心理。有個人，不是很親近的朋友，聽到我來倫敦，邀我去參加肯辛頓（Kensington）的一場聚會，但是不知爲什麼，並沒有要我立即明白表示去或不去，只說「如果你想，不妨來坐坐」。去參加派對，總比獨自一人吃飯看西塞羅的《圖斯庫蘭論辯》要好，但是那些人不是很有趣（許多人和倫敦金融界有往來，而受雇於金融機構的人，很少讓人覺得有趣，討人喜歡的甚至更少）。我知道我可以有更好的打發時間方法，卻不確定能否做到。也就是說，我可以多打幾通電話：如果能找到比肯辛頓的派對更好的打發時間方法，例如和任何一位眞正的朋友共進晚餐，我會選擇那麼做。否則我只好叫一輛黑色計程車，直奔肯辛頓。我有**選擇權**，但不是義務。這件事沒有成本，因爲我甚至沒有求它。所以我的下檔損失很小、沒有或者不存在，上檔利益卻很大。

這是免費的選擇權，因爲不需要付出很高的成本才能享受特權。

你的租金

第二個例子：假設你是紐約市一棟出租公寓的正式房客，牆壁擺滿了書架。你擁有的選擇權是：想住多久就住多久，卻沒有義務這麼做。萬一你決定搬到蒙古的首都烏蘭巴托，在那邊展開新生活，只要提早幾天通知房東，和他辭行並且感謝他的照顧就行。但是房東有義務讓你永遠住在那裡，房租是可預測的。要是市內租金大漲，不動產出現泡沫式的飆漲行情，你大致上還是受到保護的。另一方面，如果租金重跌，你可以輕而易舉換公寓，降低每個月的支出——或甚至借出抵押貸款買棟全新的公寓，每個月的還款額甚至更低。

我們來談談這裡面的不對稱。你會受益於租金下降，卻不會受到租金上漲的傷害。爲什麼？因爲在這個例子中，你同樣有個選擇權，卻不必承擔義務。不確定性以某種方式提高了這種特權的價值。萬一你面對的將來結果有很高程度的不確定性，也就是不動產價格可能大跌，也可能大漲，你的選擇權會更有價值。不確定性愈高，選擇權愈有價值。

同樣的，這是一種嵌入式選擇權（embedded option），因爲享受特權不需要成本而隱藏起來。

不對稱性

我們再來探討一下泰勒斯——以及任何選擇權——的不對稱性。圖五的橫軸代表租金，縱軸代表相對應的獲利，以古代希臘的金幣單位斯塔特（stater 或舍客勒）表示。從圖五可以看出不對稱性：這種情況中，一邊的報償（如果你做對，就會「大賺」）大於另一邊（如果你做錯，只會「小賠」）。

圖五的縱軸代表榨油機租金的函數（從選擇權而來的報償）。讀者只需要注意這張圖的非線性（也就是不對稱性，上檔利益多於下檔損失；不對稱性是一種非線性形式）。

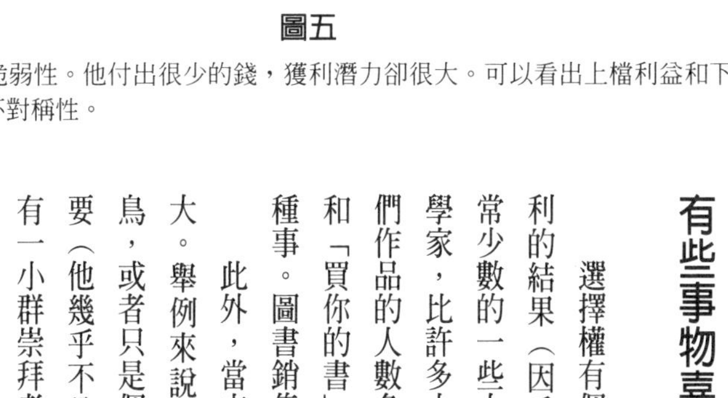

圖五

泰勒斯的反脆弱性。他付出很少的錢，獲利潛力卻很大。可以看出上檔利益和下檔損失之間的不對稱性。

有些事物喜歡離散

選擇權有個特性：它不在乎平均結果，只在意有利的結果（因爲下檔損失在某個點內並不重要）。非常少數的一些人十分喜歡某位作家、藝術家，甚至哲學家，比許多人欣賞他們的作品要好得多。不喜歡他們作品的人數多寡並不重要——這個世界上，找不到和「買你的書」相反的東西，或者足球比賽有負分那種事。圖書銷售沒有負値，帶給作家一種可選擇性。

此外，當支持者既狂熱又有影響力時，則幫助很大。舉例來說，不少人認爲維特根斯坦是瘋子、怪鳥，或者只是個鬼扯哲學家，但這些人的意見並不重要（他幾乎不曾以自己的名字發表出版物）。但是他有一小群崇拜者，就像狂熱的宗教信仰者那樣，而且其中一些人，例如羅素和凱因斯（J. M. Keynes），影響力非常大。

除了圖書，不妨看看這個簡單的試探啓發法：你的作品和觀念，不管是政治上、藝術上，或者其他領域，如果不是百分之百的人覺得你的使命可以接受，或者値得溫和讚美，那就具有反脆弱性，因爲最好的情況是有很高百分率的人不喜歡你和你的訊息（甚至極不喜歡），加上百分率很低但極爲忠誠和熱烈的支持者。選擇權喜歡離散的結果，不太在乎平均數。

奢侈品產業——珠寶、手錶、藝品、高級地段的昂貴公寓、昂貴的收藏級葡萄酒、美食農場培養的益生菌狗食等等——也不在乎平均數，只在乎平均數兩邊的離散情形。這種行業只在乎非常有錢的人能用的錢有多少。如果西方世界的人平均所得是五萬美元，而且沒有分配不均的情形，那麼奢侈品銷售商就無法生存。如果平均數相同，但是分配不均程度很高，有些人的所得高於兩百萬美元，以及可能有些人的所得高於一千萬美元，這個行業就會有許多顧客——即使這麼高的所得被所得較低的廣大人群所抵消。所得分布的「尾端」，也就是所得級距極高的那一端，受分配不均變動的影響，遠大於受平均數變動的影響。它從離散得到利益，因此具有反脆弱性。這解釋了爲什麼倫敦市中心的不動產價格泡沫，是由俄羅斯和阿拉伯灣的分配不均所決定，而和英國的不動產動態完全無關。有些賣給大富人家住的公寓，是幾條街之外建築物每平方呎平均價格的二十倍。

哈佛大學前校長拉里·桑莫斯（Larry Summers）（笨嘴拙舌）解釋不清上面所說要點的一種版本，並在一片鼓譟之後丟了工作。原來他想說的是：女性和男性智慧相當，但男性的變異和離散（亦即波動）比較大，也就是說，不聰明的男人比較多，非常聰明的男人也比較多。桑莫斯應該用這種方式，去解釋爲什麼男人在科學界和知識界的人數比較多（以及爲什麼男人被關進監獄或失敗的人數也比較多）。成功的科學家人數取決於「尾端」、極端，而不是平均數。正如選擇權不在乎不利的結果，作家也不在乎討厭他們的人。

現在沒有人敢說出十分明顯的一件事：社會的成長可能不是來自依亞洲的方式培養的中庸之材，而是來自增加「尾端」的人數——這些人數非常少的人有自己的想法，瘋狂到願意去冒險，也只有這些人擁有稱作想像力的非常罕見能力，稱作勇敢的特質更少見，不過卻是這些人讓世界有所不同。

泰勒斯法和亞里士多德法

現在來談一些哲學。我們在第八章說明「黑天鵝」問題時，提到決策者重視的是報償，也就是採取行動會有什麼樣的後果（因此包括不對稱性和非線性效應）。亞里士多德法把重點放在做對和做錯——換句話說，重點放在原始邏輯上。兩者的交會比你所想要的少。

亞里士多德犯下的錯誤，是認爲我們對各種事件（例如未來的收成，或者榨油機的租金，也就是我們在橫軸上所標示的）的知識和從中獲利（縱軸）是同一回事。可是由於不對稱性，兩者並不相同，這一點可以從圖上明顯看得出來。一如第十四章中，胖子東尼會一口咬定的：「它們不是同一回『素』的事」。

如何變得愚蠢

如果你「有可選擇性」，就不是很需要一般所說的智慧、知識、洞見、技能，以及我們的腦細胞中發生的那些複雜事情。因爲你不必那麼常做對。你只需要有智慧，**不要**做出不聰明的事而傷害自己（也就是某些無所作爲），並在有利的結果出現時，察覺它們的存在就行了（箇中關鍵是你不需要事先評估，等結果出來再評估）。

這個特質讓我們可以變得愚蠢，或者用另一種方式來說，允許我們獲得比有知識所能得到還要多的結果。我將其稱之爲「點金石」，或者「凸性偏誤」（convexity bias），而這是稱作詹森不等式的數學特性產生的結果。我稍後將在第五冊用技術面說明其中的機制，但現在先假定進化能夠產生沒有智慧、極其複雜的物體，而這要歸功於可選擇性和某種天擇過濾器，加上接下來要探討的某種隨機性。

大自然和選擇權

偉大的法國生物學家方斯華．賈克柏（François Jacob）將自然系統的選擇權（或者選擇權式的特徵）概念引進科學。自然系統的選擇權必須歸功於試誤法，也就是法文**拼裝**（bricolage）的變體。拼裝是很接近**修整**（tweaking）的一種試誤形式，將本來會浪費的東西回收，嘗試湊合著使用你所得到的。

賈克柏表示，即使在子宮內，大自然也知道如何選擇：大約半數的胚胎會自發性流產——這件事比起依照藍圖設計完美的嬰兒，做起來還要容易。大自然只要做一件簡單的事，就是留住符合標準的事物，或者執行加州式的「要失敗就快」——它有選擇權，而且真的去使用。大自然遠比人類更了解可選擇性，而且當然比亞里士多德了解。

大自然懂得善用可選擇性；它示範了如何以可選擇性替代智慧。②

試誤法帶來的小錯誤和大利得，我們稱之為**修補**（tinkering）。有個更精確的詞，可用以描述這種正不對稱性，稱作凸性（convexity），將在第十八章稍微深入解釋。③

圖七最能說明加州所呈現的觀念。賈伯斯在一次有名的演說中說：「求知若渴，虛心若愚」（Stay hungry, stay foolish）。他的意思可能是：「在瘋狂之餘，必須保持理性，在你看到上界的時候選擇它。」任何試誤法可以視為一種選擇權，而且就如我們接下來要說的，一個人只要能夠看清有利的結果，並且利用它就行了。

---

②我們將以大自然為典範，說明它優異的運轉表現如何起於可選擇性，而不是來自智慧——但是我們不要犯下自然主義謬誤：倫理準則不會從可選擇性跳出來。

③大家都在談運氣和試誤法，但是它們帶出來的結果幾乎沒有差異。為什麼？因為它們談的不是運氣，而是可選擇性。根據定義，運氣無法利用；試誤法可能帶來錯誤。可選擇性是指得到運氣好的那一半。

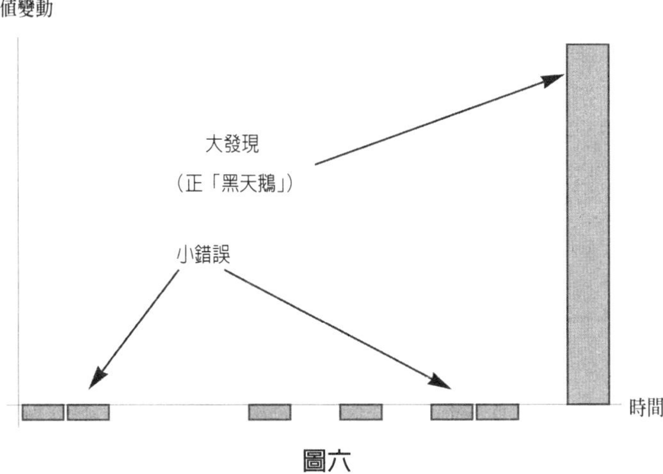

圖六

選擇權式試誤法的機制（要失敗就快的模型），稱之爲凸性修補。低成本錯誤的最大損失已經知道，但它們有很大的潛在報償（無限）。正「黑天鵝」的核心特色是：利得無限（和彩券不同），或者上限未知；但是因爲錯誤而發生的損失有其極限且已知。

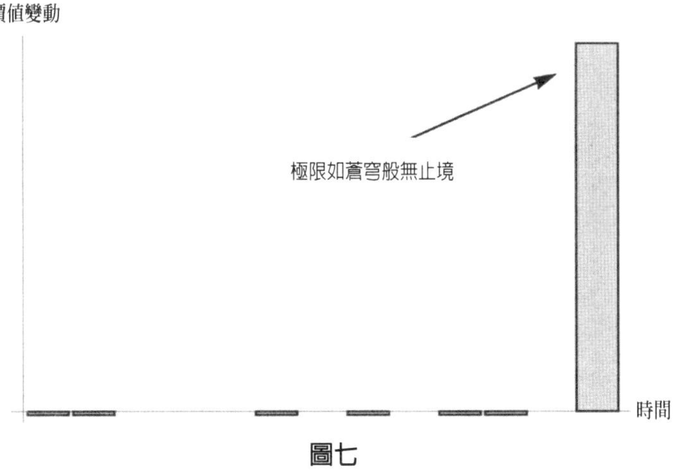

圖七

和圖六的情況相同，但在極端世界中，報償可能十分巨大。

理性

具體而言，我們可用一個式子來描述選擇權：

選擇權＝不對稱性＋理性

理性的部分在於留下好的，捨棄壞的，知道如何獲取利潤。我們說過，大自然有個過濾器，能夠留住好的嬰兒，去掉壞的。反脆弱和脆弱的差別就在這裡。脆弱沒有選擇權，但是反脆弱需要選擇最好的——最好的選擇權。

我們值得堅持這麼說：大自然最可讚嘆的特質，在於用理性去選擇它的選擇權，並為自己挑選最好的——這要歸功於進化中的測試過程。大自然不像害怕做不一樣事情的研究工作者，在選擇權——不對稱性——存在時，會看到它。所以它更上一層樓——生物系統會鎖定在比前一種狀態還要好的狀態中，也就是展現先前提過的路徑相依特質。採行試誤法時，理性是指不拒絕顯著優於從前擁有的某樣東西。

我說過，在商場上，契約中標定和安排選擇權時，必須花錢才買得到，所以明確表示的選擇權，購買價格往往相當昂貴，這和保險契約很像。它們往往被人過度炒作。但由於人心存在領域相依的特質，所以我們在別的地方認不出它來，而在這些地方，選擇權的價格往往低估，或者根本沒有訂定價格。

我是在華頓商學院的課堂上，學到選擇權的不對稱性。課堂上介紹的金融選擇權，決定了我的事業生涯，但我立即發現，連教授本身也看不出其中的含義。簡單的說，他不懂非線性，以及可選擇性來自某種不對稱性的事實！這是領域相依：在教科書沒有提到不對稱性的地方，他便看不到這件事——他了解數學上的可選擇性，但離開方程式，便一無所知。他沒有想到試誤法是一種選擇權，也沒有想到模型誤差是負選擇權（negative options）。三十年後，說來諷刺，教選擇權的許多人還是不了解不對稱性，整個情形幾乎沒有改變。④

選擇權會躲在我們不希望它躲的地方。我會一再指出，選擇權會受益於變異性，但也受益於錯誤帶來低成本的情況。所以這些錯誤就像選擇權——長期而言，快樂的錯誤帶來利得，不快樂的錯誤帶來損失。胖子東尼就是利用這種現象：某些模型只會造成不快樂的誤差，尤其是衍生性金融商品模型和其他的脆弱情況。

我們凡人和知識分子看不到選擇權的存在，也令我驚訝不已。我會在下一章提到，這些選擇權就在肉眼可及的地方。

---

④我通常不願討論我交易選擇權的事業生涯，因爲擔心讀者將這個觀念和金融聯想在一起，而忘了更爲科學性的應用。當我發表得自衍生性金融商品的技術洞見，人們卻誤將它當作金融領域的討論，會令我氣得跳腳——這些只和技術面、可以帶著走的技術面、可攜性很高的技術面有關，拜託！

生命是長伽馬

沒錯，在肉眼可及的地方。

我的朋友安東尼．葛里克曼（Anthony Glickman）本來是猶太教的拉比和猶太法典（Talmudic）學者，後來當起選擇權交易員，接著又回去當猶太拉比和猶太法典學者（直到目前）。有一天，他在我們談到這種選擇權如何應用到我們身邊的每一件事，也許是在我的三元組之一提及斯多噶學派之後，平靜地表示：「生命是長伽馬。」（再說一遍，根據術語，「長」的意思是「受益於」，「短」的意思是「受害於」，「伽馬」是選擇權非線性的一個名稱，所以「長伽馬」的意思是「受益於波動性和變異性」。安東尼甚至把他的電子信箱設爲「@longgamma.com」）。

無數的學術文獻試圖說服我們，持有選擇權是不理性的，因爲某些選擇權的價格過高，而價格會過高，是根據商學院計算風險的方法算出來的，沒有考慮稀有事件發生的可能性。此外，研究工作者還提出稱作「低勝算偏誤」（long shot bias）的某種東西或彩券效應，指人們不自量力，在賭場和賭博的情況中，花過多的錢賭這些低勝算的賭博。他們當然是假內行披著科學的外衣，才會提出這些結果。他們就像特里費特那樣沒有冒過風險，談到風險，便只想起賭場。如同經濟學家處理不確定性問題一般，他們誤將生活中的隨機性，當作容易處理的賭場隨機性，而傷害到結果，表現出我所說的「戲局謬誤」（ludic fallacy；ludic 一字來自拉丁文表示「遊戲」的 ludes）——也就是第七章所說，玩二十一點撲克牌戲的人所犯的那種錯誤。事實上，根據彩券價格過高的事實，批評對稀有事件下的所有賭注，就像以賭場長期而言從賭客身上賺到錢爲由，批評所有的冒險行爲那樣愚蠢，忘了我們會走到這裡，是在賭場**之外**冒險的結果。此外，在賭場下賭注和買彩券，也有已知的最高上檔利益——而在眞實的生活中，極限往往如蒼穹一樣無止境，兩者的差別十分顯著。

冒險**不是**賭博，而且可選擇性**不是**彩券。

此外，關於「低勝算」的論點，根本就是專挑對自己有利的事情來講，這十分荒唐可笑。如果你將歷史上創造最多財富的行業列出來，你會看到它們都有可選擇性。遺憾的是，人們有從別人和納稅人那裡偷取選擇權的可選擇性（我們會在第七冊談倫理時提到這件事），例如企業執行長給自己上檔利益，卻不承受下檔損失。但是美國歷史上，最大的財富創造者首先是不動產（投資人有犧牲銀行的選擇權），其次是科技（幾乎完全依賴試誤法）。此外，具有負可選擇性（也就是擁有和可選擇性相反的東西）的行業，如銀行，在歷史上的表現其糟無比：銀行每過一段時間，就會因爲爆炸而將它們賺來的每一分錢賠光。

但是所有這些，和可選擇性在大自然和科技中所扮演的角色相比，都顯得小巫見大巫。我們將在第四冊探討後者。

羅馬政治喜歡可選擇性

連政治體系也遵循某種理性的修補形式在運作，因爲當人有理性的時候，就會選取比較好的選擇權：羅馬人是以修補的方式，而不是靠「理性」，來打造他們的政治體系。波利比烏斯（Polybius）在他寫的《歷史》（*Histories*）中，比較希臘議員萊克格斯（Lycurgus）和較具實驗精神的羅馬人。萊克格斯建構他的政治體系時，「沒有從逆境中學習」。但羅馬人在幾個世紀後，「不是靠**任何推理程序**（黑體是我強調的）建立它的政治體系，而是經歷無數次的掙扎和困境，並且總是從災難中汲取經驗，選擇最好的」。

接下來

且讓我小結一下。第十章中，我們看到塞內加的觀念存有基礎不對稱性：上檔利益多於下檔損失，反之亦然。本章進一步闡述這個要點，並以選擇權的形式，具體呈現這種不對稱性。有了選擇權，如果喜歡，我們可以接受上檔利益，卻不必承受下檔損失。選擇權是反脆弱性的武器。

本章和第四冊的另一個要點，在於選擇權可以替代知識——事實上，我不十分了解沒用的知識是什麼，因爲它必然曖昧不明和缺乏思想。所以我大膽臆測：我們認爲是靠自己的能力得到的許多東西，其實主要是來自選擇權（不過是將選擇權運用得非常好），就像泰勒斯那樣——也很像大自然——而不是來自我們聲稱自己所了解的事情。

其中的含義相當重要。因爲如果你認爲教育帶來財富，而不是財富的結果，或者聰明的行動和發現，是聰明的觀念的結果，那麼你會大吃一驚。接著就來看看到底是什麼樣的驚奇。

13 教鳥如何飛

終於談到輪子——原胖子東尼的想法——中心問題在於鳥兒很少寫得比鳥類學家多——用智慧去結合愚蠢，而不是反過來做

來談談輪式旅行箱的故事。

幾乎每一次外出旅行，我都帶著一個很大的輪式旅行箱，裡面裝的大都是書。箱子很重（我旅行期間，想看的書恰好都是精裝本）。

二〇一二年六月，我在甘迺迪國際機場航廈外頭，拖著那個普通、沉重、裝滿書的旅行箱，看著箱底小小的輪子，以及支撐輪子的金屬架，突然想起當年必須提著裝滿書的行李箱，走過相同的航站大廈的日子。三不五時，我得停下來休息，讓乳酸從痠痛的手臂流出。我請不起搬運工，即使請得起，也會覺得不自在。我拖著有輪子和沒輪子的旅行箱，通過相同的航站大廈三十年，兩者的對比相當怪異。人類缺乏想像力，令我驚訝不已：我們知道將旅行箱放到有輪子的推車上，卻沒人想過將小輪子直接裝到旅行箱底下。

你能相信從人類發明輪子（我們認爲是美索不達米亞人發明的）到（市郊死氣沉沉的工業區中某家旅行箱製造商）發揮巧思，將輪子裝到旅行箱下面，前後隔了將近六千年？像我這樣的旅客，曾經花上數十億小時，費力拖著行李箱，通過到處是粗魯海關關員的走道。

更糟的是，這件事發生在我們將人送上月球之後約三十年。不妨想想將人送進太空的複雜程度，可是這件事完全不影響我的生活，相較於我手臂的乳酸、下背的疼痛、手掌的痠疼、面對漫長走道產生的無助感，根本無關緊要。沒錯，輪式旅行箱雖然極其重要，卻是相當微不足道、非常簡單的技術。

但是這種技術，事後來看才顯得微不足道，事前卻不然。所有那些聰明人，那些通常披頭散髮、衣著皺兮兮，總是前往很遠的地方出席研討會，討論哥德爾（Gödel）、施梅德爾（Shmodel）、黎曼（Riemann）的猜想（Conjecture）、夸克、蝦米馬克（shmark）的人，必須拖著旅行箱走過機場航站大廈，卻不曾動腦筋思考這種微不足道的運輸問題（知識社會會獎勵「困難的」衍生物，頭腦簡單卻不會遭到懲罰）。可是話說回來，就算這些聰明人將他們那些理應發展過度的頭腦，用在這種明顯有問題卻微不足道的事情上，也可能一事無成。

由此可見我們是如何擘劃未來的。我們人類缺乏想像力，到了甚至不知道明天的重要事物看起來像什麼的地步。我們利用隨機性，將發現到的事情，像塡鴨那樣餵養自己——這就是反脆弱性有其必要的原因。

輪子本身甚至比旅行箱更叫人覺得不可思議。我們一直認爲，美索不達米亞人並沒有發明輪子。事實上是他們發明的。他們有輪子。但輪子是裝在小孩子玩的小型玩具上。這就像旅行箱的故事：馬雅人（Mayans）和薩巴特克人（Zapotecs）並沒有一舉將之付諸應用。他們動用衆多的人力、玉米和乳酸，在適合手推車和二輪戰車的平坦空間，搬動巨大的石板，蓋起金字塔。他們甚至在木頭上面滾動這些石板。在此同時，他們的小孩卻在灰泥地板上滾動他們的玩具（也可能根本沒這麼做，因爲玩具或許只用於陪葬）。

蒸汽機的故事也相同：希臘人早就有一種能夠運轉的蒸汽機，稱爲汽轉球，遇熱會旋轉，當然只是爲了娛樂。亞歷山港的希羅（Hero of Alexandria）描述過這件事。但是到了工業革命，我們才發現以前早已有過這種東西。

就像偉大的天才讓我們見識到前人的智慧，實務上的創新，也讓我們發現理論上的前輩。

發現和執行的過程，潛伏著某種東西——人們通常稱之爲進化。偶然的小（或大）的意外變動管理著我們，而且偶然的程度高於我們所承認的。除了少數一些遠見家，似乎能察覺各種事物存在可選擇性，我們其餘這些人其實只會說大話，幾乎缺乏任何想像力。我們需要某種隨機性，幫助我們走出去——也就是要有雙倍劑量的反脆弱性。隨機性在發明和執行這兩個層級上扮演某種角色。第一點不致叫人過度驚訝，但我們會淡化機會扮演的角色，尤其是在我們自己發現某些東西時。

不過，我這輩子都在探索第二點：執行不見得是從發明推進。它也需要運氣和環境。醫療史就穿插著一些奇怪的順序，像是先發現某種治療方法，但很久以後才執行——好像兩者完全不相干，後者遠比前者困難似的。將產品推進市場，需要和一堆否定懷疑的人、行政管理者、虛有其表的人、拘泥形式的人，以及多不勝數的細節苦鬥。這些，很可能將人淹沒，更何況人有時也會自己感到洩氣。換句話說，你必須找到選擇權（同樣的，我們也會看不到選擇權）。在這方面，你只需要擁有智慧，曉得自己手上有什麼東西就行了。

半發明。有一類事物，我們可以稱之爲半發明（half-invented）。從半發明推進到發明，往往是一大突破。有時你需要一位遠見家，摸索出前人發現的某件事可以怎麼用，而這樣的遠見，只有他有。以電腦滑鼠或者所謂的圖形介面爲例來說明，我們要等到賈伯斯，才懂得將它放在你的桌面，然後放在膝上——只有他才看得到圖像與人之間的對話——稍後再將聲音加進三方對話中。如他們所說，這些事物「正盯著我們瞧」。

此外，最簡單的「技術」，或甚至稱不上技術，而只是工具，例如輪子，似乎是使世界運轉的東西。如同我將在第二十章提到的，我們所說的技術，儘管人們爲之興奮瘋狂，失敗率卻很高。不妨想想自古埃及希克撒斯王朝（Hyksos）的攻擊武器和亞歷山卓港的希羅的繪畫以來，過去約三千年設計了不少運輸工具，但今天的個別運輸方式依然限於自行車和汽車，（以及兩者之間的一些變體）。即使如此，技術似乎有時前進，有時倒退，由比較自然和比較不脆弱的技術替代以前的技術。阿拉伯入侵之後，將用途更爲一般性的駱駝引進到黎凡特，居民認爲駱駝比脆弱的輪子技術強固，因此長期而言比較有效率，於是誕生在中東的輪子似乎就此消失不見。此外，由於一個人能夠控制六頭駱駝，卻只能控制一輛馬車，因此技術的退化更有經濟上的理由。

再談少即是多

當我看著一個瓷做的咖啡杯，終於了解脆弱有簡單的定義之後，因此帶出簡單易懂和實用的試探啓發法時，旅行箱的故事便在我心裡迴盪，進而想到：我們發現的東西愈是簡單和明顯，我們愈是沒辦法運用複雜的方法去探索它。關鍵在於重要的東西只能透過實踐才能揭露。這些極其簡單的試探啓發法，有多少正看著我們和嘲笑我們？

輪子的故事也點出了本章的一個要點：政府和大學在創新和發現方面，貢獻非常少，原因除了使他們眼盲的理性主義外，也因爲他們一心一意尋找複雜、華麗而庸俗、具有新聞價值、可以大作文章、具有科學性、雄偉壯大的東西，很少去找裝在旅行箱下面的輪子。我終於了解簡單無法給人桂冠。

留意缺口

我們從泰勒斯和輪子的故事知道，反脆弱性（這要歸功於試誤法的不對稱效應）可以替代智慧。但我們還是需要**某種**智慧。從我們針對理性所做的討論，曉得我們只需要能接受手上擁有的優於以前擁有的就行——換句話說，要能察覺選擇權的存在（或者如同業內人士所說的，「執行選擇權」，也就是懂得利用比以前的方法還要寶貴的替代方法，並在從一種方法轉到另一種方法時得到某種利益。這是整個程序中，需要用到理性的唯一地方）。從科技的歷史來看，沒人保證我們有能力利用反脆弱性給我們的選擇權：各種事物可能在那邊看著我們很長一段時間。我們說過，從輪子到將輪子派上用場之間存有缺口。醫學研究者稱這種時間落後爲「轉譯醫學障礙」（translational gap），指的就是從發現到第一次執行之間的時間差異。會有時間上的差異，是雜訊過多和學者的興趣造成的。康特波洛斯—艾歐安尼迪斯（Contopoulos-Ioannidis）和她的同事指出，現在這種時間落差正在拉長。

歷史學家大衛・伍頓（David Wooton）提到發現細菌和接受細菌爲疾病的成因，相差兩個世紀之久，從腐敗物的細菌理論到發展出消毒法，落後三十年，從消毒到藥物治療落後六十年。

但是情況可能變糟。在醫療的黑暗時期，醫生往往依賴體液平衡的天眞理性觀念，並且認爲疾病是源自某種失衡，因而引導出一連串的治療方法，被視爲是恢復平衡之所必需。諾佳・艾利卡（Noga Arikha）在她寫的談體液的書中說，在一六二〇年代英國生理學家威廉・哈維（William Harvey）證明血液循環的機制之後，我們會以爲那些理論和相關的實務應該已經消失。可是人們仍然繼續提到精氣和體液，幾個世紀內，醫生也繼續開出處方，執行靜脈切開術（放血術）、灌腸（我寧可不解釋）和糊劑治療（把潮濕的麵包或穀物食品放在發炎組織上）。甚至在巴斯德（Pasteur）提出證據，證明細菌是這些感染疾病的原因之後，那些做法依然存在。

現在，身爲懷疑經驗論者，我不認爲抗拒新技術必然是非理性的行爲。如果你相信我們對事物的看法不完整，那麼靜候時間去考驗，也許是有效的方法。自然主義風險管理就是這麼做的。但是當一個人死守一點都不自然、而且明顯有害的舊技術，或者當改用新技術（例如將輪子裝在旅行箱底下）顯然不會有以前的技術產生的副作用，則是絕對不理性的表現。拒絕去除不自然的技術，絕對是無能的表現和犯罪的行爲（我經常表示，去除不自然的東西，不會有長期的副作用；通常這不會有醫療傷害）。

換句話說，我不認爲抗拒執行這種發現，有任何知識上的功勞，或者用某種隱形的智慧和風險管理態度去解釋它，顯然是錯誤的。這應該和專業人士長期缺乏英雄氣概和個性懦弱有關：極少人願意爲了改變，而危及自己的工作和聲譽。

搜尋和錯誤如何能成為投資

試誤法有一種人們未能理解的最主要價值：它其實不是隨機的，而是由於可選擇性，需要某種理性。一個人需要有智慧，才會認出有利的結果，並且曉得該捨棄什麼。

而且，一個人需要理性，才不會使試誤法變得完全隨機。如果你用試誤法，在客廳裡尋找不曉得放在哪裡的錢包，你會運用理性，不在相同的地方找第二次。我們追尋的許多東西，每一次嘗試、每一次失敗，都提供額外的資訊，每一次都比上一次有價值——如果你曉得什麼事情行不通，或者錢包不會在哪裡。每一次嘗試，我們都更接近某樣東西，但是要假設我們在所處的環境中，十分清楚自己要追尋什麼。我們可以從未能得到結果的嘗試，逐步摸索出應該往哪裡去。

葛瑞格．史特姆（Greg Stemm）專精於從海底打撈失蹤已久的沉船。用他的做法，最能說明這件事。二〇〇七年，他將他（到那時爲止）最大的發現稱作「黑天鵝」，因爲觀念來自尋求正面的極端報償。那次發現的寶藏相當可觀，貴重金屬現在價值達十億美元。他的「黑天鵝」是西班牙護衛艦「仁慈聖母號」（Nuestra Señora de las Mercedes），一八〇四年在葡萄牙南岸外遭英國人擊沉。史特姆可說是正「黑天鵝」的代表性獵人，也能用以說明這種搜尋其實是高度控制的隨機形式。

我和他見過面，並且分享了一些想法：對尋寶人來說，「數字難看」（意思是砸下尋寶成本，卻無收穫）的一季並不叫人洩氣，因爲這和牙醫或娼妓穩定的現金流量不同，可是他的投資人（和我當年從事的那一行一樣，需要有人出資）大致上並不了解這一點。由於某種心理上的領域相依，一般人花錢買辦公室家具，並不稱之爲損失，而視爲投資，卻將尋寶成本看成是「損失」。

史特姆所用的方法如下所說。他對沉船可能位置的整個地區做廣泛的分析，然後將資料加進用機率方格畫的地圖中。接著設計搜尋區域，考慮他們肯定不會找到沉船的特定地點，然後推進到機率較低的區域。整個作業看起來相當隨機，事實不然。這就相當於在你家尋找寶物：每一次搜尋過後，得到成果的機率便會逐步提高，但是畢竟必須先確定找過的地方的確沒有寶物。

搜尋沉船的失敗率很高，有些讀者聽了可能不感興趣，而且覺得這些寶藏屬於國家的財產，不歸私人所有。所以我們換個領域。史特姆使用的方法，也適用於石油和天然氣的開採，特別是在尚未探勘的海洋，但有它的不同：沉船的上檔利益限於寶藏的價值，而油田和其他的天然資源幾乎沒有限制（或者上限很高）。

最後，第六章談過隨機鑽採，以及爲何它似乎優於比較定向的技術。由可選擇性驅動的這種搜尋方法，並不是愚蠢的隨機方法。由於可選擇性，這成爲容易處理和可望獲得成果的隨機性。

創造性和非創造性破壞

經濟學家約瑟夫・熊彼得（Joseph Schumpeter）知道一種（次要的）版本，曉得一般化的試誤法有其錯誤，卻不怎麼理解不對稱性（或者自第十二章以來，我們一直提到的可選擇性）。他知道需要破壞某些東西，整個系統才會改善——稱之為創造性破壞——這個概念是由哲學家卡爾・馬克思（Karl Marx）等許多人發展出來的，而且我們會在第十七章指出，尼采也發現了這個觀念。但是讀熊彼得的著作，可以看出他並沒有從不確定和不透明的角度去思考；他完全籠罩在干預主義的想法中，抱持一種錯覺，以為政府能夠強力推動創新，而在稍後，我們會反駁這一點。他也不理解進化性緊張層疊的概念。更重要的是，他和抨擊他的人（哈佛的經濟學家認為他不懂數學）漏掉了反脆弱性是不對稱性（可選擇性）效應，因此點金石——稍後會談及——是成長代理人的概念。也就是說，他們漏掉了一半的生命。

蘇聯—哈佛鳥類學系

現在，由於比率很高的技術知識來自試誤法的反脆弱性、可選擇性，有些人和有些機構想要隱藏事實，不讓我們（和他們自己）知道，或者淡化它扮演的角色。

現在來談兩類知識。第一類稱不上「知識」；它那曖昧不明的特性，使我們無法將它和知識的嚴謹定義聯想在一起。那是做事情的方式，我們無法以清楚和直接的語言表達——有時這稱作**透過否定而得知**（apophatic）——但我們還是會去做，而且做得很好。第二類比較像是我們所謂的「知識」；這是你在學校學得、能夠拿到分數、可以有系統編纂、能夠解釋、可以學術化、可以合理化、可以正式化、可以理論化、可以編碼、可以蘇聯化、可以官僚化、可以哈佛化、可以證明等等的知識。

天眞理性主義的錯誤使我們高估第二類學術知識在人類生活中扮演的角色及必要性——並且降低無法編碼、比較複雜、直覺，或者根據經驗的那類知識的重要性。

我們找不到證據，反駁「這種可解釋的知識在生活中扮演的角色如此次要，甚至無趣」的說法。

我們所會的各種技能和觀念，實際上是以反脆弱的**實幹**方式學得，或者（從我們天生的生物本能）自然而得，但我們很可能相信是從書本、理念和推理學到的。我們雙眼被蒙蔽而看不到；我們的大腦甚至可能有某種東西，讓我們容易受騙而相信這一點。現在就來談談爲什麼會這樣。

我最近查了技術的定義。大部分教科書將它定義爲**應用科學知識於實務計畫**——引導我們相信知識主要或者完全從崇高的「科學」（以一群姓名前面掛頭銜的人組成的教士般群體爲中心，而組織起來）流向低下的實務（由缺乏知識成就，無法躋身教士般群體的不學無術者執行）。

因此，在文庫中，知識是以下述的方式獲得：基礎研究產生科學知識，科學知識又產生技術，技術又帶出實務上的應用，實務上的應用又導致經濟成長和其他看起來有趣的事務。「投資」於基礎研究的報償，有一部分將用於對基礎研究做更多的投資，而且公民將繁榮興盛，並享有從知識產生的財富利益，開富豪（Volvo）轎車、去滑雪度假、吃地中海飲食，以及在風景秀麗、維護良好的公園，展開漫長的夏季徒步旅行。

這稱作培根線性模型，名稱來自科學哲學家弗朗西斯・培根（Francis Bacon）；我將科學家特倫斯・基萊（Terence Kealey；這個人是生物化學家，最重要的是他是實踐型科學家，不是科學歷史學家）提出的表示式修改如下：

學術→應用科學與技術→實務

雖然在某些非常狹隘（但高度宣傳）的情況中，例如建造原子彈，這個模型可能有效，但在我檢視過的大部分領域中，反過來說似乎也正確。或者，至少這個模型不能保證是正確的，而且叫人震驚的是，我們缺乏嚴謹的證據，能夠證明它正確。情況有可能是：學術界協助科學和技術，進而協助實務，但我們稍後會談到，這是以非有意、非目的論的方式進行（換句話說，**定向研究**很可能是一種錯覺）。

我們回頭談鳥的比喻。不妨想想下面提到的事情有沒有可能發生：一群如僧侶般神聖的人（來自哈佛，或者類似那樣的某個地方）教鳥怎麼飛。請想像六十幾歲的禿頭男子，穿著黑袍，操英語，滿口術語，加上這裡和那裡的方程式。鳥兒果然飛了起來。眞棒的確認！於是他們衝回鳥類學系撰寫書籍、文章和報告，說鳥兒聽進他們的話，所以飛了起來。眞是無懈可擊的因果推論。哈佛鳥類學系現在是鳥兒能飛不可或缺的一個單位。它會因爲做出重大的貢獻，得到政府的研究補助。

數學→鳥類飛翔和振翅技術→（忘恩負義的）鳥會飛

鳥類恰好不會寫那些論文和書籍，原因可想而知，因爲牠們只是鳥兒，所以我們永遠聽不到鳥兒怎麼說。在此同時，那些教士不斷向新一代的人類宣傳他們的貢獻，而新一代的人類完全不知道哈佛開鳥類飛翔課程之前的狀況。沒人討論鳥兒或許根本不需要這種課程——也沒人有任何誘因，去觀察有多少數量的鳥，不需要靠這個偉大的科學機構協助就能飛行。

上面所說，看起來荒謬無比，問題是換個領域，它看起來竟然合情合理。我們顯然不認爲由於鳥類學家的貢獻，鳥兒才學會飛行——如果有人眞的如此相信，他們必然很難說服鳥兒。但是如果我們將「鳥」換成「人」，爲什麼人學會做事情，必須歸功於學者授課，這話聽起來相當合理？一和人類動因（human agency）扯上關係，事情頓時變得混淆不清，使人糊塗起來。

於是錯覺愈滾愈大——政府提撥資金、納稅人的錢下來了、華盛頓日益壯大（以及自給自足）的官僚機構全部投入協助鳥兒飛得更好。等到有人開始縮減這些資金，問題就來了——一堆人疾言厲色指控，說不協助鳥兒飛行，就等於殺害牠們

意第緒俗話說：「學生聰明，老師功勞大。」老師有其貢獻的這個錯覺，主要來自確認謬誤（confirmation fallacies）：除了歷史屬於能寫歷史的人（不管是贏家，還是輸家）這個可悲的事實，第二個偏誤也出現了，因爲那些下筆寫文章的人，可以提出確認用的事實（也就是行得通的事

情），卻沒有呈現行得通和行不通的完整畫面。舉例來說，定向研究會告訴你，他們拿到資金之後做好的事情（例如愛滋病治療藥物，或者某些現代設計師藥物），而不是失敗的事情——於是你形成一個印象，以爲它表現得比隨機要好。

當然了，醫療傷害絕對不會是論述的一部分。他們絕對不會告訴你，教育是否在某些地方傷害你。

所以我們根本看不到替代性程序的可能性，或者這種程序扮演的角色，於是一個迴圈出現：

隨機修補（反脆弱）→試探啓發法（技術）→實踐與實習→隨機修補（反脆弱）→試探啓發法（技術）→實踐與實習……

與上面的迴圈平行，

實踐→學術理論→學術理論→學術理論→學術理論→學術理論……（當然有些例外，有一些意外的漏網之魚，但這其實少之又少，而且引起過度的狂熱和過度概化）。

現在，非常重要的一點是，我們可以觀察哈佛開飛行課程之前發生的事情和檢查鳥兒，而在所謂的培根模型中察覺騙局。由於某些幸運的事件轉折，這是我在自己從實務工作者的事業生涯轉爲波動性研究者的過程中，意外發現的事（沒錯，是意外）。但是且讓我先解釋副現象和教育的箭頭。

副現象

蘇聯—哈佛錯覺（教鳥怎麼飛，以及相信由於開了這門課程，鳥兒才學會這種神奇的技能）屬於一種稱作**副現象**（epiphenomena）的因果錯覺。這種錯覺是什麼？當你站在船橋或者舵手的位置，眼前有一只大羅盤，你可能很容易就產生一種印象，以爲羅盤正指引船隻前進的方向，而不是只反映船前進的方向。

教鳥怎麼飛的效應，正是副現象信念的一個例子：我們見到富裕和已開發國家的學術研究程度很高，於是毫不質疑地認爲研究創造了財富。在副現象中，你通常不會在不看到B的情況下看到A，所以你可能認爲A造成B，或者B造成A，到底是何者，取決於文化架構，或者當地的新聞記者認爲哪種解釋合理而定。

在看到那麼多男孩理短髮之後，我們很少會產生錯覺，認爲短髮決定性別或者打領帶使人成爲企業人士。可是我們很容易掉進其他的副現象，尤其是當我們融入由新聞驅動的文化中。

我們很容易掉進這個陷阱：副現象激起行動，然後事後又爲行動尋找合理化的藉口。獨裁者——和一國政府沒有兩樣——會覺得自己不可或缺，因爲其他的替代方法不是那麼容易看得到，或者可能被特殊利益團體隱藏起來。舉例來說，美國的聯邦準備銀行可以在造成經濟混亂之後，還是相信自己效能不錯。人們害怕其他的替代方案。

貪婪是起因

每當經濟危機發生，人們就會指責貪婪是原因，使我們產生印象，以爲如果我們能夠找到貪婪的根源，將它從生活中剷除，危機就會消除。此外，我們傾向於相信貪婪是新出現的現象，因爲這些狂亂的經濟危機是新近發生的。這是一種副現象：其實貪婪比系統的脆弱性古老得多。自有人類歷史以來，就有貪婪存在。二十多個世紀以前，詩人維吉爾曾經提到**貪取黃金**，拉丁文版的新約全書說「貪婪是罪惡的根源」（radix malorum est cupiditas），所以我們曉得整個人類歷史上，人不斷提出相同的貪婪問題，而當然了，儘管此後我們發展出各式各樣的政治體系，卻一直找不到解決良方。特羅洛普在將近一個半世紀前發表的小說《我們現在的生活方式》（*The Way We Live Now*）中，抱怨貪婪之風和騙子再度猖獗，和我在一九八八年聽到有人感嘆這是「貪婪的年代」，或者二〇〇八年有人譴責「資本主義的貪婪」完全相同。眞的，每過一段時間，貪婪就被視爲(a)新的現象，以及(b)可以矯治。這正是普羅克拉斯提斯之床的方法；改變人，不像建立防貪系統那麼容易，可是還沒有人想出簡單的解決方案。①

①民主制度是一種副現象嗎？據推測，民主制度能夠運作，是因爲選民展現神聖的理性決定。但是民主制度有可能是其他某樣東西完全意外的附帶現象，也就是人們因爲完全不明的理由，而產生喜歡投票的副作用，正如喜歡表達自己的人，只是爲了表達自己（我曾經在一次政治學研討會上提出這個問題，但除了面無表情的書呆子臉孔，什麼都沒得到，連個笑容也沒有）。

同樣的，「缺乏警覺」往往被視爲是造成錯誤的原因（如同我們將在第五冊的興業銀行〔Société Générale〕故事中看到的，原因其實在於規模和脆弱性）。但是缺乏警覺不是黑手黨頭目死亡的原因；死亡的原因在於宿敵，矯治方法是結交朋友。

揭穿副現象的真面目

我們可以藉觀察事件的先後順序，以及檢查某件事是否總是在另一件事情之前發生，而發掘文化論述和意識中的副現象。這是已故的克萊夫・葛蘭傑（Clive Granger；本人是個優雅的紳士）改良的方法。葛蘭傑是實至名歸的經濟學「諾貝爾」獎得主。瑞典銀行（Sveriges Riksbank）爲了紀念艾爾佛烈德・諾貝爾（Alfred Nobel）而頒發諾貝爾獎，卻將這個獎頒給許多脆弱推手。葛蘭傑的方法是科學哲學家可以用來建立因果關係，唯一嚴謹的科學技術，因爲他們現在可以藉觀察事件的順序，而推斷（如果不能衡量的話）所謂的「葛蘭傑原因」。在副現象的情況中，你最後看到的是A和B並存。但是如果你考慮順序，改良所用的分析方法，因此而引進一個時間維度——A或B何者先發生——並且分析證據，那麼你會看到A是否眞的造成B。

此外，葛蘭傑提出研究差異這個很好的觀念，也就是觀察A和B的變化，而不只是看A和B的水準。雖然我不相信葛蘭傑的方法能使我百分之百相信「A造成B」，卻非常有助於我揭露假因果關係的眞面目，並且讓我能夠宣稱「B造成A的說法是錯的」，或者這個順序的證據不足。

理論和實務的重要差異，正好在於察覺事件的順序，並在記憶中保留那種順序。如果就像齊克果（Kierkegaard）說的，生命是往前生活，但往後回憶，那麼書籍使得這個影響更為惡化——我們自己的記憶、學習和本能，都有它們的順序。有人今天站著觀察各種事件，**卻不曾經歷它們**，會傾向於產生因果關係的錯覺，而這主要是因為他們將事件的順序混在一起的緣故。向歷史學習的學生看到很多不同步的現象，但真實生活中，儘管有所有這些偏誤，我們卻不會見到數量相同的不同步。齷齪的歷史充滿謊言，充滿偏誤！

要揭露因果關係的真面目，有個方法。舉個例子來說：我還沒死，但已經可以預料到我的作品會遭到什麼樣的扭曲。將來的作家看了我提出的觀念，會去尋找前人說過的話，並且據此發展理論，好像我們必須先看過書，才會有自己的觀念，卻沒有想到或許是反過來才對；人會去尋找支持自己心裡想法的書來看。所以有位新聞記者（阿納托利．卡列茨基〔Anatole Kaletsky〕）發現曼德伯對我寫的《隨機騙局》一書造成影響。這本書於二〇〇一年出版，當時我還不認識曼德伯。道理很簡單：這位新聞記者注意到某個領域中的想法有類似之處，然後根據年齡資歷的先後，立刻做出假推斷。他並沒有想到志趣相投的人傾向於接近彼此，而且是這種知識的類似性造成關係，不能反過來說。我因此懷疑我們在文化歷史中讀到的師生關係是否正確：被稱為我學生的所有人，是因為我們志趣相投，才會成為我的學生。

盡揀好的來說（或者確認謬誤）

拿各國為了宣傳觀光景點的小冊子為例：你一定會懷疑見到的照片，遠比你實際看到的任何畫面要好。這種偏誤、兩者的差距（由於常識，我們會去矯正），可以用觀光宣傳小冊中所顯示的國家，減去親眼看到的國家加以衡量。兩者的差異可能很小，也可能很大。面對商業產品，我們也會做這種矯正，不致過度相信廣告。

但是我們不會去矯正科學、醫學和數學的差異，理由和我們不注意醫療傷害完全相同。遇到複雜的東西，我們就成了冤大頭。

機構做的研究可以選擇性報告能夠確認自己所說故事的事實，卻不揭露否定或者不適用的事實——因此大眾對科學的認知產生偏誤，相信有必要使用高度概念化、犀利明快和純淨的哈佛化方法。這是我們應該信任反確認多於確認的另一個理由。

學術界擁有良好的裝備，擅長於告訴我們它為我們做了什麼事——因此它的方法有多麼不可或缺——而不說它沒做的事。這樣的做法涵蓋生活中的許多事情。交易員會談論他們的成功交易，誘導我們相信他們很聰明——而不去看被他們隱藏起來的失敗交易。至於學術界的科學：幾年前，知名的盎格魯—黎巴嫩數學家麥可・艾蒂亞（Michael Atiyah）因為弦理論（string theory）的名聲傳到紐約，於是募集資金，在黎巴嫩設立數學研究中心。他在發表演說時，列舉數學對社會和現代生活有幫助的應用，例如交通號誌。很好。但是數學帶給我們發生災難的領域（例如經濟學或金融領域，導致系統爆炸）呢？數學觸及不到的領域又如何？我當場立刻想到不同的計畫：細數數學在哪些地方未能產生結果，因而造成傷害。

盡揀好的來說具有可選擇性：說故事（和發表故事）的人占有優勢，能夠讓大家看到用來確認的例子，卻完全忽視其他的事實——而且波動和離散愈大，最好的故事看起來愈明亮（最糟的故事則愈黯淡）。擁有可選擇性——有權挑選想要講什麼故事——的人，只會報告適合自己目的的事情。他們會設法享有故事的上檔利益，隱藏下檔損失，所以似乎只有感覺才重要。

眞實的世界需要依賴反脆弱性的智慧，但是沒有一所大學接受這一點——正如干預主義者不接受不必他們干預，事情可以變得更好。且讓我們回頭探討大學創造社會財富和促進實用知識成長的說法。這裡面存在因果關係的錯覺；戳破謊言的時候到了。

14 當兩件事不是「同一回事」

綠木材就像另一個「藍色」——探討發現的箭頭——把伊拉克放到巴基斯坦裡面——普羅米修斯絕不回顧

我是在適合思考知識箭頭的一個地方寫這些文字。這個地方就是好像用石油灌溉、從沙漠中冒出來的城市阿布達比。

各國政府利用賣石油賺到的錢，從權威大學請來教授，並要他們的孩子念書（或者如同在這裡見到的，等他們的孩子產生想要念書的念頭，因爲阿布達比的許多學生，是遠從保加利亞、塞爾維亞、馬其頓來接受免費的教育），以及在那些龐大的大學蓋起大樓，令我看了便反胃。更妙的是，他們只要開一張支票，就能從海外進口整座學校，例如巴黎大學和紐約大學，還有其他許多大學。他們說，幾年之後，這個社會的成員將享有技術大幅改善的利益。

如果一個人接受**大學的知識會創造經濟財富**的概念，那麼這似乎是合理的投資。但是這樣的信念，與其說是來自經驗，不如說是來自迷信。第五章談過瑞士這個地方的正式教育水準很低。

我在想，我之所以感到噁心，是因爲覺得這些沙漠部落正將錢丟進一個無底洞，把它們的資源吸乾，拱手送給西方大學的行政管理人員。它們的財富來自石油，不是來自某種職業知識技能，所以我肯定它們的教育支出完全不會有成果，只是在進行一場很大的資源移轉（或者應該說是強迫它們的公民透過環境，靠大自然賺錢，因而傷害反脆弱性）。

壓力因子在哪裡？

阿布達比的模式漏掉了某種東西。壓力因子在哪裡？

塞內加和奧維德說過，精明來自需要，成功則來自困難——事實上，類似這樣的話有許多，來源是中世紀時代，並且融入我們的日常用語中，例如(伊拉斯謨說的需要爲發明之母〔necessitas magistra〕)。講得最好的，如同以往，是警句大師普珀里琉斯．西魯斯說的：「貧窮生經驗」（hominem experiri multa paupertas iubet）。但是這樣的話和觀念也出現在許多古典作家寫的文字中，包括歐里庇得斯（Euripides）、僞忒奧克里托斯（Pseudo-Theocritus）、浦勞塔斯（Plautus）、阿普列烏斯（Apuleus）、齊諾比厄斯（Zenobius）、朱韋納爾（Juvenal），當然了，現在稱之爲「創傷後成長」。

我在阿布達比，看到古老的智慧和恰好相反的情況同時在運作。我的黎凡特老家艾姆雲（Amioun）村在戰爭期間遭到掠奪和撤離，居民漂泊到世界各地。二十五年後，它強力反彈，變得富裕：我家房子被炸毀後，現在比以前更大。家父指著鄉間激增的別墅，一邊爲這些暴發戶感嘆，一邊平靜地告訴我：「你要是留在這裡，現在也會一天到晚往海邊跑。艾姆雲的人經過震撼，只會表現得更好。」這就是反脆弱性。

為藝術而藝術，為學習而學習

現在來看看因果箭頭方向的一些證據，也就是靠授課而增進的知識，是否眞的帶來繁榮。嚴肅的經驗調查（主要得歸功於當年的世界銀行經濟學家蘭特．普里切特〔Lant Pritchet〕）找不到證據，證明提高整體教育水準，會提高國家層級的所得。但是我們曉得反過來說是對的，也就是有了財富之後，教育水準會升高——這可不是眼睛上的錯覺。不必用世界銀行的數字，光是坐在扶手椅上也能推斷這件事。我們研判的箭頭方向是：

教育→財富與經濟成長

或者

財富與經濟成長→教育

證據很容易檢查，而且就躺在我們眼前。我們只要找來一些既富有又具有某種教育水準的國家來看，觀察何種情況在另一種情況之前就可以。我們以流氓經濟學家張夏準（Ha-Joon Chang）

強而有力且**少即是多**式的論點來說。一九六〇年，台灣的識字率遠低於菲律賓，每人所得只有菲律賓的一半；今天台灣的所得爲十倍之多。在此同時，韓國的識字率遠低於阿根廷（識字率爲世界上最高者之一），每人所得約爲阿根廷的五分之一；今天韓國的所得爲三倍之多。此外，同期內，撒哈拉沙漠以南的非洲識字率顯著提高，生活水準卻下降。我們還可以多舉一些實例（普里切特的研究相當詳盡），但是我不懂爲什麼人們不了解簡單的眞相，也就是**被隨機性愚弄**產生的影響：誤將只是相關的事情，視爲存在因果關係，也就是，如果富國的教育程度很高，便立即推斷教育使得一個國家富有，連探討都不去探討。這裡也牽扯到副現象（推論的錯誤有一點來自一廂情願的想法，因爲教育被認爲是「好事」；我不懂人們爲什麼不將一國的財富和墮落等「壞事」做副現象聯想，並且推斷墮落或者高自殺率等和財富有關的其他弊病也產生了財富）。

我的意思不是說，教育對個人一無是處：對一個人的事業生涯來說，它可以提供有用的證書——但是這種效應在國家的層級被沖刷掉了。教育可以穩定一個家族各個世代的所得。商人賺到錢之後，將子女送往巴黎大學就讀，後來當上醫生和文官。這個家族會維持富有的狀態，因爲有了文憑，在祖先的財富用光之後很久，家族成員還能繼續待在中產階級。但是這些效應在國家的層級不會出現。

此外，艾莉森・吳爾夫（Alison Wolf）揭露了從很難想像微軟（Microsoft）或者英國航空航天公司（British Aerospace）缺乏先進的知識，所以加強教育會使財富增加，推論邏輯上的瑕疵。「令我們的政治人物和評論家如此迷醉的這個簡單單向關係——投入教育支出，經濟就會成長——根本不存在。此外，教育部門愈大、愈複雜，和生產力的任何關係變得愈不明顯。」而且她的做法和普里切特類似，觀察了埃及之類的國家，發現它的教育大躍進，並沒有轉化爲備受重視的國內生產毛額（GDP）成長，讓國家在排行榜上顯得重要或不重要。

這個論點並不是要反對政府基於崇高的目標而採行教育政策，例如降低人民的分配不均；讓窮人也能接觸好文學，閱讀狄更斯（Dickens）、維克多・雨果（Victor Hugo）或朱利安・葛哈克（Julien Gracq）等人的作品；或者增進窮國的婦女自由，而這又剛好會降低生育率。但是，我們不應該在這種事情上，以「成長」或者「財富」爲藉口。

我曾經在一次聚會上遇到吳爾夫（聚會對可選擇性來說是很棒的東西）。我請她向別人說明提撥資金推動正式教育缺乏效果的證據，有個人對我們抱持懷疑態度很感挫折。吳爾夫給他的答覆是「眞正的教育是這樣」，指著滿滿一屋子在聊天的人。因此，我的意思並不是說知識不重要；討論這件事時，我們懷疑的是商品化、預先包裝和塗上粉紅色的知識，也就是可以在公開市場買進，然後用於自我推銷的東西。此外，容我提醒讀者：學識和有組織的教育不是同一回事。

再提另一次聚會的故事。有一次，在某一場正式的時髦晚宴上，有個人快言快語發表演說，感嘆美國的教育水準江河日下——也就是對數學成績低落大驚小怪。雖然我同意他的其他所有看法，卻不得不打斷他的話，表示美國的價值是「凸性」風險承受，而且我很高興我們不像那些直升機媽媽文化——也就是我在這本書提到的那樣事情。大家聽了相當震驚，有人丈二金剛摸不著頭腦，有人不敢苟同卻不表示意見，但有個人挺身支持我。後來我知道她是紐約市學校系統的主管。

也請注意我的意思不是說大學根本沒有產生知識，並且無助於成長（大部分標準經濟學，以及使我們退步走的其他迷信當然除外）；我要說的是，它們的角色遭人過甚其詞，而且它們的成員似乎主要根據淺薄膚淺的印象，利用我們容易受騙上當的一些傾向，建立起錯誤的因果關係。

優雅的晚餐同伴

教育除了穩定家庭的所得，還有其他好處。舉例來說，教育使人成爲更優雅的晚餐同伴，而這可不是小事一樁。但是教育人以改善經濟，則是相當新的觀念。五十年前，英國政府的文件顯示，教育的目標和我們今天的目標不同，是爲了提升價値、培養好公民，以及「學習」，不是要促進經濟成長（他們那時不是冤大頭）——吳爾夫也提出這一點。

同樣的，古時候的人是爲了學習而學習，希望使人成爲好人、値得交談，而不是提高城市內守衛嚴密的金庫中的黃金存量。創業家，尤其是科技業中的創業家，不見得是最好的晚餐同伴。我想起在上一個專業工作中，招募人員所用的一種試探啓發法（稱作「在他們參觀博物館時，區分那些看牆上塞尙〔Cézanne〕的畫作，以及注意焦點放在垃圾桶中內容物的人」）：談話愈有趣的人，愈有教養，也愈容易掉進一個陷阱，認爲他們能在眞實的業務中，做他們正在做的事（心理學家稱之爲**光環效應**〔halo effect〕，誤以爲他們擅長滑雪，所以也能一絲不苟地管理一座陶器製造廠或是銀行的一個部門，或者棋下得好，也會是眞實生活中優秀的策略家）。①

---

①大致來說，光環效應和領域相依剛好相反。

將擅長於做和擅長於說畫上等號，顯然一點都不嚴謹。談到優秀的實務工作者，我的經驗是，他們很難理解——他們不必花很多精力，將他們的洞見和內心的條理，化爲優雅的風格說出來。創業家只是動手做的人，不是思考者，而且動手做的人只管放手去做，他們不講話。用談話部門的標準去衡量他們，是不公平、錯誤和絕對侮辱他們的做法。技術勞工也一樣：我們要看的是他們的產品品質，不是會不會講話——事實上，他們很容易有個錯誤的信念，而這樣的信念會產生副作用（反醫療傷害），使他們做出更好的產品，所以那有什麼關係？另一方面，官僚因爲缺乏客觀的成功量尺和市場力量，光靠膚淺的外表和優雅的「光環效應」而勝選。副作用使得他們比較擅長於談話。和聯合國員工共進晚餐，比起和胖子東尼的一些表親，或者沉迷在電路中的電腦創業家共進晚餐，我相當肯定前者會談到比較有趣的主題。

我們來更深入地探討這種想法上的瑕疵。

綠木材謬誤

很少財經書籍像我現在要談的這本那樣不冒充內行，並且書名很有畫面，叫作《我從賠掉一百萬美元學到的事》（*What I Learned Losing a Million Dollars*）。書中主角有個大發現。他提到有個人，名叫喬·席格爾（Joe Siegel）。他是一種稱作「綠木材」的商品的最成功交易員。席格爾眞的以爲那是木材塗上綠色（其實剛砍下來的木材稱作綠木材，因爲還沒有乾）。他竟然將交易這種東西當作專業！在此同時，說故事的人卻大費周章，提出堂而皇之的知識理論，並且侃侃而談，說哪此因素會導致商品的價格波動和急轉直下。

這位成功的木材專家不只不懂「綠」這個名稱之類非常重要的事情，他也知道非專家認為不重要的木材知識。我們以為什麼都不懂的人，或許不是什麼都不懂。

事實眞相在於：預測木材的訂單流量和一般的敘事，與一個人從外面認為重要的細節無關。在這一行做事的人不必接受考試；他們是以和敘事最無關的方式被選出來——講得頭頭是道，不會占多大的上風。進化不會依賴敘事，只有人類才會。關於藍色這種顏色，進化不需要用任何字去形容。

所以且讓我們將一個人誤將必要知識——木材的綠色——的來源，錯當成另一種從外面比較看不出來、比較不容易處理、比較不容易敘述的情況，稱作**綠木材謬誤**。

我的知性世界因此粉碎，好像我學到的每一樣事情，不只一無用處，更是精心安排的騙局——說明如下。我剛踏入衍生性金融商品或「波動性」這個專業時（我專攻非線性），注意焦點全放在匯率上。我已經埋首在這個領域數年之久。現在必須和外匯交易員一起操作——這些人不像我那樣涉足技術面工具；他們的工作很單純，只是買進和賣出貨幣。貨幣兌換是種非常古老的專業，有歷史悠久的傳統和技藝；不妨回想耶穌基督和貨幣兌換商的故事。我從光鮮亮麗的常春藤名校環境來到這裡，受到震撼教育。我本來以為專攻外匯交易的人一定懂經濟、地緣政治、數學、貨幣的未來價格、各國物價之間的差距。或者他們會勤快地閱讀各個機構用光滑紙張發表的經濟報告。你也可能想像那些四海一家型的人，會打愛斯科式領帶，出現在週六晚上的歌劇院，令斟酒服務員感到緊張，並在週三下午上探戈課。或者他們會講容易理解的英語。事實上，上面所說的都不是。

我上班的第一天，因爲發現眞正的世界面目而大吃一驚。那個時候，做外匯交易的人，大都是來自新澤西／布魯克林的義大利人。他們是非常街頭化的人，起初在銀行的後勤辦公室做電匯作，等到市場擴張、甚至爆炸，貨幣業務成長和自由浮動之後，他們搖身變成了交易員，並在這一行嶄露頭角，賺了不少錢。

首先和我交談的一位專家，是稱作B的一個人。他講話都以母音結尾，穿手工製柏利歐尼（Brioni）西裝。有人告訴我，他是世界上業務做得最大的瑞士法郎交易員，在那年頭他是個傳奇人物——一九八〇年代，他曾經預測美元崩跌，並且控制龐大的部位。但是只和他講幾句話就會知道，這個人根本無法在地圖上指出瑞士的位置——愚蠢如我，竟然認爲他是瑞士的義大利人，而他竟然不知道瑞士有講義大利語的人。他沒去過瑞士。當我曉得他不是交易員中的特例，那些年接受的正式教育瞬間在我眼前蒸發，令我驚駭莫名。同一天，我不再閱讀經濟報告。在這段「去知識化」的大業期間，有一陣子，我對知識性的東西感到噁心——事實上，直到現在，我可能都還沒有恢復過來。

如果紐約是藍領的發源地，那麼倫敦是次藍領的發源地，而且表現更爲成功。那裡的人完全是倫敦佬，甚至和講話字正腔圓的社會更爲疏離。他們是東倫敦人，在街頭上混（而且混得很兇），帶有獨特的口音，只使用自己的那一套數字系統。「戈黛娃夫人」（Lady Godiva）或「清」（ching）是五，「准將」（commodore）是十五，「小馬」（pony）是二十五等等。我必須學習倫敦佬的用語，才能和他們溝通，而且主要是去那裡和同事一起喝酒聊天時，需要懂他們在說些什麼；那個時候，倫敦的交易員幾乎每天午餐都喝酒，尤其是在週五紐約開盤之前。「啤酒會使你變成一頭獅子，」有個傢伙趕著在紐約開盤前喝完酒時，這麼告訴我。

最有趣的一幕，是揚聲器傳出紐約班森赫斯特（Bensonhurst）的人和倫敦佬營業員的越洋對話，尤其是當布魯克林的傢伙試著用一點倫敦佬的發音，好讓對方懂得他們在說些什麼（這些倫敦佬有時根本不講標準的英語）。

所以我上到一課，曉得經濟學家看到的價格與現實**根本不是同一回事**。其一可能是另一的函數，但是這個函數太過複雜，無法用數學去對應。兩者的關係可能存有可選擇性，而這些不講完整句子的人，內心深處曉得那是什麼。②

---

②起初我認為要了解匯率的短期波動，不需要靠經濟理論，後來才知道長期的波動也受到相同的限制。許多涉獵外匯的經濟學家利用「購買力平價」（purchasing power parity）的概念，根據長期而言，「均衡」價格不會偏離太遠，以及貨幣匯率需要調整，好讓一磅的火腿在倫敦和新澤西州紐華克（Newark）最後的價格相近，來預測匯率走向。仔細檢查，這個理論在運作上似乎缺乏有效性——變得昂貴的貨幣，往往更加昂貴，而且大部分的胖子東尼其實是靠反向規則而賺錢。但是理論家會告訴你，「長期而言」它會如此運作。到底有多長？我們不可能根據這種理論做決定，可是他們仍然如此教導學生，因為當了學者之後，缺乏試探啓發法，而且需要某種複雜的東西，可是他們永遠找不到更好的東西來教。

胖子東尼如何致富（以及變胖）

在科威特戰爭之後，胖子東尼勢必成爲胖子東尼，變得有錢且變胖（順序一向是如此，也就是先有錢，然後發胖）。一九九一年一月，美國攻擊巴格達，要求歸還科威特的那一天，伊拉克遭到入侵。

學社會經濟學的每一個聰明人都有他的理論、機率、情境等等。胖子東尼卻沒有。他甚至不知道伊拉克在哪裡，搞不懂它是不是摩洛哥的一個省份，或者巴基斯坦東邊有香辣食物可吃的大公國——他不知道它有什麼食物，所以這個地方對他來說並不存在。

他只知道有冤大頭存在。

如果你問那時候任何一位聰明的「分析師」或新聞記者，他一定會預測戰爭**一旦爆發**，油價就會上漲。但是這個因果關係，正是東尼不以爲然的。所以他反向下賭：他們既然都已經準備好迎接戰爭爆發後油價上漲，所以價格一定已經調整到那個價位。戰爭可能導致油價上漲，但是**訂**好日期的戰爭則不然——因爲價格已經調整到預期的水準。如他所說，預期一定已經「落在價格內」。

戰爭爆發的消息傳出後，油價果然從每桶約三十九美元，崩跌到將近一半的價位，東尼的三十萬美元投資，變成一千八百萬美元。「一輩子像這樣的情況少之又少，你千萬不能錯過，」他後來和尼洛共進午餐時這麼告訴他，並且說服這位不是新澤西人的朋友賭金融體系會崩潰。「現在有個很好的投機性賭注擺在你眼前，光看新聞，是看不到的。」

請注意胖子東尼說的要點：「科威特和石油不是同一回『素』（事）。」這將是我們所說混爲一談概念的平台。東尼的上檔利益多於下檔損失，而對他來說，這樣就夠了。

沒錯，許多人因爲油價下跌而輸得一塌糊塗——雖然他們**正確預測**到戰爭。他們就是認爲那是同一回素。但是囤積太多、存貨太多。我記得那時曾經去拜訪一位大型基金經理人。他的辦公室布置得像戰情室，伊拉克的地圖掛在牆上。團隊成員曉得科威特、伊拉克、華盛頓、聯合國每一件可能的事情。但是他們忘了非常簡單的一個事實，也就是所有這些事情和石油無關——**根本不是同一回「素」**。他們做的所有分析都很好，但是和任何事情都沒有關聯。這個人後來當然因爲油價重跌而大敗虧輸，而且據我所知，他回去念法學院了。

除了事物具有不可說的特質這個觀點，我還學到另一個教訓。抽太多菸，以及腦子裡面有複雜花樣和方法的人，會開始漏掉一些非常根本的東西。現實世界中的人經不起漏掉這些東西；否則他們會使飛機墜毀。他們和研究人員不同，是因爲能夠生存而被選上，不是因爲想得複雜。所以我看到「少就是多」在運作：研究得愈多，初階但根本的東西就會變得比較不明顯。另一方面，活動會將事物抽絲剝繭，剩下最簡單的可能模型。

混爲一談

當然了，生活中有那麼多事情**不是同一回「素」**。我們就來談混爲一談的一般情形。

「不是同一回事」的教訓相當普遍。當你擁有可選擇性，或者某種反脆弱性，而且能夠找到上檔利益大、下檔損失小的下賭機會，你所做的事，便和亞里士多德認爲你會做的事不太有關係。

這個世界上有**某樣東西**（這裡指的是認知、觀念、理論），以及**某樣東西的函數**（這裡指的是價格或現實，或者某些眞實的東西）。混爲一談的問題，是誤將其中之一當作另一個，忘了有「函數」，而這種函數的特質不同。

現在，**某樣東西**和**某樣東西的函數**之間的不對稱性愈高，兩者之間的差異愈大。它們最後可能彼此毫無關係。

這種事情似乎微不足道，卻具有很重要的含義。如同以往，科學——不是「社會」科學，而是聰明的科學——懂得這件事。著名的數學家吉姆．西蒙斯（Jim Simons）避開了混爲一談的問題。他做了一台龐大的機器，跨越各個市場進行交易，因此賺了大錢。它仿效這些次藍領人士所用的買進和賣出方法，而且統計顯著性高於地球上的任何人。他宣稱不雇用經濟學家和財務人員，只用物理學家和數學家。這些人是用型態辨識的方式，評估事物的內部邏輯。他們不搞理論。他也不聽經濟學家的話，或者讀他們寫的報告。

著名的經濟學家艾里爾．魯賓斯坦（Ariel Rubinstein）懂得綠木材謬誤——這需要豐富的知識和誠實，才能用那種方式去看待各種事物。魯賓斯坦是賽局理論領域的領導者之一。這個理論包含假想實驗。他也是你在咖啡館能夠遇到的傑出專家，在世界各地思考和寫作。魯賓斯坦拒絕宣稱他對理論性事物所擁有的知識，能夠——由他——翻譯成任何直接實用的事情。在他看來，經濟學就像一則寓言——寓言作家的工作，是刺激想法、或許間接鼓舞實務，但當然不會指揮或決定實務。理論應該獨立於實務之外，反之亦然——而且我們不應該把學術界的經濟學家調離校園，要他們坐上做決定的位置。經濟學不是科學，不應該對政策提出建言。

魯賓斯坦在他的回憶錄中談到，他曾經試著要黎凡特露天市場的小販在討價還價時，捨棄祖傳的方法，改用來自賽局理論的觀念。結果他建議的方法無法產生雙方都能接受的價格。那個人後來告訴他：「好幾代以來，我們都以自己的方式討價還價，你爲什麼要試著改變它？」魯賓斯坦做結論說：「我滿臉羞愧地離開他。」在那個專業中，我們只需要像魯賓斯坦那樣的另外兩個人，世界上的事情就會變得更加美好。

有些時候，即使經濟理論有它的道理，卻無法用由上而下的方式，拿某個模型去應用，所以我們需要有機的自我推進試誤法，將我們帶到那裡。舉例來說，自李嘉圖（Ricardo）和更早以來，令經濟學家爲之著迷的專業分工概念，如果由政策制定者強制實施，結果會毀掉一個國家，因爲它會使經濟容易犯錯；但是如以進化的手段，利用正確的緩衝和一層又一層的備餘，按部就班去達成，它卻運作得很好。這是經濟學家或許能夠鼓舞我們，卻不應該告訴我們做什麼事的另一個例子——在附錄中討論李嘉圖的比較優勢（comparative advantage）和模型的脆弱性時，我們還會談得更多。

敘事和實務——無法輕易敘述的重要事情——之間的差異，主要存在於可選擇性，也就是事物失去的可選擇性。這裡所說的「正確的事」，一般來說是反脆弱性報償。我的看法是你不必去學校學習可選擇性，而是反過來說才對：應該對它視若無睹。

普羅米修斯和伊皮米修斯

希臘神話中，有兩個泰坦人兄弟，一個叫普羅米修斯（Prometheus），另一個叫伊皮米修斯（Epimetheus）。普羅米修斯的意思是「先見者」，伊皮米修斯的意思是「後見者」，喜歡事後扭曲，以事後敘事的方式，將理論套用到過去的事件上。普羅米修斯給我們火，代表文明的進步，伊皮米修斯則代表落後的想法、死氣沉沉和缺乏智慧。伊皮米修斯接受潘朵拉的禮物，一個大盒子，結果造成不可逆轉的後果。

可選擇性是像普羅米修斯那樣的人擁有的，敘事則是像伊皮米修斯那樣的人擁有的——其一犯下的是可逆轉和溫和的錯誤，另一則是打開潘朵拉的盒子之後，情況急轉直下，後果不可逆轉。

你必須以見機而作的方式和利用可選擇性，闖進未來。第四冊到目前爲止，我們見到可選擇性以見機而作的方式，作爲替代性的做事方式，擁有很大的力量，因爲從大利益與溫和的傷害這種不對稱性，得到很大的優勢。這是調適不確定性，不必了解未來，用理性工作的方式——而且是唯一的方式。依賴敘事則恰好相反，因爲這是被不確定性調適，而且說來諷刺，會往後倒退的做法。你不能天真地將過去投射到未來。

這將我們帶到「做」和「想」的差別。從知識分子的觀點，很難理解其中的道理。約吉・貝拉說：「理論上，理論和實務沒有差別；實務上卻有差別。」到目前爲止，我們看到的論點是，知識和脆弱性有關，而且所灌輸的方法，和修補產生衝突。到目前爲止，我們見到選擇權表達了反脆弱性。我們將知識分成兩類，正式的知識和胖子東尼那樣的知識，十分依賴試誤法的反脆弱性，並且呈現槓鈴的形式，在下檔損失較低時才承受風險——這可說是去知識化的風險承受形式（或者應該說是用它本身的方式呈現的知識）。在不透明的世界中，這是唯一可用的方式。

表四彙總了敘事和修補各個不同面向的對照，這也是接下來三章的主題。

表四　目的論和可選擇性的差異

敘事知識	**反脆弱性：可選擇性驅動的修補、試誤法**
討厭不確定性（面對變化顯得脆弱，或者對於過去出現火雞式的誤解）	調適不確定性（對於未知具有反脆弱性）
回顧過去，容易過度配適（overfitting）過去	展望未來
伊皮米修斯	普羅米修斯
目的論的行動	見機而作的行動
觀光客式	漫遊者式

脆弱、天真的理性	強固的理性
心理上安逸	心理上不安逸，但覺得興奮和想要冒險
凹性（可以見到已知的利得，但錯誤未知）	凸性（已知的錯誤小，可能的利得大）
容易受火雞問題影響（誤將「沒有證明」當作「證明沒有」）	可以從冤大頭和火雞問題得到利益
容易受副現象和綠木材謬誤的影響	避開綠木材謬誤
學術界在實驗室和物理學之外唯一的機制	實務的主要機制
敘事屬於認識論的範疇	敘事是工具手段
陷入一個故事之中	不十分依賴一個故事——敘事可能只是個動機
狹隘的領域、行動空間封閉	寬廣的領域，行動空間開放
需要了解事物的邏輯	不需要怎麼了解，只要保持理性，去比較兩個結果（履行比較好的選擇權）
沒有從點金石（稱作凸性偏誤，見第十九章）受益	依賴點金石

所有這些並不表示修補和試誤法就缺乏敘事：它們只是不過度依賴敘事，以證明自己是正確的——敘事不屬於認識論的範疇，而是工具手段。舉例來說，宗教故事作爲敘事，可能沒有價值，但它們可能促使你去做本來不會做的凸性和反脆弱事情，例如減輕風險。英國的父母用虛假的故事，說如果孩子行爲不端或者不吃晚餐，波尼（Boney；即拿破崙〔Napoleon Bonaparte〕）或者某隻野獸可能會來帶走他們。他們用這種方式控制孩子。宗教經常利用類似的方法，協助大人避免陷入麻煩或背負債務。但是知識分子傾向於相信他們自己的鬼扯，太過正經八百地認爲自己的觀念正確，而這是非常危險的。

以深植在傳統中的試探啓發法（經驗法則）所扮演的角色爲例。簡單的說，正如進化會在個人身上運作，它也會在一代傳一代的那些內隱、無法解釋的經驗法則上運作——這就是卡爾·波普爾（Karl Popper）所說的進化認識論。但是且讓我稍微修改一下波普爾的觀念（其實修改得相當多）：我認爲這種進化，不是觀念之間的競爭，而是根據這些觀念的人和系統之間的競爭。一種觀念會存活下來，並不是因爲它比競爭觀念要好，而是因爲持有那種觀念的人活了下來！因此，你從祖母學到的智慧，（在經驗上，因此也在科學上）應該遠優於你在商學院課堂上學到的（當然也便宜得多）。遺憾的是，我們離祖母愈來愈遠。

專家問題（也就是專家懂許多，但懂得比他自認爲的要少）往往帶來脆弱性，而接受無知卻不然。③專家問題使你站在不對稱性錯誤的一邊。我們針對風險來探討這一點。當你顯得脆弱，你需要知道的事情，會遠多於當你具有反脆弱性時。相反的，當你自認爲懂得比自己認爲的要多，你（面對錯誤）便顯得脆弱。

前面說過，有證據顯示課堂上的教育沒有讓人變得富有，而是有錢之後，人們才去接受教育（一種副現象）。同樣的，我們接下來要探討創新與成長主要和具有反脆弱性的風險承受——而不是教育和正式、有組織的研究——有關，可是教科書的作者卻美化故事。我的意思不是說理論和研究一無是處；而只是因爲我們被隨機性所愚弄，並在被愚弄之後，高估好聽的觀念所扮演的角色。我們將探討經濟思想、醫學、科技和其他領域的歷史學家的虛構行爲，而這樣的行爲，往往以系統性的方式，貶抑實務工作者，並且掉進綠木材謬誤中。

③過度的信心會使人依賴預測，而預測會使人去借錢，然後露出槓桿的脆弱性。另外，我們擁有具說服力的證據，證明經濟學或財務學博士導致人們建立起脆弱性高很多的投資組合。喬治・馬丁（George Martin）和我將與基金有關的所有主要財務經濟學家列成一張表，計算基金經營不善的情形，發現經營不善和財務學教授的相關性高出許多——最有名的是長期資本管理公司（Long Term Capital Management），因爲它聘用了脆弱推手羅伯・莫頓（Robert Merton）、麥爾隆・史科爾茲（Myron Scholes）、黃奇輔（Chi-Fu Huang）等人。

15 輸家寫的歷史

鳥兒或許聽了進去—用智慧去結合愚蠢，而不是反過來做—去哪裡尋找發現的箭頭—為試誤法辯護

由於一連串的偏誤，歷史學家容易受副現象和其他因果錯覺的影響。要了解科技史，你需要非歷史學家或者心理框架正確的歷史學家來說明。歷史學家必須觀察科技如何形成，而發展出自己的觀念，不能只讀和它有關的敘述。我提過特倫斯．基萊揭穿所謂的線性模型的眞相，而他是實踐型科學家。①實踐型的實驗室科學家或者工程師，能夠親眼看到藥理上的創新或噴射引擎的實際生產，因此能夠避免掉進副現象，除非他在展開實務工作之前，已經被洗腦。

①大衛．艾傑頓（David Edgerton）表示，二十世紀初大部分時候，一般人並不相信所謂的線性模型；我們**現在**只是相信**那時候**我們相信目的論科學居於優勢。

我以目擊者的身分，看到一些證據，十分清楚某些結果不是從學術化的科學而來，而是靠進化上的修補，卻遭人穿鑿附會，宣稱來自學術界。

表五　各個領域的教鳥怎麼飛效應：教科書歸因錯誤的實例

領域	鳥教師所說的起源和發展	實際的起源和發展
噴射引擎	物理學家（斯克蘭頓〔Scranton〕戳破）	修修補補的工程師，他們並不了解「爲什麼行得通」
建築	歐幾里得幾何、數學（博如昂〔Beaujouan〕戳破）	利用試探啓發法和秘密配方（行會）
神經機械	諾伯特・維納（Norbert Wiener；明德爾〔Mindell〕戳破）	「共筆式」程式設計師
衍生性金融商品公式	布雷克（Black）、史科爾茲（Scholes）和脆弱推手莫頓(Merton)(豪格〔Haug〕和塔雷伯〔Taleb〕戳破)	交易員和實務工作者，勒赫紐（Regnauld）、巴舍利耶（Bachelier）、索普（Thorp）
醫學	生物學方面的認識（長久以來一連串醫生戳破）	運氣、試誤法、其他醫藥的副作用，或者有時中毒（芥子氣）

工業革命	知識的成長，科學革命（基萊〔Kealey〕戳破）	冒險家、愛好者
科技	形式科學	科技、商業

早在我知道表五的結果之前，也就是其他學者揭穿教鳥怎麼飛效應的眞相之前，這個問題在一九九八年左右就開始對我尖叫，如下所述。一天，我和已故的弗瑞德．A（Fred A.）在芝加哥一家餐廳用餐。弗瑞德雖然是經濟學家，卻是眞正的飽學之士。他是當地一家交易所的首席經濟學家，必須就複雜的新金融產品向他們提供建言，所以來徵詢我的意見，理由是我專精於此，而且已經出版一本教科書，主題是所謂十分複雜的「奇特選擇權」。他認爲這些產品的需求將非常大，但懷疑「交易員如果不了解吉爾薩諾夫定理（Girsanov theorem），怎麼有可能處理這些複雜的奇特商品」。吉爾薩諾夫定理在數學上相當複雜，只有極少數人了解。可是我們談的是場內交易員——上一章提過他們——十之八九肯定會誤將吉爾薩諾夫當作一種伏特加酒的品牌。一般來說，沒受過很多教育的交易員，如果能將家裡的街道地址正確拼出來，肯定會被認爲教育程度太高，可是這位教授眞的抱持一種副現象印象，以爲交易員念過數學，才有辦法訂出選擇權的價格。至於我，是在聽到這些定理之前，經由試誤法和請教有經驗的人，才摸清怎麼玩這些複雜的商品。

這時我突然想到一件事。孩子不懂空氣動力學的各種定理，也不會解運動方程式，可是我們並不擔心他們學不會騎腳踏車。那麼，為什麼他不把某個領域的道理，移轉到另一個領域？難道他不知道芝加哥這些場內交易員會對供給和需求有所反應，彼此競爭賺錢，但不需要靠吉爾薩諾夫定理，就像大馬士革露天市場的阿月渾子交易商不需要解一般均衡方程式，也懂得怎麼訂定產品的價格？

有一分鐘的時間，我懷疑自己是不是活在另一顆星球，或者這位紳士的博士學位和研究生涯，使他看不到這件事。我不懂為什麼他竟然那麼奇怪，喪失了一般常識——或者，是不是缺乏實務感的人，通常會將他們的精力和興趣，投入取得方程式經濟學虛構世界的博士學位。這裡面是不是有選擇偏誤？

我感到懷疑，而且極為興奮，但曉得一個人要能幫助我，他必須既是實務工作者，又是研究工作者，而且實務得在研究之前。我知道只有另一個人，也就是從交易員轉為研究工作者的艾斯彭．豪格（Espen Haug），見過相同的機制。他和我一樣，是在交易室待了一段時間**之後**，才攻讀博士學位。所以我們立刻著手調查我們所用的選擇權訂價公式的來源：人們以前用過嗎？是要歸功於學術界導出的公式，我們才能運作？還是這套公式是根據試誤法，經由某種反脆弱進化發現程序而現身，但現在被學者據為己有？由於我曾經在芝加哥當過場內交易員，也見到交易老手不願碰數學公式，只使用簡單的試探啓發法，並且表示「真正的男人不用紙張」，這裡所說的紙張，是指利用複雜的公式，從電腦印出的報表，所以我早就看出了一些端倪。這些人活了下來。他們的價格比公式產生的價格複雜且更有效率，而且他們所訂的價格顯然先出現。舉例來說，他們的價格考慮了極端世界和「厚尾」，而這是標準公式所忽略的。

豪格有些興趣和我不同：他踏進財務那個領域，而且積極收集實務工作者過去寫的論文。他自稱「收集者」，甚至用在署名上，因爲他努力網羅和收集第一次世界大戰寫成的選擇權理論書籍與文章，我們因此拼湊出一幅非常精確的畫面，曉得以前發生了什麼事。我們一而再、再而三地證明交易員遠比公式還要精明複雜，因此興奮莫名。而他們的精明複雜領先公式至少一個世紀。這當然是經由選擇、求生、在經驗豐富的實務工作者身邊見習，以及一個人本身的經驗而得到的。

交易員的交易↓交易員想出技術和產品↓學術界的經濟學家發現公式，並且宣稱交易員使用這些公式↓新的交易員相信學者的話↓爆炸（因為理論引起脆弱）

我們的論文躺了將近七年，才有一份學術性經濟期刊同意發表——在這之前，出現一個很奇怪的現象：它是經濟史上下載最多的論文之一，但是頭幾年根本沒人引用。沒人想要攪亂一池春水。②

實務工作者不寫東西；他們只顧放手去做，鳥兒果然會飛，而教牠們飛的人，正是寫故事的

② 我們也發現史科爾茲和莫頓這兩個脆弱推手，把在他們之前的人發現、形式遠爲複雜的公式包裝起來，而贏得稱作「諾貝爾」的紀念經濟學獎。此外，他們更使用虛構的數學。這件事令人相當不安。

人。所以我們很容易判斷，歷史其實是輸家寫的，因爲他們有時間，學術地位也受到保障。

最大的反諷，是我們親眼看到思想的敘事如何形成，因爲我們有幸面對另一次明目張膽，將知識據爲己有的行爲。我們受邀以選擇權實務工作者的身分，在可敬的《懷利計量財務百科全書》（*Wiley Encyclopedia of Quantitative Finance*），發表我們這一邊想說的故事。所以我們根據以前的論文，加上自己親身的體驗，寫了一個版本。但令我們震驚的是，我們竟然槓上歷史篇的編輯。他是巴納德學院（Barnard College）的教授，伸出黑手，試圖修改我們的內容。這個人是經濟思想史學家，逕自改寫我們的故事，淡化（如果不是反轉）這篇文章傳達的訊息，以及改變知識形成的箭頭。這是正在形成的科學史。這個傢伙卻坐在辦公室，告訴我們故事應該怎麼寫，而我們身爲交易員，看到的明明不是那樣——他認爲我們應該以他的邏輯，推翻我們親眼見到的事情。

我注意到知識的形成，也有幾次被人用類似的手法強行倒轉。舉例來說，柏克萊教授、備受尊崇的脆弱推手馬克．魯賓斯坦（Mark Rubinstein），在一九九〇年代末寫的書，把我們實務工作者自一九八〇年代（也就是我涉足這一行的那段期間）以來就十分熟悉（而且形式通常更爲複雜）的技術和試探啓發法，歸因於財務學教授所發表的文章。

不，我們並不是將理論化爲實務。我們是從實務創造出理論。這就是我們的看法，而且很容易從它——以及從類似的故事——推論出混爲一談的情形已經普遍化。理論其實是實務對策的產物，卻不能反過來說。

證據正凝視著我們

我們發現工程師也被歷史學家掩蓋眞相。

在前面提到的那件噁心事件之後不久，我在倫敦經濟學院的社會科學研討會，發表我和豪格共同撰寫、談財務學教鳥怎麼飛的觀念。我當然遭到質問（但是這個時候，我已經身經百戰，很能應付經濟學家的質疑）。然後發生叫人驚訝的事。會議結束時，主辦單位告訴我們，正好在一個星期之前，羅傑斯大學的教授菲爾·斯克蘭頓（Phil Scranton）也曾提交相同的故事，但是談的不是選擇權公式，而是講噴射引擎。

斯克蘭頓表示，我們一直在用嘗試錯誤的實驗方式，建造和使用噴射引擎，沒有任何人眞正了解理論。製造商需要原來的工程師，因爲他們懂得如何操弄事情，好讓引擎能夠運作。**理論稍後才以一跛一拐的方式出現**，以滿足知識界那些喜歡計算的人。但是你不會在標準的科技史讀到這樣的事情。我兒子念的是航空太空工程，便不知道有這種事。斯克蘭頓相當客氣，把重點放在創新一團亂的情況中，而這「有別於我們比較熟悉的分析與人造創新方法」，好像後者才是常態似的，而其實顯然不是這樣。

我繼續尋找更多的故事，科技史學家艾傑頓（David Edgerton）給了我一個相當令人震驚的故事。我們認爲神經機械學（cybernetics）——網路位元空間（cyberspace）一字中的「網路」（cyber）就是這麼來的——是諾伯特·維納（Norbert Wiener）一九四八年發明的。工程史學家大衛·明德爾（David Mindell）戳破了這個說法；他指出，維納只不過是闡述了工程界長久以來實地運作的回饋控制和數位運算觀念。可是人們——連今天的工程師也不例外——卻有個錯覺，以爲這個領域要歸功於維納的數學思考。

然後我有了下面的想法。我們都是看根據歐幾里得（Euclid）的《元素之書》（*Book of Elements*）等公理編成的教科書學習幾何，而且傾向於認爲，由於這方面的學習，今天才有從房屋到大教堂，幾何形狀漂亮的建築；反過來想會惹人厭。所以我立刻猜想，古人對歐幾里得的幾何學和其他數學產生興趣，是因爲他們已經在使用這些方法，而這些方法是來自修補和實驗性的知識，否則他們根本不必大費周章那麼做。這和輪子的故事很像：希臘人在工業革命之前約兩千年，就發現和發展出蒸汽機。我們使用的各種東西，傾向於從實務誕生，而不是從理論誕生。

現在看看身邊的建築物：從金字塔到歐洲漂亮的大教堂，它們的幾何形狀十分複雜。因此一個冤大頭問題，會使我們傾向於相信，由於數學才會有這些漂亮的建築出現。但是這裡和那裡總有一些例外，例如金字塔，因爲這些建築，是在歐幾里得和其他希臘理論家之後，我們有了比較正式的數學之前出現的。一些事實如下所述：建築師「或者當時所說的工藝大師」依賴試探啓發法、經驗法和工具，而且幾乎沒有人懂任何數學——中世紀的科學史學家蓋伊．博如昂（Guy Beaujouan）指出，十三世紀之前，整個歐洲會算除法的人不超過五個。那時沒有定理，或者定理個頭。但是建築師不必靠我們今天的方程式，也能算出材料的抗力——他們興建的建築物，今天仍然大都屹立不搖。十三世紀的建築師維拉爾．德．奧內庫爾（Villard de Honnecourt）畫了很多圖，並用皮卡語（法國皮卡地區〔Picardie〕使用的語言）做筆記，說明大教堂如何興建：運用實驗試探啓發法、一些小花招和準則，後來菲利貝・德・洛梅（Philibert de l'Orme）在他的建築論文中一一列舉。舉例來說，把三角形想成馬的頭。和理論比起來，實驗會讓人審慎得多。

此外，我們相當肯定羅馬人是令人讚嘆的工程師，不用數學就開通了渠道（計量分析利用羅馬數字不是很容易進行）。否則我相信這些渠道不會在這裡，因爲數學的一個副作用，是使人過度優化和偷工減料，因而造成脆弱。不妨看看新東西和舊東西比起來，愈來愈容易損壞。

維特魯威（Vitruvius）在歐幾里得的《元素之書》之後約三百年寫的手冊《建築十書》（*De architectura*），是建築師的聖經。書內少有形式幾何，而且當然沒有提到歐幾里得，因爲它主要是用試探啓發法，也就是大師指導學徒的那種知識（値得注意的是，他提到的主要數學結果是畢達哥拉斯〔Pythagoras〕的定理，對於直角可以「不靠工匠的裝置而畫出」大感驚異）。文藝復興時期之前，數學只用在心理謎題上。

現在我要談的並不是落後於某些實務技術的理論或學術科學。有些理論或學術科學的最終用途（不是某些膚淺的用途），是從科學直接衍生出來——也就是研究工作者喬爾・莫基爾（Joel Mokyr）所說的「認識基礎」，或者命題式的知識，相當於一種形式「知識」庫，將理論和實證發現嵌入，成爲一種規則手冊，用於產生更多的知識和（他認爲）更多的應用。換句話說，也就是成爲一套理論體系，直接從這裡再衍生出其他的理論。

但是我們不要當冤大頭：根據莫基爾先生的說法，我們會想要研究經濟地理，以預測外匯價格（我樂於向綠木材專家介紹他）。雖然我接受認識基礎的概念，但我質疑的是：它在科技史中眞正扮演的角色。那裡並沒有效應強大的證據，而我正在等某個人給我看證據。莫基爾和鼓吹這種觀點的人，沒有提出證據說它不是副現象——他們似乎也不了解不對稱效應的含義。可選擇性在這裡扮演什麼角色？

有一套知識技能是從師傅傳給學徒，而且只以這種方式傳遞——這裡有必要分等級，以便作爲選擇的程序，或者使某種專業更受人尊重，或者在這裡或那裡提供協助，但這些做法不具有系統性。而這種形式知識所扮演的角色將受人過度重視，原因正是在於它的能見度很高。

像烹飪嗎？

烹飪似乎是依賴可選擇性的絕佳事情。你加進食材之後，做出來的菜如果符合胖子東尼的味蕾，可以選擇將結果保留下來。如果不然，則可以忘了它。我們也有共筆式的協作實驗，產生一整套食譜。這些食譜是完全推導出來的，不用去推測味蕾的化學反應，不必靠任何「認識基礎」，從理論產生理論。到目前爲止，沒有人被這個程序愚弄。正如丹．艾瑞理（Dan Ariely）曾經發現的，我們無法利用反向工程，光看營養標示來推斷食物的味道。而且我們可以觀察到先人的試探啓發法在運作：一代又一代的集體修補，導致食譜不斷進化。這些食譜植入文化之中。烹飪學校完全是採用見習制。

另一方面，我們有純物理學，利用某種經驗驗證，以理論去產生理論。「認識基礎」在這裡能夠占有一席之地。希格斯玻色子（Higgs Boson）的發現，正是完全從理論推導而找到一種粒子的現代實例。愛因斯坦的相對論也是（在希格斯玻色子之前，一個十分引人注目的例子，是法國天文學家勒威耶〔Le Verrier〕利用少量的現存外部資料，推導出海王星的存在。他是從周遭星球的行爲，只靠計算而做到這件事。他因爲十分篤定自己的計算結果，所以拒絕去看它。這些是例外情形，通常發生在物理學和我稱爲「線性」的其他地方。這些地方的誤差來自平常世界，不是來自極端世界）。

現在來用烹飪的觀念，作爲了解其他事情的平台：其他活動像它嗎？仔細觀察科技，我們發現大部分確實像烹飪，遠高於像物理學，尤其是複雜領域中的科技。

連今天的醫學，也仍然採用見習模式，只依賴一些理論科學，但使它看起來完全像是科學。而如果它離開了見習模式，那一定是「以證據爲基礎」的方法，比較少依賴生物理論，並側重於收集經驗規律性（也就是我在第七章解釋的現象學）。爲什麼科學來了又走，技術卻一直保持穩定？

現在，我們可以看到基礎科學可能扮演某種角色，但不是按照預期的方式。③我們以電腦一連串始料未及的第一階段用途爲例談起。從命題式知識衍生出來的組合數學，也就是基礎科

③我要提醒讀者記得第四冊的骨幹是目的論和方向感，而這樣的內容雖然大致上質疑形式學術（也就是反大學），但這些內容十分堅定地反僞科學（或者化妝科學），並且超親科學。許多人所說的科學，其實是高度的非科學。科學是一種反冤大頭問題。

學，製造出電腦。或者故事是這麼說的（而且當然要提醒盡揀好的來說的讀者：我們需要考慮一事無成的理論知識）。但是首先，這些裝滿電路的龐大盒子，到底可以拿來做什麼，沒人有概念，因爲它們既笨重又昂貴，而且除了用在資料庫管理，應用還不太普遍，只適合處理大量的資料。好像爲了令人震顫的科技，我們需要發明一種應用似的。嬰兒潮世代應該還記得那些神秘的打孔卡片。然後有人推出控制台，利用鍵盤，在電腦螢幕的協助下輸入資料。這當然導致文字處理應運而生，而電腦因爲適合文字處理而起飛，尤其是一九八〇年代初的微電腦。這種電腦用起來很方便，但除此之外，沒有太大用途，直到其他出乎意料的結果和它混合在一起。現在到了第二階段，也就是網際網路。網際網路是美國國防部的研究單位國防先進研究計畫署（DARPA）發展出來的，目的是作爲富有彈性的軍事通訊網路，並在雷根總統力抗蘇聯時突飛猛進。這樣的通訊網路，是要讓美國在普遍性的軍事攻擊之後存活下來。很棒的概念，但是把個人電腦和網際網路加在一起，我們就有了社群網路、破碎的婚姻、書呆味道增濃，以及後蘇聯時代的人不善交際應酬，難以找到結婚對象。所有這些，要感謝雷根的反蘇聯聖戰，所投入的美國納稅人資金（或者應該說是預算赤字）。

接下來我們看到往前的箭頭，卻沒有指向任何點，雖然這一路走來，科學有**某些**用途，因爲電腦技術的大部分層面都有賴於科學；沒有指向任何點，表示學術科學沒有設定它的方向，而是在不透明的環境中，受役於機會性的發現。這一路上，除了大學輟學生和成長太快的中學生，幾乎看不到什麼人。這個程序一直是每一步都在自行尋找方向，而且無法預測。我們看到的一大謬誤，是使整件事聽起來不合理性——其實不合理性的地方，是在免費的選擇權交給我們的時候，卻沒有看到它。

透過天才型的觀察家李約瑟（Joseph Needham）的作品，中國可能是相當具有說服力的故事。李約瑟戳破了西方對中國科學實力所持的不少看法。在中國成為由上而下的官僚國家（也就是由蘇聯—哈佛集權式號令所管理的國家，就像埃及以前那樣）之後，人民不曉得為什麼，失去拼裝的熱情，不再渴望嘗試和犯錯。為李約瑟寫傳的西蒙·溫契斯特（Simon Winchester），提到漢學家伊懋可（Mark Elvin）描述了中國的問題，原因在於中國沒有擁有、或者應該說不再擁有他所說的「歐洲人對修補和改善的狂熱」。他們有各種手段可以發展紡紗機，但「沒有人嘗試」——這是知識妨礙可選擇性的例子。他們或許需要像賈伯斯這樣的人——有幸沒受過大學教育，卻懷有積極進取的正確性格——將各種要素帶到它們的自然結局。我們將在下一節談到，正因為有這種不受拘束的實幹家，工業革命才有可能發生。

我們接下來將探討兩個案例，第一是工業革命，第二是醫學。我們先來戳破關於工業革命的因果迷思，也就是誇大渲染科學在其中扮演的角色。

工業革命

知識的形成，甚至連理論的形成，也得花時間，整個過程有點無聊，而且需要有另一份職業，才能自由自在地做，因為這麼一來，一個人才能避免承受現代不發表文章就淘汰的學者所承受的那種新聞記者式的壓力，以至於大家都搶著生產化妝知識，就像我們在紐約市中國城買的仿冒手錶，明知那是仿冒的，看起來卻像眞的。十九世紀和二十世紀初的技術知識和創新有兩大來源：業餘愛好者和英國的教區牧師，兩者通常處於槓鈴的狀況。

我們發現，英國教區牧師的研究貢獻高得不成比例。他們無憂無慮、飽學多聞，擁有一棟大房子或至少舒適的房子，有傭人服侍，茶和塗濃縮奶油的烤餅源源不絕地供應，而且閒暇時間多得是。當然了，這表示他們擁有可選擇性。他們是開明的業餘愛好者。牧師湯瑪士・貝葉斯（Thomas Bayes；貝氏機率〔Bayesian probability〕理論的創始人）和湯瑪士・馬爾薩斯（Thomas Malthus；提出人口過多的問題）是最有名的兩個。但比爾・布萊森（Bill Bryson）的《家居》（*Home*）收集了更多叫人拍案稱奇的故事。布萊森發現教區牧師和教士對經濟繁榮有紀錄可循的貢獻，是科學家、物理學家、經濟學家，甚至發明家的十倍之多。除了前面提到的兩位巨人，我在這裡隨手寫下一些鄉村教職人員所做的貢獻：艾德蒙・卡特萊特（Edmund Cartwright）牧師發明動力織布機，對工業革命做出貢獻；傑克・羅素（Jack Russell）牧師培養出㹴犬；威廉・巴克蘭（William Buckland）牧師是研究恐龍的第一位權威；威廉・葛林威爾（William Greenwell）牧師首創現代考古學；屋大維・皮卡德—甘布里奇（Octavius Pickard-Cambridge）牧師是研究蜘蛛的頂尖權威；喬治・嘉勒特（George Garrett）牧師發明潛水艇；吉爾伯特・懷特（Gilbert White）牧師是當時最受敬重的博物學家；伯克萊（M. J. Berkeley）牧師是研究眞菌的頂尖專家；約翰・米歇爾（John Michell）協助發現天王星；還有更多，不勝枚舉。請注意，就像我和豪格遭遇過的事，有組織的科學傾向於跳過「非我族類」不提，因此我們能夠看到的業餘愛好者和實幹家所做貢獻的名單，肯定比實際要短，因爲有些學者可能將前人的創新據爲己有。④

且讓我暫時展現詩情。自學式的學問，具有美學的構面。很久以來，我書房的牆上貼著法國知名中世紀研究家雅克・勒高夫（Jacques Le Goff）寫的一段話。他相信文藝復興是來自獨立的古典文學研究者，而不是來自專業學者。他檢視了這段時期的繪畫、素描和演奏，比較中世紀大學成員和古典文學研究者截然不同之處：

> 其一是被學生群團團圍住的教授。另一是形單影隻的學者，坐在幽靜而隱秘的斗室裡中，但在寬敞而舒適的房間中，則任令自己的思想天馬行空。在這裡，我們遇到學校的喧囂、教室的塵埃，以及集體工作場所中對美的冷漠。
>
> 那個地方則展現秩序和美。
>
> 奢華，平靜和豔麗。

證據告訴一般業餘愛好者（以及飢餓的冒險家和民間投資人），說他是工業革命的源頭。我們說過，基萊不是歷史學家，也謝天謝地，不是經濟學家，在《科學研究的經濟法則》（*The Economic Laws of Scientific Research*）中，質疑傳統的「線性模型」（亦即相信學術科學帶出技術）——

---

④本書所探討觀念的主要技術依據，是來自提出詹森不等式的約翰・詹森（Johan Jensen），但叫人稱奇的是，他是業餘數學家，不曾在學術界謀得一職。

在他看來，大學是因爲國家有了財富之後才繁榮起來的，而不是反過來說。他甚至更進一步，宣稱這些大學和天眞的干預一樣，造成醫療傷害，因此帶來負面貢獻。他指出，在政府以納稅人的錢資助研究而進行干預的國家，民間投資下降且離去。舉例來說，日本力量強大的通商產業省的投資紀錄十分可怕。我不是用他的觀念來主張推動政治計畫，反對提撥資金以促進科學，而只是要說明發現重要的事物時，因果箭頭不是像一般人所認爲的那樣。

再溫習一下，工業革命來自「技術人員建立起技術」，或者來自他所說的「業餘愛好的科學」。再以蒸汽機這種最能具體呈現工業革命的人造物爲例。我們說過，亞歷山卓港的希羅早就有如何製造蒸汽機的藍圖。可是大約兩千年的時間內，沒人對理論感興趣。因此實務和重新發現是人們對希羅的藍圖感興趣的原因，而不是反過來說。

基萊提出一個非常令人信服的論點，說蒸汽機是從既有的技術而來，並由沒受過教育、經常悶著頭自己幹的人建造出來的。他們運用實務上的常識和直覺，解決令他們困擾的機械問題。而他們提出的解決方案，帶來了明顯的經濟獎勵。

其次，以紡織技術爲例。基萊表示，讓我們一躍而進入現代世界的主要技術，不能歸功於科學。「一七三三年，」他寫道：「約翰．凱（John Kay）發明了飛梭，編織作業因此進入了機械化，一七七〇年，詹姆斯．哈格里夫斯（James Hargreaves）發明了多軸紡紗機，而顧名思義，表示紡紗作業走上機械化。紡織技術這些重大的發展，以及懷亞特（Wyatt）和保羅（Paul）一七五八年發明的精紡機、阿克萊特（Arkwright）一七六九年發明的水力紡紗機，掀起了工業革命的先聲，但這些發展不必歸功於科學；它們是從熟練技術勞工的嘗試錯誤和實驗摸索，而出現的經驗性發展，因爲這些技術勞工一直在設法提升工廠的生產力，並且藉此增進獲利。」

艾傑頓做了研究，質疑學術科學和經濟繁榮之間的關係，以及人們過去相信「線性模型」（也就是學術科學是技術來源）的觀念。十九世紀和二十世紀的人**不是冤大頭**；我們今天認爲他們那時相信線性模型，但是他們並沒有相信。事實上，那時候的學者大都是教師，不是研究工作者，直到進入二十世紀以後很久還是這樣。

與其觀察學者寫的東西，判斷他是否可信，不如看貶斥他的人說些什麼，因爲這一直是最好的辦法──所以我去尋找貶斥基萊的人，或者反對他的觀念的人，看看他們是不是說了一些有價值的話──也看看他們是從哪裡來的。除了我說過還沒發現可選擇性的莫基爾、一位不重要的經濟學家的抨擊（因爲經濟學這門專業的價值已經貶低）之外，對基萊主要的批評，是一位科學官僚在具影響力的期刊《自然》（*Nature*）發表的，說他利用經濟合作暨發展組織（OECD）等政府資助的機構提供的資料，作爲反對以稅款資助研究的論點。到目前爲止，並沒有實質的證據顯示基萊是錯的。但讓我們調換一下舉證責任：並沒有證據顯示和他的命題相反的說法可能略爲正確。所有這些，大都只是像宗教信仰那樣，相信有組織的科學具有無條件的力量。這樣的信念，取代了對有組織的宗教無條件的信仰。

政府應該把錢花在非目的論的修補上，不是做研究

請注意，我並不相信上面鋪陳的論點，在邏輯上應該會引導我們說政府不應該花錢。我的推論，主要是爲了反對目的論，不是反對一般的研究。一定有一種支出形式是行得通的。由於某些事件的邪惡轉變，政府才能從研究中得到巨大的報償，但這並非如同一開始所預期的那樣——拿網際網路來說就知道。接著再想想軍事的創新支出所得到的結果。我們也會在醫療方面見到相同的情形。官員（尤其是日本官員）看待事情的方式，過於以目的爲導向，大公司也一樣。大部分的大公司（例如大藥廠）是本身的大敵。

以純研究爲例，研究獎助和資金是給人，不是給計畫，而且少量分配給許多研究工作者。科學社會學家史提夫・夏平（Steve Shapin）在加州觀察創業投資家指出，投資人傾向於支持創業家，而不是支持創業點子。他們做的決定，主要是根據人的意見，再以「你認識誰」和「誰說了什麼」加以強化。拿創業投資家的術語來說，你賭的是騎師，而不是馬匹。爲什麼？因爲創新會漂移，一個人需要漫遊者那樣的能力，去捕捉在眼前出現的機會，而不是卡死在官僚模子中。夏平表示，重要的創業投資決定，是在沒有眞正營業計畫的情形下做成的。所以如果有任何「分析」的話，一定屬於候補、證實的性質。我自己也和加州的創業投資家有往來，目的是投資自己，而當然了，這正是個模子。

資金顯然應該給修補者，也就是你相信會好好掌握選擇權、作風積極的修補者。

這一段拿統計論點和技術面來說。研究得到的報償是來自極端世界；它們跟著統計分布的冪次法則走，上檔利益很大，幾乎沒有限制，但是由於可選擇性，下檔損失有限。因此，從研究而來的報償，必定和嘗試的次數成線性關係，而不是和這些嘗試投入的總資金成線性關係。如同圖七所示，由於贏家會有幾乎無上限的極高報償，所以正確的方法是採用某種盲目注資法。這表示正確的政策是所謂的「一除以n」或者「1/N」，將資金盡可能分散在許多嘗試上：如果你面對n個選擇權，那就等量投資它們全部。⑤每次嘗試的金額少，但是嘗試的次數多，而且比你所要的更爲寬廣。爲什麼？因爲在極端世界中，投入少量的金錢在某種東西上，比完全錯過它重要。一位創業投資家告訴我：「由於報償很大，所以你經不起不投資於每一樣東西。」

醫療案例

醫療和科技不同，調適運氣的歷史相當悠久；它已經接受實務中的隨機性成分。但不是那麼樂於接受。

醫療資料可供我們評估目的論研究相對於隨機產生的發現兩者的績效。一九七〇年代初，尼

⑤這是技術面的評論。曼德伯和我二〇〇五年用「1/N」來揭穿以簡單數學爲基礎的最適化投資組合和現代財務理論的眞相；在極端世界的效應下，我們主張採取非常寬的分散投資法，等量小額分配，而不是如同現代財務理論所主張的那樣。

克森「向癌症宣戰」，創設國家癌症研究所（National Cancer Institute），展開種種活動，美國政府因此給了我們做這件事的理想資料集。執業醫生兼研究工作者莫頓・麥耶斯（Morton Meyers）在叫人讚賞的《快樂的意外：現代醫學突破的偶遇》（*Happy Accidents: Serendipity in Modern Medical Breakthroughs*）中寫道：「前後二十年內，篩選超過十四萬四千種植物萃取物（代表約一萬五千個物種），找不到一種植物基礎抗癌藥物達到批准的標準。這樣的敗績和一九五〇年代末發現一種主要的植物衍生癌症用藥，也就是常春花生物鹼類（Vinca Alcaloids）——因為意外而發現，不是經由定向研究——形成鮮明的對比。」

製藥業圈內人約翰・拉馬提納（John LaMatina）在離開那個行業之後，談到他親眼所見，並以統計數字說明，公眾認知的學術界所做貢獻與事實之間存有差距：十種藥物之中有九種是民間產業發展出來的。連靠稅金運作的國家衛生研究院（National Institutes of Health）也發現，市面上賣得很好的四十六種藥物，只有約三種和聯邦資金有關。

我們還沒談到癌症治療藥物一直來自其他的研究分支。搜尋非癌症用藥（或者非癌症用的非藥物），可能發現你沒想到的東西（反之亦然）。但是始終有件有趣的事，那就是當某個結果起初是由學術研究者發現，他可能對那個結果置之不理，因為那不是他想發現的——學者有自己的腳本要遵循。因此，以選擇權的術語，儘管那個選擇權有其價值，他並沒有履行，而這有違理性（不管你如何定義理性），就像某個貪心的人，沒有撿起他在花園中發現的一大筆錢。麥耶斯也提到教鳥怎麼飛的效應，因為不管發現什麼事，都能在事後以敘事的方式，歸功於某個學術研究，而使我們產生錯覺。

某些情況中，由於發現的來源在軍事單位，所以我們根本不知道到底發生了什麼事。以麥耶斯書中談到的癌症化學療法爲例。一九四二年，美國一艘載運芥子氣的船隻，在義大利巴里（Bari）外海遭到德國人轟炸。由於芥子氣對罹患液體癌症（消滅白血球）的士兵病情產生影響，因此有助於發展化學療法。但是芥子氣遭到日內瓦公約禁止，所以整個故事變成機密——邱吉爾清除了英國文件中所有相關的紀錄，美國則極力壓制這種資訊，但沒有禁止氮芥所產生效應的研究。

醫生兼醫學作家的詹姆斯．樂法努（James Le Fanu）爲文提及治療革命，說戰後年頭那段期間出現大量有效的治療方法，但它們不是由某個重大的科學洞見所激發。來源恰好相反，「醫生和科學家發現，他們沒有必要詳細了解什麼事情錯了，只要以摸索和隨機的方式，透過合成化學，就能得到好幾個世紀以來醫生錯過的治療方法」（他以格哈德．多馬克〔Gerhard Domagk〕找到的磺胺類藥物爲中心實例）。

此外，我們對理論的了解——用莫基爾的話來說，也就是「認識基礎」——增加，會使新藥數目減少。胖子東尼或者交易綠木材的人，可能會這麼告訴我們。我們可以這麼說：長得較低的水果被我們採光了，但是我從其他地方（例如來自人類基因組計畫〔Human Genome Project〕的報償，或者過去二十年來，研究支出增加，醫療卻遲滯不前）得到更多的線索，更進一步表示：深奧領域中的知識或者所謂的「知識」，阻礙了研究。

或者，用另一種方式來說，研究食材的化學成分，不會使你變成更好的廚師，也不會使你成爲更優秀的品嘗專家——甚至可能使你兩者都變得更差（對主張目的論的人來說，烹飪尤其是微不足道的知識）。

我們可以將像「黑天鵝」那樣出現、偶然開發的藥物列成一張清單，並且拿來和設計所得的藥物清單相互比較。我正要著手列出這樣的清單，卻發現明顯的例外，也就是以目的論方式而發現的藥物太少——主要是愛滋病防護藥（AZT）、愛滋病治療用藥。設計師藥物有個主要特質——它們是設計出來的（因此屬於目的論的範疇）。但是我們不可能在設計一種藥物的同時，考慮潛在的副作用。因此這是設計師藥物未來會遇到的問題。市場上的藥物愈多，彼此的交互作用愈多——所以每推出一種新藥，可能的交互作用數目最後會激增。如果市場上有二十種不相關的藥物，那麼第二十一種藥物需要考慮二十種交互作用。聽起來不多。但如果市面上有一千種藥物，我們就需要預測略少於一千種交互作用。實際上今天的市場上有數萬種藥物。此外，有研究指出，我們可能低估了市場上已有藥物之間的交互作用達四倍之多，所以可開發上市的藥物應該會減少，而不是增加。

這個行業顯然有漂移的現象存在，因為可能為了某種目的發明一種藥物，卻在其他地方找到新用途。這也就是經濟學家約翰．凱說的不明（obliquity）——例如阿司匹靈的用途改變了好幾次——或者猶大．福克曼（Judah Folkman）抑制血液供應給腫瘤的觀念（血管生成抑制劑），使我們能夠治療黃斑部病變（使用抗癌藥物貝伐單抗〔bevacizumab〕，一般稱為癌思停〔Avastin〕），效果比原來打算使用的目的更為顯著。

我不在這裡開列冗長的藥物清單（太過不雅），所以除了麥耶斯寫的書，我推薦讀者再去看克勞德．博於翁（Claude Bohuon）和克勞德．莫內瑞特（Claude Monneret）寫的《美妙的機會，藥物發現史》（*Fabuleux hasards, histoire de la découverte des médicaments*），以及李杰（Jie Jack Li）的《笑氣、威而鋼與立普妥》（*Laughing Gas, Viagra and Lipitor*）。

瑞德利的反目的論論點

偉大的中世紀阿拉伯語懷疑論哲學家阿爾加惹爾（Algazel，即 Al-Ghazali）曾經嘗試破除阿維羅伊的目的論和他的理性主義，用針提出一個有名的比喻——可是現在被誤認爲是亞當．斯密提出的。針並沒有單一的製造者，而是有二十五個人參與；這些人全在沒有中央計畫者指導的情形下協同工作——這種協作是由一隻看不見的手引導，因爲沒有一個人知道如何獨自生產針。

在懷疑論信仰主義者（也就是有宗教信仰，但抱持懷疑態度）阿爾加惹爾眼中，知識並非握在人類手裡，而是由上帝掌握，但亞當．斯密稱之爲市場定律，某些現代理論家則以自我組織的形式呈現它。如果讀者不懂爲什麼信仰主義在認識論上相當於對人類知識的純粹懷疑，以及接納事物的隱藏邏輯，那麼請用大自然、命運、無形、不透明、難見（Inaccessible）取代上帝，你差不多會得到相同的結果。事物的邏輯是在我們之外（握在上帝或大自然或自發性力量手中）；而由於沒人能和上帝直接溝通，因此即使在德州，上帝和不透明幾乎沒有兩樣。沒有一個人理解這個一般程序，而這正是要點所在。

作家梅特．瑞德利（Matt Ridley）以他的生物學背景，提出一個更有力的論點。人和動物的差別，在於協作、從事商務、形成觀念、表達、交配的能力。協作的上檔利益非常大，數學上稱之爲超加性函數，也就是一加一大於二，而一加一加一則遠大於三。這是具有極高利益的純非線性——我們會談到它如何從點金石受益的細節。非常重要的一點是，這正是主張不可預測和「黑天鵝」效應的依據：由於你無法預測協作，也不能指引它們，所以你無法看到世界往哪裡走。你能做的事，只是創造一個環境，以促進這些協作，並且奠定繁榮的基礎。還有，你無法將創新集權化，因為我們在俄羅斯試驗過這件事。

用阿爾加惹爾的觀念稍微多做一些哲學上的探討，非常引人注目的一件事是：我們可以看到宗教在這裡發揮影響力，降低了我們對容易犯錯的人類理論和代理的依賴——就這個意義來說，亞當．斯密和阿爾加惹爾交會了。在其中一人看來，看不見的手是市場，但是對另一個人而言，那隻看不見的手是上帝。人們很難從歷史去了解懷疑論主要是懷疑專家的知識，不是懷疑上帝等抽象的實體，而且所有偉大的懷疑論者，大都信仰宗教，或者至少親宗教（也就是贊成其他人信仰宗教）。

企業目的論

我在念商學院的時候，非常少去上稱作策略規劃的課。這是必修課，而當我去上課，絕不花一秒鐘聽台上講的東西；我甚至沒買書。學生們有個共同的看法；大家都曉得那是在胡說八道。我玩弄複雜的邏輯，把教授們搞得一頭霧水，而通過了必修的管理課程。我覺得，學校開的班數多於實際的需要，在知識上是不誠實的行為。

企業喜歡策略規劃的觀念。它們需要花錢，去弄懂自己正往哪裡走。可是沒有證據顯示策略規劃行得通——甚至似乎有證據否定它。管理學者威廉·史塔巴克（William Starbuck）發表了幾篇論文，戳破規劃有效的說法——因爲規劃使得企業看不到選擇權，而且陷在不知見機而作的行動之中。

從泰勒主義（Taylorism）到所有的生產力故事，管理上幾乎每一個理論，在接受實證測試時，都被揭露爲僞科學——而且和大部分經濟理論一樣，活在和證據平行的世界中。本來主修哲學的馬修·斯圖爾德（Matthew Stewart），後來當起管理顧問師，在他寫的《管理諮詢的神話》（*The Management Myth*）一書中，講了一個令人相當厭惡、卻有趣的內部故事。這有點像是銀行家圖利自己的做法。亞伯拉遜（Abrahamson）和弗里曼（Friedman）在他們寫的好書《亂好》（*A Perfect Mess*）中，戳破許多簡潔利落的目的論方法。原來策略規劃只是像迷信一樣胡說八道。

不管是理性還是見機而作的企業漂移，下列公司可以告訴我們什麼叫企業漂移。可口可樂（Coca-Cola）一開始是種藥品。時尚珠寶公司蒂芬妮（Tiffany & Co.）起初是家文具店。這兩個例子也許很像，但不妨再多看一點：生產第一套飛彈導引系統的雷神（Raytheon），本來是電冰箱製造商（創辦人之一不是別人，正是萬尼瓦爾·布希〔Vannevar Bush〕，他提出我們前面說過的目的論科學線性模型）。更糟的是：本來是頂尖行動電話製造商的諾基亞（Nokia），最早是造紙廠（有段時期還曾經生產橡膠鞋）。現在以生產像可麗耐（Corian）那種鐵氟龍不沾鍋平底鍋，以及高強度材料凱芙拉（Kevlar）著稱的杜邦（DuPont），是以炸藥業務起家。化妝品公司雅芳（Avon）本來是沿門挨戶推銷。最奇怪的是奧奈達銀器（Oneida Silversmiths），本來是一股社區宗教崇拜狂熱，但因爲管理上的理由，需要以股份有限公司的名義作爲掩護。

反火雞問題

現在來就我所說的事情，做點背後的鉛管工程——談談統計報表的認識論。下面的討論會告訴你，未知的事物、你沒看到的事情，可能在一種情況中包含好消息，卻在另一種情況中包含壞消息。在極端世界的領域中，情況會更側重於某一邊。

再說一次(有必要一說再說，因爲知識分子通常很健忘)，「沒有證明」並不等於「證明沒有」，而這個簡單的要點，含義如下所說：以反脆弱的事物來說，過去的資料往往沒有好消息，而對脆弱的事物來說，則是壞消息沒有那麼容易出現。

假設帶一本筆記簿到墨西哥去，和你隨機遇到的人談話，然後設法算出總人口的平均財富。你的樣本很可能因爲缺乏卡洛斯．斯利姆（Carlos Slim）那個人，而得不到什麼資訊。在約一億的墨西哥人當中，（我估計）斯利姆比底下七千萬到九千萬人加起來還要富有。所以如果你取的樣本包含五千萬人，而且除非你將稀有事件包括進來，否則你的樣本可能什麼都沒有，因此低估了總財富。

前面提過的圖六或圖七，說明了從試誤法得到的報償。在修補的過程中，你會承受很多小損失，然後偶爾發現某種相當重要的東西。從外面來看，這種方法會顯現討厭的特質——它掩飾的是自己的性質，不是掩飾它的缺點。

在試誤法等反脆弱情況（正不對稱、正「黑天鵝」業務）中，樣本通常會低估長期的平均數；它會掩飾特質，不是掩飾缺點。

（附錄中有張圖，供喜歡看圖了解重點的人參考。）

不要忘了我們的使命是「不當火雞」。箇中要點是：當面對容易受火雞問題影響的長樣本（long sample），我們往往會估計次數**較低**的不利事件——簡單的說，稀有事件很稀有，而且通常不會在過去的樣本中出現，而由於**稀有幾乎總是負面的**，所以我們得到的是比事實還要明亮的畫面。但是在這裡，我們需要面對鏡像，也就是相反的情況。在正不對稱下，也就是反脆弱的情況中，「看不見」的事物是正的。所以「實證證據」通常錯過了正面事件，並且低估總利益。

談到古典的火雞問題，準則如下：

在負不對稱的脆弱情況（火雞問題）中，樣本傾向於低估長期平均數；它會掩飾缺點，但是顯現特質。

這些結果讓生活變得簡單。但由於標準方法沒有考慮不對稱性，因此學習傳統統計，但是沒有非常深入研究這門學科（只是在社會科學中提出理論或者教導學生）的幾乎每個人，都弄錯了火雞問題。我有個簡單的準則，那就是在哈佛教書的人，對事物的理解，預料應該會遠低於計程車司機，或者不懂制式推論方法的人（後者是用試探法，過程可能出錯，但行得通；我注意到哈佛商學院以前的教師包括脆弱推手莫頓)。

所以我們挑當之無愧的哈佛商學院教授來討論。談到第一種情況(忽視正不對稱的錯誤)時，哈佛商學院教授加里・皮薩諾(Gary Pisano)針對生物科技潛力寫的文章，犯下基本的反火雞錯誤，因爲他不了解虧損有限而潛力無窮的企業中(和銀行恰好相反)，你沒看到的事情可能十分重大卻隱藏在過去之中。他寫道：「儘管幾家公司經營大獲成功，以及整個產業的營業收入成長驚人，但大部分的生物科技公司並未獲利。」他的說法或許正確，但從他的說法而來的推論是錯的，原因有二，而由於後果十分嚴重，再說一遍其中的邏輯是有幫助的。第一，在極端世界中，「大部分公司」沒有獲利——稀有事件取得支配地位，少數一些公司創造全部的獲利。而且由於我們在圖七看到的那種不對稱和可選擇性，不管他可能持有什麼論點，都無法確定，所以寫文章最好是談另一個主題，也就是傷害比較低、哈佛學生可能感興趣的主題，例如發表具有說服力的PowerPoint簡報，或者介紹日本和法國之間管理文化的差異。我們要再次指出，生物科技投資的獲利潛力低得可憐，這一點他可能是對的，但之所以正確，不是根據他給我們看的資料。

爲什麼像皮薩諾教授的這種想法相當危險?重要的並非它會阻礙生物科技的研究。問題在於這種錯誤阻礙了經濟生活中具有反脆弱特質(用比較技術的方式來說，指「右偏」)的每一件事情。偏愛「穩贏」的事物會帶來脆弱性。

另一位哈佛教授甘尼斯・弗魯特(Kenneth Froot)在相反的方向，也就是負不對稱，犯下完全相同的錯誤。他觀察再保險公司(也就是承保巨災事件的公司)之後，認爲他找到了脫離常態的情形。以它們承受的風險來說，它們賺取太多的利潤，因爲巨災發生的次數似乎低於保費所反映者。他不了解巨災事件只對它們造成負面的衝擊，而且在過去的資料中往往找不到（同樣的，因爲它們是稀有事件）。別忘了火雞問題。只要發生一次，一如石綿責任的問題，便使得勞埃德（Lloyd）的承保家族破產，失去好幾代賺得的收入。且僅此一次。

我們將以「有界左端」（像泰勒斯的賭注那樣，虧損有限）和「有界右端」（像保險或銀行那樣，利得有限），回頭再談兩者截然不同的報償。它們的差別十分重要，因爲生命中的大部分報償都落在其中一類。

失敗七次，加減兩次

請我們暫停一下，根據本章到目前爲止所說的，提出一些準則。(1)尋找可選擇性；事實上，是根據可選擇性排列事物；(2)最好是有開放式的報償，不是封閉式的報償；(3)不要投資於營運計畫，而是投資於人，所以要找有能力更換六或七次事業生涯的人（這是創業投資家馬克．安德森〔Marc Andreessen〕運用的方法）；投資於人，就不會掉進根據營運計畫，向後配適敘事的陷阱。這麼做，只會變得比較強固而已；(4)確保你擁有槓鈴，不管這在你的業務中代表什麼意思。

江湖郎中、學者和街頭雜耍

我要以悲傷的筆調來結束這一章：我們對幫助我們走到這裡——讓我們的祖先存活下來——

的許多人忘恩負義。

我們誤解凸性修補、反脆弱性和如何調適隨機性，而且這樣的誤解融入了我們的機制之中——雖然不是刻意且公然爲之。醫學這個領域有一類人，稱作實證者或實證懷疑論者、實幹家，便是這樣——他們的名稱不多，因爲他們沒有寫很多書。他們的許多研究遭到摧毀，或者被文化意識隱藏起來，或者自然而然從檔案中掉落出去，而且和他們有關的記憶，遭到歷史非常惡劣的對待。正式的思想家和搞理論的理論家經常寫書；依賴直覺的人通常成爲實務工作者，經常滿足於從中得到的激情、賺到錢或賠掉錢，以及在酒吧中侃侃而談。他們的經驗經常被學者正式化；事實上，寫歷史的人，是那些希望你相信理性推論獨占知識生產或近乎獨占知識生產的人。

所以這裡要說的最後一點，和稱作江湖郎中的人有關。有些人是江湖郎中，其他人不是那麼江湖郎中；有些不是；許多人似乎是，也似乎不是。長久以來，正式醫學必須和一大群華麗的街頭雜耍、江湖郎中、術士、巫師，以及各式各樣沒有獲得正式認可的實務工作者競爭。他們有些會巡迴一個又一個鄉鎮，在一大群人面前表演治療技術。有時他們會重複念咒，執行外科手術。

這一類人包括一些醫生，他們不認同居於主流地位的希臘—阿拉伯理性醫學院。這些學院是在小亞細亞的希臘世界中發展出來，後來則在阿拉伯語學校中成長壯大。羅馬人是反理論的務實主義者；阿拉伯人卻喜歡帶有哲學和「科學」色彩的每一種東西，以及尊崇亞里士多德（在這之前，似乎沒人將他放在眼裡）。舉例來說，我們對曼諾多圖斯（Menodotus of Nicomedia）的懷疑實證學派所知極少。在阿拉伯人看來，醫學是學術性的工作，而且是根據亞里士多德的邏輯和加倫（Galen）的方法建立起來的；他們憎惡經驗。⑥醫療實務工作者非我族類。

對醫療機構實施管理，正好和一些人因爲經濟上的理由，擔心實證者的競爭，導致他們的收入下降撞在一起。所以怪不得這些管制和所謂的雞鳴狗盜之徒同時出現。這一點，可以從伊莉莎白女王時期的一篇論文看得出來。論文題目很長：**簡論或發現倫敦實證者被強烈觀察到用於質疑或經常掏空可憐病患錢包的若干手段**。

「江湖郎中」被視爲是實證者的同義詞。「實證者」一詞是用來指利用實驗和經驗，以斷定什麼是正確的人。換句話說，也就是利用試誤法和修補法。不論在專業上、社會上，還是知識上，他們都被視爲較低劣。仍然沒有人認爲他們非常「聰明」。

但是對我們來說，幸運的是，實證者大受一般人支持，無法連根拔除。你看不到他們的作品，但他們在醫療上留下很大的印記。

請注意進入現代化世界，醫療學術化和機構化之後，醫療傷害急速攀抵高峰。直到最近，醫療傷害才開始反轉。而且，從歷史上來看，正式學者並沒有比他們所說的江湖郎中要好——他們只是將自己的欺人言行壓在比較具有說服力的理性之下。他們只是有組織的騙子。但願這種現象能夠改變。

我同意沒有通過學術界審查的大部分醫療執業者是無賴、江湖郎中、庸醫，甚至比這些還糟。但是我們且慢驟下錯誤的結論。形式主義者爲了保護自己的地盤，總是玩弄一種邏輯謬誤，

---

⑥不是很多人注意到阿拉伯人的想法偏愛極爲理論的思想和科學——可說是遠離實證主義的極端理性主義。

說如果在非學者中找到騙子，那麼非學者都是騙子。他們不斷使用這個伎倆：**所有不嚴謹的做法都屬於非學術性**這句話（假設某個人是冤大頭，並且相信這種假設），並不意味著**所有非學術性的做法都不嚴謹**。「正當的」醫生和非我族類之間的爭戰，相當具有啟發性，尤其是當你注意到醫生默不作聲（和心不甘情不願）地模仿非我族類開發和推廣的一些治療方法。他們基於經濟上的理由，不得不這麼做。他們受益於非我族類集體的試誤法。這個過程產生了不少治療方法，後來更納入正式的醫療之中。

各位讀者，且讓我們用一分鐘的時間，對他們表示敬意，因為我們對那些使我們走到此時此地的人忘恩負義，對他們不敬，甚至不知道他們是英雄。

16 混亂中的秩序

下一次街頭打架是在哪裡？——如何去商品化、去觀光化——聰明的學生（以及反學生）——漫遊者是個選擇權

我們繼續來談目的論和混亂——私人生活和個人教育中的目的論與混亂。接著是一段自傳式小插曲。

生態與遊戲

第七章談到某個人做了常見但錯誤的二十一點撲克牌戲比喻，我們發現有兩個領域存在，其一是戲局，設定得像遊戲，事先以明確的方式提供規則：另一是生態，我們不知道規則，也無法將變數獨立出來，就像眞實生活那樣。由於一個領域的技能無法移轉到另一個領域，所以不管在教室中學到什麼技能，只要是以非生態的方式學得，而不是在街頭打架或眞實生活狀況中學到

的，我都普遍心存懷疑。

沒有證據顯示一個人棋下得不錯，離開棋盤之後也會做出更好的推理——即使是和一堆人玩盲棋遊戲，到了棋盤外的地方，記憶力也不會比一般人要好。可是這樣的事情，並沒有為人熟知。我們接受遊戲的領域特異性（domain-specificity），也就是它們無法訓練你在真實的生活中表現得更好，一旦轉譯，會有嚴重的損失。可是我們發現很難將這個教訓，運用到在學校中習得的技術能力，也就是，我們必須接受一個很重要的事實：在教室中學得的事情，大致上仍留在教室中。更糟的是，教室可能帶來某種能夠察覺的傷害，但很少人討論這種醫療傷害。勞拉．馬提格隆（Laura Martignon）讓我看了她的博士生伯吉特．厄爾默（Birgit Ulmer）的研究結果，證明孩童的計數能力在學了算術之後便滑落。當你問孩子十五根柱子之間有幾個間隔，不懂算術的算出有十四個。學過算術的反而一頭霧水，而且經常犯下說有十五個的錯。

足球媽媽的觀光化

生物學家和知識分子威爾遜（E. O. Wilson）曾經被問到，什麼事情最會阻礙孩童的發展；他的答案是足球媽媽。他並沒有用到普羅克拉斯提斯之床的概念，卻說得十分精確。他表示，這些媽媽壓抑了孩童的生物自衛本能、他們對生活中事物的熱愛。但是問題更為普遍；足球媽媽試圖將試誤、反脆弱性從孩子的生活中消除，使他們遠離生態，將他們改造成在既存（且和足球媽媽相容）的現實地圖上運作的書呆子。他們是好學生，卻是書呆子——也就是說，他們就像電腦，只是速度慢一些。此外，他們現在完全沒有受到訓練去處理曖昧不明的情況。我在孩童時期經歷過內戰，不相信結構化學習——其實我相信的是，一個人不必是書呆子，也可以成爲知識分子，只要他有一座私人圖書館，而不是進教室，並且像毫無目標（但理性）的漫遊者那樣花時間，從圖書館內外的隨機性所能給我們的東西中受益。如果我們嚴謹的態度正確，那麼我們需要隨機性、混亂、冒險、不確定性、自我發現、近乎創傷的事件，因爲所有這些事情，才會使生活值得過下去。這和虛有其表的執行長預先設定行程表且靠鬧鐘提醒的結構化、虛假且缺乏效能的生活不同。連他們的休閒活動也受制於時鐘，被擠壓在四點到五點，因爲他們的生活夾在各種安排好的事情之間。現代化的使命，看起來好像是要將生活中的每一滴變異性和隨機性擠壓出來——（如同我們在第五章說過的）結果卻很矛盾，反倒使世界遠比從前難以預測，好像機會女神想要做最後定奪似的。

只有自學者是自由的。而且，不只和學校有關——能夠將自己的生活去商品化、去觀光化的人都是。運動試著將隨機性放進第六走道鮪魚罐頭旁邊賣的那種盒子中——這是一種異化（alienation）的形式。

如果你想要了解目前的現代論點有多無趣（以及了解你存在這個世界的優先順序），不妨想想馳騁在原野中的獅子，和被人關起來的獅子，兩者的差異。被關起來的獅子活得比較久；從技術面來說，牠們比較富有，而且得到終生的就業保障，如果你注重的是這些標準的話……

如同以往，古人察覺這個問題（以及其間的差異），就像塞內加說的：「我們不是爲人生學習，而是爲學校學習」（non vitae, sed scolae discimus），但是叫我驚異不止的是，美國許多學校曲解了原意，並且自圓其說，修改這句話以吻合自己的座右銘：「我們不是爲學校學習，而是爲人生學習」（non scolae, sed vitae discimus）。

人生的大部分緊張會出現，是因爲一個人（例如政策制定者）衰弱和脆弱到需要求助於理性。

反脆弱（槓鈴）教育

有一件事治好教育對我的影響，而且令我非常懷疑標準化學習的概念。

因爲我是個純自學者，雖然拿到了一些學位。

家父在黎巴嫩很有名，被人稱爲「聰明學生學生聰明」，這是在玩弄文字遊戲，因爲「聰明學生」（或學者）的阿拉伯語叫作 taleb nagib，而他的姓名是 Nagib Taleb。當年的黎巴嫩中學畢業考他拿到最高分時，報紙就是這麼報導他的姓名。他代表全國畢業生致辭，二〇〇二年他與世長辭，主要報紙的頭版標題又以雙關語提及他的姓名：**聰明學生學生聰明辭世**。但是他接受的學校教育很累人，因爲他上的是菁英學生念的耶穌會學校。耶穌會的使命是培養獨當一面的人以主持會務，所以每年都會一再篩選學生。他們的表現超越了原先的目標，除了法國中學畢業會考的及格率勇奪世界之冠（儘管慘遭戰火蹂躪），他們的學校也有世界一流的畢業生。但是耶穌會剝奪學生的自由時間，導致許多人自願退學。讀者可能推測，有個全國畢業生致辭代表的父親，應該會使我不排斥學校，事實也是如此。但是家父似乎沒有過度重視學校教育，因爲他沒有要我去念耶穌會學校——因此讓我免於經歷他所經歷的。但這顯然有助於我在別的地方追求自我實現。

近距離觀察家父，讓我理解到畢業生致辭代表的意義、聰明學生的意義，而且大都是負面的。這些事情是聰明學生無法理解的。由於他們的聰明，所以看不到一些東西。這樣的觀念，跟著我很長一段時間，就像我在交易室中工作時，大部分時間是在等待某些事情發生，而這樣的情況，很像坐在酒吧裡的人，或者「四處晃蕩」的黑道。我弄懂了怎麼挑選有能力在坐著、什麼事也不做的時候，並且樂在狀況不明中，和別人打成一片的人。你會根據有沒有能力四處晃蕩的標準選人。勤快的人不擅長於四處晃蕩；他們需要明確的任務。

大約十歲的時候，我懂得好成績在校外不像在校內那麼吃香，因爲它們帶有一些副作用。它們相對需要犧牲一些東西，而那是一種知識上的犧牲。其實父親一直提醒我，並讓我知道，他自己成績優秀所遭遇的問題：他班上成績最差的一個人（說來好笑，正是我念華頓時一位同學的父親），後來成了白手起家的商人，到目前爲止，是他班上表現最出色的一個（他有一艘大遊艇，上面大剌剌刻著他的姓名縮寫）；另一個人在非洲買木材而大賺一筆，不到四十歲便退休，然後搖身一變成爲業餘歷史學家（主要是研究古地中海史），並且踏進政壇。在某個程度內，家父似乎不重視教育，而比較重視文化或金錢——他曾經敦促我追求這兩者（我起初投向文化的懷抱）。他非常喜歡飽學之士和生意人，而這些人的地位不需要靠文憑。

我的想法是在公開市場展現嚴謹的態度。我因此著重於聰明的「反學生」需要做的事：當個自學者——或者是相對於黎巴嫩方言所說的「生吞活剝」學生，當個有知識的人。那些人只知道「吞下學校的教材」，而且知識只來自課程。我曉得，優勢並非來自中學畢業會考的官方課程（每個人所學的差異很小，卻會演變成很大的成績差距），而是在它之外。

有些人在結構化的環境中比別人聰明——事實上，學校有選擇偏差，因爲它偏愛在這種環境中速度比較快的人，而且和任何競爭一樣，犧牲了學校之外的表現。雖然我還不熟悉健身房，但是我的想法如下所述：利用現代昂貴健身機器鍛鍊體力的人，能夠舉起非常重的東西，並且練成傲人的肌肉，卻撿不起一塊石頭；他們會在街頭打鬥中，被在比較混亂環境中磨練過的人打得頭破血流。他們的力量具有極高的領域特異性，而且在戲局——組織化程度極高——的結構之外，他們的領域並不存在。事實上，他們的力量和過度專業化的運動員一樣，是某種畸形產生的結果。我覺得他們和在少數幾門學科取得高分、而不是追隨自己的好奇心去學習的人相同：不妨把他們稍微拉開他們所研究的東西，觀察他們如何變臉、失去信心和否認（就像企業高階主管是因爲有辦法忍受無聊的會議而被選中，許多這類的人，是因爲有能力專注於無聊的教材而被選中）。我曾經和宣稱自己專攻風險和機率的許多經濟學家辯論：當某個人將他們稍微拉離他們狹隘的專業領域，但還是落在機率的學科之內，他們會崩潰，就像健身房常客面對一群黑道職業打手，臉色大變那樣。

同樣的，我不算是眞正的自學者，因爲我確實拿到了學位；其實我比較像是槓鈴自學者，因爲我不多也不少，念到剛剛好可以考試過關的地步，但是我難免偶爾意外念過頭，而且只有少數幾次念得不足而遇到麻煩。但是我狼吞虎嚥，大量閱讀書籍，起初看人文類，後來看數學和科學，現在是看歷史——完全是在必修課程之外，可說遠離了健身房的機器。我覺得，不管爲自己選什麼書來看，都能讀得更深、更廣——因爲和我的好奇心吻合。而且我可以利用後來人們所說的一種病，也就是注意力不足過動症（Attention Deficit Hyperactive Disorder; ADHD），方法是運用自然的刺激，作爲增進學識的主要動因。整件事需要完全不費吹灰之力，才值得去做。我一對某本書或某個主題感到厭煩，就會換另一本書或另一個主題，但不整個放棄閱讀——當你被侷限在學校的教材，而且感到厭煩，你會有放棄的傾向，什麼事也不做，或者因爲感到挫折而逃學。我用的招數是對某本書感到厭煩，而不是對讀書這個行爲感到厭煩。這麼一來，我吸收的書本內容，可以成長得比其他方法要快。而且，我可說不費吹灰之力，就在書中找到黃金，就像理性但沒有方向的試誤法研究那樣。它眞的像是選擇權、試誤法，不卡在某個地方動彈不得，必要的時候一分爲二，但保持廣大的自由和伺機而動的感覺。試誤就是自由。

（我承認在寫這本書的時候，仍然使用那種方法。避免厭煩，是唯一值得的行動模態。除此之外的生活，不值得去過。）

我父母在貝魯特最大的書店有個戶頭，我會去那看似無盡的書海中挑書。圖書館的書架和學校狹隘的教材之間有很大的差別；所以我覺得學校是個陰謀，設計來剝奪人們飽讀詩書，用的方法是將他們的知識擠進狹隘的一些作者之中。大約十三歲的時候，我開始記錄閱讀時間，目標放在一個星期看書三十到六十個小時之間。這樣的習慣維持了很長一段時間。我看了杜斯妥也夫斯基（Dostoyevsky）、屠格涅夫（Turgenev）、契訶夫（Chekhov）、波舒哀主教（Bishop Bossuet）、斯湯達爾、但丁（Dante）、普魯斯特、波赫士、卡爾維諾（Calvino）、塞利納（Céline）、舒爾茨（Schultz）、褚威格（Zweig；不喜歡）、亨利・米勒、馬克斯・布勞德（Max Brod）、卡夫卡（Kafka）、超現實主義者尤內斯庫（Ionesco）、福克納（Faulkner）、馬勒侯（Malraux；以及康拉德〔Conrad〕和梅爾維爾〔Melville〕等大自然冒險家；我讀的第一本英文著作是《白鯨記》〔*Moby-Dick*〕）和類似的文學作者，其中許多人沒沒無聞，還有黑格爾（Hegel）、叔本華（Schopenhauer）、尼采、馬克思、雅斯貝爾斯、胡塞爾（Husserl）、李維—史陀（Lévi-Strauss）、列維納斯（Levinas）、蕭勒姆（Scholem）、本傑明（Benjamin）和類似的哲學作家，因爲他們享有不在學校課程中的黃金地位。我做到了不讀學校指定的讀物，所以直到今天，我沒看過拉辛（Racine）、高乃伊（Corneille）和其他沒意思的作品。某一年夏天，我決定在二十天內讀埃米爾．左拉（Émile Zola）的二十本小說，也就是一天一本，並在付出很大代價的情形下做到這件事。或許是因爲加入一個反政府地下團體，激勵我去研究馬克思主義，也間接讀了黑格爾的大部分作品，主要是透過亞歷山大．科耶夫（Alexandre Kojève）的著作。

當我大約十八歲決定到美國時，我再度像跑馬拉松那樣，買了幾百本英文書（從特羅洛普到伯克〔Burke〕、麥考利〔Macaulay〕與吉朋〔Gibbon〕等作者，以及阿娜伊絲．寧〔Anaïs Nin〕和當時鬧醜聞的其他時尚作家），沒去上課，並且維持看書三十到六十個小時的紀律。

在學校的時候，我懂得如果一個人能以豐富、文學性但精準的詞彙寫文章（不過所用的詞彙對於眼前的主題來說並沒有不妥當的地方），而且從頭到尾維持一致性，那麼他寫了什麼便屬次要，審查者也能從他所寫，了解他的風格和嚴謹程度。青少年時期，當地的報紙發表我的文章之後，家父讓我大大鬆了一口氣——他的條件就只有「不要被當」。這就是槓鈴——學業只要求安全過關，我可以讀自己想讀的任何東西，不必對學校抱持任何期望。之後我在一次學生暴動中，因爲攻擊警察而被關，家父的表現，就像怕我做出什麼事，所以允許我做任何想做的事。二十多歲我到了「×錢」的階段，儘管因爲戰爭蹂躪祖國，物質遠比現在匱乏，家父卻把功勞往自己身上攬，說由於他允許我接受寬廣的教育，所以我和他那種背景狹隘的其他人顯得不同。

在華頓念書時，我發現自己想要鑽研和機率、稀有事件有關的專業，因爲我滿腦子想的都是機率和隨機性。我也察覺教授無法解釋，所以將它們掃到一邊的統計教材，存有若干缺陷——教授略過不教的東西，一定很有料。我發現某個地方有騙人的東西存在，「六個希格瑪」(six sigma）事件（非常稀有事件的量數）的計算有嚴重的錯誤，而且我們找不到計算的基礎，但我沒辦法非常清楚地說明自己的看法，接著有人開始用複雜的數學轟炸我，讓我難堪。我非常清楚眼前的機率有它的限制，卻找不到任何字眼表達我的見解。於是我到書店去，訂購（那時還沒有網路）幾乎每一本有「機率」（probability）或「概率」（stochastic）字眼的書。兩三年內，我沒看其他的書、沒看課程教材、不看報紙、不看文學、什麼也不看。我在床上看它們，每當有什麼內容無法立即了解，或者感到有一些厭煩，就會從一本書跳到下一本。我繼續訂購那些書，非常渴望更深入了解小機率的問題。這件事做起來不費吹灰之力，那是我最好的投資——風險後來成爲我最了解的主題。五年後，我開始賺錢維生，現在則針對小機率事件的每個層面展開研究生涯。要是我念的是預先包裝好的學科，我現在已經被洗腦，認爲不確定會是在賭場之類的地方看到的東西。這個世界上有像非書呆子應用數學的那種東西：先找到問題，然後摸索適合用於解決它的數學（就像人學習語言那樣），而不是在一片眞空中，經由定理和人造的例子去學習，然後改變現實，使它看起來像那些例子。

一九八〇年代某一天，我和一位知名的投機客共進晚餐。他做得有聲有色，雖然講得有點誇張，卻一針見血：「別人知道的大部分事情，都不值得知道。」

直到今天，我仍然有個本能，認爲寶藏——也就是一個人的專業所需要的種種——必然落在一大團事物之外，所以要盡可能遠離中心。但是在選擇讀些什麼的時候，跟著自己的方向走，是很重要的：在學校中，別人要我念的，我已經忘記；我自己決定去讀的，卻還記得。

17 胖子東尼和蘇格拉底辯論

孝與不孝──胖子東尼不喝奶──總是要請詩人解釋他們的詩作──秘法假哲學家

胖子東尼相信蘇格拉底被判死刑是有道理的。

我們將在這一章完成敘事、可理解的知識，以及比較不透明、完全靠修補去探索的知識，兩者之間差異的討論──表四中的兩欄區分了敘事和非敘事行爲。有一種錯誤，就是認爲事情總是有我們可以理解的理由──也就是我們輕而易舉就能了解。

事實上，生活中所犯的最嚴重錯誤，是誤將我們不能理解某些事情當作是我們愚蠢無知──尼采了解這一點。就某種方式來說，它像是火雞問題，誤將我們沒見到的東西當作不存在，而這和誤將「沒有證明」當作「證明沒有」屬於同一類。

自哲學的黃金時代開始以來，我們就一直陷身於綠木材的問題之中──我們見過亞里士多德誤判泰勒斯成功的原因；現在我們來談最偉大的大師蘇格拉底。

尤西弗羅

柏拉圖主要是透過無疑是歷史上最具影響力的哲學家雅典的蘇格拉底來表現自己。蘇格拉底是以現代意義來說的第一位哲學家，沒留下自己的作品，所以我們得透過柏拉圖和色諾芬（Xenophon）來了解他。而且，就像胖子東尼親自指定的傳記作者，也就是在下我，試著滿足自己心裡的盤算，因而扭曲他的性格，並且穿鑿附會加上作者自己的一些觀念，所以我相當肯定，柏拉圖筆下的蘇格拉底，在性格上比較像是柏拉圖，而不像眞正的蘇格拉底。①

在柏拉圖的對話之一《尤西弗羅》（*Euthyphro*）中，蘇格拉底在法庭外等候審判（最後被判死刑），宗教專家和可說是先知的尤西弗羅和他攀談起來。蘇格拉底開始解釋法庭指控他從事的「活動」（腐化青年，介紹新的神，卻犧牲比較舊的神），說他不只沒有收費，而且十分樂意付費請人聽他說話。

蘇格拉底發現尤西弗羅正要去控告父親過失殺人，覺得這是不錯的話頭，於是開始質疑爲什

①蘇格拉底的另一位傳記作者色諾芬則呈現不同的畫面。《大事記》（*Memorabilia*）中的蘇格拉底正經嚴肅、實事求是；他輕視沒用的知識，也鄙視在那麼多有用和重要的事情遭到忽視（不看星星以找出原因，而是研判你可以如何利用它們以航行；利用幾何學以量測土地，此外不做別的事），卻在研究事物時不考慮實務後果的專家。

麼指控自己的父親過失殺人，吻合尤西弗羅的宗教職責。

蘇格拉底使用的技巧，是讓以某個命題開始的交談者，同意一連串的敘述，接著讓他了解他所同意的敘述和原先的命題不合，因而確定他對於自己要做什麼事毫無頭緒。蘇格拉底這麼做，主要是讓人們知道自己的想法多麼不明確、他們對自己經常使用的概念所知多麼少——所以需要哲學去闡明這些概念。

在《尤西弗羅》的對話一開始，他抓到與他交談的人使用「孝順」這個詞，說檢舉自己的父親是一種孝行，因此給人留下他是爲了盡孝道而檢舉的印象。但是他提不出合乎蘇格拉底要求的定義。蘇格拉底一直爲難這個可憐人，因爲他講不出孝的定義。兩人的對話繼續帶出更多的定義（什麼是「道德感」？），直到尤西弗羅找了個客氣的藉口離去。對話結束得相當倉卒，但是帶給讀者一個印象：他們的對話可以持續到二十五個世紀後的今天，卻談不出什麼。

現在就來重新談這件事。

胖子東尼對上蘇格拉底

面對咄咄逼人的雅典人，胖子東尼要如何招架？現在讀者已經熟悉我們這位大塊頭，且讓我們當作假想實驗，來看看胖子東尼和蘇格拉底之間的對話，這當然是經過適當的轉譯。

這兩個人顯然有相似之處。他們都有時間，享有無止境的休閒生活，但是就東尼來說，自由時間是富有生產力的洞見帶來的結果。兩人都好辯，並且認爲熱絡的談話（而不是被動地看著電視螢幕或坐在音樂廳）是主要的娛樂來源。兩個人都不喜歡寫作：蘇格拉底是因爲不喜歡和文字有關的限定與不變的特性，因爲對他來說，回答一句話並不表示對話就此結束，不應該拍板定案。沒有什麼事情應該寫在石頭上，即使只是說說而已：《尤西弗羅》中的蘇格拉底，推崇雕刻鼻祖代達羅斯（Daedalus），因爲他的作品一完成，雕像立即栩栩如生。當你和代達羅斯的雕像之一談話，它也會對著你傾吐。這和在紐約市大都會藝術博物館（Metropolitan Museum of Art）看到的不同。至於東尼不喜歡寫作，原因雖然不一樣，卻同樣可敬：他差一點被布魯克林灣脊區（Bay Ridge）的中學當掉。

但是兩人的相似性，到了某個地方就沒了，而這對兩人的對話來說是件好事。當然我們料想得到，胖子東尼站在尼洛向他表示是有史以來最偉大哲學家的面前時，感到有點吃驚。我們聽說蘇格拉底其貌不揚，不斷有人描述他挺著小腹、肢瘦如柴、眼凸鼻塌，面容憔悴。他甚至可能有體臭，因爲據說洗澡的次數遠低於同輩。你可以想像胖子東尼一邊冷笑，一邊指著這個傢伙：「瞧，尼尼洛，你要我和……**這個人**一談？」也或許不是這樣，據說蘇格拉底風采迷人，展現某種個人自信，心平氣和，有些年輕人覺得他「很美」。

尼洛相當肯定胖子東尼會先接近蘇格拉底，猛嗅一陣之後，對這個人形成某種意見——我們說過，胖子東尼甚至不知道自己有這樣的習慣。

現在假設蘇格拉底問胖子東尼如何定義孝順。胖子東尼的回答很有可能**不著邊際**——胖子東尼曉得蘇格拉底不止免費和別人辯論，更願意花錢和人談話，所以胖子東尼會表示，一個人不應該和願意花錢與你辯論的人辯論。

但是胖子東尼在生活中的力量，來自於他從不讓別人框架問題。他教導尼洛曉得答案存在於每個問題之中；對於你覺得沒有道理的問題，絕對不要直率回答。

胖子東尼：「你要我定義哪些特質使人有孝和不孝的差別。我是不是真的**需要**能夠告訴你那是什麼，才能行孝道？」

蘇格拉底：「如果你不知道它的意思，怎能使用像『孝』那樣的字，卻假裝懂得它的意思？」

胖子東尼：「我是不是必須真的能以普通野蠻人的非希臘英語，或者純希臘語，告訴你它的意思，才能證明我懂得且了解它的意思？我不懂字面上的意思，但我了解那是什麼。」

胖子東尼無疑會進一步牽著雅典的蘇格拉底的鼻子走，而且由他來框架問題：

胖子東尼：「告訴我，老頭子。孩子是否需要定義母奶，才懂得需要喝奶？」

蘇格拉底：「不，他不需要。」

胖子東尼（利用柏拉圖的對話中，蘇格拉底使用的相同重複型態）：「而親愛的蘇格拉底，狗兒是否需要定義主人是什麼，才會對他忠心耿耿？」

蘇格拉底（對於竟然有人一直問他問題，感到不解）：「狗有……本能。牠不會反思自己的生活。牠不會檢討自己的生活。我們不是狗。」

胖子東尼：「我同意，親愛的蘇格拉底，狗有本能，而且我們不是狗。但是我們人類從根本上有那麼不同，以至於完全被剝奪了本能，無法去做毫無頭緒的事？我們是否必須將生活限制在只能以道地布魯克林英語回答的事情上？」

還沒等到蘇格拉底回答（只有冤大頭才會等候回答；問問題不是用來等候回答的）：

胖子東尼：「那麼，我的好蘇格拉底，為什麼你認為我們需要固定事物的意義？」

蘇格拉底：「我親愛的大東尼，我們談論事情的時候，需要知道我們在談些什麼。哲學的整個觀念，是能夠反思和了解我們正在做的事情、檢視我們的生活。沒有經過檢視的生活不值得過。」

胖子東尼：「可憐的老希臘人，問題在於你會毀掉我們能懂卻無法表達的事情。如果有個剛學會騎腳踏車的人，我請他說明他能騎腳踏車背後的理論，他一定會摔下來。咄咄逼人地問問題，你會讓人混淆和傷害他們。」

接著，帶著假笑，得意洋洋地看著他，非常平靜地：

胖子東尼：「我親愛的蘇格拉底……你曉得他們為什麼判你死刑嗎？那是因為你讓人覺得盲目地照著習慣、本能和傳統走顯得愚蠢。你可能偶爾對那麼一兩次。但他們表現得還不錯，不致引來麻煩的事情，你卻可能令他們感到一頭霧水。你將無知的樂趣，從我們不了解的事情中抽走。而且你沒有答案；你沒有答案可以提供給他們。」

定義性知識的優越性

你可以看到胖子東尼在這裡進擊的目標是哲學的核心：的確，由於蘇格拉底，今天的哲學首先提起的主要問題是：「存在是什麼？」「道德是什麼？」「證明是什麼？」「科學是什麼？」「這是什麼？」和「那是什麼？」。

我們在《尤西弗羅》中看到的問題，充斥在柏拉圖寫的各個對話中。蘇格拉底孜孜不倦尋求的是事物本質的定義，而不是特質的描述（我們是透過那些特質去辨識它們）。

蘇格拉底甚至更進一步質疑詩人，並且表示，他們對於本身作品的了解，不比大眾更有頭緒。柏拉圖在《申辯篇》（*Apology*）談到蘇格拉底接受審判時，詳述他如何與詩人唇槍舌劍卻徒勞無功：「我提到他們作品中一些最優美的段落，問那是什麼意思。我幾乎難以啓齒講這件事，卻還是必須要說，在場幾乎每個人談他們的詩，都談得比他們自己要好。」

由於這種定義性知識擁有的優先地位，柏拉圖寫下命題說，除非你知道「形式」（也就是定義所說的），否則你無法認識任何事情。如果我們無法從殊相（particulars）定義孝順，那就從共相（universals）做起，然後要求這些殊相應該遵循。換句話說，如果你無法畫出某塊地表的地圖，那就根據地圖去造出一塊地表。

不過平心而論，蘇格拉底的問題帶出一個重大的結果：如果它們無法讓他定義某樣東西是什麼，至少它們能讓他確定一樣東西不是什麼。

誤將不能理解當作愚蠢

胖子東尼當然有許多前輩。由於哲學的優越性，以及它融入基督教和伊斯蘭教日常實務的方式，我們不會聽到其中許多人的說法。所謂「哲學」，我的意思是指理論性和概念性的知識，也就是我們能寫下來的所有知識和事情。直到最近之前，這個名詞主要是指我們今天所說的科學——自然哲學，試圖將大自然合理化，以管窺她的邏輯。

現代世界中，年輕的弗里德里希·尼采針對這一點展開了猛烈攻勢，不過他是以文學僞裝，在樂觀主義和悲觀主義之間跳來跳去，夾雜著對於「西方」、「典型的希臘人」和「德國的靈魂」是什麼意思的幻覺。尼采二十出頭寫了第一本書《悲劇的誕生》（*The Birth of Tragedy*）。他以他所說的「科學的秘法家」蘇格拉底「使得存在看起來能夠理解」的說法爲目標。以下精彩的片段，揭露了我提出的冤大頭理性主義謬誤：

> 或許——因此他（蘇格拉底）應該問問自己——有些事情我不能理解，不一定表示我無知？或許這位論理學家被某個智慧領域流放？

「有些事情我不能理解，不一定表示我無知」，或許是尼采的世紀最強而有力的句子——我們也在前言中用到它的一個版本，用於定義脆弱推手誤將他不了解的事情當作胡扯。

尼采也厭惡蘇格拉底對於眞理的見解，主要原因在於促進了解的說法，因爲根據蘇格拉底所言，一個人不會明知故犯——這個論點似乎瀰漫在啓蒙時代，因爲孔多塞（Condorcet）等思想家認爲眞理是善的唯一和充分來源。

這個論點正是尼采所抨擊的：知識是萬應藥；錯誤是有害的；因此科學是讓人感到樂觀的事業。科學樂觀主義的說法激怒了尼采：這等於是利用推理和知識，爲烏托邦效力。人們在討論尼采的時候，忘了他說的樂觀主義／悲觀主義的區別，因爲所謂的尼采悲觀論讓人分心，沒有注意到他想表達的要點。他質疑的正是知識的**善**。

我花了很長時間，才理解尼采在《悲劇的誕生》一書中談到的中心問題。他看到太陽神精神（Apollonian）和酒神精神（Dionysian）這兩股力量。其一是愼重的、平衡的、理性的、充滿推理和自制；另一是黑暗的、本能的、狂野的、奔放不羈、難以理解、從我們的內心深層出發。古希臘文化代表兩者的均衡，直到蘇格拉底對歐里庇得斯產生影響，給了太陽神精神比較大的分量，而破壞酒神精神，導致理性主義過度興起。這相當於將荷爾蒙注入你的身體，干擾自然的化學作用。有太陽神精神，卻沒有酒神精神，就像中國人所說的有陽無陰。

尼采作爲思想家的力量，持續令我吃驚：他想到了反脆弱性。雖然許多人（誤）將「創造性破壞」的概念歸功於經濟學家熊彼得（怪不得一些眞知灼見和深層的某些東西會來自經濟學家），②而且如同我們看到的，比較有學問的人說來源是馬克思，其實早在尼采談到酒神時，便稱之為「創造性破壞」和「破壞性創造」，而首先創造這個詞。尼采確實以他的方式，想到了反脆弱性。

我讀過尼采的《悲劇的誕生》兩次，第一次是在非常嫩的兒時，第二次是在終身思考隨機性之後，發現尼采了解我在他的字裡行間沒有明白看到的某些東西：知識——或者任何東西——的成長不能在沒有酒神的情況下往前推進。由於我們擁有可選擇性，到了某個時點，我們可以選擇的一些事物就會顯現出來。換句話說，它可以是隨機修補的來源，而太陽神則是選擇過程中理性的部分。

且讓我抬出大老闆塞內加。他也提到酒神和太陽神的特質。他在一本著作中，用更豐富的方式呈現我們人類的傾向。談到上帝（他也稱之為「命運」，將祂和各種成因的交互作用畫上等號）的時候，他給了祂三種示現。第一是「利柏爾·佩特」（Liber Pater），也就是喧鬧的力量（亦即尼采所說的酒神）帶給我們繁殖力，讓生命能夠延續；第二是海克力斯，具體展現了力量；第三是墨丘利（Mercury），代表（塞內加那個時代的）工藝、科學和理性（似乎是尼采所說的太陽神）。他將力量納為另一個維度，比尼采更為豐富。

我說過，在這之前，對於來自柏拉圖和亞里士多德傳統的理性主義知識所代表的「哲學」發

②亞當·斯密是第一位和最後一位道德哲學家。馬克思是哲學家。康尼曼和西蒙（Simon）分別是心理學家和認知科學家。海耶克當然是例外。

動的抨擊，來自各式各樣的人物，他們不見得是搶眼的大人物，但大都存在於被人遺忘或極少提到的書本中。爲什麼被遺忘？因爲結構化的學習，喜歡天眞理性主義的貧乏和簡單、容易教導，不像經驗主義有那麼豐富的紋理，而且我說過，抨擊學術思想的人很少占得一席之地（在醫藥史中，我們可以非常明顯看到這一點）。

十九世紀的法國思想家歐內斯特・勒南（Ernest Renan），學識甚至遠比尼采淵博，而且是遠比尼采更沒有偏見的古典學者，除了一般的希臘語和拉丁語，也懂希伯來語、阿拉米語（古敘利亞語）和阿拉伯語。他在抨擊阿維羅伊時，提到一個有名的觀念，說邏輯排除——依據定義——細微的差別，而由於眞理只存在於細微之處，所以「在道德和政治科學中尋找眞理是無用之舉」。

傳統

如同胖子東尼所說，蘇格拉底被判死刑，是因爲他在雅典主流派的眼中，破壞運作得還不錯的某種東西。天底下的事情太過複雜，無法用言詞表示；硬要那麼做的話，你會害死人類。或者人——就像面對綠木材那樣——可能專注於正確的事情，但我們不夠好，無法在知性上弄懂什麼是正確的事。

死亡和犧牲會有很好的行銷效果，尤其是當一個人面對命運，看法卻絕不動搖。英雄是滿懷知性信心和自尊的人，死亡對他而言輕如鴻毛。雖然由於蘇格拉底的死和以哲學的方式從容赴死，我們聽到和他有關的大部分故事，都將他英雄化，但是一些古典批評家相信蘇格拉底摧毀了社會的基礎——指先人傳承下來的試探啓發法；我們可能不夠成熟，最好不要去質疑它們。

我們在第二章談過的老加圖，對蘇格拉底很反感，加圖像胖子東尼那樣實事求是，但是公民意識、使命感、尊重傳統和堅持道德正直則遠高於胖子東尼。他也對希臘的事情感到反感，而這可以從他對哲學家和醫生反感看得出來——我們會在後面幾章看到，那種反感有非常驚人的現代理由。加圖堅信民主，使他相信自由和習慣性規則，並且害怕專制。普魯塔克（Plutarch）引述他的話說：「蘇格拉底是極爲嘮叨不休的人，試圖成爲國家的暴君，以摧毀它的習慣，並且誘使它的公民持有和法律、秩序相反的觀點。」

因此讀者應該能夠了解古人對天眞的理性主義抱持的看法：天眞的理性主義使得思想變得貧乏，而不是促進思想，因此引進了脆弱性。他們了解，不完整——一知半解——一定有危險。

除了古人，其他許多人也介入爲這種不同的知識辯護，並且請我們尊重它。首先，愛爾蘭政治家和政治哲學家艾德蒙．伯克也反對法國大革命，因爲它破壞了「行之有年的集體理性」。他相信社會的大變動會使我們受到不可預見的影響，因此主張在社會體系中，以試誤法進行小試驗（實際上等於凸性修補）的概念，並且尊重傳統上複雜的試探啓發法。二十世紀的保守政治學家和歷史學家邁可．歐克修特（Michael Oakeshot）也是一樣，相信傳統提供給我們經過過濾的集體知識之大成。持同一見解的還有約瑟夫．德．邁斯特，如我們所知，他會想到「第二步」。他是講法語的保皇黨和反啓蒙運動的思想家，直言不諱厭惡大革命之害，並且相信人在根本上會墮落，除非以某種獨裁專制加以節制。

維特根斯坦顯然是現代反脆弱思想家名單的榜首，因爲他對於字詞難以形容的事物，有非凡的洞見。而且，在所有的思想家當中，他最了解綠木材問題——他很可能率先說出其中的一個版本，因爲他質疑語言表達文字的能力。此外，這個人是聖人——他爲了哲學，而犧牲自己的生活、友誼、財富、名聲，以及其他一切。

我們可能忍不住認爲佛烈德瑞克．海耶克屬於反脆弱、反理性主義那一類。他是二十世紀的哲學家和經濟學家，反對社會規劃，理由是訂價系統透過交易，揭露了嵌入社會中的知識，而這樣的知識，不是社會規劃者所能取得的。但是海耶克錯過了以可選擇性替代社會規劃者的概念。就某方面來說，他相信人的智慧，只是那是分散式或集體智慧——不是用可選擇性替代智慧。③

人類學家克勞德．李維—史陀表示，不會讀寫的人有他們本身的「具體性科學」，也就是以物體和它們的「第二性」、感官性，去思考環境的全面性方法，而這樣的方法不見得比我們的許多科學方法欠缺一致性。這個方法在許多方面，和我們的科學方法一樣豐富，甚至更爲豐富。綠木材的道理同樣能夠用在這裡。

最後，當代政治哲學家和隨筆作家約翰．葛雷（John Gray）認爲人類不應該狂妄自大，並且力抗啓蒙運動是萬靈丹的盛行觀念——把某一類思想家視爲啓蒙運動的基本教義派。葛雷不斷指出，我們所謂的科學進步只是個幻象。當他、我和隨筆作家布萊恩．艾普爾亞德（Bryan Apple-

---

③哲學家魯伯特•李德（Rupert Read）說服我相信，海耶克和波普爾一樣，實際上鑽研的是天眞理性主義的一個分枝，並且提出令人信服的論點，說兩個人不應該名列反脆弱思想家之林。

yard）計畫共進午餐時，我在心裡上先準備好要討論的各種觀念，並且主張我自己的想法。後來發現這是我這一輩子吃過的最好午餐，令我驚喜不已。我們三個人心照不宣地了解相同的論點，因此直接進入第二步，討論各種應用——例如以貴重金屬（因爲各國政府不擁有這些東西）取代我們持有的貨幣等平凡無奇的東西，實在令人舒暢無比。葛雷的辦公室就在海耶克旁邊，他告訴我，說海耶克是相當枯燥無趣的人，一點都不好玩——因此缺乏可選擇性。

冤大頭和非冤大頭的差別

我們回頭討論點金石。蘇格拉底談的是知識。胖子東尼卻不然，他對知識是什麼毫無概念。

對東尼來說，生活中的差別不在於眞或假，而是在於冤大頭或非冤大頭。事情對他而言，總是比較簡單。就像我們看到的塞內加的觀念和泰勒斯的賭注，眞實的生活中，暴露在風險中的程度比知識重要；決策的影響替代了邏輯。教科書的「知識」漏掉了一個維度，也就是隱形的利益不對稱——就像平均數的概念那樣。人類的知識史大致上遺漏了我們需要將重心放在你的行動所得到的報償上，而不是研究世界的結構（或者了解「眞」和「假」）。這是非常可怕的遺漏。**報償，也就是發生在你身上的事（利益或者傷害），總是最重要的事；事件本身不是最重要的。**

哲學家愛談真與假。真正過生活的人談的是報償、曝險程度和後果（風險與獎酬），因此談的是脆弱性和反脆弱性。有些時候，哲學家和思想家，以及那些做研究的人，將真和風險、獎酬混為一談。

我的論點更進一步，認爲眞和假（因此就是我們所謂的「信念」）在人的決定中，扮演可憐的次要角色；從眞和假而來的報償居於主宰地位——而且這幾乎總是不對稱的，某個後果遠大於另一個，也就是存在正不對稱性和負不對稱性（脆弱或反脆弱）。讓我說明如下。

脆弱性，不是機率

我們會在旅客搭機之前檢查他們是否攜帶武器。我們相信他們是恐怖分子嗎：眞或假？假，因爲他們不可能是恐怖分子（機率很低）。但我們還是會檢查，因爲我們面對恐怖行動顯得脆弱。這裡面有不對稱性。我們感興趣的是報償，以及問題爲眞時（也就是他們果然是恐怖分子）的後果或報償太大，而檢查的成本太低。你是否認爲核子反應爐可能在明年爆炸？假。可是你寧可認爲它是眞，因此花數百萬美元做額外的安全防護，因爲我們面對核子事件顯得脆弱。第三個例子：你是否認爲隨便吃藥會傷害你？假。你會吞下這些藥丸嗎？不、不、不。

如果你坐下來，用筆寫下過去一個星期所做的所有決定，或者如果可能，寫下今生做過的所有決定，你會發現它們幾乎全有不對稱的報償，一邊造成的後果大於另一邊。**你所做的決定主要是根據脆弱性，不是機率**。或者再說一遍，**你主要是根據脆弱性做決定，不是那麼在意真或假**。

現在來談談眞或假在眞實世界中做決定有它的不足之處，尤其是牽涉到機率的時候。眞或假是對應於高機率或低機率的解讀。科學家有個稱作信賴水準（confidence level）的東西；一個結果取得九五％的信賴水準，意思是說那個結果是錯的機率不會高於五％。這個觀念當然不適用，因爲它忽視了影響的大小，而這當然使得有極端事件的事情變得十分糟糕。如果我告訴你，某個結果有九五％的信賴水準爲眞，你會相當滿意。但如果我告訴你，飛機安全的信賴水準是九五％呢？連九九％的信賴水準也不會令你滿意，因爲一％的墜機機率令人很緊張（今天的商業飛機墜機的機率低於數十萬分之一，而且這個比率不斷改善，因爲每一次的錯誤，都會使整體的安全有所改善）。因此，再說一次，機率（因此眞或假也是）在眞實世界中行不通；重要的是報償。

這一輩子，你可能已經做了數十億次的決定。你有多少次算過機率？你當然可能在賭場裡面算過，但不會在其他地方算過機率。

混淆事件和暴露程度

這再次將我們帶到綠木材謬誤。「黑天鵝」事件和它如何影響你——對你的財務、情緒造成的衝擊，或者會製造的破壞——**並不是同一回「素」**。而且這個問題深植於標準的反應之中；當我們指出預測者預測失敗，他們的回答通常是：「我們需要更好的運算」，才能把事件預測得更好，並且算出機率，而不是效果比這好很多的「修改你的暴露程度」，並且學習脫離困境；宗教和傳統的試探啓發法在這一方面做得比天眞和化妝的科學要好。

第四冊結論

除了醫療實證，本節試著爲不合理性、倜儻不群的人、工程師、自由創業家、富有創意的藝術家，以及遭到歷史辱罵的反學界思想家辯護。其中一些人很勇敢——不只有勇氣力陳自己的觀念，也有勇氣接受在他們自知並不了解的世界中生存，而且樂在其中。

本節的結論認爲：放手去做，比你可能相信的要聰明——而且更有理性。我在這裡所做的，只是利用可選擇性簡單的數學特性等東西，揭穿**教鳥怎麼飛**副現象和「線性模型」的面目。這並不需要知識或智慧，只要在選擇時有理性就行了。

請注意並沒有經驗證據，支持以目前的形式推銷的有組織研究，能夠帶來大學所承諾的偉大事情那種說法。而且蘇聯—哈佛觀念的促銷者並沒有使用可選擇性或二階效應——他們的說法中缺乏可選擇性，正好否定他們所抱持的目的論科學所扮演角色的看法。他們需要改寫科技史。

接下來會發生什麼事？

最近一次和艾莉森・吳爾夫見面時，我們討論到教育的這個可怕問題和學術界有所貢獻的錯覺，因爲常春藤名校在新亞洲人和美國上流階級眼中，正取得奢侈品的地位。哈佛就像路易威登

（Vuitton）包或者卡地亞（Cartier）手錶。這對中產階級父母造成很大的負擔，因爲必須將更大比率的積蓄交給這些機構，把他們的錢移轉給行政管理人員、不動產開發商、教授和其他的代理人。在美國，我們堆起學生貸款，自動移轉給這些抽租者（rent extractors）。就某方面來說，這和訛詐沒有兩樣：一個人需要體面的大學「名稱」，才能出人頭地；但是我們曉得，整體而言，社會並不會因爲有組織的教育而進步。

她要求我寫信告訴她我對未來教育的看法——我對她表示，關於這個主題，我十分樂觀。我這麼回答：鬼扯是脆弱的。歷史上有哪個騙局能持續長久？時間和歷史最後會揭穿脆弱性，我非常有信心。教育這個機構，在沒有外界壓力因子的情形下一直成長，最後一定崩潰。

接下來兩冊，第五冊和第六冊將談脆弱的東西崩潰——指日可待——的觀念。第五冊會（以比較技術性的方式）說明如何察覺脆弱性，並將呈現點金石背後的機制。第六冊的立論依據是時間有如橡皮擦，而不是建設者，並且擅長於毀壞脆弱的東西——不管是脆弱的建築物，還是脆弱的觀念，都會遭到毀壞。④

④讀者可能想知道教育和混亂之間的關係。教育屬於目的論，討厭混亂。它通常迎合脆弱推手之所好。

第五冊　非線性與非線性①

該再來寫另一段自傳式的小插曲了。查爾士・達爾文在他的《物種源始》（*On the Origin of Species*）的歷史篇，提到他的看法往前推進的歷程：「容我寫些和個人有關的細節，因為想讓大家知道，我不是倉促做成決定的。」說反脆弱性缺乏確切的字詞、概念和應用，也不完全對。我和同事早就有一個，卻不自知。而且，我很久很久以來就有了。所以我人生的大部分時間，一直在思考完全相同的問題；有時是刻意去思考，有時是無意間思考。第五冊將探討這段旅程，以及和它有關的觀念。

①不想看技術性內容的讀者，可以跳過第五冊，不會有任何損失：從塞內加的不對稱性而來的反脆弱性定義，非常足以用來閱讀本書的其餘部分。本冊只是以比較技術性的方式再說一遍。

談閣樓的重要性

一九九〇年代中，我悄悄將領帶丟進紐約第四十五街和公園大道街角的垃圾桶。我決定隱居數年，將自己鎖在閣樓，試著表達我內心深處的想法、試著框架我所說的「隱形非線性」和它們的影響。

我擁有的東西，不太像是一種觀念，而只是一種方法，因為我摸索不到更深層的中心觀念。但是利用這個方法，我寫出將近六百頁的東西，討論如何管理非線性效應，並且加上圖表。本書前言說，「非線性」的意思是說反應並非直線。但是我更進一步，觀察它和波動性的關係，而且很快就相當清楚。然後我深入到波動性的波動性，以及這些更高階的效應。

在閣樓閉門研究而寫成的書，最後定名為《動態避險》(*Dynamic Hedging*)，談的是「管理和處理複雜的非線性衍生性金融商品曝險程度的技術」。這本技術性書籍，真的是從頭談起，而且愈寫愈是深切感覺到：我所提的論點遠比我在自己的專業所用的有限案例重要；我曉得自己的專業是開始思考這些問題的絕佳平台，但是我太懶和太過因循守舊，沒有進一步探索。這本書到目前為止仍然是我很喜歡的一本（在這本之前），而且回憶起來相當愉快：在幾乎完全寂靜的閣樓中，度過兩個嚴酷的寒冬，但太陽藉由雪地反射，溫暖了我的房間和寫書計畫。好幾年內，我都沒去想其他的事情。

這段期間，我也得知相當有趣的一件事。有人誤將我的書交給四位評審，他們都是學術界的財務經濟學家，而不是「數字達人」（quants；指計量分析師利用數學模型處理財務數字）。決定送審的人不是很清楚兩者的差異。四位學者退回我的書，有趣的是，四個理由完全不同，而且論點毫無交集。我們這些實務工作者和數字達人不太理會學者講的話——這就像是娼妓聽取修女發表技術性評論。叫我驚訝的是，如果我錯了，他們應該以完全相同的理由退書。於是反脆弱性發揮作用。接著出版商當然看見這個錯誤，並且改交給計量評審重看，這本書才得見天日。②

生活中的普羅克拉斯提斯之床正是將非線性簡化，使它成為線性。這樣的簡化造成了扭曲。

接下來，在我開始鑽研和不確定有關的其他事情時，我對暴露程度的非線性失去興趣，因為前者對我來說，似乎比較具有知性和哲學性，就像隨機性的特質那樣——而不是探討事情對隨機事件如何反應。這也可能是因為我搬了家，不再有那間閣樓。

但是一些事件又把我拉回第二次閉門獨居。

二〇〇〇年代末爆發危機之後，由於和新聞媒體的接觸，我度過一段宛如置身地獄的時期。我突然之間遭到去知識化、被抹黑、被拉出我的棲息地，推出去成為公共商品。我並不曉得媒體人和公眾很難接受學者的工作是不理會眼前不重要的事務、寫書而不是寫電子郵件，以及在台上

---

②和這類似的一個測試是：當一群人寫道：「看不出新意」，而且每個人都提及不同的觀念起源，那我們就敢說，實際上是有新意的。

發表演說的時候不跳舞；不能接受他有其他的事要做，例如早上在床上閱讀、在窗前桌子寫作、長時間散步（慢慢地走）、喝蒸餾咖啡（早上）、洋甘菊茶（下午）、黎巴嫩白酒（晚上）、慕斯卡葡萄酒（晚飯後）、散步更長的時間（慢慢地走）、和親朋好友辯論（但絕對不在早上），以及睡前（再次）在床上閱讀，而不是不斷改寫自己的書和觀念，好讓陌生人及國際網路（Networking International）分會不看書的會員看。

接著我選擇退出公眾生活。當我成功地重新控制自己的行事曆和大腦、從心靈深處受到傷害的狀況恢復過來、學會使用電子郵件過濾器和自動刪除功能，並且重新展開我的生活後，命運女神帶給我兩個觀念，讓我覺得很蠢——因為我發現心裡早就有了它們。

分析非線性效應的工具顯然相當普遍。可嘆的是，在我獨自散步加上喝洋甘菊茶，展開新生活的那一天之前，當我看著一只瓷杯，並不曉得身邊每一樣非線性的東西，都可以用相同的技術去察覺，就像我上次獨居時所發現的那樣。

我發現的事情，將在接下來兩章中描述。

18 一塊大石頭和一千顆小石子的不同

如何用一塊石頭去懲罰——我提早落地（只有一次）——為什麼閣樓一定管用——除非你有一把吉他，否則避開希斯洛機場好處極大

我看著瓷杯時，注意到它不喜歡波動、變動或行動。它只喜歡安安靜靜，待在書房寧靜的環境中不受干擾。發現瓷杯顯得脆弱，只是**因為影響它的東西發生波動，很容易傷害到它**，這件事令我很窘，因爲我的專長在於波動性和非線性之間的關係；我曉得，這是非常奇

圖八

推銷員以凹性（左）和凸性（右）姿勢敲門。從他的姿勢，可以看出兩種非線性形式；如果他是「線性」，他會站得直挺挺的。這一章將改良塞內加的不對稱，說明其中一種姿勢（凸性）如何代表各種形式的反脆弱性，以及另一種姿勢如何代表脆弱性（凹性），以及我們可以如何藉由評估朝臣站得有多駝（凸）或者多彎（凹），非常容易察覺脆弱性，甚至衡量脆弱性

怪的專長。所以讓我們從結果談起。

察覺脆弱性的簡單法則

猶太文學（《詩篇註釋》〔*Midrash Tehillim*〕）提到一個可能起於更早之前的近東傳說故事，內容如下：有個國王對他的兒子大發雷霆，發誓要用一塊大石頭壓死他。等他平靜下來，發現這下糟了，因為君無戲言。於是謀臣獻策：將那塊大石頭切割成很小的石子，然後擲向頑劣不堪的兒子。

一千顆小石子和重量相同的一塊大石頭，很能說明脆弱性如何來自非線性效應。非線性？再說一次，「非線性」是指反應並非直截了當且不呈一直線，所以如果你將藥的劑量加倍，藥效會比兩倍多很多，或少很多——如果我拿十磅重的石頭砸某個人的頭，它造成的傷害將是五磅重石頭的兩倍以上，二磅重石頭的五倍以上。以下依此類推，道理很簡單：在一張紙上畫圖，縱軸是傷害，橫軸是石頭的重量，畫出來的線將是曲線，不是直線。這種方法了改良不對稱性。

這麼一來，有個非常簡單的要點，能讓我們察覺脆弱性：

> 當震撼的強度增加（到某一水準），傷害會更高，稱之為脆弱。

這個例子如圖九所示。我們將它一般化來說。你的車子是脆弱的。如果你以時速五十哩衝撞

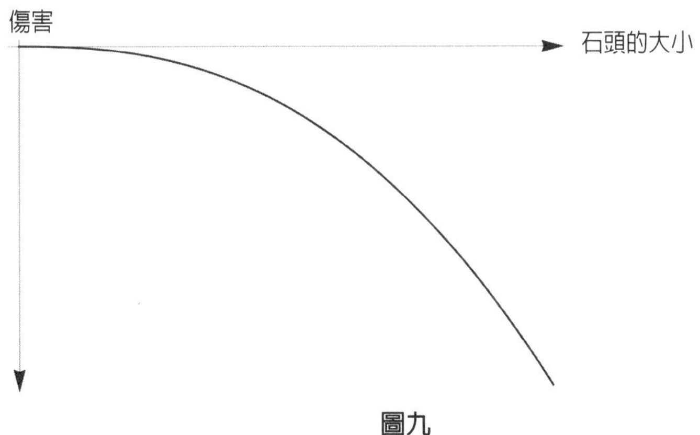

圖九

國王和兒子。石頭的大小（在某個點以下）所造成傷害的函數圖形。石頭的重量每次增加，造成的傷害高於重量增加之前。你可以看到兩者的關係呈現非線性（傷害曲線向內彎，垂直斜面愈來愈陡）。

一道牆，造成的傷害會多於時速五哩衝撞相同的牆十次。五十哩造成的傷害，是時速五哩所造成傷害的十倍以上。

還有其他例子。一口氣喝七瓶葡萄酒（波爾多〔Bordeaux〕），接下來六天喝攙有檸檬的純水，造成的傷害多於每天喝一瓶葡萄酒（每餐只喝兩杯）連續喝七天。每多喝一杯葡萄酒，對你的傷害高於前一杯，因此你的系統對喝酒呈現脆弱性。讓瓷杯從一呎（約三十公分）的高度掉到地板，情況會比從一吋（二．五公分）的高度掉下去所造成傷害的十二倍要嚴重。

從三十呎（十公尺）高的地方跳下去，造成的傷害是從三呎（一公尺）高跳下去所造成傷害的十倍以上——事實上，三十呎似乎是自由落體造成死亡的分界點。

請注意，這是我們在兩章前，利用塞內加的思維，開始談論非線性，提到的根本不對稱性之簡單擴張。不對稱性必然是非線性。傷害必然多於利益。簡單的說，強度增加造成的傷害，多於強度等量減低所帶來的利益。

為什麼脆弱性是非線性？

我來解釋一下中心論點——為何脆弱性普遍呈現非線性，而不是線性？這是從瓷杯而來的直覺。答案和生存機率的結構有關：一樣東西要不受傷害（或者生存下去），那麼一塊岩石造成的傷害會多於一千顆小石子，也就是不常發生的單一大事件造成的傷害，多於比較小的震撼所累積的效果。

如果一個人從一毫米高的地方往下跳（力量衝擊很小），受到的傷害正是從三十呎高的地方跳下來所受傷害的線性比率，那麼這個人會因為累積受到的傷害而死亡。事實上，利用簡單的計算就知道，幾個小時內他會因為碰觸物體，或者在起居室內走來走去而死亡，因為這樣的壓力因子不計其數，而且它們造成的總影響十分可觀。從線性而來的脆弱性立即可見，所以我們將它排除，因為被我們碰觸的物體早就破碎。於是我們剩下這樣的結果：脆弱的東西既沒有破碎，也受非線性的影響——而且極端的稀有事件，因為體積大（或速度快）造成的衝擊，比起體積小（和速度慢）造成的衝擊較為少見。

且讓我將這個觀念和「黑天鵝」、極端事件連結，再說一次。普通事件的數量遠多於極端事件。金融市場中，規模為〇．一%的事件，數目至少是規模為一〇%的事件之一萬倍。整個地球每天有將近八千次微震，也就是低於芮氏規模二的地震——一年合計約三百萬次。這些完全沒有傷害，而且因爲一年有三百萬次，所以它們必須沒有傷害。但是震度六和更高的地震，會躍上新聞版面。以瓷杯等物體來說。它們每天受到很多次碰撞，例如每平方吋遭受百分之一磅的碰撞（以隨意方式衡量），比每平方吋受到一百磅的碰撞，多出一百萬次。因此，小偏差或者規模非常小的震撼造成的**累積**影響，必然不致傷害我們，而這表示，它們對於我們的影響，和規模比較大的事情比起來，低得不成比例（也就是非線性地低）。

容我再說一次說過的準則：

> 對脆弱的東西來說，小震撼所造成的累積影響，低於等量的單一大震撼所造成的單一影響。

這留給我一個原則：脆弱的東西受極端事件的傷害，遠高於受到一連串中間事件的傷害。就這樣——再也**沒別的方式**能使一樣東西顯得脆弱。

現在讓我們把論點反過來，討論反脆弱。反脆弱性也是植基於非線性、非線性的反應。

> 對於反脆弱的東西來說，當震撼的強度增加（同樣是在某個點之下），會帶來更多利益（或者比較少的傷害）。

有個簡單的例子——這是練習舉重的人從試探啓發法得知的。我在第二章談到模仿保鏢的故事中，我只注意自己能舉起的最高重量。一次舉起一百磅帶來的好處，多於兩次舉起五十磅，而且當然遠比舉起一磅一百次要好。這裡所說的利益，是指舉重者使用的語彙：強化身體、肌肉質量，以及外表看起來適合在酒吧打架，而不是抵抗挨打和能跑馬拉松。第二個五十磅扮演更爲重要的角色，因此帶來非線性（也就是我們將提到的**凸性**）效應。每增加一磅，就會帶來更多利益，直到接近極限，也就是舉重者所說的「掛掉」。①

現在只要知道這條簡單的曲線觸及的範圍就行了：它影響看得到的幾乎任何東西，連醫療錯誤、政府規模、創新——涉及不確定性的任何事情——也包括在內。而且，這有助於在第二冊所說的規模和集中背後架設「管道」工程。

何時微笑，以及何時噘嘴

非線性有兩種：如國王和兒子的例子所示的那種凹性（曲線內凹），或者與之相反的凸性（曲線外凸）。當然了，還有混合型，也就是有內凹和外凸的部分。

---

① 其實人體有不同的肌肉纖維，每一種纖維各以不同的反應不對稱性，因應不同的狀況。所謂的「快縮」纖維，是用來舉起非常重的物體，反脆弱性很強，因爲它們對於重量具有凸性。如果缺乏重量的強度，它們會萎縮。

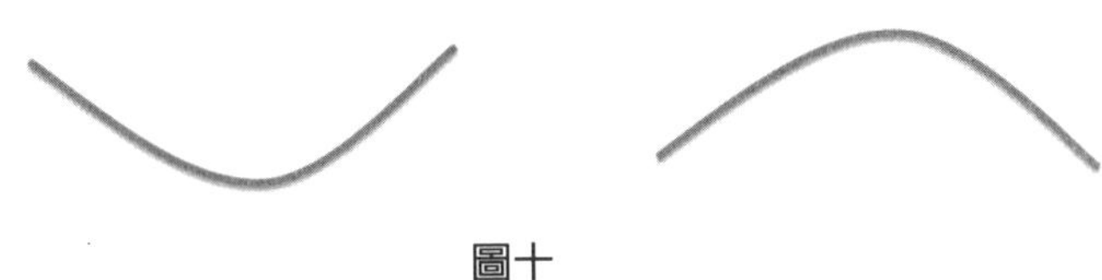

圖十

兩種非線性：凸性（左）和凹性（右）。凸性曲線外凸，凹性曲線內凹。

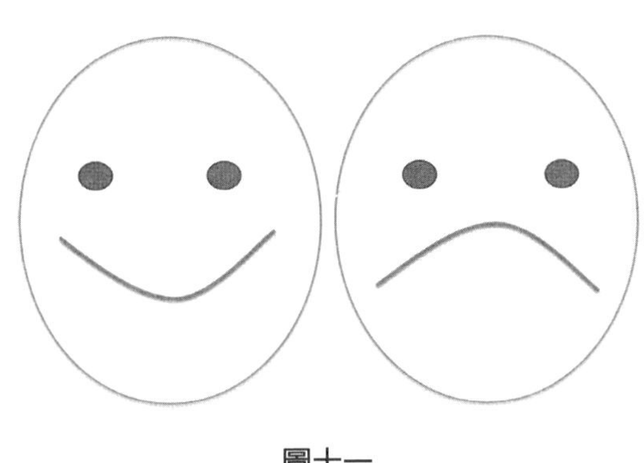

圖十一

微笑！了解凸性和凹性的更好方式。曲線外凸看起來像微笑——曲線內凹則看起來像是噘著嘴。凸性（左）具有反脆弱性，凹性（右）具有脆弱性（負凸性效應）。

圖十和十一將非線性簡化：凹性和凸性分別像微笑和噘嘴。

爲了簡化詞彙，我用「凸性效應」（convexity effect）來說明兩者，分別是「正凸性效應」（positive convexity effects）和「負凸性效應」（negative convexity effects）。

爲何不對稱性會對應到凸性或凹性？簡單的說，如果某種變動的上檔利益多於下檔損失，將它畫成曲線，那會是外凸曲線；相反的則是內凹曲線。圖十二以非線性重新表述不對稱性。它也顯示了數學的魔術效應，讓我們能以相同的方式處理韃靼牛排、創業精神和金融風險：只要在前面加個減號，凸性圖就會變成凹性。舉例來說，胖子東尼在若干

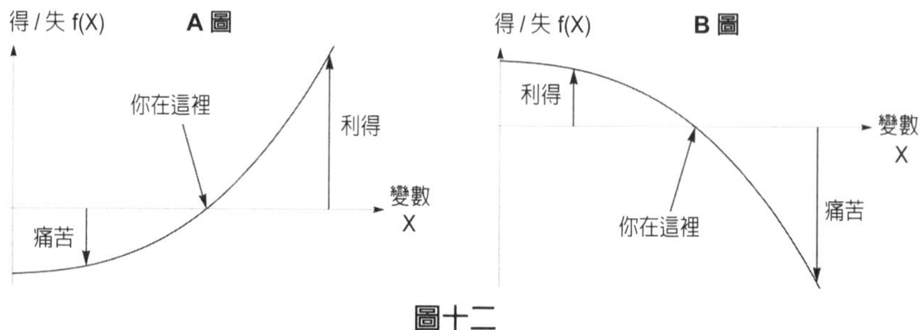

圖十二

痛苦多於利得，或者利得多於痛苦。假設你從「你在這裡」那一點開始走。A 圖中，如果變數 x 增加，也就是在橫軸上往右移動，利得（縱軸）大於往左移動（也就是變數 x 等量減少）所發生的損失。這張圖說明了正不對稱性（A 圖）如何成爲凸（外凸）曲線，負不對稱性（B 圖）如何成爲凹（內凹）曲線。再說一次，一個變數往兩個方向變動相等的數量，凸性的利得大於損失，凹性則相反。

交易得到的報償，和銀行或金融機構恰好相反：每當它們損失一塊錢，胖子東尼就賺到一塊錢。到最後，利潤和損失彼此有如鏡像，其一是在另一前面加個負號。

圖十二也顯示爲何凸性喜歡波動。如果你從波動中賺到的錢多於賠掉的錢，你當然會希望出現很多波動。

凹性為何會受到「黑天鵝」事件的傷害？

我這一輩子，心裡一直都有這個觀念——卻從來不知道用圖形表示，可以表達得那麼清晰。圖十三畫出傷害和出乎意料事件所造成的影響。一樣東西暴露程度的凹性愈強，遭到意外事件的傷害愈大，而且愈不成比例。因此非常大的偏差會造成不成比例更大的影響。

接下來我們將這個非常簡單的技術，用於探查三元組中的脆弱性和位置。

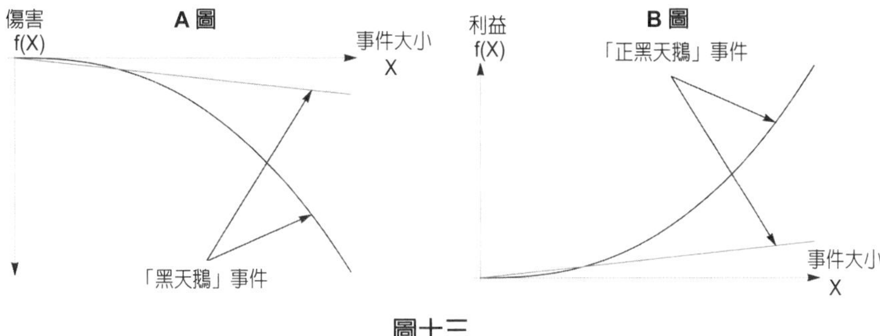

圖十三

兩種暴露程度，其一呈線性，另一呈非線性，在 A 圖呈現負凸性（也就是凹性），B 圖呈現正凸性。出乎意料的事件對非線性的影響會大得不成比例。事件愈大，差異愈大。

紐約的交通

我們來將「凸性效應」用在身邊的事物上。交通是高度非線性的東西。當我搭白天的班機從紐約飛到倫敦，如果是在早上五點左右離開住處（是的，沒錯），到達甘迺迪機場英國航空公司櫃台大約需要二十六分鐘。那個時候，紐約空蕩蕩得十分怪異。如果是在六點離開住處，搭比較晚的航班，交通時間幾乎沒有差別，頂多車輛多一點。高速公路上的車子可以再多一點，對交通時間不會有影響，就算有影響，也微乎其微。

接著，奇妙的事情發生了——車輛數增加一〇%，交通時間就會躍增五〇%（我是用近似值）。看看凸性效應如何發揮作用：路上車輛的平均數，對交通速度來說根本無關緊要。如果某個小時有九萬輛車子，下一個小時有十一萬輛，車子的行進速度會遠比兩個小時各有十萬輛緩慢。請注意交通時間是負值，所以我當它是成本，就和費用一樣，因此交通時間增加是壞事。

所以交通成本面對高速公路上汽車數量的波動顯得脆弱；它和平均數沒有很大的關係。每增加一輛汽車，都會使交通時間比前一輛車增加許多。

面對今天世界的中心問題（也就是那些參與創造系統「效率」和「優化」的人，誤解非線性反應），這給了我們提示。舉例來說，歐洲的機場和鐵路相當緊繃，效率似乎過高。它們以接近最高容量的水準在運作，將備餘和閒置容量壓到最低，因此成本能夠爲人接受；但是稍微有一點小小的壅塞，例如起降時間稍有延誤，空中多出五％的飛機，便會造成機場混亂，不滿的旅客會在航站大廈的大廳搭帳篷，唯一的慰藉，是聽某個鬍鬚男拿起吉他彈奏法國民謠。

這一點，適用於各個經濟領域：中央銀行可以印鈔票；一印再印，不會產生什麼影響（並且宣稱這種措施相當「安全」），接著，「出乎意料」，印鈔票導致通貨膨脹飛升，許多經濟成果因爲凸性效應而完全抵銷——好消息是我們知道原因何在。原來政策制定者的工具（和文化）過度根據線性，忽視了隱形效應。他們稱之爲「近似」。當你聽到「二階」效應，那就表示凸性造成近似無法代表眞實的情況。

我在圖十四畫了一條（非常假設性的）曲線，代表交通成本對路上汽車數量的反應。請注意圖中曲線的形狀是向內凹。

有人打電話給紐約市政府官員

紐約市政府官員低估封閉一條道路對交通堵塞造成的影響，這個簡單的故事，很能說明凸性

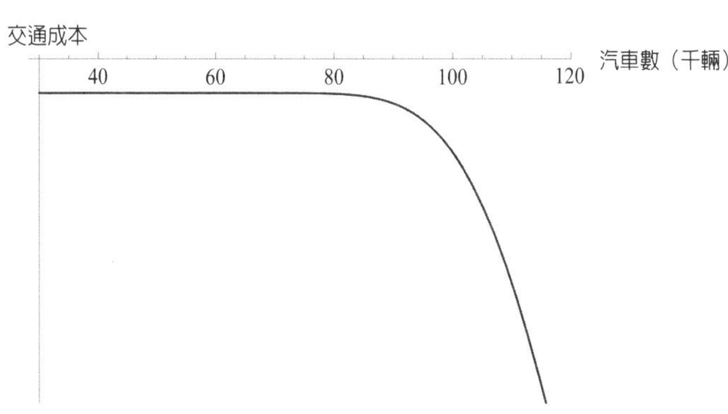

圖十四

這張圖畫出本書作者前往甘迺迪機場的交通時間（和交通成本），在某個點之外，對路上的車輛數目呈現非線性反應。交通成本曲線是向內凹—凹性不是好事。

效應加上對大偏差的預測錯誤，對過度優化的系統會造成什麼樣的影響。這樣的錯誤極其常見：一個極爲緊繃的系統，小幅度修正某樣東西，便會如滾雪球般產生某些結果，因而顯得脆弱。

二〇一一年十一月的某個週六晚上，我開車前往紐約市，準備和哲學家保羅・伯格席恩（Paul Boghossian）在「大村」共進晚餐——平常開車只要四十分鐘就會到。說來諷刺，我和他見面，是爲了談這本書，尤其是我對系統備餘的看法。我一直鼓吹將備餘注入人的生活中，並向他和其他人誇稱，自從我發下二〇〇七年的新年心願以來，我做任何事都不曾遲到，甚至不曾遲到一分鐘（好吧，差一點）。我在第二章主張積極建立備餘。我嚴以律己，所以會建立一些緩衝，而由於我總是帶著筆記本，所以能夠趁等人的時候，寫下一整本格言書。更別提我常在書店盤桓很久。或者，我可以坐在咖啡廳中閱讀仇恨郵件。當然了，這一切都沒有壓力，因爲我不擔心遲到。但是保持這種紀律的最大好處，是阻止我將一天塞滿預先排好的事情（一般來說，這些事情既沒有用處，也不愉快）。事實上，我個人還有另一條準則，也就是不預先安排任何事情（演說除外），除非是在同一天早上，因爲在行事曆上排好預定要做的事，會讓我感覺像是囚犯，但那是另一個故事。

車子到達市中心區時，大約是晚上六點，交通停頓。完全靜止不動。到了八點，我勉強過了幾個街區。因此連我的「備餘緩衝」，也未能讓我維持到那時爲止尙未打破的新年決心。然後，我重新學會如何操作那個叫收音機的嘈雜刺耳東西，開始知道到底發生了什麼事：原來紐約市批准一家電影公司利用第五十九街橋，因此得封閉部分道路，他們以爲在週六不會造成任何問題。可是這小小的交通問題，由於乘數效果，演變成巨大的災難。他們認爲頂多只延誤幾分鐘，以倍數相乘之後，增加了兩個級數；幾分鐘變成幾個小時。簡單的說，紐約市主管當局根本不了解非線性。

這正是效率的中心問題：這一類的錯誤像滾雪球般，經過倍數放大，只往一個方向——錯誤的方向——產生影響。

更多就是不一樣之處

觀察凸性效應的另一種直覺方式是：考慮規模擴大（scaling）的特性。如果你將暴露在某種東西之下的程度加倍，它所造成的傷害是否多於加倍？如果是這樣，那麼這是一種脆弱狀況。否則便是強固。

安德森（P. W. Anderson）在他寫的論文〈更多就是不一樣〉（More Is Different）中，將這一點說明得很好。研究複雜性的科學家所說的「新興特性」，是指增添單位後產生的非線性結果，因爲加起來的總和，和各個部分愈來愈不同。看看大石頭不同於小石子就知道了：後者的重量加起來和前者相同，大致的形狀也沒兩樣，但這不能說明什麼。同樣的，我們在第五章說過，一個城市並非一座大村莊；一家公司並不是規模較大的小型企業。我們也說過，從平常世界到極端世界，特質如何發生隨機性的變化；一個國家如何不是一座大村莊；而且來自規模——和速度——者，會有許多的變動。所有這些，都顯示是非線性在運作。

「均衡餐」

漏掉隱形維度，也就是漏掉變動的另一個例子是：蘇聯—哈佛的美國衛生主管機關現在告訴我們，每天要吃定量的營養食物（例如一定的總卡路里、蛋白質、維他命等等），而且每一種都有建議數量。每一種食品項目都有「日容許百分率」。這些建議目前的依據除了完全缺乏實證上的嚴謹（在談醫療的章節還會說得更多）外，給消費者的指示也有怠惰之嫌，因爲他們在論述中堅持**規律性**。建議營養政策的人，並不了解整天「穩定」攝取卡路里和營養食物，強調「均衡」的成分和像節拍器那樣的規律性，效果不見得比不均衡或隨機性的飲食要好，也就是某一天吃很多蛋白質，隔一天完全禁食，第三天又大吃大喝等等。

這等於在否認毒物興奮效應，也就是偶爾剝奪一點東西，可以產生輕微的壓力因子。長久以來，甚至沒人嘗試去探討分布的變異性——二階效應——是否和長期組成一樣重要。現在人們開始急起直追，研究極爲簡單的這一點。結果發現，食物來源有變動和生理反應的非線性，產生的影響對生物系統來說極爲重要。週一一點蛋白質都不吃，週三再大吃，似乎會產生不同——更好——的生理反應，部分原因在於以剝奪作爲壓力因子，能夠激發某些途徑，以增進後來吸收的營養物（或者類似的東西）。而且直到最近一些（互不相干的）實證研究發表之前，這種凸性效應完全遭到科學界忽視——但是宗教、先人的試探啓發法和傳統並沒有忽視它。而且就算科學家懂得若干凸性效應（我們在討論領域相依時說過，醫生和舉重者一樣，在某些地方了解劑量反應的非線性現象），他們所用的語言和方法，似乎也完全漏掉凸性效應的概念。

跑，不要用走的

我們再用另一個例子來說明，這一次是從變異得到利益——也就是出現正凸性效應——的狀況。有兩個兄弟，一個叫卡斯特（Castor），另一個叫波利第希斯（Polydeuces），需要到一哩外的地方。卡斯特好整以暇，慢慢走過去，二十分鐘後到達目的地。波利第希斯花掉十四分鐘玩掌上型裝置、看最新的八卦消息，然後用六分鐘時間跑完相同的一哩，和卡斯特同一時間抵達。

兩個人以完全相同的時間，或走或跑行進相同的距離——平均數相同。卡斯特一路步行，想必沒有得到以衝刺的方式跑到終點的波利第希斯相同的健康利益和力量的增長。健康利益對速度呈現**凸性**（當然是在某一點之下）。

運動的觀念，正是從鍛鍊身體面對壓力因子產生反脆弱性而得到好處——正如我們看到的，所有種類的運動，都只是利用凸性效應而已。

小可能醜，但絕對比較不脆弱

我們常聽人說「小就是美」。這句話很有力且吸引人；很多觀念在它的支持下提出——但是十之八九屬於傳聞軼事、充滿浪漫情懷或存在色彩。讓我們用我們的脆弱性等於凹性等於不喜歡隨機的方法來說明，看看我們可以如何衡量這種效應。

如何忍痛

當一個人別無選擇，不得不去做某件事情的時候，而且不管代價如何，都需要馬上去做，那就叫忍痛。

你的另一半需要參加德國舞蹈歷史的博士論文口試，在這個重要時刻，你必須飛往馬爾堡（Marburg）、見父母親，以及正式訂婚。你住在紐約，好不容易用四百美元的價格，買到飛往法蘭克福的經濟艙機票，並且因爲買得如此便宜而興奮不已。但是你需要過境倫敦。在前往紐約甘迺迪機場途中，你接到航空公司的代理商告知，說飛往倫敦的班機取消，非常抱歉，因爲氣候之類的問題導致飛機無法降落。希斯洛機場呈現了脆弱性。你可以在最後一刻搭機前往法蘭克福，但現在需要支付四千美元，是原來價格的十倍，而且得趕緊買機票，因爲剩下的機位很少。你氣炸了，大吼大叫，詛咒，責怪自己。父母教你要節儉，現在卻得花四千美元。這就是忍痛。

忍痛會因爲規模而惡化。體積大的東西，面對某些錯誤容易受到傷害，尤其是在巨大的忍痛情況發生時。隨著規模增加，忍痛的成本會成非線性增加。

要知道爲什麼大成了一種障礙，不妨想想不適合養大象當寵物的理由，不管你在情感上有多喜歡這種動物。假設你家的預算負擔得起買一頭大象，並且請人送到你家後院。等到有一天缺水——這時就要忍痛了，因爲你別無選擇，只好花錢去買水——每多一加侖的水，你必須支付愈來愈高的價格。這就是脆弱性，因爲規模變得太大而產生的負凸性效應。出乎意料的成本占總成本的百分率將高得嚇人。養一隻貓或一隻狗，不會在必須忍痛的時候，負擔這種出乎意料高得嚇人的額外成本——多出的費用占總成本的百分率會非常低。

儘管商學院教到「規模經濟」的好處，規模卻會在你承受壓力的時候傷害你；處境艱難的時候，規模大並不好。有些經濟學家不懂爲何企業的合併沒有銷聲匿跡。結合起來的單位，變得龐大許多，因此更加有力，而且根據規模經濟的理論，它應該更有「效率」。但是數字顯示，規模增大，最好的情況是什麼好處也撈不到——我們已經在一九七八年知道這件事，因爲理查・羅爾（Richard Roll）提出「自負假說」（hubris hypothesis），發現在歷史紀錄不良的情況下，企業還在合併，表現出不理性的行爲。三十多年後的今天，最近的資料仍然證實合併紀錄不良，以及相同的自負現象存在。經理人似乎忽視了這種交易的經濟層面沒有好處的事實。規模之中似乎有些東西會傷害企業。

就像養大象當寵物，大公司（相對於規模）必須忍痛承受的成本大得多。從規模而來的利得看得到，風險卻隱藏起來，而且有些隱形風險似乎將脆弱性帶進公司。

大象、蟒蛇和其他龐然巨物等大型動物，往往很快就滅絕。除了資源緊俏的時候必須忍痛，也有機械上的考量。和小型動物比起來，大型動物面對震撼顯得比較脆弱——我們一樣可以拿大石頭和小石子來說明。總是走在別人前頭的賈雷德．戴蒙德（Jared Diamond）在一篇稱作〈為什麼貓有九條命〉（Why Cats Have Nine Lives）的論文中，說出呈現這種脆弱性的原因。將貓或老鼠從牠們身高幾倍的地方丟下去，牠們通常能夠存活。相較之下，大象很容易跌斷四肢。

柯維爾和小柯維爾

我們來看庸俗金融業的一個個案，因為這個領域中，參與者非常擅長於犯錯。二〇〇八年一月二十一日，巴黎的興業銀行急著在市場出售價值將近七百億美元的股票。對任何單一的「賤賣」急件來說，這是非常龐大的金額。那時各地的市場不是很活躍（稱之為「淡靜」），因為美國正逢馬丁．路德．金恩紀念日，世界各地市場應聲重挫接近一〇％，導致這家銀行光是從它的賤賣行動，便損失了將近六十億美元。整件忍痛拋售行動的重點，在於他們等不得，除了將出售股票變成賤賣股票，別無選擇。因為他們在週末發現一件詐欺案。後勤辦公室的不肖員工傑洛姆．柯維爾（Jerome Kerviel）在市場中玩得太大，而且隱匿暴露程度，不讓主電腦系統知道。除了立即賣出他們不知道自己擁有的這些股票，別無選擇。

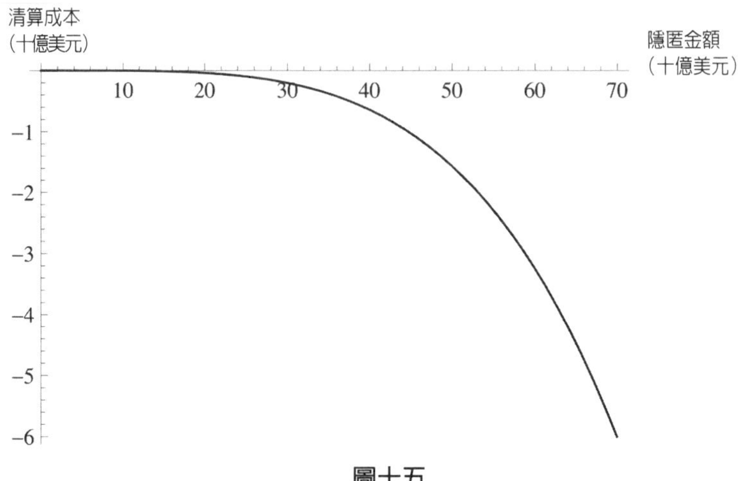

圖十五

小可能是美；但絕對比較不脆弱。這張圖顯示錯誤規模對應到交易成本的函數：交易成本會成非線性增加，讓我們見識到超級脆弱性。

現在來看看從規模而來的脆弱性造成的影響。圖十五畫出虧損和出售數量之間的關係。賤賣價值七百億美元的股票，造成六十億美元的損失。但是賤賣十分之一的金額，也就是七十億美元，根本沒有損失，因爲市場能在毫無恐慌，甚至不知不覺的狀況下，吸收這麼大的數量。所以這告訴我們：如果不是一家非常大的銀行冒出柯維爾先生這樣一個不肖的交易員，而是有十家規模比較小的銀行，各有一位等比例縮小的柯維爾先生，而且每一位小柯維爾都獨立和隨機執行他的不法交易，十家銀行的總損失將接近零。

在柯維爾事件爆發之前約幾個星期，法國一家商學院請我去興業銀行的布拉格高階主管會議上發表演說，談我對「黑天鵝」風險的看法。在這些銀行家眼中，我就像是混在一年一度前往麥加朝聖的伊斯蘭教徒中的耶穌會傳道士——他們的「數字達人」和風險管理人員很討厭我，而我非常後悔，由於配有同步翻譯，沒有堅持用阿拉伯語發表演說。我談的是像特里費特使用的那種假風險技術——我說過，這是常用的方法，用以衡量和預測事件，而且這種方法不曾發揮功效——以及我們如何需要將注意重點放在脆弱性和槓鈴上。在演說中，我遭到柯維爾的主管和他的同事，也就是風險管理部門主管，毫不留情地激烈質問。講完之後，每個人都不理我，好像我是火星人，現場瀰漫著「是誰把這個傢伙叫到這裡」的尷尬氣氛（我是被法國商學院選派來的，不是銀行選的）。只有董事長給我好臉色看，因為他誤將我當成別人，而且根本不懂我在講些什麼。

因此當我回到紐約之後不久，柯維爾的交易醜聞爆發，讀者應該能夠想像我的心境。由於法律上的理由，我必須緊閉雙唇（除了幾次說溜嘴），但實在很難熬。

事後分析將問題歸因於控制不良和資本主義制度不好，以及銀行缺乏警覺，但顯然都錯了。事實不然。原因也不在一般所認為的「貪婪」。問題主要和規模有關，而且脆弱性是來自規模。

務請將一塊大石頭和許多小石子的差異銘記在心。柯維爾的故事很能說明我們想表達的要點，所以我們可以將它概化，觀察跨領域的證據。

專業管理中，班特．傅萊傑格（Bent Flyvbjerg）根據確切的證據告訴我們：專案規模增大，會使結果不良，並且延誤成本占總預算的百分率會升高。但是有個細微的差異：會有影響的是專案每一部分的規模，不是看整個專案的規模——有些專案可以細分成幾個部分，有些則不然。橋樑和隧道專案需要整體規劃，無法細分成幾個小部分；它們的成本超支百分率會隨著規模而顯著增加。水壩也是一樣。至於道路，由於是一小段一小段興建起來，所以沒有嚴重的規模效應，因爲專案經理人只會承受小錯誤，能夠視狀況而修正。小部分只會出現小錯誤，忍痛承受的成本不會很嚴重。

規模的另一個層面：大公司也會危及附近的社區。儘管廣告宣傳大型連鎖超級商店有許多利益，我卻以下面所說的論點表示反對。一家超級大賣場想收購我住家附近的整個社區，居民群起譁然，因爲這項改變會影響社區的特質。興建這座賣場所依據的論點，是爲了重振這個地區的經濟，或者類似的故事。我根據下面所說的理由，反對這項提案：萬一那家公司倒閉（房間內的統計大象說，最後一定倒閉），我們將留下一大塊戰區。英國顧問師羅漢·席爾瓦（Rohan Silva）和史蒂夫·希爾頓（Steve Hilton），便是根據這種論點，支持小型零售商，以及充滿詩意的「小就是美」。只算利益，卻不將失敗的機率包括進來，絕對是大錯特錯的。②

如何逃出電影院

再來談另一個忍痛成本的例子：不妨想像人如何逃出電影院。如果有人大喊「失火了」，可能有十多個人被踩死。所以戲院的規模具有脆弱性，原因在於每增加一個人搶著逃出，傷害就會

②細微的差異：「大」和「小」的概念，是相對於某個生態或商業結構而言。對飛機製造商來說的小，不同於麵包店所說的「小」。根據歐洲聯盟的輔助性原則（subsidiarity principle），這裡所說的「小」，意思是指某一職能或任務能在某一效率水準上運作的可能最小單位。

增加（這種不成比例的傷害，是一種負凸性效應）。一分鐘內有一千個人逃離（或者試圖逃離），不同於同樣數目的人在半個小時內離開。不熟悉商業的某個人，天真地將某個地方（例如希斯洛機場）**優化**，可能不知道在正常情況下順暢運轉，不同於承受壓力時運轉不順的觀念。

於是現代經濟追求優化的生活，使我們蓋起愈來愈大的戲院，卻還是只安裝相同的門。他們在興建影城、戲院和體育館時，不再太常犯這種錯誤，但我們傾向於在其他領域，例如天然資源和食物供應方面，犯下相同的錯誤。舉個例子來說就知道。二〇〇四至二〇〇七年，小麥價格漲爲三倍以上，而導火線只是淨需求微幅增加約一％。③

瓶頸是所有忍痛成本之源。

預估與預測

為什麼飛機沒有提早抵達

如同以往，我們先從交通問題談起，然後推而廣之，踏進到其他領域。旅客（通常）不喜歡

③另一個問題是誤解天然資源或任何特別稀有和重要的東西所呈現的非線性。經濟學家有所謂的稀缺法則（law of scarcity），指東西的價值會因爲需求增加而上升——但他們忽視了風險非線性造成的影響。我和以前的論文指導赫利葉特・傑曼（Hélyette Geman）正在研究的「凸性法則」，使得各種商品，尤其是十分重要的商品，變得比以前所想的要貴。

不確定性——尤其是在照著固定行程表旅行的時候，爲什麼？因爲影響是單方面的。

我經常搭乘倫敦到紐約的同一條航線，單程約需七個小時，足夠看完一本小書，加上和鄰座簡短且禮貌地交談，以及吃一頓飯，配波特酒、斯蒂爾頓奶酪和餅乾。記得有幾次，飛機早到約二十分鐘，但最早就是這麼多了。可是有些時候，飛機晚到二或三個小時，而且至少有一次，晚了兩天才抵達目的地。

由於旅行時間不可能眞的是負値，所以不確定性往往造成延誤，使得抵達時間增長，幾乎不會減少。或者，抵達時間會縮短幾分鐘，但拉長幾個小時。這是明顯的不對稱。任何出乎意料的事情、任何震撼、任何波動，導致總飛行時間增長的可能性高得多。

這也說明了如果你將時間的流逝看成混亂增加，那麼從某方面來說，這也解釋了時間是不可逆轉的。

現在將這個概念應用到專案上。就像當你把不確定性加到搭機旅行，飛機通常會比較晚落地，而不是比較早（這些物理定律十分普遍，甚至在俄羅斯也行得通），當你把不確定性加到專案上，它們的成本往往會增加，完成的時間會拉長。這適用於許多專案，實際上適用於幾乎所有的專案。

過去我的解讀是心理偏誤使然，也就是低估世界的隨機結構，是造成這種低估背後的原因——專案完成的時間，比原先計畫的要長，因爲當初的估計太過樂觀。我們握有發生這種偏誤的證據，稱之爲過度自信。決策科學家和商業心理學家已經將稱爲「規劃謬誤」（planning fallacy）的某種東西理論化，試著利用心理因素，解釋專案花更長時間才完成，很少花較短時間完成的事實。

但是讓我們不解的是，過去一個世紀左右，這種低估似乎並不存在，而我們那時候，來往的是相同的人，也有相同的偏誤。一個半世紀前展開的許多大型專案，都準時完成；我們今天看到的許多高樓和紀念物不只比現代結構優雅，而且不但準時落成，更經常提早完工。這些專案不只包括帝國大廈（仍然聳立在紐約），也包括一八五一年用來舉辦大博覽會（Great Exhibition）而興建的倫敦水晶宮，是根據一位園丁富有創意的觀念，具體展現維多利亞統治時期的面貌。這座水晶宮從概念到隆重揭幕，只花了九個月。這棟建築是座龐大的玻璃屋，長一、八四八呎，寬四五四呎；它用鑄鐵框架組件作爲結構，玻璃幾乎完全在伯明罕和斯梅西克（Smethwick）生產。

但是顯而易見的事情往往遭人忽視：水晶宮專案並沒有使用電腦，零組件的生產離供應來源不遠，參與供應鏈的企業家數很少。此外，當時並沒有商學院，教導「專案管理」之類的知識和提高過度自信。當時沒有顧問公司。代理問題（定義爲代理人和當事人的利益不同）並不顯著。換句話說，那是線性程度遠高於現在的經濟體——比起現在較不複雜。今天的世界有比較多的非線性——不對稱性、凸性。

由於複雜性、各部分間的相互依存、全球化和稱作「效率」的該死東西，使得人們現在航行時太靠近風，所以「黑天鵝」效應必然增強。此外，還要加上顧問師和商學院。某個地方出了一個問題，能使整個專案叫停——所以專案往往像整個連結中最弱的一環那般弱（以及發生劇烈的負凸性效應）。世界愈來愈難以預測，而且我們愈來愈依賴那些錯誤和交互作用愈來愈難以估計，更別說是去預測的技術。

資訊經濟難辭其咎。前面在提到橋樑和道路專案時說過的傅萊傑格，給了我們另一個結果。由於資訊技術的存在，成本超支和延誤的問題變得更加劇烈，因爲電腦專案占掉這些成本超支很大的一部分，而且最好將注意力放在這些事情上。但即使並非側重資訊技術的專案，延誤情形往往也非常嚴重。

但是邏輯很簡單：同樣的，負凸性效應是罪魁禍首、直接且顯而易見的原因。錯誤傷害你的方式具有不對稱性——這和外出旅行一樣。

討論「規劃謬誤」的心理學家，沒人知道追根究柢，這並不是心理問題，和人的錯誤無關；這是和專案的非線性結構有關。正如時間不可能是負値，三個月的專案也不可能在零時間內和負時間內完成。因此，在從左而右的時間軸上，錯誤會往右端加上去，不是加到左端。如果不確定是線性的，我們會看到有些專案非常早完成（正如我們有時非常早就到達，有時則非常晚才到達）。但情況並非如此。

戰爭、赤字和赤字

第一次世界大戰本來估計只持續幾個月；結束的時候，法國和英國身陷債務之中；它們背負的債務，至少是它們認爲自己承受的財務成本的十倍，更別提所有那些可怕的事情、苦難和破壞。第二次世界大戰當然也相同，加重了英國的債務，使它成爲債務負擔沉重的國家，而且主要是欠美國的錢。

美國的首要例子仍然是伊拉克戰爭。小布希和他的朋友預期成本只要三百億到六百億美元，可是到目前爲止，考慮所有的間接成本，很可能超過二兆美元——間接成本成倍數成長、造成連鎖反應、交互作用之後出現爆炸性的連鎖現象，所有這些都往成本加重而非減少的相同方向走。複雜性加上不對稱性（再加上小布希這種人），同樣導致錯誤爆炸性惡化。軍隊的規模愈大，成本超支會更大得不成比例。

但是戰爭的例子——錯誤高達二十倍以上——只是用來說明政府的確低估爆炸性的非線性（凸性效應），以及爲何不該將金融或任何大型決策託交它們。事實上，政府不需要戰爭，也能使我們遭受赤字的困擾：它們老是低估施政計畫的成本，而這是九八%的當代施政計畫成本超支的共同理由。它們最後花掉的錢，多於它們告訴我們的。於是我訂下一個政府黃金守則：不准借錢、強制財政平衡。

強調「效率」的地方偏偏缺乏效率

我們很容易看到脆弱性的成本在眼前膨脹。經通貨膨脹調整後，今天全球的災難成本是一九八〇年代的三倍以上。富有遠見的極端事件研究工作者丹尼爾·札登韋伯（Daniel Zajdenweber）不久前指出，這個效應似乎正在加快之中。經濟可能變得愈來愈有「效率」，但脆弱性使得錯誤的成本變得更高。

證券交易所已經從「公開喊價」轉型。交易員本來彼此面對面，像在露天市集那樣又吼又叫，然後一起出去喝一杯。現在交易員被電腦取代了，有形利益很小，風險卻很大。交易員所犯的錯誤有限且分散，電腦化系統犯下的錯誤卻其大無比。——二〇一〇年八月，一次電腦錯誤導致整個市場崩盤（稱之爲閃電崩盤〔flash crash〕）；二〇一二年八月，就在本書付梓之際，騎士資本集團（Knight Capital Group）的電腦系統發狂，一分鐘發生一千萬美元的損失，總共損失四億八千萬美元。

天眞的成本效益分析可能只顯現會有一點傷害，但是這種效應當然會隨著規模而膨脹。舉例來說，法國以前專心於發展核能，因爲看起來「乾淨」且便宜，而且在電腦螢幕上呈現「優化」狀態。接著，在二〇一一年的福島災難敲響警鐘之後，他們發現需要實施額外的安全措施，並且不計任何成本拚命地增加這些措施。就某方面來說，這和我前面提到的忍痛類似：它們被迫不管代價爲何，都必須投資。這種額外的費用，並非當初做決定時成本效益分析的一部分，而且當時在電腦螢幕上看起來一切良好。因此，在決定選擇一種燃料來源，或另一種燃料來源，或者進行類似的比較時，我們並不知道模型誤差對某一邊的衝擊是否可能大於另一邊。

污染和地球遭受的傷害

從這裡，我們可以提出一個簡單的生態政策。我們都知道，化石燃料會以非線性的方式造成傷害。這種傷害必然是凹性的（少數一些化石燃料沒有傷害，許多化石燃料卻會大大干擾氣候）。雖然從認識論的基礎上來說，由於不透明性，我們不需要相信人類的確會造成氣候變遷，也會在生態上採取保守的措施，所以能將這些凸性效應用於針對污染，提出風險管理準則。簡單的說，由於規模的關係，最好將你的污染來源分散到許多天然資源。十種不同的來源造成的污染傷害，小於單一來源等量的污染。④

現在來看看我們的祖先如何採用像大自然那樣的機制，調節集中效應（concentration effects）。當代人類到商店買相同的東西，例如鮪魚、咖啡或茶、米、義大利乾酪、卡本內葡萄酒（Cabernet wine）、橄欖油，以及我們覺得不是那麼容易替代的其他物品。由於當代的習慣、文化傳染具有黏著力，加上工廠的僵化，我們被引導去過度消費特定的產品。這種集中是有害的，例如，過度消費鮪魚，可能傷害其他動物，攪亂生態體系，導致物種滅絕。而且，不只傷害會以非線性增大，短缺也會使價格不成比例地上漲。

先人的做法不同。研究複雜性的專家珍妮佛．鄧恩（Jennifer Dunne）致力研究狩獵採集者，檢視了阿留申人的行爲證據。阿留申人是北美的原住民部落，長達五千年的資料十分豐富。他們不集中獵捕某些獵物，實施獵物輪換策略的行爲十分引人注目。他們的習慣不像我們那樣黏著和僵化。每當一種資源低落，他們就會改用其他一種資源，好像是爲了保存生態體系似的。所以他們了解凸性效應——或者他們的行爲表現出這種了解。

④正如我們在混亂家族表見到的，波動性和不確定性是相等的。因此，當不確定性增加，脆弱的東西會受到傷害。

請注意全球化會產生全球傳染的現象——好像整個世界變成一個大房間，出口很窄，萬一所有的人搶著從相同的門出去，傷害就會加劇。正如每一個孩子都在看「哈利波特」（Harry Potter）和加入（目前如此）臉書（Facebook），等到人們變得富有，他們就會開始從事相同的活動，購買相同的物品。他們會喝卡本內葡萄酒，希望到威尼斯和佛羅倫斯一遊，夢想在法國南部購買第二棟房子。觀光景點已經變得不勝負荷。不信的話，下次七月時不妨到威尼斯去玩玩。

財富的非線性

我們當然可以將當代全球化的脆弱化效應歸因於複雜性，以及相互連結和文化傳染，使得經濟變數的波動遠比從前激烈——這是轉爲極端世界的典型現象。但還有另一種效應：財富。財富意指更多，而由於非線性增大的效應，更多會不一樣。我們會只因爲更加富有，傾向於犯下更爲嚴重的錯誤。正如一億美元的專案比起五百萬美元的專案更難預測，以及更有可能發生成本超支，單單因爲更加有錢，世界就會因爲難以預測和脆弱性增加而陷入麻煩。在國家的層級，人們高度夢想的GDP成長是如此。連在個人的層級，財富也令人更加頭痛；和當初在取得財富時比起來，我們可能需要更加賣力工作，才能緩和從財富而來的併發症。

小結

本章得到的結論是：從瓷杯到組織，再到政治體系，到公司的規模，或者機場的延誤，任何領域的脆弱性，原因都起於非線性。此外，我們的發現可能被視爲我們反對赤字。不妨想想和飛機延誤或專案超支剛好相反的情形——也就是能從不確定受益的某種東西。我們發現的事情，給了我們一幅鏡像，和我們見到的脆弱、討厭隨機性的情況剛好相反。

19 點金石與反點金石

他們告訴你何時會倒閉——黃金有時是一種特殊的鉛

各位讀者，在我大費周章將前面幾章的觀念說得讓你更加清楚之後，現在換我輕鬆些，用技術方法來表達一些事情。因此，本章——深入探討前一章所說的觀念——將比較沉重，已經明白箇中道理的讀者不妨跳過。

如何察覺誰將倒閉

我們來檢視察覺脆弱性——反點金石——的一種方法。我們可以用政府資助的龐大貸款公司房利美（Fannie Mae）的故事來說明。這家公司倒閉之後，美國的納稅人損失數千億美元之多（數字仍在計算之中）。

二〇〇三年某日，《紐約時報》的新聞記者艾力克斯．貝倫森（Alex Berenson），帶著揭弊者給他的房利美機密風險報告來我的辦公室。那種報告直探風險計算方法的核心，只有內部人才看得到——房利美自行計算風險，並且向它想要揭露的人（可能是公家機關，或者其他某個人）揭露。只有揭弊者能讓我們一窺堂奧，曉得風險是怎麼計算的。

我們看了報告：很簡單，某個經濟變數向上，房利美會發生龐大的虧損，（往反方向）向下則只有小額的利潤。再向上，額外的虧損會更大，再向下，利潤更小。看起來和圖九的石頭故事完全相同。很明顯可以看出傷害加快——傷害其實十分巨大。所以我們立即得知爆炸在所難免：他們的暴露程度呈現嚴重的「凹性」，和圖十四的交通圖類似：經濟變數一有偏離，虧損就會加速累積（我甚至不需要知道哪種經濟變數，因為對一種變數呈現這麼大的脆弱性，表示對其他所有的參數也呈現脆弱性）。我是用自己的感覺去思考，不是用大腦，在我了解自己所看的數字是什麼之前，便感到一陣劇痛。這是所有的脆弱性之最，而且要感謝貝倫森，《紐約時報》把我關切的事情說了出來。之後開始有人抹黑我，但沒什麼大不了。因為我在同一時間，指稱一些關鍵人物是騙子，他們聽了不是很開心。

關鍵在於非線性受極端事件的影響大得多——可是沒人對極端事件感興趣，因為他們在心裡封鎖它們。

我一再告訴任何願意聽的人，包括隨手招到的計程車司機（好吧，差不多每一位都談了），說房利美這家公司「坐在一桶炸藥上」。爆炸當然不會每天發生（就像建設不良的橋梁不會立即斷掉那樣），而且有人不斷表示，我的看法錯了，毫無根據（他們利用的論點是股價正在上漲，或者更為圓滑的某些說法）。我也推斷，其他機構、幾乎所有的銀行，都處於相同的狀況。在探討過類似的機構，並且看到問題相當普遍之後，我發現銀行體系相當肯定會全面崩垮。我也確定自己再也看不下去了，於是回到市場，對火雞做出報復。就像《教父三》（*The Godfather III*）中的一幕說的：「正當我以爲已經出去了，他們又把我拉回來。」

事情果然發生了，好像命運早就安排好了似的。房利美和其他銀行紛紛倒閉，只是所花時間比預期的稍長一點，但差別不大。

這個故事中，愚蠢的部分在於我沒看到金融和一般脆弱性之間的關係──我也沒有使用「脆弱性」一詞。也許是因爲我沒有看到太多瓷杯吧。但由於我在閣樓閉門苦讀，所以有了衡量脆弱性的量數，也因此有了衡量反脆弱性的量數。

歸根結柢，一切如下所述：研判當我們計算錯誤或預測錯誤，整體而言是否傷害多於利益，以及傷害會如何加重。就像前面所說的國王的故事，十公斤重的石頭造成的傷害，是五公斤石頭所造成傷害的兩倍以上。傷害加重意味著大石頭會置人於死地。同樣的，大的市場偏差，最後會置企業於死地。

我一發現脆弱性直接來自非線性和凸性效應，以及凸性是可以衡量的，便興奮異常。察覺傷害**加重**的技術適用於需要在不確定的情況下做決定的任何事情和風險管理。雖然這在醫療和技術方面最爲有趣，但立即有需要的領域是經濟。所以我向國際貨幣基金（International Monetary Fund; IMF）建議使用一種脆弱性量數，替代他們知道不靈光的風險量數。風險業中的大部分人，都對他們所用模型的不良（應該說是隨機）表現倍感挫折，但他們不喜歡我先前的「不要使用任何模型」的立場：他們想要某種東西。一種風險量數就在那邊等著他們使用。①

我們就來介紹可以使用的方法。這種技術是一種簡單的試探啓發法，稱作**脆弱性（和反脆弱性）察覺試探啓發法**，運作方式如下：假設你想要探討一座城鎮是否過度優化。假設你衡量行經那座城鎮的汽車增加一萬輛時，通車時間多出十分鐘。如果再增加一萬輛，通車時間多出三十分鐘。通車時間加速增加，顯示交通呈現脆弱性，表示車輛太多，需要減少，直到加速增加變得溫和爲止（再說一次，加速是一種急凹性或者負凸性效應）。

同樣的，政府的赤字對於經濟狀況的變動，特別呈現凹性。比方說，失業率每增加一單位的偏差——尤其是當政府背負債務時——赤字就會變得更加惡化。一家公司的財務槓桿也有相同的效應：你需要借愈來愈多的錢，才能得到相同的效應。這就像龐奇騙術。

脆弱公司的營運槓桿也是一樣。營業額增加一〇%時利潤增加的金額，會低於營業額下降一〇%時利潤減少的金額。

我直覺上利用這種技術，宣稱備受尊崇的公司房利美行將就木——而且很容易據此提出一個

---

①這個方法不需要良好的風險衡量模型。拿一把直尺來說。假設你曉得它的刻度是錯的，沒辦法衡量孩子的身高。但它肯定能夠告訴你孩子是否正在長高。事實上，衡量長高速率會犯下的錯誤，遠比你衡量他的身高犯下的錯誤要小。磅秤也是一樣：不管磅秤做得多麼不好，十之八九總能告訴你體重是否正在增加，所以不要再抱怨了。

凸性談的是加快。衡量凸性效應以察覺模型誤差，叫人讚嘆的地方，在於即使用於運算的模型是錯的，它也能告訴你某個實體是否脆弱，以及它有多脆弱。對於有瑕疵的磅秤，我們只看二階效應。

經驗法則。現在我們可以給ＩＭＦ一個簡單的量數。它看起來很簡單、太過簡單，所以「專家」起初的反應是認爲它「微不足道」（以前顯然不曾察覺這些風險的人是這麼說的。至於學者和計量分析師，總是嘲弄他們一看就懂的東西，而且會被不是他們想出來的東西激怒）。

根據人應該利用別人的愚蠢取樂這個神奇的原則，我找來朋友拉斐爾・陶亞迪（Raphael Douady）合作，用最深奧的數學推導式，加上得花（專業人士）半天時間才想得通的莫測高深定理，表達這個簡單的觀念。拉斐爾、布魯諾・杜皮爾（Bruno Dupire）和我將近二十年來不斷討論帶有風險的每一件事——每一件事——選擇權專業人士從他們的有利觀點看它們，會遠爲嚴謹和清楚。拉斐爾和我證明了非線性、厭惡波動性和脆弱性之間的關係。說起來令人驚訝——也已經證明如此——如果你能用錯綜複雜的方式，加上深奧難懂的定理，去說明某些本來簡單易懂的事情，即使那些複雜的方程式並沒有使嚴謹程度大增，別人也會對你所提的觀念肅然起敬。我們只獲得正面的反應，現在聽到人們說，這個簡單的察覺試探啓發法「十分聰明」（說這些話的人，是本來認爲它微不足道的同一票人）。唯一的問題是，數學是附加上去的。

正與負模型誤差的觀念

現在來談談我相信是我眞正的專長所在：模型的誤差。

我在廁身交易業時，經常犯下許多執行上的錯誤。比方說，我本來要買一千單位，隔天才發現事實上買了兩千單位，如果價格上漲，那麼利潤相當可觀。一旦相反，就會承受很大的損失。

所以這樣的錯誤產生的影響，長期而言會相互抵消，因爲它們能在兩個方向對你造成影響。它們導致變異增加，對你的業務影響卻不大。它們不會製造片面的結果。而由於規模有它的上限，這些錯誤可以受到控制——你執行許多小交易，因此錯誤仍然很小。到了年底，錯誤通常會如業內人士所說的「洗掉」。

但是我們建立的大部分東西卻不是這樣，而且錯誤是和呈現脆弱性的東西有關，結果產生負凸性效應。這一類的錯誤會產生單向的結果，也就是產生負值，往往導致飛機晚到，而不是早到。戰爭往往變得更糟，而不是變得更好。就像我們在交通方面看到的，變異（現在稱之爲動亂〔disturbances〕）往往使得從南肯辛頓（South Kensington）到皮卡迪利廣場（Piccadilly Circus）的通車時間增加，永遠不會縮短。像交通之類的某些事情，很少經歷等量的正動亂。

這種往一邊倒的片面性會使我們既低估隨機性，也低估傷害，原因在於一個人因爲錯誤而暴露在傷害中的程度，大於受到的利益。如果長期而言，隨機性來源在某個方向的變異和另一個方向的變異一樣多，傷害會遠遠高於利益。

所以——這是三元組的關鍵——我們可以將事物做三種簡單的區分：長期而言喜歡動亂（或者錯誤）的事物、對它們呈現中性反應的事物，以及厭惡它們的事物。到現在，我們已經見到進化喜歡動亂，我們也見到發現喜歡動亂。有些預測會受到不確定性的傷害——而且就像交通時間，我們需要緩衝。航空公司已經想出怎麼做這件事，但政府在估計赤字時則不然。

這種方法非常普遍。我甚至將它用在福島式的運算上，並且發現他們的小機率運算如何脆弱——事實上，所有的小機率面對錯誤都顯得非常脆弱，因爲所做的假設稍微有點變動，機率就會急遽升高，從每百萬分之一跳升爲每百分之一。這相當於低估一萬倍。

最後，這種方法可以告訴我們，經濟模型所用的數學在哪裡是假的——哪些模型顯得脆弱，以及哪些模型不然。只要稍微改變假設，看看影響有多大，以及那種影響是否會加速就知道了。所謂加速，就像房利美那樣，意味著依賴那個模型的某個人會因爲「黑天鵝」效應而爆炸。眞的很容易。本書附錄提供了詳細的方法，可用於察覺經濟學中的哪些結果是假的——並且討論小機率的問題。我在這裡只想說，經濟學和計量經濟所教的東西，只要帶有方程式，大都應該立即捨棄——這可以說明爲什麼經濟學大致上是騙人的專業。脆弱推手，總是帶來脆弱！

如何失去祖母

接下來我要解釋下述的非線性效應：平均數——也就是一階效應——無關緊要的狀況。這是我們探討點金石運作之前的第一步。

如同俗話所說：

> 如果一條河平均深四呎，千萬不要過河。

你剛接獲通知，說你祖母接下來兩個小時，將待在華氏七十度（約爲攝氏二十一度）非常宜人的平均溫度中。好極了，你心裡想著，因爲七十度的溫度對祖母再適合不過了。由於你念過商學院，所以是那種看「大畫面」的人，非常滿意這個摘要資訊。

但是又來了第二份資料。說你祖母第一個小時將待在華氏零度（約爲攝氏負八度），第二個小時待在一百四十度（約爲攝氏六十度），平均是非常宜人的地中海式七十度（攝氏二十一度）的環境中。這下子，看起來你很可能失去祖母，喪禮在所難免，而且可能繼承一筆遺產。

溫度偏離七十度之後，變動所造成的傷害顯然愈來愈大。你應該知道，第二份資訊，也就是變異性，比第一份資訊重要。當一個人面對變異顯得脆弱，平均數的概念便不重要——這個時候，溫度可能的離散情形，重要性大得多。你的祖母對溫度的變異、氣候的波動顯得脆弱。我們將第二份資訊稱作**二階效應**，或者更準確地說，叫作**凸性效應**。

平均數的概念雖然用來簡化很好，但它也可能是普羅克拉斯提斯之床。華氏七十度的平均溫度，這個資訊並沒有將祖母的處境簡化。這只是將資訊塞進普羅克拉斯提斯之床——科學模型的建立者必然會做這種事，因爲模型的**特性**，正是在於簡化。但我們不希望簡化將眞實的狀況扭曲到造成傷害。

圖十六顯示祖母的健康狀況面對變異所呈現的脆弱性。我將縱軸定爲健康，橫軸定爲溫度。曲線的形狀向內凹——這是「凹」形，或者呈現負凸性效應。

如果祖母的反應是「線性」（不是曲線，而是呈現一條直線），那麼溫度七十度以下造成的傷害，會被在它之上的溫度所帶來的利益抵銷。但是祖母的健康一定會在某個點達到最高值，之後再也上不去，否則健康會不斷改善。

在我們快速往比較一般性的特質推進時，暫時可這麼認爲；就祖母的健康對溫度的反應來

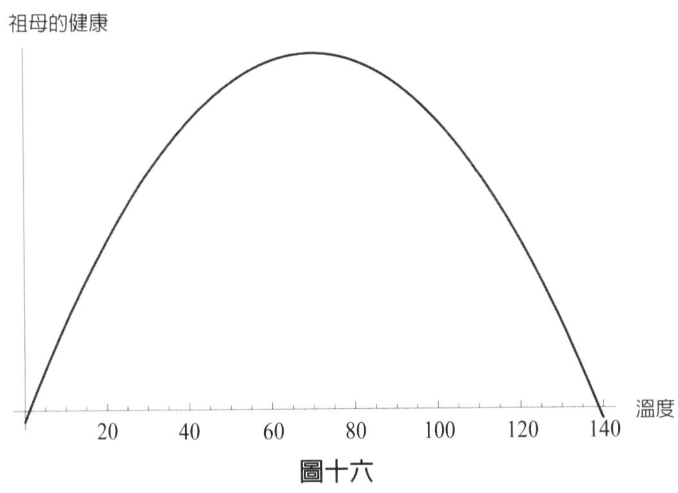

圖十六

超脆弱性。健康爲溫度的函數所畫出的曲線向內凹。（華氏）零度和一百四十度的組合，對祖母的健康來說，比一直維持七十度要糟。事實上，平均數爲七十度的幾乎任何組合，都比一直維持七十度要糟。② 這張圖顯示凹性或者負凸性效應——曲線向內凹。

說：(a)這裡呈現非線性（反應並非一條直線，也就是並非「線性」），(b)曲線過分向內凹，以及(c)反應的非線性愈大，平均數的重要性愈低，而穩定在這種平均數附近的重要性愈高。

現在來談點金石③

中世紀的人把不少心思放在尋找點金

②這裡是有點簡化。七十度上下幾度的溫度變化，可能讓祖母感覺比一直維持七十度要好，但這裡跳過這種細微的差別不談。事實上，在某個點之下，比較年輕的人對於溫度的變異具有反脆弱性，也就是從這種變異獲益，然後隨著年齡增長而失去這種反脆弱性（或者不再具有反脆弱性，因爲我懷疑一定的溫度會使年老的人感到舒適，因此使他們變得脆弱）。

③我要提醒讀者，這一節相當技術性，可以跳過不看。

石上。我們要提醒讀者：chemistry（化學）一字來自alchemy（煉金術），其中大都是在探討物質的化學力量。人們的努力重點，在於利用**嬗變法**，將金屬化爲黃金，從而創造價值。這個過程中，必要的物質稱作點金石——哲學家之石。許多人沉迷其中，包括阿爾伯圖斯．馬格納斯（Albertus Magnus）、艾薩克．牛頓（Isaac Newton）和羅傑．培根（Roger Bacon）等學者，以及不算學者的偉大思想家帕拉塞爾蘇斯（Paracelsus）。

嬗變法的運作被稱作**馬格納斯作品**（Magnus Opus）——（曠世）巨作——可不是件小事。我眞的相信我——根據可選擇性的某些特質——將討論的運作，和先人的努力一樣接近點金石。

以下的說明將讓我們了解：

(a) 混為一談問題（誤將油價當作地緣政治，或者誤將下賭贏錢當作預測得好——而不是從報償和可選擇性的凸性而來）的嚴重性。

(b) 為何擁有可選擇性的任何事情都具有長期的優勢——以及如何衡量它。

(c) 稱作詹森不等式的另一微妙特質。

第十八章所舉的交通例子說，一個小時有九萬輛車子，下一個小時車子增爲十一萬輛，雖然平均只是十萬輛，交通狀況卻很可怕。另一方面，假設兩個小時的車輛都是十萬輛，交通會非常順暢，通車時間會相當短。

車輛數是**某樣東西**，也就是個變數；交通時間是**某樣東西的函數**。**函數**的表現就像我們說過的，「不是同一回事」。我們可以在這裡看到，由於非線性，**某樣東西的函數**變得和**某樣東西**不同。

(a) 非線性愈大，**某樣東西的函數**愈是偏離**某樣東西**。如果交通呈現線性，下列兩種狀況的通車時間將沒有差異：先是九萬輛，然後是十一萬輛車子，或者一直都是十萬輛。

(b) 某樣東西的波動性愈大——也就是更加不確定——**函數**愈是偏離**某樣東西**。我們再用車子的平均數來說。函數（通車時間）受平均數的波動影響較大。如果分布不平均，情況就會惡化。就算平均數相同，你會希望兩段時間的車子都是十萬輛；先是八萬輛，然後是十二萬輛，會比先是九萬輛，然後是十一萬輛要來得糟。

(c) 如果函數呈現凸性（反脆弱），那麼**某樣東西**的函數平均數將高於**某樣東西**平均數的函數。函數如為凹性（脆弱），情況則相反。

我們拿個例子來說明(c)，因爲它是比較複雜的偏誤版本。假設討論中的函數是平方函數（將一個數字乘以本身）。這是凸函數。取來一個傳統的骰子（六面），假設報償等於面朝上的數字，也就是你得到的報酬等於骰子擲出來的數目——如果是一，得到一，如果是二，得到二，如果是六，最高得到六。期望（平均）報償的平方是$(1+2+3+4+5+6 \text{ 除以 } 6)^2$，等於$3.5^2$，得到12.25。所以**平均數的函數**等於12.25。

但是函數的平均數如下所述。取每一個報償的平方，$1^2+2^2+3^2+4^2+5^2+6^2$除以6，得到平方報償的平均數，所以**函數的平均數**等於 15.17。

因此，由於平方是個凸函數，平方報償的平均數高於平均報償的平方。15.17 和 12.25 之間的差異，就是我說的反脆弱隱形利益——這裡有二〇%的「優勢」（edge）。

這裡面有兩個偏誤：一個是基本的凸性效應，導致人們誤將某樣東西平均數（這裡是 3.5）的特性和某樣東西的（凸）函數平均數（這裡是 15.17）混爲一談，第二個偏誤比較複雜，是誤將函數的平均數當作平均數的函數，這裡是指誤將 15.17 當作 12.25。後者代表可選擇性。

擁有線性報償的人，需要有五〇%的次數正確。擁有凸性報償的人，需要的正確次數則少得多。反脆弱性的隱形利益是指你可以猜得比隨機要差，最後的表現卻仍然超前。可選擇性的力量就是在這裡——**某樣東西的函數**凸性很大，所以你能夠做錯卻仍有不錯的表現——也就是不確定性愈高愈好。

這解釋了我的說法：你可以愚笨但具有反脆弱性，表現仍然會很好。

這個隱形的「凸性偏誤」，來自稱作詹森不等式的數學特性。這是一般的創新論述所漏失的地方。如果你忽視凸型偏誤，你會錯過非線性世界運作的一大段。而這的確是相關的論述所遺漏的觀念。對不起。④

如何化黃金為糞土：反點金石

我們拿前面的相同例子來說，但是使用平方根函數（和平方恰好相反，呈現凹性，但是凹性遠低於平方函數的凸性）。

期望（平均）報償的平方根是 $\sqrt{(1+2+3+4+5+6 \text{ 除以 } 6)}$，等於 $\sqrt{3.5}$，得到 1.87，也就是**平均數的函數**等於 1.87。

但是函數的平均數如下所述：取每一個報償的平方根，$(\sqrt{1}+\sqrt{2}+\sqrt{3}+\sqrt{4}+\sqrt{5}+\sqrt{6})$ 除以 6，算出平均平方根報償，也就是**函數的平均數**等於 1.80。

兩者的差異稱作「負凸性偏誤」（或者如果你是愛挑剔的人，則稱之爲「凹性偏誤」）。脆弱性的隱形傷害是你的預測需要遠優於隨機，而且曉得你正往哪裡去，才能抵銷負效應。

且讓我彙整前面的論點：如果你擁有有利的不對稱性或者正凸性（選擇權是個特殊例子），那麼長期而言，你的表現會相當好，在不確定存在的情況下，表現優於平均數。不確定性愈大，可選擇性便扮演愈吃重的角色，而且更好的表現會更好。這個特質對人生十分重要。

---

④祖母在華氏七十度的時候，健康狀況比一個小時爲零度，另一個小時爲一百四十度，平均七十度要好。平均數兩邊的離散愈大，對她的傷害愈強。我們來看看 x 和 x 的函數（也就是 $f(x)$）有違直覺的效應。我們將祖母的健康狀況寫成 $f(x)$，其中 x 代表溫度，這一來平均溫度的函數是 $f\{(0+140)/2\}$，顯示祖母的健康狀況十分良好。但是 $\{f(0)+f(140)\}/2$ 卻在 $f(0)$，留給我們一個死祖母，以及在 $f(140)$ 留下一個死祖母，「平均數」便是一個死祖母。我們因此能夠了解當 $f(x)$ 是非線性時，$f(x)$ 的特質和 x 的特質分道揚鑣的說法。$f(x)$ 的平均數不同於 $f(x$ 平均數）。

第六冊　否定法

記得前面說過，我們沒有給藍色這種顏色名稱，但在沒有名稱的情況下，我們還是處理得相當好——人類歷史上一段很長的時間內，我們在文化上色盲，但不是在生物結構上色盲。而且在談第一章的內容之前，我們沒給反脆弱性這種東西名稱，可是系統在沒人力干預的情形下，卻相當有效地依賴它。許多東西都沒辦法用言詞表達。我們曉得這些事物，也能採取行動，卻沒辦法直接表達，沒辦法用人類的語言，或者我們可用的狹隘概念去捕捉。我們身邊幾乎任何重要的東西，都很難用語言去理解——事實上，力量愈強的東西，我們的語言理解愈不完整。

但即使我們不能表達某樣東西到底是什麼，卻有辦法說某樣東西不是什麼——也就是用間接而非直接的方式去表達。「apophatic」（透過否定而得知）一字是從希臘文 apophasis（說不，或者不提而提）而來，重點放在無法以言詞直接說明的事情上。這種方法首先避免直接描述，把重點放在負描述上，也就是拉丁文所說的「否定法」（via negativa）。這是從神學傳統，尤其是東正教派的傳統而來。否定法並不嘗試表達上帝是什麼，這件事留給老派的當代思想家和有科學傾向的假哲學家去做。它只列出上帝**不是**什麼，然後展開消去法的過程。這個觀念主要和神秘神學家偽迪奧尼修斯（Pseudo-Dionysos）有關。他是卑微的近東人，名字叫迪奧尼修斯，寫過強而有力的神秘論文，很長一段時間和雅典最高法官迪奧尼修斯（因為使徒保羅〔Paul〕的布道而改變信仰）混淆，所以名字前面加個「偽」。

柏拉圖的信徒信奉柏拉圖的觀念；他們的重點主要放在柏拉圖的形式論，也就是抽象的物體有它們本身獨特的存在。偽迪奧尼修斯是柏拉圖信徒普羅克拉斯（Proclus）的門徒（普羅克拉斯又是另一位敘利亞柏拉圖信徒賽里阿努斯〔Syrianus〕的學生）。據了解，普羅克拉斯一再提到雕像是用減法雕琢出來的比喻。我經常讀到這個觀念比較近的版本，內容如以下未經證實的雙關語所述。教宗問米開朗基羅，他那麼天才，秘密何在，尤其是他如何雕出公認是傑作中的傑作大衛像。米開朗基羅答道：「很簡單，我只是除去不是大衛的部分。」

讀者因此可能看懂了槓鈴背後的邏輯。記得我們說過，槓鈴的邏輯需要先去除脆弱性。

騙子在哪裡？

記得我們說過，干預推手注重正向行動——也就是**放手去做**。正如正向的定義，我們見到有所作為受到我們的原始心靈的尊敬和讚美，因而引導出天真的政府干預行動，最後以災難收場，然後人們普遍指責天真的政府干預行動，等到人們接受那些行動的確以災難收場，接著又展開更多天真的政府干預行動。**沒有**作為不被認為是一種行為，而且似乎不是我們所負使命的一部分。表三顯示這種效應如何普遍存在於各個領域中，從醫療到商業都可見到。

我這一生一直使用一個令人驚嘆的簡單試探啓發法：認清騙子很簡單，就是他們會給你正向的建議，而且只給正向的建議，利用我們容易受騙和當冤大頭的傾向，聽他們一說，頓時覺得某件事再明白不過了，等到後來你忘記它們，那樣的感覺便隨風而逝。不妨看看市面上一堆「怎麼做」的書，書名叫作「——的十個步驟」（你可以填入豐富生活、減重、交朋友、創新、當選、鍛鍊肌肉、找老公、經營孤兒院等）。可是在實務上，專業人士，也就是被進化選上的人，用的是負向方法：下棋高手試著靠不輸棋而贏棋；一個人是靠不破產（尤其是在別人這樣的時候）而致富；宗教主要是禁止你做某些事情；人生中要學的是避開什麼事。由於少數一些措施，你便能降低個人發生意外的大部分風險。

此外，我們會被隨機性愚弄，是因為大部分情況都充滿高度的隨機性，我們沒辦法確切判斷到底是成功的人擁有長才，還是擁有長才的人會成功——但是我們相當能夠預測負面的事，也就是完全不具備任何長才的人最後會失敗。

減法知識

談到知識，同樣的道理也派得上用場。對知識最大——和最強固——的貢獻，在於消除我們認為是錯的東西。這也就是減法認識論。

生活中，要取得反脆弱性，方法是**莫**當冤大頭。偽迪奧尼修斯在《冥契神學》（*Peri mystikes theologias*）中，並沒有使用這些確切的字眼，沒有討論反證，也沒有清楚表達觀念，但根據我的看法，他了解這種減法認識論和知識的不對稱。我將喜歡某種犀利明快的抽象形式、理論形式和共相，而使我們無視於現實的混亂和導致「黑天鵝」效應發生的想法，稱作「柏拉圖式思想」(Platonicity)。然後我發現有不對稱存在。當柏拉圖的觀念以相反的方式呈現，例如負共相，我真的信之不疑。

所以我主張的認識論中心信條如下所說：我們知道不對的事情，遠多於正確的事情。或者利用區分脆弱和強固的語彙來說，負向知識(什麼事情是不對的、什麼事情行不通)比正向知識(什麼是對的、什麼行得通)面對錯誤更為強固。所以透過減法，知識會成長得遠比透過加法要快——因為我們今天知道的事情，可能證明是錯的，但我們知道是錯的事情，不會變成對的，至少不是那麼容易就變成對的。如果我發現一隻黑天鵝，便相當肯定「所有的天鵝都是白色」的這種說法是錯的。但即使我不曾見過黑天鵝，也永遠沒辦法相信這種說法正確無誤。再說一遍：由於觀察到一件小事，能夠推翻某個說法，但即使千百萬人，也很難證實它正確，所以反證比證實更為嚴固。

我們這個時代，這個觀念和哲學家波普爾有關，而且我誤以為他是這個觀念的原創者(但他是一個更強而有力的觀念的原創者，也就是我們根本上無法預測歷史的軌跡)。後來發現，這個概念古老得多，是東地中海後古典時代懷疑經驗醫療學派的中心信條之一。一群十九世紀的法國學者重新發現了這些作品，因此知之甚詳。而且這個反證力量的觀念，瀰漫在我們研究硬科學的方法之中。

看得出來，我們可以將這連結到正向(加法)和負向(減法)的一般畫面中：負向知識比較強固。但它並不完美。波普爾視反證為確實不含糊、非黑即白，而遭到哲學家批評。我們沒辦法一口咬定，因為不可能研判一項實驗未能取得預期的結果——因而「否證」（falsifying）理論——是因為工具不良、運氣不好，還是因為科學家作假。假設你看到一隻黑天鵝，這肯定會推翻所有的天鵝都是白色的觀念。但如果你是喝過黎巴嫩白酒，或者花太多時間上網而產生幻覺呢？如果那是在黑暗的晚上，所有的天鵝看起來都是灰色的呢？因此，且讓我們推而廣之指出：失敗（和反證）給我們的資訊多於成功和證實。這就是我宣稱負向知識「比較強固」的原因。

寫這一節內容之前，我花了一些時間拜讀波普爾完整的作品，不懂為什麼這位偉大的哲學家那麼沉迷於否證方法，卻完全漏掉脆弱性的觀念。他的巨著《歷史主義貧困論》（*The Poverty of Historicism*）提到預測有其極限，說我們對於未來，不可能有可接受的表述。但是他漏掉了一點，那就是能力差的外科醫生進行腦部手術，我們敢預測勢必造成嚴重的傷害，甚至令病人死亡。可是針對未來的這種減法表述，完全符合他的反證觀念，也就是這個觀念合乎邏輯的第二步。他所說的否證某個理論，在實務上應該會導致它所應用的目標遭到毀壞。

政治體系中，良好的機制能夠幫助我們除去壞人；它不必考慮做什麼事，或者把誰放進去，因為一個壞人造成的傷害，會多於一些好人的集體行動。強・埃爾斯特（Jon Elster）更進一步；他最近寫了一本書，書名相當生動，稱作《防止搗蛋》（*Preventing Mischief*）。他根據邊沁（Bentham）的觀念提到負面行動：「立法者的藝術，限於阻止可能有礙他們（立法議員）的自由和智慧發展的每一件事。」

而且如同預期，否定法是古典智慧的一部分。在阿拉伯學者和宗教領袖阿里・本・阿比—塔雷伯（Ali Bin Abi-Taleb ；和我無血緣關係）看來，和愚者保持距離，等於與智者為伍。

最後，現代化的版本是賈伯斯說的：「談到專注做好一件事，人們想到它的意思是對你必須專注的事情說是。但這根本不是它的意思。它的意思是說，對眼前的其他一百個好構想說不。你必須精挑細選。其實，我對於我們沒做的事，和我做過的事一樣感到驕傲。創新就是對一千樣事情說不。」

再談槓鈴

減法知識是一種槓鈴形式。非常重要的一點，在於它具有凸性。錯的事情相當強固，你所不知道的事情相當脆弱且具有投機性，但你不會去正視它，只要確保它在證明是錯的時候，不會傷害你。

否定法的另一個應用，是在少就是多的觀念上。

少就是多

做決定時，少就是多的觀念，可以追溯到史皮羅斯・馬克里達吉斯（Spyros Makridakis）、羅賓・道斯（Robyn Dawes）、丹・高德斯坦（Dan Goldstein）和捷爾德・蓋格連澤（Gerd Gigerenzer）。

他們各在不同的場合中表示，比較簡單的預測和推論方法，效果遠比複雜的方法要好。他們的簡單經驗法則並不完美，卻是故意設計得不完美：在知性上保持某種謙卑，捨棄錯綜複雜的目標，可以產生強而有力的影響。高德斯坦和蓋格連澤提出「快而省」試探啓發法的概念：儘管時間、知識和運算力量有限，也能做出好決定。

我發現少就是多試探啓發法在兩個地方和我的研究不謀而合。第一，極端效應：某些領域中，稀有事件（再說一遍，不論是好或壞）占有不成比例的分量，而且我們傾向於視而不見，所以把注意焦點放在利用這種稀有事件，或者採取保護措施以防受到它的傷害，可以改變很大的高風險暴露程度。只要操心「黑天鵝」的暴露程度，日子就會過得相當容易。

少就是多已經證明極為容易發現和應用——而且面對錯誤和心意的改變具有「強固性」。或許一大部分問題可能不容易找到原因，但是它們通常都有簡單的解決方法（不是所有的問題都有，但是夠多的問題有；真的是夠多的問題有簡單的解決方法），而且這樣的解決方法俯拾即是，有時光靠肉眼便能找到，不必使用複雜的分析和依賴脆弱性很高、容易犯錯、到處找原因的書呆氣。

有些人曉得**八〇／二〇**的觀念。維爾佛雷多・帕雷托（Vilfredo Pareto）在一個多世紀前發現，義大利二〇％的人擁有八〇％的土地，反之亦然。在這二〇％中，占二〇％（也就是四％）的人擁有八〇％土地中的八〇％左右（也就是六四％）。最後是不到一％的人擁有全部土地的五〇％左右。這描述了贏家通吃的極端世界效應。這些效應非常普遍，從財富的分布到每位作者的書籍銷售量都看得到。

極少人知道我們正邁向遠比上面所說更不平均的分布，也就是以前八〇／二〇的許多事情，現在成了九九／一：九九%的網際網路流量湧向不到一%的網站，九九%的書籍銷售量是不到一%的作者賣出去的……我不能再說下去，因為這些數字會叫人血脈賁張。當代幾乎每一樣東西，都有贏家通吃的效應，而這包括傷害和利益的來源。因此，我將說明，修正系統的一%可以降低脆弱性（或者提高反脆弱性）約九九%——而且要做的事只有幾步，非常少的幾步，成本往往很低，情況卻會變得更好和更安全。

舉例來說，少數無家可歸的人用掉各州高得不成比例的支出，所以該從哪裡省錢，便非常明顯了。一家公司少數一些人製造大部分的問題、破壞整體的士氣——反之亦然——所以請這些人走路可以解決很大的問題。少數一些顧客帶來很高比率的收入。有三個樂此不疲的人，在抹黑我的貼文中占了九五%。他們都是相同的失敗原型的代表（我估計，其中一人張貼的文章將近十萬字——他需要寫得更多和找更多的材料，才能在批評我的研究和人格時，取得相同的效益）。談到健康照護，西克爾・伊曼紐爾（Ezekiel Emanuel）指出，一半的人占不到三%的成本，病情最重的一〇%則吃掉整塊餅的六四%。（第十八章提過的）傅萊傑格談**黑天鵝管理**時指出，企業成本超支有一大部分可以簡單地歸因於科技專案——由此可見我們需要將注意焦點放在哪裡，而不是高談闊論和寫複雜的論文。

黑道人士說，只要把鞋子裡的小石子去掉就行了。

有些領域（例如不動產），用試探啟發法、經驗法則，可以一針見血地點出問題和解決方案三個最重要的特質：「地點、地點，和地點」——其餘大都應該只是鼻屎大的事。不見得每個問題都是如此，但由此可見我們需要操心的核心事情是什麼，因為其他的事情都會照顧好自己。

偏偏人們總是想要得到更多的資料去「解決問題」。我曾經在國會作證，反對成立一項專案，提供資金給某個危機預測專案。和這件事有關的人，都沒看到一個矛盾：我們不曾擁有像現在那麼多的資料，卻遠比從前難以預測事情的發展。更多的資料——例如過馬路時注意身邊人的眼睛顏色——會使你沒注意到迎面而來的大卡車。當你過馬路，你會把所有的資料都丟掉，只留下最基本的威脅。①正如保羅・梵樂希（Paul Valéry）寫的：我們必須不理會多少事情，才能行動。

令人信服——以及充滿信心——的學科（例如物理學），通常極少使用統計數字作為佐證，而政治學和經濟學不曾產生值得注意的東西，卻充斥詳盡的統計數字和統計「證據」（而且你曉得，一旦煙消雲散，證據便不再是證據）。科學和偵探小說類似，託辭最多的人，到頭來總是有罪的那一個。而且我們不需要用很多印滿資料的紙張，去駁斥經濟學中利用統計數字的無數論文：單單指出「黑天鵝」和尾端事件充斥在社會經濟世界——而且這些事件無法預測——便足以否定它們的統計數字。

下面所說的實驗，給了我們進一步的證據，證明少就是多的威力。克里斯多福・查布里斯（Christopher Chabris）和丹尼爾・西蒙斯（Daniel Simons）在他們寫的《為什麼你沒看見大猩猩》（*The*

---

①第七章談過編輯過度干預，結果反而漏掉重大的錯誤。金融危機調查委員會（Financial Crisis Inquiry Commission）發表厚達六百六十三頁的《金融危機調查報告》（*Financial Crisis Inquiry Report*），卻遺漏了我相信是主要的原因：脆弱性和少了切身利害。但是當然了，他們列出了你能夠想像是原因的每一個可能副現象。

Invisible Gorilla）一書說，看籃球比賽影片的人，如果為了數傳球次數等細節而分心，便有可能完全沒看到大猩猩走進球場中央。

我發現，我在直覺上一直利用少就是多的觀念，協助做成決定（而不是將一連串的優缺點並列之後去觀察）。舉例來說，如果你做某件事情（選擇某位醫生或獸醫、雇用某位園丁或員工、嫁娶某個人、展開某段旅程）的理由超過一個，那就不要去做。這並不表示一個理由比兩個要好，而只是因為你試著找出一個以上的理由，好說服自己去做某件事情。明顯該怎麼做最好的決定（對錯誤呈現強固性），不**需要**一個以上的理由。同樣的，法國軍隊採用一個試探啓發法，不接受一個以上的請假理由，例如祖母去世、傳染感冒病毒、被公豬咬到。如果有人用一個以上的論點，抨擊某本書或觀念，你便知道那不是事實：沒人會說：「他是罪犯，殺了許多人，而且餐桌禮儀很差，又有口臭，開車非常莽撞。」

我經常遵循我所說的柏格森剃刀（Bergson's razor）準則：「一個哲學家應該以單一觀念揚名，不能再多。」（我沒辦法確定來源是柏格森，但這個準則相當好。）法國散文家和詩人梵樂希曾經問愛因斯坦：「是不是隨身攜帶筆記本，把想到的觀念寫下來。」愛因斯坦答道：「我不曾有過什麼觀念」（事實上他只是沒有鼻屎大的觀念）。因此，就有個試探啓發法產生：如果某個人的資歷很長，我只會蔑視他——曾經在一場研討會上，有個朋友邀我和成就不俗的一位能人共進午餐，說他的資歷「能夠寫滿兩三輩子以上」；結果我不屑跟他同桌，轉而和學員、培訓工程師坐在一起。②同樣的，當我聽說某人發表過三百篇學術論文和榮獲二十二個榮譽博士學位，卻沒有其他單一驚人的貢獻或者主觀念，我會避他像避黑死病那樣唯恐不及。

②諾貝爾獎激發科學這麼神聖的東西展開競爭，是它的一大缺憾。雖然它不表彰以論文數量取勝的人，卻很少頒給只有單一重大貢獻的人。

20 時間與脆弱性

預言和知識一樣，是減法，不是加法—林迪效應，或者舊如何優於新，尤其是在技術方面，不管加州那邊的人怎麼說—預言不是人們所推薦和自願投入的事業生涯

反脆弱性意味著——和我們起初的本能直覺恰好相反——舊優於新，而且遠比你所想的要優。不管你的知性機器覺得某樣東西看起來像什麼，或者那樣東西把故事講得多好或多壞，時間會證明它的脆弱性，並在必要的時候毀掉它。我要在這裡揭露**嗜新狂**（neomania）的一種當代病——這和干預主義有關。它會帶來脆弱，但我相信，只要耐性夠，它是可以治療的。

能夠存活下來的東西，一定長於達成某個（大底上隱形的）目的。時間能夠看到這個目的，但我們的眼睛和邏輯能力無法捕捉它。我們將在這一章利用脆弱性的概念，作爲核心的預測推力。

記得我們說過的基礎不對稱：反脆弱受益於波動和混亂，脆弱則會受到傷害。呃，時間和混亂是相同的。

從賽莫尼底斯到詹森

爲了練習脆弱性和反脆弱性之間的區別使用，我們來扮演先知的角色。但我們了解這不是很好的生涯選擇，除非你的皮夠厚、有很好的朋友圈、很少上網、圖書室裡有不少古諺書籍，以及如果可能的話，能從你的預言得到個人利益。從先知已有的紀錄，我們知道：在你證明正確之前，會遭到謾罵；在你證明正確之後，你會被人恨上一陣子，或者更糟的是，由於事後扭曲，你的觀念看起來像是「微不足道」。這一來，胖子東尼專心求利的做法，遠比求名更具說服力。這樣的待遇持續到現代：擁抱共產主義或史達林主義錯誤觀念的二十世紀知識分子仍然很紅——他們寫的書依然擺在書店架上——而見到問題所在的政治哲學家雷蒙・阿弘（Raymond Aron）之類的人，則在被人肯定見解正確之前和之後受盡冷落對待。

現在閉上眼睛，試著想像五、十或二十五年後你未來的環境。你的想像力很可能在裡面加上我們稱之爲**創新**、**改良**、**殺手技術**等新東西，以及從商業術語而來的其他不雅和粗鄙字詞。我們會談到，和創新有關的這些常見概念，不只在美學上令人不悅，在經驗上和哲學上也是胡說八道。

爲什麼？你的想像力有可能添加一些東西到目前的世界中。很抱歉，但我將在本章中指出，這種方法十分落後：根據脆弱性和反脆弱性的概念，要把這件事做得嚴固，方法很簡單，就是將不屬於將來日子的東西從未來**消除**。也就是利用**否定法**。脆弱的東西最後一定會毀壞；幸運的是，我們能夠判斷什麼東西脆弱。正「黑天鵝」比負「黑天鵝」難以預測。

「時間有摧毀一切的銳利牙齒，」西元前六世紀詩人凱奧斯的賽莫尼底斯（Simonides of Ceos）說出這句話，或許因此開啓了西方文學愛談無情的時間效應之傳統。我可以列舉無數優雅的古典詞句，從奧維德（時間吞噬一切）到詩才旗鼓相當的二十世紀俄裔法國女詩人愛爾莎·特麗奧萊（Elsa Triolet）（「時間會燃燒，卻沒留下灰燼」）。談這件事，難免激起人的詩意，所以我正哼著譜成歌的一首法國詩，稱做「時間流逝」（Avec le temps），談時間如何抹去一些事情，連壞記憶也不例外（但它沒說的是，在這個過程，連我們也會抹去）。現在，由於凸性效應，我們可以將一些科學放進去，產生我們自己的分類法，判斷哪些東西應該會最快被無情的時間吞噬。脆弱的東西最後會毀壞——幸運的是，我們能夠研判什麼是脆弱的。連我們相信具有反脆弱性的東西，最後也會毀壞，但這需要長得多的時間才會發生（葡萄酒愈陳愈香，但最多只到某個點；而且，你不能將它放在火山口）。

上一段一開始所寫的賽莫尼底斯詩句，後半句加上條件繼續說道：「連最堅固的也不例外。」因此賽莫尼底斯有了這個觀念的輪廓，而且是相當有用的輪廓，告訴我們：要吞噬最堅固的東西會比較困難，所以最後才吞噬。他當然沒想到某種東西有可能具有反脆弱性，因此永遠不會被吞噬。

現在，我堅持否定法的預言方法是唯一站得住腳的：我們找不到其他的預測方式，有辦法不在某個地方變成火雞，尤其是在我們今天所生存的複雜環境中。我並不是說新技術不會現身——某樣新東西肯定會當道一陣子。目前顯得脆弱的東西，當然會被其他的某樣東西取代，但是這個

「其他的某樣東西」無法預測。無論如何，你心裡所想的技術，不會是成功的技術，不管你認爲它們有多適當和合用——即使你的想像力有它應得的尊重。

記得我們說過，最脆弱的東西是預測，也就是建立在可預測性上的東西——換句話說，低估「黑天鵝」的人，最後會從人群中退出。

根據這些原則，一個有趣的明顯矛盾是：比較長期的預測比短期的預測更爲可靠，因爲我們可以相當確定容易受「黑天鵝」影響的東西，最後會被歷史吞噬，原因在於時間會提高這種事件發生的機率。另一方面，典型的預測（不包括目前的脆弱）會隨著時間而退化；在非線性存在的情況下，預測的時間愈長，準確度愈糟。預測未來十年的電腦工廠銷售量或商品銷售商的利潤，錯誤率可能是一年預估値的一千倍。

學習減法

一個半世紀以來，有不少人研判未來會是什麼樣的情景，例如儒勒·凡爾納（Jules Verne）、威爾斯或者喬治·歐威爾（George Orwell）等人的小說都有寫到。一些科學家或未來學家描述的未來，現在已經被人遺忘。不過，我們發現令人驚訝的一件事，是網際網路等今天主宰世界的工具，或者如第四冊所說的，將輪子裝在旅行箱等比較普通的東西，都沒有被人預測到。但是主要的錯誤並不在這裡。問題在於以前的人想像的幾乎每一件事情都沒有發生，但少數過度被人引用的傳聞軼事例外（例如亞歷山卓港的希羅描述的蒸汽機，或者達文西設計的攻擊車）。我們的世界看起來和他們太像，比他們所曾想像或者想要想像的更接近他們。而且，我們往往無視於那個事實——在我們預測高度技術性的未來時，似乎沒有一種矯正機制，能使我們明瞭這一點。

也許這裡面存在選擇偏誤：那些會談到未來的人，傾向於展現（不能治療和不可治療的）**嗜新狂**，一切只是因爲他們喜歡現代。

今天晚上我將和朋友在餐館見面（小酒館已經存在至少二十五個世紀）。我將穿著鞋子走到那裡，而鞋子和奧地利阿爾卑斯山冰川中發現的乾屍在五千三百年前穿的鞋子幾乎沒有兩樣。在餐館中，我會用到銀器。這是美索不達米亞的技術，可說是「殺手應用」，因爲我能用它來吃羊腿，例如將它切開，不必擔心手指頭燙傷。我會喝紅酒，而這種液體已經被人飲用至少六個千禧年。葡萄酒會倒進玻璃杯中，而我的黎巴嫩同胞說，這種創新來自他們的腓尼基先祖。如果你不同意這個來源說法，我們換個方式：他們將玻璃物品當作裝飾品銷售至少已經兩千九百年。吃完主菜，我會想要享用比較新的一種技術，稱作人工奶酪，價錢雖然比較高，但是好幾個世紀以來，製作方式並沒有改變。

要是一九五〇年有人預測這些東西，他一定會想像相當不同的未來，畫面也會迥異。因此，感謝老天，我不必穿著閃閃發亮的人工太空衣，吃營養成分經過最適當調配的藥丸，同時透過螢幕和共進晚餐的人溝通。相反的，和我一起吃晚飯的人，會將經由空氣傳播的細菌噴到我臉上，因爲他們並不是位在銀河另一端的人類殖民地。食物將以非常古老的技術（火）製作，利用的廚房工具和器具自羅馬人以來沒有改變（除了使用的某些金屬品質不一樣）。我將坐在一般稱爲椅子（如果有什麼不同的話，那應該說是裝飾不如高貴的埃及先人那般華麗），（至少）已有三千年歷史的東西上。而且我不會乘坐飛行摩托車前往餐館，萬一可能遲到，我會利用已有一世紀之久的技術，坐移民駕駛的計程車——一個世紀之前，移民（俄羅斯的貴族）也在巴黎駕駛輕便馬車，和今天的柏林、斯德哥爾摩（伊拉克人和庫德族難民）、華盛頓特區（衣索匹亞的博士後學生）、洛杉磯（喜歡音樂的亞美尼亞人）、紐約（多國籍）等相同。

大衛．艾傑頓指出，二〇〇〇年代初，我們生產的自行車數量是汽車的兩倍半，而且將大部分的技術資源投入於維護現有的設備或改良舊技術（請注意不是只有中國才有這種現象：西方的都市也正積極成為對自行車友善的地方）。也請注意，最重要的技術之一，似乎是人們最少談的：保險套。說來諷刺，保險套希望看起來較少科技味；它經歷過一些重大的改良，希望愈來愈不被人注意到。

因此，首要的錯誤如下所述：我們被要求去想像未來的時候，總是有個傾向，拿現在作為基準，將過去的發展內插，然後加上新的技術和產品，以及看起來合理的東西，產生一個臆測性的命運。我們也主要在自己的願望驅使之下，根據自己當下的烏托邦想法，去表述社會——除了一些稱作災難預言家的人，未來主要將由我們的渴望所占據。所以我們會傾向於將它過度技術化，並且低估將來一千年中盯著我們瞧，像旅行箱下面的小輪子那樣的東西所展現的威力。

來談一下人們無視於這種過度技術化的現象。我離開金融業後，開始參加一些時髦的研討會。這些研討會的參與者，是致富前和致富後的科技界人士，以及新種類的科技知識分子。看到他們不打領帶，我起初相當興奮，因為生活在打領帶、討人厭的銀行家世界中，我產生了一種錯覺，以為不打領帶的人，都不會虛有其表。但是這些研討會，雖然有五彩繽紛和光鮮亮麗的電腦

圖十七

從龐貝古城挖出來的炊具，和今天的（好）廚房見到的幾乎沒有兩樣。

化圖像和花俏的動畫，卻叫人感到沮喪。我曉得自己不屬於這裡。原因不只在於他們用加法去面對未來（不但沒有減除脆弱，反而把它加進命運之中）。原因也不完全在於他們因爲毫不妥協的嗜新狂而導致視盲。過了一陣子，我才了解原因：他們極爲欠缺優雅。科技思想者往往有一顆「工程心」——說得不客氣一點，他們有自閉的傾向。這種人雖然通常不打領帶，但當然會展現典型的書呆特質——主要是缺乏魅力，對物體感興趣，而不是對人感興趣，使得他們忽視儀表。他們熱愛精確，卻犧牲實用性。他們也通常缺乏文學素養。

缺乏文學素養其實是對未來發生視盲的一種標誌，因爲這通常伴隨著貶低過去，而這是無條件求新的副產品。除了獨樹一格的科幻作品，文學談的是過去。我們不會從中世紀的教科書去學物理或生物，但仍然會讀荷馬、柏拉圖，或者非常現代的莎士比亞。如果不懂菲迪亞斯（Phidias）、米開朗基羅或者偉大的卡諾瓦（Canova），我們沒辦法談雕刻。這些是過去，不是未來。喜歡美學的人，只要踏進博物館，就會和前人產生連結。不管有沒有公開表現出來，他都會去學習和尊重歷史知識，即使後來拒斥它。而且過去——如同下一節所說，如果處理得當——在探討未來的特質上，是遠比現在要好的老師。要了解未來，你不需要靠技術自閉的術語，迷戀於「殺手應用」之類的事情。你只需要這麼做：對過去展現某種尊重、對歷史紀錄表現某種好奇、渴望吸收前人的智慧，以及了解「試探啓發法」的概念，因爲這些經常沒有寫下來的經驗法則，決定了能否生存。換句話說，你會被迫重視一直存在身邊的東西，也就是那些存活下來的東西。

處於最佳狀態的技術

但是技術會以自行消滅的方式，消除壞技術造成的影響。

技術的最佳狀態，是在我們看不到它的時候。我深信，技術在取代有害、不自然、造成疏離，以及最重要的，本質上脆弱的前一種技術時，效益最大。今天，許多現在的應用能夠存活，是用來破壞現代化（尤其是二十世紀）的庸俗所造成的有害影響：大型跨國官僚公司中，高高在上「虛有其表的人」；與外界隔絕的家庭（核心）和電視機形成單向關係，因爲有了汽車而形成的市郊社會，他們更是與世隔絕；國家居於主宰地位，尤其是好戰成性的單一民族國家管制邊界；既有媒體對思想和文化的獨裁專制，帶來破壞；只知吹牛蒙混的經濟當權機構，嚴密控制經濟觀念的發表和傳播；大公司傾向於控制現在受到網際網路威脅的市場；假嚴固被網路摧毀；以及其他許多，不勝枚舉。你再也不必「按一，聽英語」，或者在線上等候粗魯無禮的服務員，爲你在塞普勒斯訂定蜜月行程。從許多方面來看，網際網路雖然顯得不自然，卻消除了我們身邊一些更爲不自然的元素。舉例來說，辦理文書作業必須忍受官僚氣——這是現代化的產物——有了網際網路，和以前需要紙張檔案的日子相比，讓人覺得較爲愉快。運氣稍好一點的話，電腦病毒會掃除所有的紀錄，讓人從過去的錯誤中解放出來。

即使是現在，我們也在利用技術去反轉技術。前面說過，我穿著和在阿爾卑斯山發現的前古典時期古人穿的鞋子沒有很大不同的鞋子去餐廳。製鞋業花了數十年時間，展開「工程設計」，希望造出完美的走路鞋和跑步鞋，加上各式各樣的「支撐」機制和材料，以作爲緩衝，現在卻在賣模仿赤腳的鞋子——他們希望鞋子穿在腳上一點都不突兀，唯一宣稱的功能是保護我們的腳不受環境傷害，而不是像比較現代化的宣導團那樣教我們如何走路。他們賣給我們的，可以說是狩獵採集者起老繭的腳，讓我們能夠穿上、使用，然後在回到文明世界時脫掉。當一個人醒來，面對一個新維度，同時感受地表的三維空間，穿著這些鞋子走在大自然中，是相當令人心曠神怡的事。一般的鞋子感覺像是模子，將我們和環境隔離開來。而且，它們不必做得那麼不優雅：技術是在鞋底，不是在鞋子，新的鞋子可以做得既強固又很薄，讓我們的腳緊緊擁抱地面，好像打赤腳在走路那樣——我發現我最好的一雙鞋是巴西做的，外觀有如義大利生產的鹿皮鞋，讓我能在石頭上跑步，也能穿著它去餐廳吃午餐。

還有，他們或許只應該賣給我們加強防水的襪子（這正是阿爾卑斯山的古人穿的），但是對這些公司來說，獲利可能不是很高。①

平板電腦（尤其是 iPad）的一大用途，是讓我們回到巴比倫人和腓尼基人在平板上寫東西與記筆記的源頭（「平板」就是這麼來的）。我們現在可以用手寫，或者用手指頭記下一些事情——想到用速記的方式寫東西，而不是透過鍵盤作爲代理，便叫人放心得多。我的夢想是終有一天，用速記的方式寫每一樣東西，就像現代化之前幾乎每一位作家做過的那樣。

所以技術的自然特性，可能只是想被自己取代而已。

接下來我要說明未來如何大都存在於過去之中。

反向年齡：林迪效應

現在該來用比較技術的方式說明，所以在這個階段做個區分是有幫助的。我們來把易損的東西（人類、單一物品）和有可能永久存在的不易損東西分離開來。不易損的東西，是指不會有有機體無法避開的失效日期。易損的東西通常是個物體，不易損的東西則帶有資訊的性質。一輛車子易損，但汽車作爲一種技術，已經存在約一個世紀之久（我們猜測應該會再存活一個世紀）。

---

① 赤腳跑步和使用「五指式」運動鞋的人——包括我在內——提供的傳聞證據顯示，一個人的腳會儲存地表的某些記憶，記得它們曾經去過哪裡。

人類會死亡，但他們的基因——密碼——不見得會死。實體書易損——例如一本舊約全書——但內容則不然，因爲可以用另一本實體書表達。

容我先用黎巴嫩方言表達我的觀念。當你見到一個年輕人和老年人，你可以相當有信心地表示：年輕人會活得比老年人久。但是對於不易損的東西（例如一種技術）來說則不然。我們有兩種可能性：兩者可望有相同的額外預期壽命（這種情況的機率分布稱作**指數**），或者年老的預期壽命會比年輕的要長，而且與他們的相對年齡成比例。這種情況中，如果年老的是八十歲，而年輕的是十歲，年老的生命預期會是年輕的十倍。

表六　各個領域中「年老」和「年輕」的預期壽命比較

比較預期壽命	**領域**	**機率分布**
年輕可望活得比年老久	易損：人和其他動物的生命	高斯（或者接近高斯的同一類）
年輕和年老的預期壽命相當	不易損的資訊：物種的生命	指數
林迪效應：年老可望存在得比年輕要久，時間與它們的年齡成比例	不易損的資訊：知識生產的生命、生物屬的生命	冪次法則

現在，視某樣東西屬於哪一類而定，我提出下述的說法（根據偉大的曼德伯後來發展出來的版本，所謂的林迪效應〔Lindy effect〕發揚光大）：②**對易損的東西來說，每多活一天，都會縮短額外的預期壽命。對不易損的東西來說，每多活一天，可能意味著預期壽命拉長。**

因此，一種技術活得愈久，可以預期它會存在愈久。且讓我來說明其中的要點（人們一開始都很難理解）。假設我只知道一位男士四十歲的資訊，需要預測他會活多久。我可以看精算表，找到保險公司使用的經年齡調整後的預期壽命。這張表會預測他還可以活四十四年。明年當他四十一歲（或者相當於今天將同樣的推理用到另一個現在四十一歲的人身上），他將可望活略多於四十三年。所以每過一年，他的預期壽命就減少約一年（事實上是略少於一年，這樣一來，如果他出生時的預期壽命是八十歲，到了八十歲，預期壽命就不會是零，而是另一個十年左右）。③

相反的道理則適用在不易損的東西上。爲求清楚易懂，我在這裡將數字簡化。如果一本書已經印行四十年，我可以預期它會再印行四十年。但是主要的差異在於，如果它能再存活十年，那

② 如果某樣東西沒有自然的上界，那麼任何特定事件時間的分布，只受限於脆弱性。

③ 這句話的起源似乎是《新共和》（*The New Republic*）雜誌一九六四年六月十三日的一篇文章，但它犯了個錯誤，將它用在易損的東西上。作者寫道：「電視喜劇演員將來的生涯期望和他過去在媒體上曝光的總量成比例」，這種說法適用於年輕的喜劇演員，不適合用在年紀較大的喜劇演員身上（喜劇演員畢竟是易損的東西）。但是技術和書籍沒有這樣的限制。

麼預期它會再印行五十年。這個道理很簡單，告訴你一般而言，為什麼已經存在很久的東西，不會像人那樣「老化」，而是會反向「老化」。每過一年，只要還沒有滅絕，額外的預期壽命就會增為兩倍。④這是展現某種強固性的指標。一樣東西的強固性和它的生命成正比！

物理學家理查．戈特（Richard Gott）用了似乎完全不同的推理說，不管我們以哪種隨機選擇的方式去觀察，都不可能看到生命的開頭，也不可能看到生命的結尾，最有可能看到的是它的中段。他的論點被批評是相當不完整。但在測試他的論點時，他測試了我剛說的事情，發現一樣東西的預期壽命和它過去的壽命成正比。戈特選了一九九三年五月十七日的百老匯戲劇清單，並且預測**已經上演最久的戲劇，將持續最長的時間，反之亦然**。他所做的預測，準確度達九五％。他小時候去看過大金字塔（五千七百年前建造的）和柏林圍牆（才十二年），並且猜測前者的壽命長於後者，結果證明正確。

預期壽命的比例性不必特地測試——它是壽命「贏家通吃」效應的直接結果。

我提出這個觀念時，人們常犯兩個錯誤——他們難以理解機率的概念，尤其是在他們花太多時間在網際網路上時（其實不是網際網路將他們搞混；我們天生就難以理解機率）。第一個錯誤通常是舉出反例，以我們現在見到缺乏效率且奄奄一息的某種技術（例如固定電話線路、印刷報

④ 我所做的簡化在這裡：我假設每一年會使額外的預期壽命增為兩倍。事實上更好，是增加二點五年或更多。所以林迪效應在數學上說，不易損的東西預期壽命會隨著它存活的每一天而拉長。

紙、保存報稅用紙本收據的木櫃）爲例。許多嗜新狂被我的論點觸怒而生氣。但我的論點不是針對每一種技術，而是針對預期壽命，而這只是從機率導出的平均數而已。如果我曉得一個四十歲的人罹患末期胰腺癌，我不會再用無條件的保險表去估計他的預期壽命；認爲他將像沒有癌症的同年齡群其他人那樣有四十年好活，便是個錯誤。同樣的，有人（一位科技大師）解讀我的觀念說，現在不到約二十年的全球資訊網（World Wide Web），只會再存在約二十年——這是一種雜訊估計量，應該用在平均數上，不是用在每個例子中。但是一般而言，技術的年齡愈老，則它不止可望存在更久，而且我更肯定這句話沒錯。⑤

請記住這個原則：我的意思並不是說所有的技術都不會老化，只表示容易老化的技術已經死亡。

第二個錯誤是相信採用「年輕的」技術，行爲就會「年輕」。這麼相信，既透露了邏輯上的錯誤，也顯現心理上的偏誤。這會將世代貢獻的力量反轉，讓人產生錯覺，以爲新世代的貢獻多於舊世代——從統計上來說，「年輕」幾乎什麼事也沒做。許多人犯下這個錯誤，但是最近我見到一位憤怒的「未來」顧問師指責人們不肯使用科技是「思想古老」（他其實比我還老，而且就像我認識的科技迷，看起來病懨懨，長得像梨子，下巴和頸子之間有不確定的轉變）。我不了解爲什麼一個人喜歡舊東西，行爲就會特別「古老」。這麼說，喜歡古典時期的東西（「比較老」），

---

⑤請注意林迪效應不受技術的定義影響。你可以將技術定義爲「敞篷車」、比較一般性的「汽車」、「精裝書」，或者定義更爲寬廣的「書籍」（包括電子書）；預期壽命適用於所定義的項目。

我的行爲就會比我對「比較年輕的」中世紀主題感興趣要「古老」。這樣的錯誤，和相信吃牛肉就會變成牛類似。這種謬誤其實比從吃東西去推論還糟糕：技術有資訊的特質，而不是實體上的東西，不會像人類那種有機體那樣老化，至少不見得如此。輪子不會退化，所以從這個意義來說，不會「老」。

貼在若干群衆行爲上的「年輕」和「年老」觀念，甚至更爲危險。一個人如果不看網路上預先包裝好、令人激奮的十八分鐘演說，卻注意十來歲和二十來歲的人講些什麼話，他們（理該是未來的關鍵）如何會有不同的想法？不少進步來自年輕人，因爲他們面對系統相對顯得自由，也有勇氣採取行動。而這樣的勇氣，是年長一輩身陷生活之中所失去的。但是年輕人提出的觀念相當脆弱，不是因爲他們年輕，而是因爲大部分不成熟的觀念都相當脆弱。而且，銷售「未來」觀念的人當然不會從銷售過去的價值而賺到很多錢！新技術當然比較容易振奮情緒。

我接到蘇黎世的保羅·杜蘭（Paul Doolan）寫來一封有趣的信。他想知道我們可以如何教導孩子學習二十一世紀的才能，因爲我們根本不知道二十一世紀將需要什麼才能——他想出一個優雅的方法，將波普爾所說歷史主義錯誤的這個大問題拿出來應用。我的答覆是：要他們去念古典文學。未來存在於過去之中。事實上，阿拉伯有句諺語說：**沒有過去的人也不會有將來。**⑥

⑥根據相同的林迪效應，約一百年前不被認爲是疾病的疾病和狀況，可能屬於下列兩者之一：⑴文明病，可以用否定法治療，或者⑵不是疾病，只是人們發明出來的狀況，最常見於心理學的「狀況」和將人劃入愚蠢類別的流行用語，例如「A型」、「被動攻擊」等等。

一些心理偏誤

接著我要談被隨機性愚弄效應的一種例子。資訊有種討人厭的特質：它會隱藏失敗。舉例來說，許多人在聽了有人靠股票市場致富，以及在對街興建豪宅的成功故事之後，被金融市場吸引——但由於失敗被隱藏起來，我們不曾聽過它們，所以投資人被引導高估他們的成功機率。同樣的道理也適用於小說創作上：我們看不到已經完全絕版的絕妙小說，只想到賣得好的小說，一定寫得好（不管那是什麼意思），所以寫得好的小說，也會賣得好。我們將「必要」和「原因」混為一談：由於所有存活下來的技術都具有某些明顯的利益，所以我們被引導相信提供明顯利益的所有技術都會存活下去。我把深奧難懂的特質可能有助於生存，留到恩貝多克利斯（Empedocles）的狗一節中討論。但在這裡，請注意心理偏誤使得人們相信某些技術擁有「力量」和主宰世界的能力。

導致人們對技術過度狂熱的另一個心理偏誤，來自我們總是注意到變動，卻不注意靜態的事物。心理學家康尼曼和艾莫斯·特佛斯基（Amos Tversky）發現的典型例子是在財富上（兩個人發展出來的觀念說，我們的大腦喜歡花最少的力氣，並且深陷在那種方式之中。他們也首創一種傳統，根據我們對隨機結果的認知和在不確定狀況下做決策，將人類的偏誤分門別類並且做出對應）。如果你對某個人說「你賠了一萬美元」，他聽了之後，會比你告訴他「你的投資組合價值本來是七十八萬五千美元，現在是七十七萬五千美元」生氣得多。我們的大腦偏愛抄近路，對於變動的部分比整個紀錄更容易注意（和儲存）。變動的部分需要的記憶儲存容量較低。這種心理上的試探啓發法（經常在我們不知不覺中運作），也就是以變動取代整體的錯誤相當常見，連能夠看得一清二楚的事情也是這樣。

我們對變動部分的注意，多於扮演重大角色但不變的事物。我們依賴水甚於行動電話，但由於水沒有變化，而行動電話變個不停，所以我們傾向於認爲行動電話扮演的角色比實際上要大。第二，由於新世代較爲積極使用技術，所以我們注意到他們嘗試更多的事情，但我們忽視這些行爲並不持久。大部分「創新」都失敗了，就像大部分書籍滯銷那樣，但不能因此就洩氣，而不再去嘗試。

嗜新狂與跑步機效應

你正開著買了兩年的日本車，同樣廠牌、但最新款的一輛車趕過了你，看起來和你的愛車明顯不同，而且好很多。好很多？保險桿稍微大一點，尾燈寬一些。這些外表上的細節（可能還包括一些隱藏的技術改善）相當於不到幾個百分點的差異，除此之外，那輛車看起來沒有兩樣，但單單看它一眼，你就是覺得它非常不同。光看那些車燈，你就認爲應該升級了。不過，升級得花錢，在你賣掉舊車之後，還得多支付新車約三分之一的價格——而你的動機卻只爲了那些主要是外表的小小差異。可是換車和換電腦比起來，成本算小了——舊電腦的回收價值更微乎其微。

你現在用的是蘋果公司的 Mac 電腦。一個星期前，你剛買了最新的一款。飛機上坐你旁邊的那個人，從手提袋裡抽出比較舊的一款。產品系列和你的相似，但看起來比較差，因爲比較厚而且螢幕沒那麼優雅。你忘了以前使用相同的機型時，爲之興奮不已的往事。

行動電話也一樣：不妨看看那些拿著較舊且較大機型的人。僅僅幾年前，你還覺得這些機型相當小且流線。

這麼多靠技術不斷改善的現代物品——雪橇、汽車、電腦、電腦程式——我們似乎只在意各版本之間的差異，而不是看它們的共同性。我們甚至很快就厭倦了自己已經擁有的，而不斷搜尋二·〇版和類似的新一代產品。而在那之後，還會有另一種「改良後的」再生產品。人有購買新東西的衝動，但這些新東西最後會失去它們的新鮮感，尤其是在和更新的東西比較時。這種現象，我們稱之爲**跑步機效應**（treadmill effects）。讀者應該看得出來，這些效應和前面一節所提的，差異吸引我們注意，都是由相同的偏誤產生的：我們會注意到差異，並且對某些物品和某些種類的產品不再滿意。康尼曼和他的同事研究他們所說的享樂狀態心理時，探討過跑步機效應。人們買了新物品之後，起初**滿意感會急速上升**，然後退回幸福的原狀。因此，當你「升級」，你會對技術的**改變**，滿意度激增。但接著你會習以爲常，開始尋找**新的**新東西。

但是我們對於古典藝術品、比較舊的家具——不歸入技術的其他產品類別——卻不會有對技術不滿的相同跑步機效應。你家同一個房間內，可能有一幅油畫和一台平板電視機。那幅油畫作於將近一個世紀前，呈現典型的佛蘭德（Flanders）風景，天空陰暗而不祥，樹木高大，鄉村風光平凡無奇但寧靜。我敢說，你並不急著將油畫升級，但不久之後，那台平板電視機會捐給某個愛腎基金會的地方分會。

用餐也一樣——記得我們曾經試圖仿效十九世紀的用餐習慣。所以至少還有另一個領域，我們不想將事情優化。

我起初是用老舊的鋼筆寫這本書的內容。我並不抱怨這些筆的狀況。其中不少筆已用了數十年之久；其中之一（最好的一支）至少陪伴我三十年。我也不會執著於所用紙張的小小差異。我喜歡用克萊楓丹（Clairefontaine）的紙和筆記本，因爲它們自我幼年以來，幾乎不曾改變——要說有什麼差別的話，那應該是品質滑落。

但是談到將我寫的東西轉成電子形式，我就要擔心我的 Mac 電腦也許不是做這件事的最好工具。我忘了是在哪裡聽說，新款的電池壽命較長。我準備不久後，在下一次衝動購買時升級。

這裡請注意，我們對技術和眞實領域中的物品，看法出現很奇怪的不一致。每當我搭乘飛機，坐在某個企業人士旁邊，看他用電子閱讀器看一般企業人士會看的那些垃圾時，心裡就會想：他一定忍不住瞧不起我看的是實體書，並且比較兩種東西的異同。電子閱讀器據推測比較有「效率」。它會交付書的內容，而企業人士認爲那是資訊，但使用起來較爲便利，所以他能用他的裝置，帶著整座圖書館走，並在打高爾夫趕場之間「優化」他的時間。我沒聽過有人談起電子閱讀器和實體書籍之間的大差異，例如氣味、質地、維度（書是三個維度）、顏色、換頁的能力、一樣物品和電腦螢幕相比的實體感，以及一些隱形的特質，使得在享受上出現一些無法解釋的不同。一般人討論的重點，是放在兩者有哪些相同之處（這個神奇的裝置和書有多像）。可是當他拿自己的電子閱讀器版本和另一台電子閱讀器相比，總是將重心放在細小的差異上。就像黎巴嫩人遇到敘利亞人，會將注意焦點放在各自所用黎凡特方言的細微差異上，但當黎巴嫩人遇到義大利人，重點則放在相似性上。

或許有一種試探啓發法，有助於將這些物品分類。首先是電子開關。任何東西，只要上面有「關」或「開」，空服員就會對我大叫，要我關掉。這種東西必然屬於某一類（但是反之則不然，因爲許多沒有開關的物品，也投合嗜新狂之所好）。對於這些物品，我的重點放在差異上，加上嗜新狂。但是我們不妨想想工藝品——屬於另一類——和工業製品的不同。工藝品有生產者的愛注入其中，而且往往令我們感到滿意——我們不會像對電子產品那樣，嘮叨個不停說有什麼不完美的地方。

技術性的東西也顯得脆弱。由工匠生產的物品，造成的跑步機效應較少。而且，它們通常具有某種反脆弱性——記得我的工匠鞋花了好幾個月才覺得舒適。裝有開關的東西，通常缺乏這種補償性的反脆弱性。

但是有些東西，我們但願多一點脆弱性——所以我們要來談建築。

建築與不可反轉的嗜新狂

建築師之間的進化戰，產生一種複合式的嗜新狂。現代派——和機能式——建築的問題，在於不夠脆弱，沒辦法破壞實體，所以這些建築屹立在那邊，折磨著我們的意識——你沒辦法依賴它們的脆弱性，而展現你的預言能力。

順帶一提，都市規劃展現了所謂的由上而下效應的中心特質：由上而下通常是不可反轉的，所以錯誤往往一直存在，而由下而上是緩步漸進的，創造和破壞並行，但想必具有正斜率。

此外，以自然的方式成長的東西，不管是都市，還是個別住宅，都帶有碎形（fractal）的特質。所有的有機體，例如肺或樹木，和活著的每一樣東西一樣，都會以自我引導但調適隨機性的方式成長。什麼是碎形？記得第三章提到曼德伯的洞見：「碎形」會使事物帶有鋸齒狀和自我相似性（self-similarity）的形式（曼德伯喜歡使用「自我親似」〔self-affinity〕一詞），例如樹木伸展出樹枝，看起來就像小樹，而愈來愈小的樹枝，看起來則像稍微修正但清晰可辨的整體。這些碎形根據嵌套型態重複的一些少數法則，產生了某種豐富的細節。碎形需要某種鋸齒狀，但它的瘋狂是有方法的。大自然的每一樣東西都是碎形、呈現鋸齒狀，而且細節豐富，但具有某種型態。相較之下，平滑屬於歐幾里得幾何學那一類，簡化的形狀失去了這種豐富層。

當代的建築即使想要看起來異想天開，卻仍是平滑的。由上而下的東西通常沒有皺褶（也就是非碎形），感覺像是死的那般。

有時現代主義會拐彎走上自然主義之路，然後卡在那條路上。高第（Gaudi）在巴塞隆納的建築，自二十世紀初葉就出現，靈感得自大自然和豐富的建築（巴洛克和摩爾式）。我去那裡看了一棟收租公寓：感覺像是改良後的大洞穴，具有豐富、鋸齒狀的細節。我相信前世曾經去過那裡。說來諷刺，豐富的細節帶來內心的平靜。可是高第的觀念起不了作用，除了以它的不自然和天真的方式促進現代主義，後來的現代建築都十分平滑，完全沒有碎形般的鋸齒狀。

我也喜歡面對樹木寫作，如果可能，更希望眼前是一座荒草蔓蔓、長滿羊齒植物的花園。白色的圍牆和尖銳的角落，以及歐幾里得的角度和簡潔明快的形狀，令我緊張。一旦它們建好，就沒辦法去除它們。第二次世界大戰之後興建的每一樣東西，都具有不自然的平滑性。

在某些人看來，這些建築不只造成美學上的傷害——許多羅馬人對於獨裁者尼古拉・齊奧塞斯庫（Nicolae Ceausescu）破壞傳統的村落，代之以現代的高層建築很不以爲然。嗜新狂和獨裁者是很有爆炸力的組合。在法國，有人怪罪住宅計畫的現代建築，是導致移民暴動的原因。新聞記者克里斯多弗・考德威爾（Christopher Caldwell）寫到不自然的生活狀況：「勒・柯比意（Le Corbusier）稱房屋爲『生活的機器』。如同我們已經知道的，法國的房屋計畫成了疏離的機器。」

紐約的都市行動家珍・雅各（Jane Jacobs）展現如英雄般的行爲，在建築和都市計畫的領域中，挺身力抗嗜新狂。羅伯・摩西（Robert Moses）則懷抱著現代化的美夢，想要以夷平房屋和興建大馬路與高速公路的方式改善紐約，對自然秩序所犯的罪，比我們在第七章談過的奧斯曼還大。十九世紀的時候，奧斯曼拆除巴黎一整片街坊，騰出空間興建「林蔭大道」。雅各現在起而對抗高樓大廈，因爲它們使得都市生活的經驗變形。她認爲都市生活應該在街道的層級進行。此外，她反駁摩西的意見說，公路這種交通引擎，會吸走都市的生命——在她看來，都市應該是爲行人而設計的。我們再次見到機器和有機體的二分法：她認爲都市是有機體，摩西則認爲都市是需要改良的機器。摩西確實擬好計畫，想要剷平西村（West Village）；由於雅各四處陳情和堅持不懈地反對，這個街坊——曼哈頓最漂亮的地方——幾乎完好無損地保存下來。或許有人會想給摩西一些掌聲，因爲他的計畫並非都那麼糟糕——有些計畫可能有好處，例如由於興建公路，中產階級現在能夠享用公園和海灘。

記得我們討論過自治市的特質——它們不會轉化成規模較大的某種東西，因爲在它們擴張之後，問題變得比較抽象，而抽象的東西，人性無法妥善管理。同樣的原則適用於都市生活：街坊就是村落，所以需要繼續維持村落的樣貌。

我最近卡在倫敦的車陣中，據說行進速度等於一個半世紀前，或者更慢。我花了約兩個小時，從倫敦的一邊到另一邊。和（波蘭）司機談完所有可以談的話題之後，我懷疑奧斯曼是不對的，以及倫敦如果有奧斯曼夷平街坊，建立更大的動脈以促進循環，會不會比較好。不久我想到，如果倫敦的交通相對於其他都市更爲壅塞，那是因爲人們都想到這裡的緣故，而且對他們來說，來到這裡的好處高於成本。倫敦有三分之一以上的居民生於外國，而且除了移民，世界上大部分財富淨値高的人，都在倫敦中心地帶有第一棟臨時住所。沒有那些大道，以及沒有發號施令的政府，可能是一部分的吸引力。沒有人會在巴西利亞買臨時住所，因爲那裡是從無到有、在地圖上建立起來、完全由上而下的都市。

我也查了今天巴黎最昂貴的街坊（例如第六區或聖路易島），它們都沒被十九世紀的都市整建者動到。

最後，反對目的論設計的最佳論點如下所述：建築物在它們興建起來之後，不斷發生突變，好像它們需要慢慢進化，被充滿活力的環境接管似的：它們會改變顏色、形狀、窗戶——以及性格。斯圖爾特・布蘭德（Stewart Brand）在《建築物如何學習》（*How Buildings Learn*）一書中登出照片，讓我們看到建築物如何與時俱變，好像它們需要變形成認不出來的形狀——這些奇怪的建築物在興建的時候，並沒有想到將來改變的可選擇性。

落地窗

我主張懷疑建築現代主義不是沒有條件的。雖然大部分建築元素帶來不自然的壓力，有些元素卻確實有所改善。舉例來說，在鄉村的環境中，落地窗讓我們接觸到大自然——技術在這方面，又使它自己變得（可說是）隱形。以往，窗戶的大小是從保熱的考量去決定的——由於窗戶無法隔熱，熱會很快從窗戶散掉。今天的材料讓我們擺脫這種限制。此外，不少法國建築是爲因應大革命之後開徵的門窗稅而設計的，許多建築的窗戶數目很少。

穿起來無拘無束的鞋子，讓我們能夠感受到地面。正如沃斯華德·史賓格勒（Oswald Spengler）所說的，導致文明從植物走向石頭，也就是從碎形走向歐幾里得的現代技術，讓一些人能夠反趨勢而行。我們現在正從平滑的石頭，返回豐富的碎形和自然。曼德伯在俯瞰樹木的窗戶之前寫作。他熱愛碎形之美，不這麼做的話，很難想像還有其他方法。現代的技術允許我們與大自然融合，不必只開小窗，還能讓整面牆透明，面向青翠蓊鬱的林地。

改用十進制

國家追求新鮮的一個實例是：鼓吹改用十進制，也就是以公制取代「古老的」度量方法，理由是爲了追求效率——這麼做「有其道理」。邏輯上或許沒有缺點（在我們用更好、比較不天眞的邏輯取代之前是如此，而我正嘗試要這麼做）。我們來看看這種努力的理性主義和經驗主義之間的差異。

華威・凱恩斯（Warwick Cairns）是像雅各那樣的人，一直在法庭上奮戰不懈，希望允許英國的市場農民繼續按磅銷售香蕉和做類似的事情，因爲他們抗拒使用比較「理性」的公斤。十進制的想法誕生於法國大革命，當時瀰漫著一股烏托邦情緒，包括將冬季月份名稱改爲雪月（Nivôse）、雨月（Pluviôse）、風月（Ventôse）、以描述性的方式說明氣候、實施十進位時間、一週十天，以及諸如此類天真理性的事情。幸好改變時間的計畫失敗了。但是在一再失敗之後，公制終於上路——然而舊制仍在美國和英國頑強不退。法國作家愛德蒙・亞布（Edmond About）一八三二年前往獨立後十二年的希臘，談到農民使用公制時一個頭兩個大，因爲對他們來說完全不自然，所以繼續使用鄂圖曼的標準（同樣的，阿拉伯字母從容易記憶的古閃語順序，發音和 ABJAD、HAWWAZ 等字相同，竟然「現代化」爲合乎邏輯順序的 A-B-T-TH，結果整整一個世代講阿拉伯語的人沒辦法背誦字母）。

極少人知道自然誕生的重量，有它們本身的邏輯：我們使用呎、哩、磅、吋、弗隆（furlongs）、英石（stones），因爲這些單位十分直覺，只要花費最小的認知努力，就能使用它們——而且所有的文化似乎都採用類似的方法，藉實體去衡量每天遇到的事情。公尺和任何東西都不相配，呎卻有相配的東西。我可以不費吹灰之力想像「三十呎」的意義。哩來自拉丁文 milia passum，指走一千步。同樣的，一英石（十四磅）相當於……呃，一塊石頭。吋（或者 pouce）相當於一個拇指。一弗隆是指一個人往前衝刺到沒氣之前的距離。一磅來自 libra，是指你能想像用手握住的東西。記得第十二章所說的泰勒斯故事中，我們使用到舍客勒（thekel 或 shekel）：這是迦南閃語中「重量」的意思，和磅類似，具有實體上的含義。在我們的祖先居住的環境中，這些單位具有某種非隨機性——數位制本身則來自與十根手指對應。

我在寫這些段落時，歐洲聯盟的一些官員，他們每天晚餐吃兩百公克料理得很好的肉類，喝二百公勺的紅酒（這是爲了他們的身體健康而訂下的最適當數量），毫無疑問地正在圖謀推動計畫，促使公制的「效率」深入會員國的鄉間。

把科學變成新聞

所以我們可以把脆弱性和強固性的標準，用在資訊的處理上——和技術一樣，在該領域中的脆弱，是指什麼事情經不起時間的考驗。因此，最好的過濾性試探啓發法在於考慮書籍和科學論文的年齡。只上市一年的書籍，通常不值得一讀（擁有「存活」品質的機率很低），不管它們炒熱多高的情緒，或者看起來有多麼「驚天動地」。所以我在選讀書籍的時候，依循林迪效應的引導：存在十年的書會再存在十年；存在兩千年的書，應該會存在相當長的一段時間。許多人了解這一點，卻沒有將它用在學術工作上；學術工作採行的現代實務，有不少和新聞工作幾乎沒有兩樣（除了偶爾難得見到的原創性生產）。學術工作由於引人注意，很容易受到林迪效應的影響：不妨想想數十萬篇論文只是雜訊，不管它們在發表時激起多麼高昂的情緒。

要判斷某個科學成果或者新的「創新」是否眞的是突破（也就是和雜訊相反），問題在於我們需要去看相關觀念的所有層面——而且總是會有一些不透明的地方，只有時間才能撥雲見日。許多人像老鷹那般看待癌症的研究成果，我卻喜歡引用下述的事實：我們在第十五章談過的福克曼，相信抑制血液的供給（腫瘤需要營養，因此常常會產生新的血管，稱之為**新血管生成**），可以治療癌症。他的研究，曾有一陣子令人興奮異常。這個觀念表面上看來毫無缺點，但是大約十五年之後，我們得到的唯一顯著成果，似乎是在癌症之外，也就是用於緩和黃斑部病變。

同樣的，有些似乎無趣的成果不被人注意，幾年之後卻成了大突破。

所以時間有如雜訊的清潔工，把所有那些過度亢奮的研究侷限在它的垃圾桶內。有些組織甚至將科學生產變成吸引大量觀眾的廉價運動比賽，在直腸腫瘤或某個次次專科，排出「十大熱門論文」。

用「科學家」取代上面所說的「科學成果」，往往能夠得到相同的嗜新狂熱。有一種病，是將獎項頒給「四十歲以下」的明日之星科學家。這種病正在感染經濟學、數學和財務等領域。數學有點特別，因為它的成果是不是有價值，馬上看得一清二楚——所以我跳過不批評。在我熟悉的領域中，也就是文學、財務和經濟，則相當肯定將獎項頒給四十歲以下的人，正是最好的價值反向指標（很像交易員相信——相當經得起考驗——一些公司因為潛力看好，被雜誌封面或者《從A到A$^+$》〔*Good to Great*〕等書稱為「最佳企業」，引起亢奮情緒後，表現就會走下坡，可以從放空它們的股票大賺一筆）。這些獎項最糟的效應，是懲罰那些不明就裡的人，並將這塊領域貶損成運動競賽。

如果要設立獎項，那應該是頒給「一百歲以上的人」：我們花了一百四十年，才確認儒勒·

荷鈕（Jules Regnault）的貢獻。荷鈕發現了可選擇性，並在數學上做對應——加上我們所說的點金石。他的作品一直沒沒無聞。

如果你想知道我所說的雜訊科學有多嚴重，不妨拿你念中學或大學時，感興趣的基礎教科書來看——任何學科都行。隨便翻開一章，看看裡面的觀念是否仍然用得上。那個觀念可能令你覺得無趣，但仍然用得上——或者不無聊，但仍然用得上。它可能是有名的一二一五年大憲章（英國史）、凱撒的高盧戰爭（羅馬史）、斯多噶學派的歷史淵源（哲學）、介紹量子力學（物理），或者貓和狗的遺傳樹（生物）。

現在試著找五年前針對當時關心的主題，隨便一場研討會的會議紀錄來看。你有可能覺得那和五年前的新聞沒有兩樣，或許比新聞更沒意思。因此，從統計上來說，參加突破性的研討會，和買一般彩券一樣浪費時間，報償很小。一篇論文五年後仍然切合時宜——而且有趣——的機率不超過萬分之一。由此可見科學多脆弱！

連中學老師或表現差的大學教授，講起話來也可能比最新的學術論文更值得一聽，而且受嗜新狂熱的敗壞較少。我曾經有過最好的一場哲學談話，是和法國高中老師展開的。他們熱愛這個主題，但沒興趣靠寫論文投入這個生涯（在法國，他們是在中學的最後一年教哲學）。任何學科的業餘愛好者都是最棒的——如果你找得到他們的話。和業餘愛好者不同，職業專業人士之於知識，就像妓女之於愛情。

當然你可能運氣不錯，三不五時遇到一些珍寶，但是大體而言，和學者交談頂多和水電工交談一樣，最糟的則是和門房聊八卦沒有兩樣：聊的是其他一些無趣的人（別的學者）的是非。沒錯，和頂尖科學家一談，有時勝讀十年書。這些人努力彙整知識，把整個領域的一小部分整理得井井有條，讓那些優游其中的人不費吹灰之力。可惜這些人現在有如鳳毛麟角。

這一節以一個故事作結。我有個學生（在那麼多學科中，偏偏專攻經濟學）問我應該根據什麼原則，選擇要讀的東西。「盡量不要讀過去二十年內的書，但不談過去五十年的歷史書籍除外，」我脫口而出。想到「你讀過最好的書」或者「最好的十本書是什麼」之類的問題，我心中就有氣——我的「最好的十本書」，每個夏天結束時都會改變。但我很迷康尼曼最近出的書，因爲主要在闡述他三十五年和四十年前的研究，但經過過濾和現代化。我的建議似乎不切實際，但過了一陣子，這位學生養成一種文化，只看他相信到了八十歲，他還會引用的亞當．斯密、馬克思和海耶克等人的原創著作。他告訴我，經過這一番「解毒」，他發現所有的同學看的是**合時**但馬上就會過時的材料。

應該會毀壞的東西

二〇一〇年，《經濟學人》（*The Economist*）雜誌要我參與想像二〇三六年的世界。他們知道我對預測者持保留態度，所以表明用意是要取得十分重要的「平衡」，藉我抗衡不計其數的想像性預測，期待我一如往常那樣生氣、輕蔑和痛斥。

（慢步）走了兩個小時之後，我一口氣寫下一連串的預測，並將文章寄給他們，令他們相當驚訝。他們起初可能以爲我在尋他們開心，或者有人接到錯誤的電子郵件，並且假冒我回信。我在說明了脆弱性和不對稱性（面對錯誤呈現凹性）方面的推論之後，說我預期未來會見到整面牆壁都是書架、稱作電話的裝置、技術勞工崛起等等。因為大部分的技術，現在已有二十五年之久的歷史，應該會再存在二十五年——再說一次，是大部分技術，不是所有的技術。⑦但是它們的脆弱性應該會消失，或者減弱。那麼，什麼東西顯得脆弱？過度依賴技術、優化的大型東西會顯得脆弱。它們過度依賴所謂的科學方法，而不是歷經時代考驗的試探啓發法。今天的大公司應該會消失，因為它們已經被它們認為是優勢所在的規模所削弱。規模是企業的敵人，因為它們在面對「黑天鵝」時，會顯現不成比例的脆弱性。城邦國家和小型企業比較有可能存在，甚至欣欣向榮。單一民族國家、印製鈔票的中央銀行，這些東西稱作經濟部門，可能名目上繼續存在，但它們的力量會遭到嚴重侵蝕。換句話說，我們在三元組上欄見到的東西會不見——但會被其他脆弱的東西取代。

先知和現在

根據容易受到傷害的特性而發出警告——也就是減法式預言——使我們更接近先知原來扮演的角色：警告，不見得需要預測，而且是在人們不聽的時候，預測會有災難發生。

⑦我有幸看過一本有五百年歷史的書。那樣的經驗，和讀一本現代書幾乎沒有兩樣。這樣的強固性不同於電子文件的壽命：我寫的一些東西存成電腦檔案，不到十年，就已經叫不出來了。

至少在黎凡特地區，先知的典型角色不是管窺未來，而是談論現在。他告訴人們做什麼事，或者以我之見，不要做什麼事，才會顯得更加強固。在近東的一神論傳統，也就是猶太教、基督教和伊斯蘭教中，先知的主要角色是保護一神論不受崇拜偶像的異教徒敵人傷害，因爲他們可能給迷失方向的人群帶來巨大的災難。先知是和獨一的上帝溝通的人，或者至少能讀祂的心——而且，關鍵在於對祂的子民發出警告。閃語以 Nevi 或 nebi（原始的希伯來語）表示的 nby，和阿拉米語發音略有出入的 nabi'y、阿拉伯語發音略有出入的 nabi 相同，主要是指和上帝有接觸的人，必須表達上帝心中所想——阿拉伯語中的 nab'，意思是「消息」（閃語原始的阿卡迪亞語字根 nabu，意思是「召喚」）。最早的希臘語翻譯成 pro-phetes，意思是「發言人」，伊斯蘭教仍然保留著，例如先知穆罕默德也具有信使（rasoul）的雙重角色——發言人（nabi）和信使（rasoul）這兩個角色之間，有小小的階級差異。單單預測的工作，大致上限於占卜者，或者參與預測的各種人，例如「占星者」，但是可蘭經和舊約全書對他們相當不以爲然。迦南人的神學和探索未來的各種方法同樣太過雜亂，但先知正是指和唯一的上帝來往的某個人，不像邪神崇拜者那樣去接觸未來。

黎凡特的先知這個行業，也不是特別吸引人的專業工作。我在這一章一開始說過，這樣的行業不保證被人接受：耶穌提到以利亞（Elijah；他警告不要崇拜巴力〔Baal〕神，然後很諷刺地必須在敬仰巴力神的西頓〔Sidon〕尋求慰藉），宣稱沒人在自己的土地上成為先知。而且，先知不一定是自願背負使命的。耶利米（Jeremiah）的生活就充滿著悲嘆，因爲他發出令人不快的警告，說將有滅亡和俘虜發生（也說到造成這些事情的成因），結果使他沒有特別受人歡迎。另外，由於他這個人，才有「射殺來使」的觀念，以及眞相帶來仇恨的說法。耶利米遭到痛打、懲罰和迫害，也是不計其數的陰謀之下的受害者，加害人包括自己的兄弟。一些杜撰和想像的情節，甚至說他在埃及遭人投石致死。

在閃米特北方，我們發現希臘的傳統同樣聚焦於訊息，對現在發出警告、而且那些能夠理解別人所不理解的事情的人，也遭到同樣的懲罰。舉例來說，卡珊德拉（Cassandra）擁有預言的天賦，但遭到詛咒，不被人相信。神廟裡的蛇清理她的耳朵，好讓她能聽到某些特別的訊息。泰瑞西亞斯（Tiresias）因爲揭露神的秘密，眼睛被弄瞎，並且變身爲女人——但是讓他安慰的是，雅典娜舔了他的耳朵，讓他聽懂鳥兒歌聲中的秘密。

記得第二章談過我們無法從過去的行爲學習。學習時缺乏遞迴（recursion）——缺乏二階思維——的問題如下所述：如果傳遞某些訊息的人，被視爲長期有價值，但在過去的歷史中遭到迫害，那麼我們會預期將有矯正機制，也就是聰明人最後會從這種歷史經驗學習，而在心裡用新的理解，去對待那些傳遞新訊息的人。但是這樣的事情不曾發生。

不只預言缺乏遞迴思維，其他的人類活動也一樣。如果你相信別人沒想過的某個新觀念（也就是我們通稱的「創新」）將行得通，也會有很好的表現，那麼你會預期別人也會採用它，並用更清晰的眼光去看待新的觀念，而不太在意別人的看法。但他們不是這麼做的。被視爲「原創」的東西，往往是根據當時相當新、卻不再新的東西建立起模型。於是對許多科學家來說，「當個愛因斯坦」的意思是說：解決愛因斯坦解過的類似問題，但這時愛因斯坦已經不再像從前那樣埋首解決標準的問題。當物理學中的愛因斯坦，這個觀念不再具有原創性。我在風險管理的領域，看到科學家試圖以標準方式嘗試新觀念，也犯下類似的錯誤。風險管理的研究者只考慮過去曾經傷害他們的高風險事情（因爲他們將注意焦點放在「證據」上），不了解在以前，也就是在那些事件發生之前，嚴重傷害他們的那些事情完全沒有前例可循，因此毫無標準可言。我努力促使他們跳出舊框框，考慮這些二階因素，卻失敗了——我設法讓他們了解脆弱性的概念也一樣失敗。

恩貝多克利斯的狗

亞里士多德寫的《大倫理學》（*Magna Moralia*）中，可能有個杜撰的故事，提到蘇格拉底之前的哲學家恩貝多克利斯（Empedocles）。有人問他爲什麼一隻狗老喜歡睡在同一塊地磚上。他答道，那隻狗和那塊地磚一定有某種**相似性**（事實上，這個故事甚至可能是二次杜撰，因爲我們不知道《大倫理學》是不是眞的由亞里士多德本人所寫）。

來談狗和地磚的適配性。一長串一再重複發生的經常性事件，證實有一種自然的、生物上的、可以解釋或不可以解釋的適配性——可以取代理性主義。回頭看看歷史就知道了。

於是我要對這一章針對先知所做的討論下個結論。

我推測能夠存活下來的寫作和閱讀等人類的技術，就像地磚之於狗，也就是自然的朋友之間有它們的適配性，因爲它們對應於我們天性中某些深層的東西。

每次我聽到有人試圖比較一本書和一具電子閱讀器，或者古老的某種東西和一種新技術，「意見」就會跳出來，好像現實很關心意見和敘事似的。我們的世界有一些秘密，只有去實踐才能揭露。沒有任何意見或分析能夠捕捉它的全貌。

這種秘密特質當然會隨著時間的流逝而揭露出來，而且我們要感謝只有透過時間才能揭露。

沒有道理的事情

我們將恩貝多克利斯的狗這個觀念往前稍微推進：如果你覺得某件事情沒有道理（例如，如果你是無神論者，會覺得宗教——或者被稱爲不合理性、某種行之有年的習慣或實務——沒有道理），而且那件事情已經存在很久，那麼不管它是否不合理性，你都可以預期它還會繼續存在很久，並且比預言它會敗亡的人活得還久。

21 醫療、凸性和不透明

他們所說的非證據——醫療使人脆弱，然後試著救人——牛頓的定律或證據？

醫療的歷史，講的是做和想之間的辯證故事——大都有紀錄可循——以及如何在不透明的情況下做決定。在中世紀的地中海地區，邁蒙尼德（Maimonides）、阿維森納（Avicenna）、艾爾—魯哈威（Al-Ruhawi），以及侯奈因．伊本．伊斯哈格（Hunain Ibn Ishaq）等敘利亞醫生，都同時是哲學家和醫生。中世紀閃語世界中的醫生稱作 Al-Hakim，意思是「智者」或者「智慧的實務工作者」，和哲學家或拉比同義（hkm 是閃語字根「智慧」的意思）。甚至在更早的期間，不少希臘化人物剛好介於醫療和哲學實踐的中間——偉大的懷疑哲學家塞克斯都．恩披里科本人是懷疑經驗學派的醫生成員。經驗基礎醫療的前輩曼諾多圖斯也是——稍後我們會稍微多談他。這些思想家的作品，或者現存的任何東西，在我們這些不相信光說不練的人讀來，總覺得耳目一新。

這一章會提出相當簡單的決策準則和試探啓發法。它們當然是用**否定法**（去除不自然的東西）：只在健康報償很大（例如拯救人命），並且明顯超越潛在傷害時，例如不容置疑需要進行手術或開出拯救生命的藥物（盤尼西林），才訴諸醫療技術。這和政府的干預行動相同。這種方法，走的完全是泰勒斯的路線，不是亞里士多德的方法（也就是，根據報償做決定，不是根據知識）。因爲在這些情況中，醫療具有正不對稱性——凸性效應——而且結果比較不可能產生脆弱性。反之，在特定醫療、程序、營養或生活修正的利益很小的情況中——例如只爲了舒適——我們就會有很大的潛在冤大頭問題（因此置我們於凸性效應錯誤的一邊）。事實上，陶亞迪和我在發展我們論文的理論，探討風險偵測技術（第十九章）時，一個始料未及的副利益，正是(a)暴露程度或劑量反應的非線性和(b)潛在脆弱性或反脆弱性之間的關係。

我也將這個問題延伸到認識論的範疇，並且訂下**應該視何者為證據**的準則：就像一杯水是半空還是半滿，有些情況中，我們將重點放在**缺乏**證據上，其他的情況則將重點放在證據上。有些情況中，我們可以要求確認，其他例子則不然——這取決於風險而定。以抽菸爲例，曾經有人認爲抽菸能使人的愉悅小幅度增加，甚至對健康有幫助（眞的，人們認爲它是好東西）。經過數十年，它造成的傷害才爲人所見。萬一有人質疑，提出問題的人會面對制式、天眞、學術化和假專家的反應：「你有**證據**證明這有害嗎？」（「是否有證據證明污染有害？」是同一類的反應。）如同以往，解決方法很簡單，也就是延伸**否定法**和胖子東尼的**別當冤大頭**準則：非自然的東西才需要自己證明它的利益，而不是由自然的東西去證明——根據前面所說的統計原則，我們認爲大自然遠比人類不像冤大頭。在深奧的領域中，只有時間——長時間——會給我們證據。

對任何決定來說，某一邊的未知遠多於另一邊。

「你有證據嗎」的謬誤，誤將「缺乏造成傷害的證明」當作「證明沒有造成傷害」，這和一個人誤將「無疾病證據」（no evidence of disease; NED）解讀為「證明沒有疾病」類似。這和誤將「沒有證明」當作「證明沒有」，是相同的錯誤，而這樣的錯誤，往往影響受過教育的聰明人，好像教育使人在反應時更強調確認，而且比較有可能落入簡單的邏輯錯誤中。

記得在非線性的情況下，「有害」或「有利」的簡單說法站不住腳：重要的是劑量的多寡。

如何在急診室中爭論

我的鼻子曾經斷掉……是因為走路的關係。當然是為了培養反脆弱性。那時我在相信自然式運動的洛克．勒．柯樂（Loic Le Corre）的影響下，展開我的反脆弱計畫，其中一項就是在不平的地面上走路。那真是個刺激的體驗；我覺得世界更加豐富、更加碎形，而當我拿這種地面和人行道、公司辦公室的平滑地面相比，頓時感覺那些地方像是監獄。不幸的是，我身上帶著老祖宗不帶的東西，也就是行動電話，走到半途，它蠻橫地響了起來。

在急診室中，醫生和工作人員堅持要我「冰敷」鼻子，也就是貼上冰敷貼。在疼痛中，我突然想到，大自然讓我腫脹，十之八九不是外傷直接造成的。那是我的身體對傷害的反應。我當時覺得，推翻大自然設計好的反應，對她是一種侮辱，除非我們有適當的實證測試，顯示我們人類做得更好，所以有很好的理由這麼做；舉證的責任在我們人類身上。所以我咕噥著對急診室醫生說，是不是有任何統計證據，顯示冰我的鼻子有好處，或者這只是一種天真的干預方式。

他的反應是：「你的鼻子腫得像克利夫蘭那麼大，現在卻對……數字感興趣？」從他含混不清的說法，我覺得他沒有答案。

他確實不會有答案，因爲我一摸到電腦，便確認找不到令人信服的經驗證據，主張這個時候要消腫。至少在腫脹威脅病人生命的極少數例子之外找不到證據，而我的情形顯然還不到致命的地步。醫生心裡就只有冤大頭理性主義，根據智慧有限的人類覺得有道理，加上干預主義作祟，而認爲需要**做點事情**。這種想法的缺點我們相當清楚，那就是貶損我們看不到的事情。這樣的缺點，不限於控制腫脹：這種憑空捏造困擾著整個醫療史，當然還有其他許多實務領域。研究工作者保羅·米爾（Paul Meehl）和羅賓·道斯（Robin Dawes）首創一種傳統，收錄「臨床」和保險統計知識之間的緊張關係，並且探討到底有多少事情，專業人員和臨床人員相信是眞的，事實卻不然，而且不符經驗證據。問題當然在於這些研究工作者並沒有清楚了解經驗證據的舉證責任在誰的身上（也就是知道天眞或假經驗主義和嚴謹的經驗主義兩者之間的差異）——醫生有責任告訴我們，爲何退燒是好的、爲何在展開一天的活動之前吃早餐是健康的（沒有證據顯示如此），或者爲何替病人放血是最好的另類選擇（他們已經停止這麼做）。有些時候，當他們必須防衛性地表示「我是醫生」或者「你是醫生嗎？」，便可以知道他們對於眞正的答案毫無頭緒。但更糟的是，我有時會接到另類醫療領域的人寫來支持信，表達同情之意，我只好跑一趟郵局回信：這本書所用的方法超級正統、超級嚴謹、超級科學，當然不贊同另類醫療。

健康照護的隱形成本大都是否定反脆弱性造成的。但或許不只醫療如此——我們稱作文明病的東西，來自人類不顧本身的利益，試圖讓生活變得舒適，而舒適會使我們脆弱。本章的其餘部分，重點放在具有隱形負凸性效應（也就是利得小、損失大）的特定醫療案例上——並且根據我的脆弱性和非線性概念，重新框架醫療傷害的觀念。

醫療傷害的第一原則（經驗主義）

醫療傷害的第一個原則如下所述：我們不需要**有證據證明受到傷害**，才能宣稱某種藥物或者不自然的**肯定法**（via positiva）療程是危險的。還記得前面談火雞問題時，說過傷害是在未來，而不是狹義界定的過去。換句話說，經驗主義不是天眞的經驗主義。

我們見過放煙幕彈的論調。來談談一種人造脂肪，也就是反式脂肪的冒險歷程。不知道爲什麼，人類發現了生產脂肪產品的方法，而且由於這是偉大的科學主義時代，他們相信可以做得比大自然要好。可不是一樣好；而是**更好**。化學家認爲他們生產出來的脂肪代用品，從許多觀點來看，優於豬油或奶油。首先，它們使用起來比較方便：人造黃油等人工製品在電冰箱中會保持柔軟，因此可以馬上塗在麵包上，不用邊聽收音機邊等它變軟。第二，它相當經濟，因爲人造脂肪是從植物萃取的。最後，最糟的是，反式脂肪被認爲比較健康。它的用途散布得很廣。經過幾億年食用動物脂肪之後，人們突然開始害怕它（尤其是稱作「飽和」脂肪的某種東西），主要原因在於一些低劣的統計解讀。今天，由於反式脂肪和心臟疾病、心血管問題有關，會致人於死而普遍遭到禁用。

這種冤大頭（和令人脆弱）的理性主義，還有另一個要命的例子，那就是沙利竇邁（Thalidomide）。這種藥物本來是用於減低孕吐，卻造成畸形兒。另一種藥物稱作己烯雌酚（Diethylstilbestrol），悄無聲息地傷害胎兒，而且會使女嬰將來容易罹患婦科癌症。

這兩個錯誤相當引人注目，因爲兩者的利益都十分明顯且立即，但是很小，傷害則延後好幾年，至少得四分之三個世代才出現。接下來要討論的是舉證責任，你可以想像爲這些治療方式辯護的人，會立即表示異議：「塔雷伯先生，你的說法有證據嗎？」

現在我們看得出型態：醫療傷害是一種成本效益狀況，通常來自利益相當小且可見，成本卻很大、延後和隱形的危險情況。而且當然了，潛在成本遠高於累積利得。

對喜歡圖形的讀者來說，附錄從不同的角度顯示潛在風險，並以機率分布的方式表現醫療傷害。

醫療傷害的第二原則（反應非線性）

醫療傷害的第二個原則：它不是線性。對於幾乎健康的人，我們不應該冒險；但是對於處在危險中的人，則應該冒高出很多的風險。①

爲什麼我們需要將治療的重點放在比較嚴重的病上，而不是放在邊緣性疾病上？以顯現非線性（凸性）的一個例子來說。當高血壓相當溫和，也就是略高於被視爲「正常血壓」的範圍，從某種藥物得到好處的機率接近五・六％（十八個人裡面，只有一個會因爲治療而受益）。但是當血壓被認爲落在「高」或者「嚴重」的範圍內，受益的機率變成分別是二六和七二％（也就是四個人裡面有一個，以及三個人裡面有兩個將因爲治療而受益）。所以治療的利益相對於症狀呈現凸性（利益會以加速的方式，不成比例上升）。但是想想醫療傷害對所有的類別應該是一個常數！在病情非常嚴重的狀況中，利益相對於醫療傷害顯得很大；在邊緣狀況中，則相當小。這表示我們需要將注意焦點放在症狀嚴重的狀況中，並且忽視（我的意思是眞的忽視）患者不是病得很嚴重的其他狀況。

這裡的論點，是根據條件存活機率的結構，和我們用來證明瓷杯受到的傷害必須是非線性的結構類似。不妨想想大自然必須以和狀況的稀有性成反比例的方式，透過選擇而去修補。在今天可用的十二萬種藥物當中，我很難找到一種肯定法藥物，讓健康的人無條件「變得更好」（如果有人告訴我有這種藥物，我會懷疑它存在尚未見到的副作用）。每過一陣子，我們就會推出效能改善的藥物，例如類固醇，後來才發現金融業人士早就知道的事情：「成熟」的市場中，不再有免費的午餐，而看起來像是免費午餐的東西，都有隱形風險。當你認爲找到一頓免費的午餐，例如類固醇或者反式脂肪，能夠幫助健康的人，卻沒有明顯的下檔損失，那麼很可能在某個地方有個隱形陷阱。事實上，在我投入交易的那段期間，這被稱爲「冤大頭的交易」。

---

①這裡做個技術性說明。這是結果的機率分布直接呈現凸性效應的結果。至於「反槓鈴效應」，是指利得相對於醫療傷害顯得很小，不確定性會帶來傷害。但是在「槓鈴效應」中，也就是利得相對於潛在的副作用很大，不確定性通常有幫助。附錄用大量的圖表解釋這件事。

有一個簡單的統計理由，可以解釋爲什麼我們找不到一種藥物，能在我們健康的時候，覺得無條件變得更好（或者無條件變得更強等等）：大自然可能會自行發現這種神奇藥丸。但是想想當一種病很罕見，人的病情愈重，大自然愈不可能自行加快發現解決方案。假設一種狀況距離正常狀況三個偏差單位，那麼它比正常狀況稀有三百倍以上；距正常狀況五個偏差單位的病情，則稀有一百萬倍以上！

醫藥界並沒有把這種利益的非線性，建立到醫療傷害的模型中，而就算他們曾經用言詞如此表示，我並沒看過它正式形諸論文中，進而成爲一種決策方法，將機率納入考慮（我們將在下一節提到，極少人公開使用凸性偏誤）。甚至於似乎是以線性的方式將風險外推，導致低估和高估傷害程度，也就是說，醫藥界的傷害程度計算相當確定是錯的——舉例來說，有一篇談輻射影響的論文這麼說：「目前使用中的標準模型，將游離輻射的罹癌風險，從高劑量外推到低劑量。」

此外，製藥公司承受財務上的壓力，必須尋找各種疾病，以滿足證券分析師的需求。它們猛刮水桶的底部，在比較健康和更爲健康的人群中尋找疾病、遊說將症狀重新分類，並且調整銷售手段，促使醫生過度開立處方藥。現在，如果你的血壓位於以前稱作「正常」範圍的上半部，你不再屬於「正常血壓」，而是落在「高血壓前」的狀態，即使看不到什麼症狀。症狀的分類如果能讓人有更爲健康的生活風格，或者採取強固的否定法措施，分類並沒什麼不對——但是他們做這種分類的背後目的，通常是爲了增加用藥。

我並不反對藥廠發揮的功能和肩負的使命，而是反對它的經營實務：它們應該將注意焦點放在從極端疾病**獲得的利益**上，不是重新分類或者向醫生施壓，要他們加重用藥。事實上，藥廠是在利用醫生的干預行動。

用另一種方式來看：受到醫療傷害的是病人，不是治療本身。如果病人接近死亡，那就應該鼓勵所有的投機性治療方法——毫無保留。相反的，如果病人近乎健康，應該由大自然當醫生。

醫療中的詹森不等式

點金石說明了暴露程度的波動比它的平均數重要——兩者的差異叫「凸性偏誤」。如果你對某種物質具有反脆弱性（亦即凸性），那麼要是它隨機分布，而不是穩定供應，你的處境會更好。

儘管生物的非線性反應無所不在，我卻發現很少醫學論文將凸性效應用於醫療問題，而是利用到非線性（我這麼說還算相當寬容；實際上我發現只有一篇論文在單一應用中，明確使用詹森不等式——這要感謝我的朋友艾立克．布里斯〔Eric Briys〕——而且只有一篇使用得相當妥當，所以在我向醫學研究工作者解釋結果的非線性時，聽他們答說「我們早就知道了」，總覺得相當無言）。

令人驚訝的是，凸性效應在選擇權、創新、任何具有凸性的東西，都以完全相同的方式運作。現在就來將它應用……到肺部。

下一段有點技術性，可以跳過不讀。

罹患各種肺部疾病的人，包括急性呼吸窘迫症候群的患者，需要戴上呼吸器。醫界相信，壓力和供氣量最好固定——保持穩定似乎是個好想法。但是病人對壓力的反應呈現非線性（在起初的範圍內呈現凸性，高於那個範圍則呈現凹性），而且會因爲這種規律性而受到傷害。此外，肺部非常衰弱的人，無法長期承受高壓——但是他們需要很多供氣量。布魯斯特（J. F. Brewster）和他的同事研判，有時加高壓力，有時維持低壓力，可以在給定的平均壓力下，提供更多的氧氣給肺部，因此而降低病人的死亡率。這麼做的一個額外好處是：偶爾突然增高壓力，有助於打通萎縮的肺泡。事實上，這正是我們的肺部健康時的運作方式：有變動和「雜訊」，而不是維持穩定的氣流。人類對於肺部的壓力具有反脆弱性。而這直接來自反應的非線性，因爲我們曉得每一樣具有凸性的東西都具有反脆弱性，但最高只到達某個劑量。布魯斯特的論文經過實證確認，但這麼做，甚至是多此一舉：你不需要實證資料去證明一加一等於二，或者機率加起來需要成爲一〇〇%。②

研究營養的人，似乎沒有探討過隨機攝取卡路里和穩定攝取營養兩者之間的差異，我們將在下一章回頭來談這件事。

「做實證工作」卻不使用凸性偏誤等非線性效應模型，就像必須將從樹上掉下來的每一顆蘋果分門別類，並稱這樣的作業爲「實證研究」，而不只用牛頓的方程式就好。

---

②換句話說，在凸性的情況中，例如某段期間對某個劑量的五〇%起反應，下個期間對一五〇%的劑量起反應，優於兩個期間供應一〇〇%的劑量。我們不需要太多實證，才能估計凸性偏誤：根據定理，這種偏誤是凸性的必然結果。

埋藏證據

現在來談一些歷史背景。醫藥會誤導人們那麼長的時間，是因爲成功的時候大張旗鼓宣揚，出了差錯卻是將它們隱藏起來——就像歷史的墳墓中，其他許多有趣的故事那樣。

我忍不住想提一下一種干預偏誤（產生負凸性效應）。一九四〇年代和一九五〇年代，許多孩童和青少年接受痤瘡、胸腺腫大、扁桃腺炎的輻射，以去除胎記和頭皮的輪癬。除了甲狀腺腫大和其他的晚期併發症，接受這種輻射的病患，大約七％在二十到四十年後罹患甲狀腺癌。但是我們不要一筆抹殺來自大自然的輻射。我們必然對某種劑量的輻射——在自然發現的水準上——具有反脆弱性。或許少劑量的輻射，能夠防止較大劑量造成傷害和癌症，因爲身體會產生某種免疫力。而且，談到輻射，極少人想知道爲什麼在我們的皮膚暴露在太陽光線底下數億年之後，突然需要受到很大的保護，不讓太陽光線照到——是因爲大氣的變化，使得我們暴露在太陽光線底下，受到的傷害高於從前，還是因爲我們居住的環境，和皮膚的色素沉澱搭配不當——或者是因爲防曬產品的製造商需要賺點錢？

沒完沒了的火雞狀況史

很多人出於天眞的理性主義，企圖用計勝過大自然，種種作爲不勝枚舉——他們的用意都在

「改善」事情。我們持續不斷在做一階學習，也就是禁止使用會造成傷害的藥物或療程，卻不知道我們有可能在別的地方再次犯下錯誤。

他汀類藥物（statins）。使用他汀類藥物的目的，是降低血液中的膽固醇。但是這裡面存在不對稱性，而且是嚴重的不對稱性。我們需要治療五十名高風險病患五年，才能避免單一的心血管事件。他汀類藥物有可能傷害不是重病的人，而對這些人能夠帶來的利益，微乎其微或者完全不存在。我們無法得到短期內隱形傷害的證據基礎畫面（就像前面說過的抽菸問題，需要許多年的時間才能得到）。此外，目前主張定期服用這些藥物的說法，往往是根據一些統計錯覺，或甚至刻意操弄（製藥公司使用的實驗似乎玩弄了非線性，將病情非常嚴重和病情不是那麼嚴重的人綁在一起，而且假設健康者的公制「膽固醇」等於一〇〇％）。他汀類藥物沒有應用醫療傷害的第一個原則（看不到的傷害）；此外，它們當然會降低膽固醇，但是身爲人類，你的目標函數不是降低某個量數，好讓成績通過像學校那樣的考試，而是使身體更爲健康。此外，我們無法肯定人們試圖降低的這些指標是原因，還是和某種狀況有關的表現——就像摀住嬰兒的口鼻，能壓低他的哭聲，卻無法消除他表現這種情緒的原因。可以降低量數的藥物，因爲法律上的複雜性，害處特別大。醫生有開立這種藥物的誘因，因爲萬一病患心臟病發，他會被控告醫療疏失，但是反方向的錯誤，根本不會遭到懲罰，因爲副作用不像是由這種藥物造成的。

相同的天眞干預問題和干預偏誤混雜在一起，也適用於癌症的發現上：由於法律制度對干預有利，所以我們見到一種明顯的偏誤，主張進行治療，即使會帶來更大的傷害。

外科手術。歷史學家指出，長久以來，外科手術的紀錄遠比醫藥要好；由於成果明顯可見，所以有必要的嚴謹可作爲驗證。例如，對受到嚴重創傷的受害人進行手術，像是取出子彈，或將內臟推回原位，可以降低醫療傷害；手術的下檔損失相對於利益很小——因此出現正凸性效應。和一般的藥物干預不同，我們很難說大自然會做得更好。外科醫生以前是藍領勞工，或者比較接近工匠，離高層科學較遠，所以他們不覺得有責任去追求理論。

內科醫生和外科醫生這兩種專業，在專業和社會上都分隔開來，其一是藝術，另一是科學，因此其一是根據經驗試探啓發出來的技藝，另一是依靠理論，不，是依靠人類的一般理論。緊急狀況發生時，外科醫生會派上用場。在英國、法國和義大利的一些城市，外科醫生的行會和理髮師的行會是合併在一起的。由於成果明顯可見——你沒辦法欺騙眼睛——很長一段時間以來，外科手術的蘇聯—哈佛化受到限制。由於很長一段時間內，人是在沒用麻醉劑的情形下動手術，所以一個人不必過度找理由，說**什麼事情都不必做**，靜候大自然扮演好她的角色就好。

但由於使用麻醉劑，今天執行手術的困難度遠低於從前——而且外科醫生現在需要念醫學院，不過，需要學習的理論少於中世紀的索邦大學（Sorbonne）或波隆那大學（Bologna）。相較之下，以前的放血（靜脈切開術）是外科醫生沒有任何反誘因，就會執行的少數手術之一。舉例來說，現代執行背部手術以矯治坐骨神經痛，往往沒有效果可言，更別提手術可能造成傷害。證據顯示，六年後，這種手術平均而言等於什麼事也沒做，所以背部手術有某種潛在的缺失，因爲每一種手術都會帶來風險，例如麻醉傷害到腦部、醫療失誤（醫生傷害到脊髓），或者暴露在醫院的病菌之中。可是像腰椎間盤融合等脊髓手術，仍然大量執行，尤其是因爲這對醫生來說獲利很高。③

抗生素。每次你服用抗生素，就在某種程度內幫助細菌突變，變成耐抗生素的菌株。而且這樣等於在玩弄你的免疫系統。你將身體的反脆弱性移轉給細菌。解決方法當然是只有在利益很大的時候才這麼做。衛生，或者過度衛生，效果相同，尤其是在每一次社交接觸之後，就以化學物清洗雙手。

以下列出已經證實和可能發生醫療傷害的一些例子（以重病患者之外，下檔損失比較大者來說，而不管這種下檔損失是否已經證實）：④消炎藥偉克適（Vioxx）造成的副作用是延後發生心臟問題。抗抑鬱藥（非必要的情況下使用）。動減肥手術（而不是讓超重的糖尿病患者挨餓）。可的松（cortisone）。用消毒劑清潔產品，可能導致自身免疫性疾病。激素替代療法。子宮切除術。非絕對必要的剖腹產。嬰兒的耳管會對耳部感染即時反應。前腦葉白質切除術。補鐵。稻米和小麥漂白——被認爲是進步。防曬霜疑似造成傷害。衛生（超過某個點，衛生可能因爲使你不致產生毒物興奮效應——我們自身的反脆弱性——而使你變得脆弱）。我們攝取益生菌，因爲我

---

③證據基礎科學家斯圖亞特．麥吉爾（Stuart McGill）專攻背部症狀，說明自癒過程如下：坐骨神經陷在過於狹窄的腔內，造成常見的背部問題，被（醫生）認爲只能用（有利可圖的）手術加以治療，但這種情形會產生酸性物質去切開骨頭，經過一段時間，本身就會形成比較大的通道。也就是說，人體做得比外科醫生要好。

④本章和下一章的核心要點，是和脆弱性有關的非線性，以及如何在醫療決策中利用它，而不是談特定的醫療和失誤。這些例子只是用來說明我們看事情的時候，沒有考慮凹性反應。

們不再吃夠多的「土」。來蘇爾（Lysol）等消毒劑殺了那麼多的「病菌」，使得正在發展免疫系統的孩子被剝奪必要的鍛鍊機會（或者被剝奪友善的「好」菌和寄生蟲）。牙齒衛生：我在想，用充滿化學物質的牙膏刷牙齒，主要目的是否是爲了讓牙膏業者賺取利潤——刷牙是正常的，牙膏可能只是爲了對付我們消耗的異常產品，例如澱粉、糖和高果糖玉米糖漿。說到這，高果糖玉米糖漿是熱愛技術的尼克森政府提供資金，一味求新的結果，也是某些人敦促補貼玉米農夫的受害者。第二型糖尿病患者的胰島素注射治療，根據的假設是：糖尿病的傷害來自血糖，而不是胰島素抗性（或其他相關的某樣東西）。豆漿。地中海和亞洲裔喝的牛奶。我們所能想像的最危險成癮物質海洛因，也發展成嗎啡替代物，用作咳嗽抑制劑，不會有嗎啡的成癮副作用。精神病治療，尤其是兒童精神病治療——但我想，不需要說服任何人相信它很危險。就此打住。

我在這裡的說法，同樣是以風險管理爲基礎：如果一個人病情十分嚴重，那就不需要擔心醫療傷害。所以會有危險的是邊緣案例。

到目前爲止我討論的案例都很容易理解，但是有些應用卻非常微妙。舉例來說，和原始層級「有其道理」的說法不同，我們找不到明確的證據說，喝無糖的甜味飲料，會使你減少的體重相當於少攝取的卡路里。但是經過三十年，混淆數百萬人的生理狀況之後，我們才開始問這個問題。不知道爲什麼，建議喝這種飲料的人，從物理學的定律（從熱力學天眞轉換而來）產生一種印象，認爲我們從卡路里而增加體重的概念足以做進一步的分析。這在熱力學當然是如此，就像簡單的機器會對能源有所反應，卻沒有回饋，例如燃燒燃料的汽車就是這樣。但在資訊的維度中，這樣的推理站不住腳，因爲食物不只是一種能源，它也傳達了和環境有關的資訊（例如壓力因子）。攝取食物加上一個人的活動，帶來荷爾蒙瀑流（hormonal cascades，或者傳達資訊的類似東西），引起渴望（因此消耗其他食物），或者改變你的身體燃燒能源的方式，而不管它是不是需要保有脂肪和燃燒肌肉，或者反過來說。深奧系統有回饋環，所以你「燃燒」什麼，取決於你消耗什麼，以及如何消耗。

大自然的不透明邏輯

在寫這些段落時，生物學家克瑞格．文特（Craig Venter）正在創造人工生命。他做了一些實驗，並在題爲「創造由化學合成基因組控制的細菌細胞」（Creation of a Bacterial Cell Controlled by a Chemically Synthesized Genome）那篇有名的論文中加以說明。我十分敬重文特，認爲他是有史以來最聰明的人之一，也是個不折不扣的「實幹家」，但是給難免犯錯的人類這種力量，無異於給小孩一堆炸藥。

如果我的了解沒錯，這對上帝論者來說，應該是對上帝的一種侮辱。但是對進化論者來說，這絕對是對進化的一種侮辱。對於像我和同行這種機率論者來說，這是對人類的審愼的一種侮辱，也是暴露在最嚴重「黑天鵝」事件的開端。

且讓我用一段文字，再把論點說得更爲清楚一點。進化是以沒有指引、凸性拼裝或修補的方式往前推進，本質上是強固的，也就是由於持續不斷、重複、小規模、局部性的錯誤，取得潛在的隨機利得。人用從上而下、指揮控制的科學所做的事情，恰好相反；這是以產生負凸性效應的方式在干預，也就是透過暴露於龐大的潛在錯誤，取得小小的確切利益。我們對於深奧系統（生物、經濟、氣候）的風險，了解程度慘不忍睹，再加上事後扭曲，使得紀錄更加難看（我們只能在傷害發生之後了解風險，卻持續不斷犯錯），而且沒有什麼事情能夠說服我，相信我們在風險管理上做得更好。在這個特別的案例中，由於錯誤可能擴大，所以你暴露在可能是最嚴重的隨機形式中。

簡單的說，不應該給人類會爆炸的玩具（例如原子彈、衍生性金融商品，或者創造生命的工具）。

有罪或無罪

容我用稍微不同的方式，說明最後一點。如果大自然中有什麼事情你不了解，那麼可能在超越你了解的更深層之處有其道理。所以自然事物的邏輯，遠優於我們本身的邏輯。就像法律有二分法：**在證明有罪之前是無罪的**，相對於**在證明無罪之前是有罪的**。我用下面的方式表達我的準則：在證明不是之前，大自然所做的事情是嚴固的；在證明不是之前，人類和科學所做的都是有瑕疵的。

我們來終結鬼扯「證據」這件事。如果你想談「統計顯著」，那麼地球上沒有像大自然那麼接近「統計顯著」的東西。這麼說，是在對她的紀錄，以及她那數量龐大的經驗——她能夠活過「黑天鵝」事件的方式——呈現的顯著性致敬。所以說，如果要推翻她，需要我們這邊提出非常具有說服力的證明，而不是像一般那樣反過來做。可是我們很難在統計上擊敗她——如同我在第七章討論拖延時寫的，談到倫理，我們可能犯下自然主義謬誤，而不是在談風險管理時犯下。⑤

再來說一下，由於「證據」很有分量，因此假借證據之名而違反邏輯的情形。我可不是在說笑：正如我質疑一種不自然的治療方法（例如冰敷我那腫脹的鼻子），而面對令我震驚的反問：「你有證據嗎？」以前許多人也面對這個問題：「你有證據顯示反式脂肪有害嗎？」而且他們必須列舉證據——他們顯然做不到，因爲需要經過數十年的光陰，傷害才會明顯浮現。聰明人，甚至醫生，經常提出諸如此類的問題。所以當地球上（目前）的居民想做有違自然的某些事情，如果辦得到，需要提出證據的人是他們。

每一樣不穩定或者可能毀壞的東西，都有很高的機會隨著時間的流逝而毀壞。此外，大自然各個成分之間的互動，必須以某種方式調節，好讓整個系統繼續存在。數百萬年來出現在我們眼前的是堅固、反脆弱性和局部脆弱性的奇妙組合，犧牲某個領域，好讓大自然運作得更好。我們犧牲自己，以保護我們的基因——用自己的脆弱，交換它們的生存。我們老化，但它們保持年輕，而且在我們之外，適應力愈來愈好。隨時都有一些事物小規模毀壞，以避免大規模的全面性

⑤一個常犯的錯誤是，辯稱人體並沒有完美地適應環境，好像這一點對決策有影響似的。這不是這裡想談的要點；我要說的是，大自然的運算能力比人類要好（而且已經證明如此），並不是說它十分完美。從它是高維試誤法的大師，就已經知道這一點。

災難發生。

生物的辯稱無罪：現象學

我曾經解釋現象比理論更爲強而有力——而且應該會使我們制定出更嚴固的政策。且讓我在這裡說明一下。

那時，我在巴塞隆納一家健身房，旁邊是某家顧問公司的資深合夥人。顧問這個行業建立在敘事和天眞的理性主義上。那個人就像曾經努力減重的許多人，熱切地談論這件事——談減重理論，比堅持不懈，按照理論去做要容易。那個傢伙告訴我，他根本不信阿金（Atkins）或杜坎（Dukan）的低碳水化合物飲食法之類的飲食減重法，直到有人告訴他「胰島素」的機制，他才相信而採用這種方法。他接著減少三十磅的重量——他必須等到有了理論，才採取行動。雖然有經驗證據顯示：的確有人不改變食物的總攝取量，只靠不吃碳水化合物，就減掉一百磅的體重——只要改變組成就好！由於我和那個顧問是剛好相反的人，所以相信以「胰島素」作爲原因，是一種脆弱的理論，但是現象，也就是實證效應，卻是眞的。且讓我介紹一下懷疑經驗論者後古典學派的觀念。

我們生而盲從於理論。但是理論來了又走；經驗卻一直留著。解釋時時在變——而且在歷史上隨時改變（原因在於因果的不透明性，或者看不到原因），參與綬步漸進發展觀念的人認爲，他們已經擁有一套完整正確且可靠的理論；經驗卻一直維持原狀。

我們在第七章說過，物理學家稱爲過程的現象，是一種實證表現，沒有去觀察它如何貼合現有的一般理論。以下面這句完全以證據爲基礎的話來說：**如果你正在鍛鍊肌肉，你可以吃得更多，不至於讓更多的脂肪囤積在肚子內**，所以你可以大吃羊排，不必買新皮帶。以前用來合理化這句話的理論是：「你的新陳代謝比較高，因爲肌肉燃燒掉卡路里。」現在我比較常聽到的是：「你變得對胰島素較爲敏感，所以囤積較少的脂肪。」胰島素，胰島素個頭；新陳代謝，新陳代謝個頭：將來會有另一個理論出現，也會有另一個物質冒出來，但是完全相同的效應會繼續存在。

舉重可以增進你的肌肉質量，這句話也相同。以前他們說，舉重會造成「肌肉微撕裂」，之後會痊癒，並使肌肉增大。今天有些人談的是荷爾蒙信號或基因機制，明天他們會談別的東西。但是效應永遠存在，而且會繼續如此。

談到敘事，大腦似乎是理論騙子行騙的最後一塊領域。**把某某神經**加進某個領域，突然之間人們就會對它肅然起敬，而且變得比較具有說服力，因爲人們現在產生了一種錯覺，以爲其間有強大的因果關係——可是大腦對於那種事來說太過深奧；它既是人體解剖上最深奧的部分，也似乎是最容易受到冤大頭因果關係影響的部分。查布里斯和西蒙斯使我注意到我一直在尋找的證據：不管什麼理論，只要談到大腦迴路，似乎就比較像「科學」，也比較具有說服力，即使它只是隨便胡扯一些心理、神經上的事。

但是這種因果關係，深深植根於傳統建立的正統醫學。阿維森納在他的《醫典》（*Canon*；阿拉伯語的意思是法律）一書中說：「如果我們希望（醫療）是種科學，那就必須懂得健康和生病的原因。」

我寫的是和健康有關的事情，但除了最低要求，希望不過度依賴生物學（和理論無關）——而且我相信我的強項是在那裡。我希望盡可能少了解，只要能夠觀察經驗的規律性就行。

所以每一種行業的運作方法，是面對理論的變化，盡可能展現強固性（容我再次表示，我對大自然的尊重，完全是依據統計和風險管理，也就是植根於脆弱性的概念）。醫生及醫療散文家詹姆斯·樂法努告訴我們，我們對生物程序的了解增加，藥物的發現反而減少，好像理性主義的理論令我們糊塗，而且不知為何反成了一種障礙。

換句話說，生物學裡面有綠木材問題！

現在稍微來談一點古代和中世紀的醫學歷史。醫學一向分成三個傳統：理性主義者（根據預設的理論，需要全盤了解事物是造來做什麼的）、懷疑經驗論者（拒絕理論，並且懷疑對於沒看到的事物所提出的觀念），以及方法論者（彼此教導一些簡單的醫學試探啓發法，不談理論，並且找到更為務實的方法，成為經驗論者）。由於分類時，三者的差異可能重疊，所以我們可以不將這三種傳統看成完全是教條式的方法，而只是起點有差異，也就是先驗信念（prior beliefs）的分量不同：有些是從理論出發，其他則是從證據出發。

自古以來，這三個傾向之間的緊張一直存在——我絕對站在力挺經驗論者的陣營內。經驗論者作為一種哲學學派，在古代晚期之前被吞噬掉。我一直嘗試要使埃奈西德穆（Aenesidemus of Knossos）、安太阿卡斯（Antiochus of Laodicea）、曼諾多圖斯、希羅多圖斯（Herodotus of Tarsus），當然還有恩披里科等人的觀念敗部復活。經驗論者在面對過去不曾完全見過的狀況，也就是不是幾乎完全相同的狀況時，堅稱「我不知道」。方法論者對於類比不採取相同的抨擊立場，但仍然相當審愼。

古人比較刻薄

醫療傷害這個問題不是新的——而且醫生一向是被取笑的對象。

從馬提亞爾（Martial）的警句，可以知道他那個時代中，醫療領域的專家問題：「我認爲迪奧拉斯（Diaulus）是醫生，不是看護——但是在他看來，兩者似乎是相同的工作。」或者，「我本來不覺得有病，塞馬什（Symmache）；但現在（在你服侍之後）覺得病了。」

希臘文 Pharmakon 一字曖昧不明，可以同時表示「毒藥」和「治療」，而且被阿拉伯醫生魯哈威（Ruhawi）用作雙關語，警告不要造成醫療傷害。

當一個人將正面結果歸因於本身的技能，將失敗歸因於運氣，就會有**歸屬問題**（attribution problem）產生。早在西元前第四世紀，尼可拉斯（Nicocles）就一口咬定：醫生將功勞攬爲己有，卻將失敗歸咎於大自然，或者某種外部原因。約二十四個世紀後的心理學家，重新發現相同的觀念，並且用在證券營業員、醫生和企業經理人身上。

根據古代的傳聞，哈德良皇帝在奄奄一息時不斷驚叫，說醫生要害死他。

蒙田主要的貢獻是古典作者的集大成者，《隨筆集》（*Essays*）收錄了許多傳聞軼事：一個古代斯巴達人被問到何以那麼長壽；他答道：「忽視醫藥。」蒙田也察覺到代理問題，或者爲什麼醫生最不希望見到你身體健康：「沒有一位醫生會因爲朋友健康而感到高興，這位古希臘諷刺作家寫道，和平的城市不會有士兵。」

如何開藥給一半的人吃

記得我們說過私人醫生可以怎麼害死你。

我們在祖母的故事中看到，我們的邏輯推理（但直覺式行動不是這樣）無法區分平均數和我們觀察到的其他更豐富的特質。

我曾經參加一位朋友在鄉間別墅舉行的午宴，席間有人拿出一具手持式血壓計。我受到誘惑，量了動脈血壓，發現比平均數稍高一些。同樣出席午宴的一位醫生，人非常好，馬上掏出一張紙，開些藥給我，讓我降低血壓——我後來把那張紙丟進垃圾桶。不久之後，我買了相同的血壓計，發現我的血壓比平均數低得多（所以健康狀況比較好），但偶爾會往上竄升。簡單的說，血壓會有一些變動。這和人生中的每件事情一樣。

這種隨機變異往往被誤認爲是資訊，因此而導致我們插手干預。我們來做個假想實驗，不需要假設血壓和健康之間有任何關係。此外，假設「正常」壓力是某個已知的數字。找來一群健康的人。設想由於隨機性的關係，一個人的血壓有一半的時間高於那個數字，而且同一個人有一半的時間，量出來的血壓比較低。所以去看醫生的時候，大約有一半的時間會顯示「高於正常」的拉警報狀況。如果醫生在病人血壓高於正常值的那些日子，主動開藥給他們吃，那麼一半的**正常**

人會處於服藥的狀態。而且請注意，我們相當肯定他們的預期壽命會因爲不必要的治療而降低。我在這裡顯然有簡化之嫌；有經驗的醫生曉得衡量血壓有其變異的特質，因此在數字不是高得嚇人時，不會開藥給病人吃（但是很容易掉進這個陷阱，而且不是所有的醫生都有經驗）。但是這個假想實驗讓我們看到，經常去看醫生，尤其在沒有生命危險的疾病或者不舒服的狀況中去看醫生——就像經常取得資訊那樣——是有害的。這個例子也告訴我們，第七章所說的私人醫生最後害死病人的過程——原因很簡單，他們只是對雜訊過度反應。

這比你所想的要嚴重：醫藥界很難理解樣本的正常變異——有時很難解釋「統計顯著」和效果「顯著」兩者之間的不同。某種疾病或許會使你的預期壽命稍微降低，但是發生這種事卻被視爲具有「高統計顯著性」，令人心生恐慌，但事實上，這方面的研究可能是說，這種事情是**以顯著的統計邊際**確立，也就是說某些案例中，例如一％的案例，病人可能受到那種疾病傷害。且讓我再說一遍：結果的大小、效應的重要性，無法由所謂的「統計顯著性」反應出來。它常常會欺騙專家。我們需要觀察兩個維度：一種狀況（例如血壓高於正常值若干點）可能影響你的預期壽命多少；以及這個結果有多顯著。

爲什麼這件事很嚴重？如果你認爲統計學家眞的了解眞實生活（指的是我們生活其間的「大世界」，不是教科書的「小世界」）中複雜事務的「統計顯著性」，那麼你可能會驚訝不已。康尼曼和特佛斯基指出，統計學家在眞實生活中會違背他們所學，忘了他們是統計學家（我要提醒讀者，思考需要費力氣），而犯下實務上的錯誤。我和同事丹尼爾・高德斯坦針對計量金融專業人士，也就是「數字達人」做了研究，發現絕大多數都不了解「變異數」或者「標準差」等基礎概念（他們幾乎在每一個方程式都會用到的概念）對實務的影響。艾姆雷・索耶爾（Emre Soyer）和羅賓・霍加斯（Robin Hogarth）最近做了一項強而有力的研究，指出計量經濟領域中的許多專業人士和專家，供應我們「迴歸」和「相關」等堂而皇之的數字，卻在將他們自己算出來的數字轉用到實務時，犯下重大錯誤——他們的方程式是對的，但在表達成現實狀況時，犯下嚴重的轉用錯誤。所有的例子中，他們都低估隨機性和低估結果的不確定性。這裡談的是**統計學家犯下**的解讀錯誤，不是社會學家和醫生等統計數字的使用者所犯的錯誤。

叫人驚歎的是，所有這些偏誤都會使人採取行動，幾乎不曾什麼事也不做。

此外，我們現在知道厭惡脂肪的狂熱和標榜「不含脂肪」的口號，是來自解讀迴歸分析犯下基本錯誤造成的：當兩個變數共同造成某種影響（這裡是指碳水化合物和脂肪），有時只有其中之一負起全部的責任。許多人犯下的錯誤，是將同時吃脂肪和碳水化合物造成的問題，歸因於脂肪，而不是碳水化合物。此外，偉大的統計學家及揭穿統計解讀錯誤的大衛・弗里曼和共同作者（以非常令人信服的方式）指出，每個人都很在意的鹽和血壓之間的關係，其實根本缺乏統計基礎。有些血壓高的人，兩者之間可能存在關係，但這比較有可能是例外，而不是常態。

醫藥的「數學嚴謹」

我們會嘲笑社會科學中虛構的數學背後隱藏的假內行，但可能進一步想到爲什麼醫藥這個領域沒有發生這種事。

走一趟不良觀念（和隱形觀念）的墳場，確實可以發現數學在那個領域愚弄了我們。有許多被人遺忘的努力，企圖將醫藥數學化。有一段時期，醫藥是從物理科學導出解釋模型。喬瓦尼．鮑雷里（Giovanni Borelli）在《論動物的運動》（*De motu animalium*）中，將人體比喻作由動物槓桿組成的機器——因此我們可以應用線性物理的法則。

容我再說一次：我並不反對理性化的學得論述（learned discourse），只要它面對錯誤不呈現脆弱性。我是第一個和最後一個混血決策者，而且絕對不會將哲學家—機率論者和決策者分離開來，所以我永遠是個聯合人，早上喝古老的液體咖啡，中午和朋友一起吃飯，晚上抓一本書上床。我反對**天真**的理性化，以及帶有綠木材問題、冒充博學的論述——也就是只專注於已知，卻**忽視未知**。我也不反對將數學用於衡量未知的重要性——這是數學的強固應用。事實上，本章和下一章的論點，完全根據機率數學——但這不是數學的理性主義應用，而且它的重要功用之一，是讓我們察覺「疾病嚴重」和「治療強度」兩種說法之間明顯的矛盾。一方面，社會科學使用數學就像干預主義。在專業上應用數學的人，除了在有用的地方使用，也傾向於在每個地方使用。

使用這種比較複雜的理性主義只有一個條件：相信一個人並不擁有完整的故事，而且行事作爲也要如此認爲——想要變得複雜，你必須接受你並不複雜。

接下來

本章將凸性效應和舉證責任的觀念引進醫藥的領域，也引進醫療傷害的風險評估上。我們接下來要看凸性效應的更多應用，並且討論以否定法作爲人生的嚴固方法。

22 活得久，但不是太久

週三和週五，加上東正教四旬齋——根據尼采和其他人的說法，如何永生——或者，仔細想過之後，如何不求活得更久

預期壽命和凸性

每當你質疑醫藥這塊領域的某些層面——或者無條件的技術「進步」——總是會聽到他們馬上詭辯，說「我們通常活得比以前的世代要長」。請注意，有些人甚至發表更蠢的論調，說回歸自然意味著回到「野蠻和壽命短暫」的日子，卻不了解這樣的說法，和吃新鮮、非罐頭食物，意味著拒絕文明、法治、人道主義完全相同。所以在這個預期壽命的爭論上，其實存有許多細微的差別。

預期壽命增長（前提是不發生核子戰爭），是許多因素匯集之後造成的：公共衛生改善、盤尼西林發明、犯罪下降、執行救命的手術，當然還有**一些**醫療執業者在嚴重威脅生命的情況下運

作。我們活得更長，是因為在致命（情況危急）的情況中獲得醫療利益——正如我們說過的，這些凸性病例中，醫療傷害很低。所以如果因此推論，我們活得更長，是因為醫藥，或者所有的醫療，使我們活得更長，那就犯下嚴重的錯誤。

此外，為了探討「進步」造成的影響，我們當然需要從醫療的利得、文明病的成本（原始社會大致上沒有心血管疾病、癌症、齲齒、經濟理論、沙發音樂，以及其他的現代病痛）去進行演繹；肺癌治療的進步，需要考慮抽菸造成的影響，並且加以沖抵。我們可以從研究論文，估計醫療實務可能有助於我們的預期壽命增加幾年，但要再次指出，這受到疾病嚴重性的影響很大（在晚期——和可以治療的——病例中，癌症醫生當然有他們的正面貢獻，但是喜歡干預的私人醫生，顯然做出負面貢獻）。我們需要考慮一個令人遺憾的事實，那就是在一定數目——很容易對照到底有多少——的病例中，醫療傷害（因此可說是醫藥）減低了人的預期壽命。我們從少數一些罷工的醫院得到若干資料。它們在罷工期間，只（針對最緊急的病例）執行少數的手術，並且延後執行非急需的手術。視你站在辯論雙方的哪一方而定，這些案例中的預期壽命不是增長，就是至少似乎沒有下降。此外，非常重要的一件事是，等到恢復正常作業，許多非急需的手術後來都取消了——由此可見，**有些**醫生確實插手損害大自然的工作。

被隨機性愚弄的另一個錯誤，是認為上個世紀之前，人在出生時的預期壽命是三十歲，所以人**只**活三十年。其實歲數的分布相當扭曲，一大部分死亡發生在出生和兒童時期。有條件的預期壽命很高——從古代男性往往死於外傷就知道。①或許法律的執行，對壽命延長的貢獻比醫生要大——所以預期壽命增長，主要和社會有關，而不是科學進步的結果。

拿乳房X光攝影檢測作爲個案研究來說。醫界發現，每年對四十歲以上的婦女實施這種檢測，不會提高預期壽命（甚至可能使得預期壽命降低）。雖然接受乳房X光攝影檢測的婦女，因爲乳癌而死亡的人數下降，但死於**其他原因**的人數顯著增加。我們可以在這裡發現簡單、容易衡量的醫療傷害。醫生看到腫瘤，沒辦法不做有害的事，例如在放射、化學治療或兩者都做之後進行手術——這些，對人體的傷害大於腫瘤。心生恐慌的醫生和病人很容易跨越一個平衡點；去治療**不會使你死亡的腫瘤**，會使你的生命縮短，因爲化學治療是有毒的。我們對於癌症已有很大的偏執，往整條鏈回頭看，我們犯下稱作**肯定後件**（affirming the consequent）的邏輯錯誤。就算因爲癌症而早死的所有人都長出惡性腫瘤，並不表示所有的惡性腫瘤都會使人因爲癌症而死。大部分同樣聰明的人，不會因爲所有的克里特島人（Cretans）都是騙子這個事實，就推論說所有的騙子都是克里特島人，或者從所有的銀行家都貪腐，推論所有貪腐的人都是銀行家。只有在極端的案例中，大自然才允許我們違背邏輯（稱作肯定前件〔modus ponens〕），以協助我們生存。在先人生

①雖然關於有條件的預期壽命，有一些爭議存在，但這方面的數字透露相當多事情。舉例來說，在某個極端，理查・雷萬廷（Richard Lewontin）估計，「過去五十年，已經六十歲的人，預期壽命只增長四個月」。疾病管制防治中心（Centers for Disease Control and Prevention; CDC）的資料顯示多了幾歲（但我們仍然無法確定有多少是來自醫藥，而不是來自生活條件和社會習俗的改善）。不過CDC指出，年齡二十歲的預期壽命只從一九〇〇至一九〇二年的四二・七九歲（增加的歲數），增爲一九四九至一九五一年的五一・二歲和二〇〇二年的五八・二歲。

存的環境中，過度反應是有利的。②

政治人物誤解乳房X光攝影檢測的問題，因此過度反應（所以這是將重要的決定權分散出去，不讓我們的社會受立法議員愚蠢行爲影響的另一個理由）。希拉蕊．柯林頓（Hillary Clinton）是抱持這種原始心態的政治人物，竟然表示：批評乳房X光攝影檢測的實用性，無異於殺害婦女。

我們可以將乳房X光攝影檢測的問題推而廣之到無條件的實驗室測試上，尋找偏離常態的差異，並且採取行動去「治療」它們。

減法使你的壽命增長

幾章之前，我們介紹過的統計學家及決策科學家馬克里達吉斯，率先發現統計預測方法有瑕疵。我和這位朋友仔細觀察資料之後，現在懷疑下面所說的事情可能出現。我們估計，縮減醫療支出某個金額（同時限制縮減的項目爲非急需的手術和治療），將使大部分富有國家的人民生命增長，尤其是美國。爲什麼？用簡單的基礎凸性分析就知道；只要檢視條件醫療傷害就行了：治療病情溫和的患者所犯的錯誤，使他們處於凹性狀況。而且，看起來好像我們非常懂得怎麼做這

② 這是技術面的說明：在所謂的貝氏（或者條件機率）分析中，這相當於在B發生的情況下，觀察A發生的機率，而不是在A發生的情況下，觀察B發生的機率。

件事。只要提高醫療干預的門檻，對情況最危急的病情下手就好，因爲在這方面，醫療傷害效應很小。提高這些支出，並且降低非急需手術的支出，可能使情況變得更好。

換句話說，往後推理，從醫療傷害開始到治療，而不是反過來做。只要有可能，就用人類的反脆弱性取代醫生。但是在其他的情況中，不要裹足不前，不執行積極的治療。

否定法的另一個應用是：花得比較少、活得比較長是一種減法策略。我們見到醫療傷害來自干預偏誤、肯定法、想要**做點事**的傾向，結果造成我們討論過的所有問題。但是且讓我們在這裡用上否定法：去除一些東西，可能是相當有力（而且實證上是比較嚴謹）的行動。

爲什麼？減除沒有經過我們的進化史淬礪的某種物質，可以降低「黑天鵝」發生的可能性，同時讓我們得到改善。一旦有所改善，我們就可以相當放心，曉得它們不會有以前那種不曾見過的副作用。

所以將否定法用在醫藥上，會有許多隱性珍寶。舉例來說，勸人**不要**抽菸似乎是六十年來最大的醫藥貢獻。德魯恩．伯奇（Druin Burch）在《服藥》（*Taking the Medicine*）一書中寫道：「吸菸的有害影響，大約等於戰後以來發展出的**每一種**醫療干預合起來的好處……戒菸帶來的好處，高於我們能夠治療每一種可能的癌症。」

如同以往，古人也有智慧之言。愛尼爾斯（Ennius）說：「好，主要是因爲缺乏壞的緣故。」（Nimium boni est, cui nihil est mali）。

同樣的，快樂最好是用否定的概念來處理；同樣的非線性也適用於這裡。現代的快樂研究工作者（通常看起來相當不快樂）往往是由心理學家變成經濟學家（或者反過來）。他們教我們了解快樂時，沒有用到非線性和凸性效應，好像我們知道它是什麼，以及那是否是我們應該追求的。相反的，他們應該教我們了解不快樂（我想，就像那些教快樂的人看起來不快樂，教不快樂的人看起來會相當快樂）；「追求快樂」不等於「避免不快樂」。每個人當然不只知道什麼事情（例如文字編輯、通勤、不好聞的味道、痛苦、在等候室看到某本雜誌等等）使我們不快樂，也知道該拿它怎麼辦。

來談一下流傳多年的智慧。「有時營養不足會使系統恢復，」普羅提諾（Plotinus）寫道──而且古人相信清淨身體的重要（其中一種表現，是經常造成傷害，但也經常有助益的放血）。薩勒諾（Salerno）醫學學派的養生法是：心情愉快、休息和營養不足。

有個似乎是杜撰（但仍然相當有趣）的故事，談到蓬波尼烏斯．阿提庫斯（Pomponius Atticus）。他是西塞羅的親戚和書信收件人。他在生了無法治療的病之後，試圖以絕食的方法結束自己的生命和痛苦，但只成功地結束後者，因爲根據蒙田的紀錄，他恢復了健康。雖然這是個杜撰故事，我還是加以引用，原因很簡單，因爲從科學的觀點來看，我們可以延長人們生命的唯一方式，似乎是透過限制攝取卡路里──這似乎能夠治療人類的許多病痛，以及延長實驗室動物的生命。但是如同我們在下一節所將談到的，不需要永遠限制攝取卡路里──只要偶爾（但痛苦地）禁食或許就能辦到。

我們知道，要人們接受非常嚴格的飢餓療法，讓他們的身體系統遭到震撼，可以治好許多糖尿病例──事實上，自從西伯利亞有飢餓治療的機構和休養地以來，人們經由試探啓發法，早已知道這個機制。

我們看過許多人因爲去除祖先居住地中不存在的產品而受益：例如以不自然的形式存在的糖和其他的碳水化合物、小麥產品（對有腹腔疾病的人來說，但幾乎所有的人都不能適應在人類的飲食中添加這種新東西）、牛奶和其他奶製品（對於還沒發展出乳糖耐受力的非北歐血統的人來說）、汽水（包括健怡和一般汽水）、葡萄酒（對於不曾喝過這種酒的亞洲血統後代來說）、維他命藥丸、食品補充劑、家庭醫生、頭痛藥和其他的止痛藥。依賴止痛藥，等於鼓勵人們不用試誤法去找出頭痛的原因，而原因可能是睡眠不足、頸部緊張或者承受惡劣的壓力因子——於是他們不斷以普羅克拉斯提斯之床式的生活，摧毀自我。但是我們不必做那麼多事，只要從丟掉醫生給你的藥做起，或者更好的做法，是把醫生丟掉——正如老奧利佛．溫德爾．霍姆斯（Oliver Wendell Holmes Sr.）所說的：「將所有的藥物都倒進海裡，對人類會比較好，但魚兒可遭殃了。」家父是腫瘤學家（也研究人類學），根據這句格言扶養我長大（實務上不完全是那麼一回事——不過他經常引用這句話）。

至於我自己，則拒絕吃古地中海東部區不曾有的水果（我之所以用「我」一字，是爲了表示我並沒有將這件事狹隘地概化到其他人）。我不吃沒有古希臘或希伯來名稱的任何水果，例如芒果、木瓜，甚至橘子。橘子在後中世紀之後似乎相當於糖果；它們不存在於古地中海地區。葡萄牙人顯然在果阿（Goa）或其他地方發現一株甜柑橘樹，開始像現代的糖果公司那樣，培育愈來愈甜的水果。連我們在商店中看到的水果，也讓人起疑：最早的蘋果不是甜的，水果公司卻爲了追求最高的甜度而培養它——我幼年時吃的山地蘋果很酸、很苦、易碎，而且比美國各商店中閃閃發亮、據說能夠讓你遠離醫生的蘋果小得多。

至於液體，我的原則是不喝少於一千年歷史的飲料——因爲這麼長的時間，它的適應力才受過考驗。我只喝葡萄酒、水和咖啡。我不喝清涼飲料。我們要無知的可憐人在早餐桌上喝的橘子汁，或許是最有可能騙人的有毒飲料。透過行銷，我們說服他們相信那是「健康的」（我們的祖先吃的柑橘除了不是甜的，也不攝取不含非常大量纖維的碳水化合物。吃一顆橘子或一顆蘋果，對生物來說，並不等於喝橘子汁或蘋果汁）。我從這些例子，導出一個準則：稱作「健康」的東西通常都不健康，正如「社群」網路根本反社群，以及以「知識」爲基礎的經濟體，通常是無知的。

我要根據自己的經驗補充說，我個人的財富顯著躍增，是靠去除討人厭的刺激物達成的：日報（單單提湯瑪斯・佛利曼〔Thomas Friedman〕或保羅・克魯曼〔Paul Krugman〕等脆弱推手新聞人的名字，我就一股無明火快要爆炸了）、主管、每天的通勤、空調（但不是指暖氣）、電視、來自紀錄片製片廠的電子郵件、經濟預測、股市新聞、健身房的「力量訓練」機器，以及凡此種種。③

③使用「證據」一詞卻缺乏實證智慧的一個例子：有個醫生在《紐約時報雜誌》（*New York Times Magazine*）的一篇文章中宣稱，他因爲糖可能有害而停止吃糖，卻必須爲了「缺乏完整的證據」而這麼做表示歉意。某個人的實證智慧最好的考驗，是看他將舉證責任放在哪裡。

金錢的醫療傷害

要了解我們追求財富的方式爲何悍然不顧反脆弱性，不妨想想建築工人吃火腿和乳酪，好像比吃米其林三星餐的商人要快樂。流汗努力工作之後，食物似乎美味得多。羅馬人對於財富有個奇怪的看法：任何會使人「軟化」或「緩和」的東西，他們都抱持負面態度。說羅馬人頹廢，是有點誇張——歷史就是喜歡渲染；其實他們討厭好逸惡勞，而且了解它的副作用。閃米特人也一樣，他們分散在沙漠部落和都市之間，但都市居民有一種跨世代的懷舊心情，想要尋找自己的根和原來的文化；因此有一種沙漠文化存在，充滿著詩意、俠義、沉思、刻苦、節儉，對抗著都市的舒適，因爲那和身體、道德的淪落、論人是非、頹廢有關。都市居民會前往沙漠尋求淨化，就像基督在朱迪亞（Judean）沙漠待了四十天，或者聖馬可（Saint Mark）在埃及沙漠開啓禁欲主義的傳統。到了某個時點，黎凡特地區吹起出家修行風，其中最引人注目的，或許當屬聖西蒙（Saint Simeon）。他在敘利亞北部一根柱子上生活了四十年。阿拉伯人保持這個傳統，捨棄財物，前往安靜、荒蕪、空曠的地方。當然了，還有強制禁食，但稍後再談。

請注意這裡所說的醫療傷害，是財富和精明的結果，不是貧窮和率眞造成的，而且當然是知識不完全的產物，不是從無知而來。所以捨棄財物，前往沙漠的觀念，可以是相當強而有力的否定法式減法策略。極少人想過金錢有它本身的醫療傷害。把人和他們的財富分離開來，可以簡化他們的生活，以健康壓力因子的形式帶來很大的利益。所以如果做得正確，貧窮一點或許不會完全沒有利益。許多事情我們需要現代文明，例如法律制度和急診室的手術。但是不妨想想，從減法的觀點、否定法來看，我們會因為變得更加強韌而過得更好：沒有防曬霜、如果你有棕色眼睛則不戴太陽眼鏡、沒有空調、沒有橘子汁（只喝水）、沒有平滑的地面、沒有清涼飲料、沒有複雜的藥丸、沒有聲音很高的音樂、沒有電梯、沒有果汁機、沒有……就此打住。

我的朋友亞特・德・瓦尼（Art De Vany）極力實踐古人的生活風格，到了七十幾歲，身子依然十分硬朗（遠比年輕三十歲的大部分人健康）。當我看著他的照片，以及長得像梨子的億萬富翁魯伯特・梅鐸（Rupert Murdoch）或華倫・巴菲特，或者同年齡群的其他人的照片，總是會想到一件事。如果真正的財富是由高枕無憂、意識清楚、相互感恩、不嫉妒、好胃口、肌肉強健、精力旺盛、經常開懷大笑、不獨自一人用餐、不上健身房的課程、從事體力勞動（或者嗜好）、胃腸蠕動良好、沒有會議室、偶爾來點驚奇，那麼這主要是靠減法（去除醫療傷害）做到的。

宗教與天真的干預主義

宗教有它的無形目的，超越缺乏想像力的科學主義和科學至上的認同——其中之一是保護我們不受科學主義的傷害。我們可以在無數的（墳墓）碑文看到，有人因為醫生束手無策，幸好神救了他們，所以為他們喜愛的神豎立噴泉或甚至蓋廟。其實，我們很少從宗教限制住干預偏誤及其造成的醫療傷害，去看待宗教帶給我們的利益：**很多情況中（邊緣疾病），只要能將你帶離醫生，而且允許你什麼事也不做（因此讓大自然有機會做工），都會有好處**。所以說，因為輕微的狀況而前往教堂（或者阿波羅神殿）肯定會有幫助。所謂輕微的狀況，是指並非外傷，不是車禍受傷，而是輕微的不舒服。這些狀況造成醫療傷害的風險超過治療的利益，再說一遍，也就是屬於負凸性的狀況。我們在廟裡看到許多碑文，寫上**阿波羅救了我，我的醫生卻想害我**之類的文字——一般來說，病人會將財富遺贈給廟宇。

在我看來，人似乎從內心深處曉得何時應該求助於宗教以獲得慰藉，以及何時應該轉向科學。④

如果今天星期三，那麼我必須吃素

有些時候，研討會的主辦單位爲了準備晚餐，會寄給我一張表格，詢問是否有飲食上的要求。有些提前六個月左右詢問。以前我通常答說不吃貓、狗、老鼠和人類（尤其是經濟學家）。現在，在我個人進化之後，我眞正需要的是：了解那天是一個星期當中的哪天，才能知道我要吃素，還是可以吃那些又厚又大的牛排。怎麼判斷？只要看看希臘東正教的日曆和它要求的禁食日就知道了。這會使那些主辦商業讀者參加TED研討會的天眞工作人員不知所措，不知道應該將我歸於「古人陣營」或者「素食陣營」（「古人」是食肉動物，試圖模仿狩獵採集者老祖宗吃很

④我試著避免討論安慰劑效應；我想談的是非線性，而這和非線性的論點無關。

多肉、吃很多動物脂肪的習慣；素食者則不吃動物產品，連奶油也不吃）。我們會在下面說到，除了隨性進食，否則不管屬於哪一類，都犯下天眞的理性主義錯誤（除非有宗教或性靈上的理由）。

我相信宗教的試探啓發法，而且什麼問題都不問，遵守它的規定就是（生爲東正教徒，我偶爾可以欺騙，因爲遊戲就是這麼玩的）。宗教扮演的角色之一，是減低豐足造成的醫療傷害——禁食讓你擱下飯來張口理所當然的想法。但還有更細微的層面可談。

凸性效應與隨機營養

記得在討論肺部呼吸器的時候，談到詹森不等式在實務上的影響：在某些領域，不規律有它的好處：規律有它的害處。在詹森不等式適用的地方，不規律或許是良藥。

或許我們最需要的是隨機少吃幾餐，或者至少避免穩定的飲食。我們可以在兩個地方，看到忽視非線性的錯誤，一個是在攝取食物的成分方面，另一個是在食物攝取的頻率方面。

和成分有關的問題如下所述：和牛、大象（吃沙拉）、獅子（吃獵物，這些獵物通常吃沙拉）等吃東西比較單純的哺乳類動物比起來，我們人類是雜食動物。但是這種雜食的能力，是爲了因應比較多樣的環境，食物來源沒有計畫、隨意，以及最爲關鍵的，能否持續供應——動物只吃某些食物，是因爲棲息地非常穩定，不會急遽變化，但在比較多樣的棲息地中，就要準備好其他的途徑。身體功能需要多樣化，以因應各式各樣的食物來源和各式各樣的特定結構。

請注意人體構造的微妙之處：牛和其他的草食動物在食物攝取方面，承受的隨機性遠低於獅子；牠們吃的東西很穩定，但是需要十分賣力，才能使所有營養產生代謝變化，一天單單吃東西，就用掉幾個小時。更別提一直站在那邊吃沙拉的無聊。相反的，獅子比較需要依賴運氣；牠們成功撲殺獵物的機率很低，不到二〇%，但一有東西可吃，很容易就迅速吸收到所有營養，而這要感謝獵物非常賣力和無聊的進食。所以我們從環境的隨機結構，得出下列的原則：當我們是草食動物，我們吃得相當穩定；但當我們是掠奪者，則會吃得比較隨機。因此，由於統計上的理由，我們的蛋白質需要隨機消耗。

所以如果你同意我們需要某種組合的「均衡」營養，那麼馬上認為我們需要**每一餐**都取得這種均衡，而不是連續好幾餐才取得均衡，是錯的。假設我們已經確定需要的各種營養，平均需要某種數量，例如一定數量的碳水化合物、蛋白質和脂肪。⑤那麼每一餐同時攝取它們，除了吃典型的牛排、沙拉，接著也吃新鮮水果，以及在連續好幾餐分開吃它們，兩者之間有很大的不同。

爲什麼？因爲剝奪是一種壓力因子——而且我們知道，如果允許適當恢復，壓力因子會造成什麼影響。凸性效應在這裡再次運作：如果我們的新陳代謝反應不是線性的，那麼某一天攝取三

⑤有些人認爲我們需要的脂肪多於碳水化合物；另外一些人的看法相反（他們都傾向於同意應該攝取蛋白質，但極少人了解我們需要隨機攝取蛋白質）。但是雙方仍然主張食物的成分不能隨機，並且忽視從攝取順序和成分而來的非線性。

日份的蛋白質，接下來兩天根本不攝取蛋白質，對生物的影響絕對不等同於「穩定」有節制的進食。這應該具有某些利益——至少這是我們被設計成的進食方式。

我猜；事實上不只是猜而已：（由於非線性不可避免的結果）我相信我們對於食物供應和成分的隨機性具有反脆弱性——至少在某個一定的範圍內，或者某些天數內是如此。

所謂的克里特島（或者地中海地區）飲食有其好處的理論，導致美國覺醒族改變飲食習慣，不再吃牛排和馬鈴薯，轉而吃烤魚配沙拉和羊乳酪。但是這個理論悍然不顧凸性偏誤，說明如下：有人發現克里特島人相當長壽，於是記錄他們吃什麼東西，然後——天眞地——推論他們活得比較長，是因爲吃的食物種類不同。這可能是對的，但二階效應（也就是食物攝取的變化）可能居於舉足輕重的地位，而機械式的研究工作者沒注意到這件事。事實上，過了一陣子，人們才注意到：希臘東正教會視當地文化的嚴重性，每年規定約兩百天的禁食；而且是很難受的禁食。

是的，難受的禁食，就像我現在的感受那樣。因爲我正在東正教四旬齋期間寫這些段落。長達四十天，幾乎不准吃任何動物產品、不能吃甜食，某些嚴格守戒的人甚至連橄欖油也不吃。由於遵守程度分幾個等級，所以我選擇半嚴格的方式去做，但日子還是很難捱，而這正是它的用意所在。我剛在黎巴嫩北部，也就是稱作庫拉（Koura）谷的希臘東正教地區中，祖先居住的村落艾姆雲度過漫長的週末。在那裡，傳統的「對策」食物做到盡善盡美的地步，充分發揮想像力：黎凡特的羔羊肉餅是用植物和豆子取代肉類做成，肉丸是用未發酵的棕色小丸子在小扁豆湯裡面做成。叫人驚訝的是，雖然禁止吃魚，但大部分日子中，允許吃甲殼類水生動物，或許因爲這不被認爲是奢侈品的緣故。我的日常飲食中缺乏的某些營養，可以一次補足。研究工作者（現在）

所說的蛋白質，我被剝奪的部分，可以在允許吃魚的日子裡補回來，而且我當然會在復活節大吃羊肉，然後在那之後一陣子，吃數量高得不成比例的肥滋滋紅肉。我夢想著胖子東尼常去光顧的餐館，會端上我一點都不會感到抱歉的巨大分量牛排。

禁食的壓力因子因此產生反脆弱性，因為它會使想吃卻吃不到的食物嘗起來更加美味，並使我們的身體系統出現幸福愉快的感覺。開齋的感覺，和宿醉剛好相反。⑥

如何吃掉自己

我很好奇，不懂為什麼人們接受運動的壓力因子對身體有好處，卻不將這個道理移轉到食物匱乏也能產生相同的效果。但是科學家正發現，偶爾剝奪某些或全部食物會有一些效果。不知道為什麼，證據顯示，我們會對限制我們的壓力有所反應，變得頭腦更靈光、身體更健康。

我們可以不用理性主義的方式，概化或者使用生物方面的研究，但可以用它確認人類對飢餓的確會有反應：剝奪食物會啓動生物機制。而且我們對一群人進行實驗後，發現飢餓——或者剝奪一種食物——對人體有正面的影響。研究工作者現在以**自體吞噬**（autophagy；吃掉自己）的機

⑥豐足的主要弊病在於養成習慣和痲木不仁（就是生物學家現在所說的感受器遲鈍）；塞內加說：「對病人來說，蜂蜜吃起來更加美味。」

制合理化這件事：理論說，當外部來源被剝奪，你的細胞就會開始吃自己，或者分解蛋白質，重新組合胺基酸，提供生成其他細胞所需的材料。若干研究工作者（現在）認爲，自體吞噬的「吸塵器」效應，是長壽的關鍵——但是我所持的自然觀念，不爲他們的理論所動：我將進一步指出，偶爾挨餓會產生某些健康利益，而且就是如此而已。

對飢餓的反應，也就是我們的反脆弱性，一直遭到低估。我們總是對人們說，要好好吃一頓早餐，以面對整天的操勞。對實證盲的現代營養學家來說，這不是新理論——舉例來說，斯湯達爾著名的小說《紅與黑》（*Le rouge et le noir*）中，有人對主角于連．索雷爾（Julien Sorel）說，「整天工作會十分漫長且辛苦，所以我們來吃個早餐，強壯自己」（那個時期的法國稱早餐爲「第一頓午餐」）。這樣的對話令我驚訝。事實上，將早餐當作主要的一餐，要吃穀物和其他這類東西的觀念，慢慢被證明有害人類——我不懂爲什麼需要那麼長的時間，才有人了解這個不自然的觀念需要被檢驗；此外，經過檢驗，發現早餐對人有害，或者至少沒有好處，除非先工作再吃早餐。

我們要記得，人不是設計成從送貨員那裡接收食物。在大自然中，我們必須花費某些精力，才能吃到東西。獅子需要捕獵，才有東西可吃。如果不需要吃東西，牠們不會去捕獵取樂。在人還沒有花費精力之前就給他們食物，當然會混淆他們的信號傳送過程。而且我們有許多證據顯示，間歇性（而且只有間歇性）剝奪有機體的食物，能對許多功能產生有益的影響——舉例來說，瓦爾特．隆戈（Valter Longo）指出，集中營的囚犯在限制食物的第一階段比較少生病，後來才垮下去。他用實驗的方式測試結果，發現老鼠在飢餓的初期階段，能夠忍受高劑量的化學療法，不會有明顯的副作用。科學家根據飢餓會使一種基因表現出來的敘事，將一種蛋白質編碼，稱作

SIRT、SIRT1或者乙醯化酶（sirtuin）。這種蛋白質會帶來長壽和其他的效應。人類的反脆弱性顯現在某些基因對飢餓的上行調節（up-regulation）反應上。

所以說，訂有禁食儀式的宗教，其擁有的答案比單單從表面上去看它們的人所想的要多。事實上，這些禁食儀式所做的事，是將非線性帶到我們的飲食中，以符合生物的特質。附錄用圖形表現生物的標準劑量反應：任何東西只要一點點，似乎就會產生正凸性效應（不管是有利或有害）；再多加一些，效果就會減弱。顯然到了上界，劑量就不會有額外的效果，因爲已經到達飽和的地步。

剝奪走路

天真的理性主義還有另一個傷害來源。正如長久以來，人們試著縮短睡眠時間，因爲依我們俗人的邏輯來說，睡眠似乎沒有用處，許多人也認爲走路沒有用處，所以他們使用機械式的運輸工具（例如汽車、自行車），然後在健身房中運動。而就算他們走路，走的也是丟臉的「快步」，有時將重量擺在手臂上。他們不曉得，由於他們仍然不明所以的原因，以低於壓力水準的步調，毫不費力地行走，會帶來某些利益——或者，我猜，這對人類是必要的，或許和睡眠一樣必要，可是到了現代化的某個時點，由於無法合理化，所以人們試著將它縮短。好吧，或許毫不費力地行走不像睡眠那麼必要，但由於直到汽車問世之前，我的所有祖先不少時間都在走路（和睡眠），所以在某些醫療期刊接受這個觀念，並且提出醫學期刊評審所說的「證據」之前，我寧可照著這個邏輯走。

我想永遠活下去

我聽到的都是如何活得更久、更有錢，當然了，還想要有更多的電子器具。自古以來，人們相信可能降臨我們身上最糟的事情是死亡。我們並不是這麼認爲的第一代。但是對古人來說，最糟的可能結果不是死亡，而是死得不名譽，或甚至只是普普通通地死去。對典型的英雄來說，在養老院中死去，身邊有個粗魯無禮的護士，一堆管子從你的鼻子插進、拉出，不是很動人的人生終極目的。

當然了，我們有個現代的錯覺，認爲應該盡可能活得久。這樣的想法，好像我們每個人都是最終的產品。這個以「我」爲單位的觀念，可以上溯到啓蒙時期，而且帶有脆弱性。

在那之前，我們是現在的群體和未來子孫的一部分。現在和未來的部落都利用個人的脆弱性，以強化他們自己。人們願意犧牲、慷慨赴難、爲群體而死，並且因爲這樣的行爲而感到驕傲；他們爲未來的世代賣力。

可悲的是，在我寫這些段落的時候，我們的經濟體系正將政府的公共債務留給未來的世代、掏空資源、摧毀環境，以滿足證券分析師和銀行機構的要求（再說一次，我們沒辦法將脆弱性和倫理區分開來）。

我在第四章寫過，雖然基因具有反脆弱性，但由於它是資訊，攜帶基因的載體，因此顯得脆弱，而且必須顯得脆弱，基因才會變得更強。我們活著是爲產生資訊，或者改善它。尼采說了一句拉丁雙關語——子女或書籍（aut liberi, aut libri），這兩個資訊都代代相傳。

我正在讀約翰．葛雷寫的好書《永生任務》（*The Immortalization Commission*），談到在後宗教世界中，試圖運用科學以達到永生的境界。一些「知名的」思想家（例如雷．庫茲威爾〔Ray Kurzweil〕）相信人有永生的潛力，因而做出一些努力，我和任何古人一樣，對他們深感厭惡。如果我必須在地球上找到觀念和生活風格截然相反的「反我」，那一定是像庫茲威爾那樣的人。這不只是嗜新狂。我主張從人的飲食（和生活）中消除討人厭的要素，他卻是增添上去，一天吞下接近兩百顆藥丸。除此之外，想要永生的這些努力，我從道德的角度看，也深深嫌惡。

當我看到一位八十二歲的富有男人，身邊圍繞著一些二十來歲的情婦（通常是俄羅斯人或烏克蘭人），叫她們「寶貝」，我內心深處也會有相同的厭惡感。我來到這個世界，不是像生病的動物，只求能夠永遠生存。記得我們說過，一個系統的反脆弱性來自各個組成的死亡——而我是稱作人類的那個更大群體中的一員。我來到這裡，是爲了群體、爲了產生後代（並且引導他們爲人生做好準備和扶養他們），或者最後是爲了寫書，然後像英雄那般死去——我的資訊，也就是我的基因，也就是我裡面的反脆弱性，才應該尋求永生，而不是我尋求永生。

然後說再見，在艾姆雲的聖謝爾蓋教堂（St. Sergius；馬薩吉斯修道院〔Mar Sarkis〕）舉辦一個不錯的葬禮，接著像法國人說的——讓出空間給別人。

第七冊　脆弱性與反脆弱性的倫理

現在來談倫理。在不透明以及這個世界新發現的複雜性之中，人可以隱藏風險和傷害別人，法律卻抓不到他們。醫療傷害遭到推遲，而且造成的影響是無形的。我們很難看出因果關係，沒辦法充分了解到底發生了什麼事。

在這種認識受到限制的情況下，只有切身利害才能真正緩和脆弱性。漢摩拉比（Hammurabi）法典在將近三千七百年前提出簡單的解決辦法。現代社會卻日益揚棄這個解決辦法，因為我們喜歡新奇複雜甚於古老簡單。我們需要了解為何這種解決辦法歷久彌堅。

23 切身利害：反脆弱性和犧牲他人的可選擇性

讓空談變廉價——看看戰利品——隨機表示難過的企業？——預測與反預測

本章將探討當某個人得到上檔利益，另一個人承受下檔損失，我們會讓自己置身於什麼狀況。

現代化的最糟糕問題在於將脆弱性和反脆弱性從一方惡意地移轉到另一方，結果使另一方得到利益，另一方（在不知情之下）受到損害，並且這種移轉正因爲倫理和法律之間的缺口日益增大而變本加厲。這種情形自古已然，但於今尤烈——現代化將它隱藏得特別好。

這當然是一種代理問題。

代理問題當然是一種不對稱性。

我們正見到從根本發生的一種改變。想想比較古老的社會——也就是那些存活下來的社會。我們和他們的主要不同點，在於英雄感消失：以前的人對爲他人承受下檔風險的人相當尊敬，但現在這種尊敬——和權力——移轉到別的地方。英雄主義正好是代理問題的相反：某個人爲了其他人，而選擇承受對自己不利的狀況（拿自己的生命去冒險，或者傷害自己，或者接受比較溫和的形式，願意放棄自身的一些利益）。我們現在的所作所爲剛好相反：權力似乎落到從社會偷走免費選擇權的人手中，例如銀行家、企業高階主管（非創業家）和政治人物。

英雄主義不只和暴動、戰爭有關。舉個反代理問題的例子：小時候，聽到一個故事說，有位保母爲了救小孩不被車子撞到而死掉，深受感動。我認爲，沒什麼事情比代人受死更可敬了。

換句話說，這就是所謂的犧牲。「犧牲」一詞和**神聖**有關。這是屬於聖潔的領域，不同於褻瀆。

傳統社會中，一個人只會因爲他（或者遠高於一般的預期，**她**）願意爲他人承擔下檔損失的多寡而受到等量的尊敬。最勇敢或豪邁的人，例如騎士、將軍、指揮官，在社會中的位階最高。連黑手黨頭子也接受這樣的位階，使他們最容易暴露在競爭對手的傷害和主管當局最嚴重的懲罰之中。同樣的道理也適用於願意捨身爲人的聖人——他們幫助弱者、被剝奪者、一無所有的人。

所以表七列出另一套三元組：有些人沒有切身利害，但從別人那裡受益，有些人既不從別人那裡受益，也不傷害別人，最後是一種高尚的類別，願意爲別人犧牲自己，承受傷害。

表七　倫理和基礎不對稱

沒有切身利害	有切身利害	為了他人而承受切身利害，或者心口合一
（留住上檔利益，將下檔損失移轉給他人，犧牲其他某個人，而擁有隱形選擇權）	（留下自己的下檔損失，承受自己的風險）	（代替別人或普世價值而承受下檔損失）
官僚	公民	聖人、騎士、戰士、士兵
隨口說說（胖子東尼的術語叫「閒扯淡」）	行動，不閒扯淡	惜言如金
顧問師、詭辯家	商人、企業人士	先知、哲學家（以現代之前的意義來說）
企業	工匠	藝術家、若干工匠
企業高階主管（穿西裝）	創業家	創業家／創新家
理論家、資料採擷者、觀察性研究	實驗室和現場實驗	自行其是的科學家

沒有切身利害	有切身利害	為了他人而承受切身利害，或者心口合一
集權式政府	城邦國家政府	自治市政府
編輯	作家	偉大的作家
做「分析」和預測的新聞人	投機客	承受風險，揭發（力量強大的政權、企業）弊案的新聞人
政治人物	行動主義者	反叛者、異議者、革命者
銀行家	交易員	（他們不參與庸俗商務）
脆弱推手教授約瑟夫．史迪格里茲	胖子東尼	尼洛．屠利普
風險販子		納稅人（不是相當自願性的心口合一，但他們是受害人）

社會的強固性——甚至反脆弱性——有賴於這些人：我們今天能夠在這裡，是因爲某個人在

某個階段，爲我們冒某些風險。但是勇敢和英雄主義並不表示盲目地承受風險——這不見得是輕率魯莽的行爲。有一種假勇敢是來自風險盲，他們低估失敗的可能性。我們有無數的證據顯示，同樣一些人面對眞正的風險時，變得膽小懦弱和過度反應；這和勇敢正好相反。在斯多噶學派看來，審愼和勇敢的性質相同——有勇氣對抗你自己的衝動（普珀里琉斯・西魯斯——要不然還有誰？——講過一句名言，說審愼被視爲一般人展現的勇氣）。

英雄主義隨著文明而進化，從武術競技場演進到各種觀念。起初在古典時期之前，荷馬的英雄主要是有身體上天賦的勇氣——因爲每一件事情都得靠體力。古典時期稍後，在偉大的古斯巴達國王阿格西勞斯（Agiselaus）等人看來，眞正快樂的生活，是以有幸馬革裹屍爲極致，其它很少事情比得上，甚至沒有任何事情能與之比擬。但是對阿格西勞斯來說，勇氣已經從純粹的武功，進化成更大的某樣東西。勇氣往往在放棄一切的行爲中看到，例如一個人爲了別人、集體的利益，或者某些利他的原因，而準備犧牲自己。

最後，一種新的勇氣形式誕生了，也就是蘇格拉底、柏拉圖的那種勇氣。他定義了現代人類的勇氣：有勇氣站出來衛護某個觀念，在亢奮的狀態中享受死亡，原因很簡單，因爲他享有爲眞理而死、挺身衛護一個人的價值。這成了最高的榮譽形式。歷史上找不到有人比這兩位思想家有更大的特權，能夠公開悍然不顧一切，爲了自己的觀念而犧牲生命——這兩個人住在東地中海地區，一個是希臘人，另一個是閃米特人。

在我們聽到**快樂**是以經濟狀況或者其他稍帶唯物主義的條件去定義時，應該暫時打住。當我聽到不帶英雄主義的「中產階級價值」受到推崇，你可以想像我抓狂的場面。由於全球化和網際網路，「中產階級價值」傳播到英國航空（British Air）很容易抵達的地方，膜拜被神化的階級平常所吸食的鴉片：爲一家銀行或一家菸草公司「賣力工作」、勤快閱報、服從大多數（但不是所有）的交通法規、被某種企業結構束縛、被主管的意見牽著鼻子走（因爲員工的工作紀錄保存在人事部門）、遵守法律、依賴股市的投資、到熱帶地區度假、過著市郊生活（背負一些抵押貸款）、養一隻好看的狗、週六晚上喝葡萄酒。那些事業有成的人，進了年度億萬富翁排行榜，希望在他們的肥料銷售遭到中國競爭對手挑釁之前，繼續待在榜內一段時間。他們被稱爲英雄——沒人說他們運氣好。此外，如果成功是隨機獲得的，有意識的英雄主義則是非隨機的。而且，「合乎倫理」的中產階級可能在一家菸草公司工作——這得歸功於某些人的詭辯，自稱合乎倫理。

當我見到華盛頓特區有個書呆子坐在電腦前面，走幾步路就到星巴克（Starbucks）咖啡廳或者某座購物商場，卻能炸掉遙遠地方（例如巴基斯坦）的一整座營區，然後若無其事地前往健身房「鍛鍊身體」（並將自己的文化和騎士或武士相提並論），令我對人類的未來更感到無力。在科技進步的協助之下，懦弱的人全部連起來：社會因爲沒有骨氣的政治人物而變得脆弱、逃避兵役的人擔心民意測驗，新聞記者則不斷地在寫故事，他們製造爆炸性的赤字，使得代理問題更加嚴重，因爲他們希望短期內看起來相當美好。

聲明一下。表七並不表示那些心口合一的人必然是對的，或者爲一個人的理念而死，對我們其他這些人必然有好處：許多和救世主降臨有關的烏托邦說法，造成相當大的傷害。我們也不見得需要轟轟烈烈慷慨赴義：許多人在日常生活中，相當有耐性，不辭辛勞，努力打擊邪惡，但看在別人眼裡，並不像英雄；他們甚至遭到社會的忘恩負義——而對媒體友善的假英雄，身分地位卻節節高升。未來的世代，不會爲這些人豎立雕像。

半人（half-man 或者 half-person）不是指沒有意見的人，而是指不爲自己的意見承擔風險的人。偉大的歷史學家保羅．維尼（Paul Veyne）最近指出，有人說角鬥士是強迫勞工，但這是很大的迷思。大部分角鬥士都是自願者。他們希望有機會拿自己的生命去冒險和贏得勝利，而成爲英雄，或者就算失敗，也能在世界上最多的群眾面前，展現自己能夠死得叫人尊敬，一點都不膽怯——當角鬥士格鬥失敗，群眾會決定是否應該寬恕他，或者讓對手致他於死。觀眾不喜歡非自願者，因爲這些人沒有將靈魂帶來格鬥場。

關於勇氣，我學到的最寶貴的一課，是來自家父——小時候，我曾經讚歎他的博學，但不過度嚮往，因爲單單博學不會使人完整。他自視甚高，要求別人尊重。黎巴嫩戰爭期間，他曾經在一處路檢遭到民兵侮辱。他拒絕遵從，對於民兵的無禮非常生氣。開車離去時，槍手從背後開槍射他。子彈留在他胸部，陪他度過一生，所以在通過機場大廈時，必須攜帶 X 光片。對我來說，這立下很高的標竿：除非努力爭取，否則尊嚴一文不值；除非你願意爲它付出代價。

我從古文化學到的一課，是氣度（megalopsychon）的概念（亞里士多德談倫理時用到這個字）。這種看重自己的感覺，後來被基督教的「謙卑」價値取代。羅曼（Romance）語中沒有這個字；阿拉伯語稱作 Shhm——最好翻譯成**不妄自菲薄**（nonsmall）。如果你願意承受風險，有尊嚴地面對你的命運，那就不會做出貶低自己的任何事情；如果你不承受風險，那就沒辦法做任何事情，使自己偉大。而當你承受風險，半人（小人，也就是不肯冒任何風險的人）的侮辱，和非人類動物的吠叫沒有兩樣：你不會覺得遭到一隻狗侮辱。

漢摩拉比

我們現在來談表七的一些元素，將貫穿其間（上檔利益和下檔損失之間）的基礎不對稱性帶進我們的中心主題，也就是倫理之中。就像只有商學院教授和類似的脆弱推手會去區分強固和成長，我們沒辦法區隔脆弱性和倫理。

有些人會犧牲別人，而擁有選擇權或者可選擇性。而其他人並不知道這件事。移轉脆弱性造成的影響愈來愈激烈，因爲現代化正使愈來愈多人落在上欄——可以說他們是反英雄。因此許多專業（大都起於現代化）受到影響，藉犧牲我們的脆弱性，而使它們的反脆弱性增強——例如終身職政府雇員、學術界的研究工作者、新聞人（不會揭穿迷思的那一種）、醫療機構、大藥廠，以及其他許多。我們如何解決這個問題？如同以往，古人能幫上大忙。

漢摩拉比的法典——距今約三千八百年——發現有必要重新建立脆弱性的對稱，如下所述：

> 如果建築商蓋了一棟房子，而房子倒下來，造成屋主死亡——建築商應該執行死刑。如果造成屋主的兒子死亡，那麼建築商的兒子應該執行死刑。如果造成屋主的奴僕死亡——他應該還給屋主價值相等的奴僕。

看起來，三千八百年前的他們，遠比我們今天要進步。這整個觀念在於建築商所知遠比任何安全檢查人員要多，尤其是在地基隱藏了什麼東西方面——這成了有史以來最好的風險管理準則，因爲在延後崩垮的情形中，地基是隱藏風險的最好地方。漢摩拉比和他的策士了解小機率問題。

他們的目標顯然不在事後懲罰，而是事前提供反誘因，在一個人執行專業期間，避免傷害別人而拯救人命。

一旦小機率的極端事件發生，也就是出現「黑天鵝」，這些不對稱便特別嚴重——因爲這些事件最容易遭到誤解，也最容易將承受的風險隱藏起來。

胖子東尼有兩個試探啓發法：

第一，如果駕駛員沒在飛機上，絕對不上飛機。

第二，務必確定飛機上也有個副駕駛。

第一個試探啓發法談的是獎酬和懲罰的不對稱性，或者在個人之間移轉脆弱性。拉爾夫．納德（Ralph Nader）有個簡單的準則：投票贊成打仗的人，至少需要派一個子孫上戰場。羅馬人要求工程師在他們興建的橋梁底下待上一段時間——這樣的做法，也應該要求今天的金融工程師。英國人更進一步，要求工程師的家人和他們一起在新建的橋樑底下待一段時間。

在我看來，每一個提出意見的人，都應該在別人依賴他提供資訊或意見，而受到傷害的事件中有「切身利害」（不能有人在犯下入侵伊拉克的罪行之後，毫髮無損地離開）。此外，任何提出預測或者做出經濟分析的人，必須因爲所言不準而失去一些東西，因爲別人依賴那些預測（再說一遍，預測會誘發冒險行爲；它們比人類造成的其他任何形式的污染，對我們毒害更大）。

我們可以從胖子東尼的準則，導出許多種試探啓發法，尤其是用於減輕預測系統的弱點。少了切身利害的預測——任何預測——對別人造成的危險，就像沒有工程師睡在現場的核子發電廠。駕駛員應該在飛機上。

第二個試探啓發法是說我們需要建立備餘、安全邊際、避免優化、緩和（甚至消除）我們的風險敏感度中的不對稱性。

本章的其餘部分將提出一些症候群，當然也有古人開出的一些藥方。

空談者的免費選擇權

結束第一冊時，我們表示應該將創業家和承受風險的人（不論是否「失敗」）置於金字塔的頂端，而且，如果他們使別人暴露在風險中，自己並沒有承受風險，那麼他們應該和學術化的學者、空談者、政治人物一樣放在底端。問題在於現在的社會做的事正好相反，給那些只知空談的人免費選擇權。

胖子東尼從湧向逃生門的冤大頭身上牟利，這樣的做法，看在尼洛眼裡，起初覺得有欠厚道。從別人的不幸中獲利——不管這些不幸有多可怕，或者可能多可怕——並不是十分高雅的生活方式。但是東尼自己也承受風險，萬一結果對他不利，也會受到傷害。胖子東尼沒有代理問題。他的做法因此是容許的。因爲和相反的做法有關的問題更爲嚴重：有些人只知空談、預言、理論化。

事實上，投機性的冒險不只容許，更是非做不可。沒有一個意見不承受風險，而且當然了，沒有一種風險不抱著得到報酬的期望。如果胖子東尼有意見（他覺得需要有意見），那麼基於倫理上的理由，他必須相對承受某些風險。就像班森赫斯特那裡的人說的，如果你有意見，就必須這麼做。否則，你根本不能算是有意見。光有意見，卻沒有下檔損失，這樣的人需要指定他們在社會上居於特殊地位，或許應該低於一般公民。評論者的地位應該低於一般公民。普通公民至少講了話之後，需要面對下檔損失。

所以我反對持有一種觀念，認爲知識分子和評論家是社會上超然且應該受保護的一群人。我要在這裡指出，我覺得光說不練、不暴露在傷害之中、沒有切身利害、沒有任何東西承受風險，是十分不合倫理的事。你表達意見之後，有可能傷害別人（因爲別人依賴你所說的意見），可是你不必負責任。這樣公平嗎？

但這是資訊時代。移轉脆弱性造成影響，歷史上可能一直存在，但現在造成的影響尤爲劇烈，因爲現代世界的連結性高，而且因果鏈趨於無形是種新現象。今天的知識分子遠比從前有更大的力量且帶來危險。「知識世界」導致「知」和「做」分離（不是同一個人既知道又動手做），使得社會呈現脆弱性。怎麼說？

以前，負起責任的人才享有特權——除了少數一些知識分子當別人的食客，有時則爲國家效力。如果你想當封建領主，那麼你必須先別人而死。想要打仗，那就先上戰場。不要忘了美國憲法中說：總統是三軍統帥。凱撒、亞歷山大和漢尼拔都上戰場——李維指出，漢尼拔總是身先士卒進入戰區，最後離開。華盛頓也上戰場，不像雷根和小布希以打電動遊戲的方式，威脅其他人的生命。連拿破崙也親自暴露在風險之中；他在戰鬥中現身，有如增添二萬五千大軍。邱吉爾展現了驚人的身體勇氣。他們都置身其中，也相信自己所說的事。享有某種身分地位，你就必須承受身體上的風險。

請注意傳統社會中，連那些失敗——但已經承受風險——的人，也比沒有暴露在風險中的人，享有較高的身分地位。

預測系統的愚蠢，再度激起我的情緒。我們今天的社會正義，可能高於啓蒙時期之前，但我們移轉的可選擇性，也遠高於從前——這是明顯的倒退。且聽我道來。這個「知識個頭」的行業，必然轉向空談。學者、顧問師和新聞人喜歡空談，在預測上當然便只是空談而已，沒有具體的東西，也缺乏眞正的證據。和任何靠嘴巴吃飯的事情一樣，勝利的不是最正確的，而是最迷人的——或者能夠生產聽起來最有學問的東西。

前面提過，儘管政治哲學家阿弘的預測能力很強，講起話來卻一點都不有趣，而那些錯看史達林主義的人卻活得光鮮亮麗。阿弘和他們一樣乏善可陳：儘管他有先知般的洞見，但他的外表、寫作和生活卻像個稅務會計師，而他的敵人，例如讓—保羅．沙特（Jean-Paul Sartre）卻過著華奢的日子，每件事情都說錯，甚至以極其懦弱的方式苟且偷生，忍受占領國家的德國人。懦夫沙特看起來十分燦爛、令人感動，他寫的書也活了下來（請不要再稱他是伏爾泰學派；他根本不是伏爾泰學派的一員）。

在達沃斯，我和脆弱推手新聞人佛利曼四目交接時，心中一陣作噁。這個人在報紙言論版上的文章影響力很大，結果促成伊拉克戰爭爆發。他沒有因爲這個錯誤而付出代價。我身體上的不適，或許不只是因爲見到我認爲卑劣和有害的人。當我見到錯誤，卻束手無策時，便會坐立不安；這是生物上的反應。老天，這是罪惡感，而罪惡感是我沒辦法忍受的。古地中海地區倫理的另一個中心要素是：沉默的好人，是邪惡的同謀。在普珀里琉斯．西魯斯看來，沒辦法制止犯罪的人，也是共犯。（我在前言說過自己這方面的事，可是需要再次強調：如果你看到有人在詐騙而不說出來，那麼你也是在詐騙）。

佛利曼需要爲二〇〇三年入侵伊拉克負一點責任，卻不但沒有因這件事而受到懲罰，反而繼續在《紐約時報》的言論版寫文章，混淆無知的人。他得到且保有上檔利益，其他人則受到下檔損失。一個作家如果有自己的看法，傷害的人可以多於任何連續罪犯。這裡將他單挑出來，是因爲追根究柢，問題在於他促使人們誤解深奧系統中的醫療傷害。他推廣「地球扁平」的全球化觀念，卻不知道全球化帶來脆弱性，副作用是造成更多的極端事件，而且需要大量的備餘才能適當運作。同樣的錯誤在入侵伊拉克一事上也出現：在這樣的深奧系統中，後果的可預測性很低，所以入侵在認識論上是不負責任的。

大自然和先人的系統是靠懲罰在運作：不會將永遠免費的選擇權給任何人。許多事情會有明顯效應的社會也是一樣。如果有人蒙著眼睛開校車，並且發生車禍，他不是會以古老的方式從基因庫消失，就是如果由於某個原因沒有遭到車禍的傷害，則將來會承受夠多的懲罰，被禁止再度開車載人。問題是佛利曼仍然在開車。我們沒有懲罰傷害社會的輿論製造者，而這是非常糟的教訓。二〇〇八年的危機之後，歐巴馬政府充斥蒙眼開車的人，造成醫療傷害的人還得到升遷。

事後預測

言詞很危險：事後預測者是在事後解釋事情——因爲他們做的是空談的事——看起來總是比預測者聰明。

由於事後扭曲，有些人當然沒事先看到事件來臨，卻記得他們想過那件事產生的影響，因此成功說服自己，相信自己預測到那件事會發生，之後繼續說服別人。每件事發生之後，事後預測者總是多於眞正的預測者。這些人在淋浴的時候，想到某些事情，但沒有一路想到合乎邏輯的結論。而由於許多人需要淋浴許多次，例如一天兩次（如果包括去健身房或者和情婦幽會），他們會有一大堆想法可以取用。他們不會記得以前無數次洗澡時產生的想法不是雜訊，就是和眼前觀察到的事實相互抵觸——但由於人類渴望能有自我一致性，他們會保留曾經想過、與他們認知的現狀相符的那些要素。

所以輿論製造者非常驕傲且專業地喋喋不休，最後好像贏得某個論點，因爲下筆寫文章的人是他們，看他們的文章而陷入麻煩的冤大頭，會在將來再次尋求他們提供指引，而且會再次陷入麻煩。

過去變動不居，因為選擇偏誤和不斷修正的記憶而毀損。冤大頭的一個核心特質，是他們永遠不會知道自己是冤大頭，因為我們的心靈就是那麼運作的（即使如此，看了下面所說的事實，我們還是會驚訝不已：起於二〇〇七年至二〇〇八年的脆弱推手危機，近似預測者的人數，遠比隨機猜測的人少得多）。

不對稱性（事後預測者的反脆弱性）：事後預測者可以盡揀好的來說，並且製造一些狀況，讓他們的意見如當初所料那般演出，並將錯誤的預測丟進歷史的深處。這就像是免費選擇權——對他們來說是如此；我們卻必須為此付出代價。

由於脆弱推手擁有選擇權，所以他們個人具有反脆弱性：波動通常對他們有利：波動愈激烈，他們覺得自己聰明的錯覺愈強。

但是一個人是否是冤大頭或非冤大頭，證據很容易挖出來，只要看實際的紀錄和行為就行了。行為是對稱的，不允許盡揀好的來說，所以會消除免費選擇權。當你看一個人所做事情的實際歷史，而不去看他在事後發表的想法，情況就會十分透澈清楚。選擇權不見了。現實消除了不確定性、不精確、含糊不清、讓我們看起來更為聰明、自圓其說的心理偏誤。錯誤的成本很高，不再是免費的，但是做對會帶來實際的獎酬。當然了，我們還可以檢查其他事情，以評估生活中的鬼扯成分：透過人們本身的投資，觀察他們實際做了什麼樣的決定。你會發現許多人宣稱他們預見金融體系崩潰，卻在他們的投資組合中擁有金融公司。事實上，像東尼和尼洛那樣的人，不需要從各種事件「獲利」，才能顯現他們不是冤大頭：只要避免不受那些事件傷害，就已足夠。

我希望預測者因為預測錯誤，而在自己的身體留下明顯的傷疤，而不是將那些錯誤分散到整個社會。

你不可以坐在那邊，抱怨整個世界。你需要設法出人頭地。所以東尼堅持要尼洛奉行一個儀式是對的：去看實際的戰利品，例如銀行帳戶的報表——我們說過，這和財物價值無關，也和購買力無關，而只是一種象徵價值。我們在第九章說過，凱撒不惜花費成本，將韋辛格托里克斯帶到羅馬遊行示眾。看不見的勝利沒有價值。

講得口沫橫飛的人出頭了。以前的人不像現代那麼明顯地只說不做，而且憑一張嘴便能扮演比較重要的角色。這是現代主義和分工的產物。

記得我說過美國的力量在於冒險和包容冒險者（指的是正確的冒險，也就是像泰勒斯那種失敗率很高、但是擁有長期可選擇性的冒險）。很抱歉，但是我們已經脫離這個模式。

史迪格里茲症候群

有一件事比佛利曼的問題更加嚴重，可以推而廣之，用來說明某個人促使行動發生，卻完全不必為自己的言詞負責。

我把這種現象稱作史迪格里茲症候群，名稱來自所謂「聰明」的一位學術界經濟學家，叫約瑟夫．史迪格里茲。且聽我道來。

記得十九章談到如何察覺脆弱性，而且特別以房利美爲例。幸運的是，我發表的意見是有切身利害在內，因爲我暴露在抹黑的攻勢之中。二〇〇八年，房利美倒閉，一點也不叫人驚訝。我要再說一遍，這件事花了美國納稅人數千億美元（而且還在計算之中）——整體而言，承受類似風險的金融體系爆掉了。整個銀行體系也有類似的暴露程度。

但是在大約同一期間，史迪格里茲卻和彼得．奧斯澤格（Peter Orszag）、喬納山．奧斯澤格（Jonathan Orszag）兄弟同事，探討相同的房利美問題。他們在一篇報告中評估：「根據歷史經驗，政府承受GSE債務違約止付的風險可說是零。」①據推測，他們跑了模擬——但是沒看到顯而易見的事。他們也說，違約止付的機率「小到很難察覺的地步」。類似這樣的聲明，以及在我看來，只有像這樣的聲明（知識分子的狂傲自大和了解稀有事件的錯覺），才會導致經濟暴露在稀有事件的程度日積月累。這是我努力對抗的「黑天鵝」問題。這是福島。

高潮好戲來了，史迪格里茲在二〇一〇年寫的《早告訴過你》一書中，宣稱他「預測到」起於二〇〇七至二〇〇八年的危機。

且來看看社會提供給史迪格里茲和他的同事反脆弱性這件異常的案例。我們發現史迪格里茲

①GSE是指房利美和房地美（Freddie Mac）——兩個機構都爆掉。

不只不是預測家（依我的標準），更是造成那些事件的問題之一，也就是使我們暴露在小機率的程度逐漸累積變大。但他並沒有注意到！學者並不是設計來記住自己發表過的意見，因為他沒有任何東西會因為發表的意見而暴露在風險之中

追根究柢，一些人擁有奇怪的能力，論文送到期刊發表，卻降低自己對風險的了解。這樣的人十分危險。所以造成問題發生的同一位經濟學家，接著在事後預測危機發生，然後成了所發生事情的理論家。怪不得我們會有更大的危機。

核心要點是：如果史迪格里茲是企業人士，拿自己的錢去冒險，那麼他一定已經爆掉，一蹶不振。或者，如果他存在於大自然之中，他的基因勢必已經滅絕——所以誤解機率的人，最後會從我們的DNA中消失。令我感到噁心的是，政府後來聘用他的共同作者之一。②

我很不想將這種症候群冠上史迪格里茲的姓，因為我發現他是經濟學家中最聰明的，**發表在紙上**的東西也是知識發展程度最高——但他對系統的脆弱性毫無頭緒除外。經濟學界誤解小機率造成的有害影響，史迪格里茲正是象徵性代表。這是極為嚴重的病，可以解釋為什麼經濟學家會再次將我們爆掉。

②奧斯澤格兄弟之一的彼得，在危機爆發之後，任職於歐巴馬政府——這等於重新雇用蒙眼開車的校車司機——令我厭惡至極。他後來當上花旗銀行（Citibank）的副董事長，而這正好可以解釋為什麼花旗銀行會再度爆掉（而我們納稅人最後不得不補貼他的高薪）。

史迪格里茲症候群對應於一種「盡揀好的來說」形式，而這是最卑劣的一種，因爲犯下這種錯誤的人，根本不知道自己正在做什麼。這種情況中，某個人不只沒有察覺危險，更對危險的肇因有所貢獻，而且最後說服自己——有時是說服別人——相反的事情，也就是他預測到那件事，也曾經發出警告。這相當於將出色的分析能力、無視於脆弱性、選擇性記憶、缺乏切身利害集於一身。

史迪格里茲症候群＝（出發點良善的）脆弱推手＋事後盡揀好的來說

這方面還有其他的教訓和缺乏懲罰有關。但是這件事說明了寫論文且空談的學者症候群最爲嚴重的狀況（除非如同我們將看到的，他們心口合一）。因此許多學者在一篇論文中主張某件事，卻在另一篇論文主張相反的事情，不會因爲第一篇論文的錯誤而懲罰自己，因爲只需求得一篇論文內部的一致性就行，不必管一個人**整個**生涯的一致性。這並無不可，因爲人都會進化，後來相信的事情可能和以前的信念抵觸，可是這麼一來，以前的「成果」應該撤回來，不再流通，並用新的成果去取代——就書籍來說，是指用新版本取代舊版本。缺乏懲罰使得他們擁有反脆弱性，卻犧牲了接受他們所提成果「十分嚴謹」的社會。此外，我並不懷疑史迪格里茲的眞誠，或者他有某種薄弱的眞誠形式：我相信他眞的認爲自己預測到金融危機，所以且讓我將問題改爲：一個人不必承受傷害，問題出在他能從過去講的話，盡揀好的來說；以前說過的話有許多相互抵觸之處，可是他們最後竟然說服自己，相信他們在知識上十分清明，所以能夠跑到達沃斯的世界經濟論壇（World Economic Forum）大放厥詞。

醫療騙子和蛇油推銷員會造成醫療傷害，但他曉得這件事，一旦被逮，總是放低姿態。醫療傷害還有遠比這要邪惡的一種形式，那就是專家利用他們比較能爲人接受的身分地位，稍後宣稱他們曾經警告會有傷害來臨。這些人並不知道是他們造成醫療傷害，所以用醫療傷害治療醫療傷害，然後事情就爆炸開來。

最後，要治療許多倫理問題，需要治療史迪格里茲效應，現在就來探討。

> 絕對不要請任何人發表他們的意見、預測或建議。只要問他們的投資組合裡面有什麼，或者沒有什麼就行。

我們現在知道許多無辜的退休人士遭到無能的評等機構傷害——而且這不只是無能的問題而已。許多次級貸款是有毒的廢棄物，卻被美化爲「AAA」級，意思是說它們的安全性接近政府發行的公債。不知情的人信以爲眞，於是將積蓄投入購買它們——此外，主管機管強迫投資組合經理人使用評等機構所做的評估。但評等機構受到保護：它們認爲自己有如新聞媒體——卻不必像新聞媒體那樣，負有揭發弊端的崇高使命。而且它們因爲受到言論自由的保護而受益——「第一修正案」深根柢固於美國人的習慣之中。我有個謙卑的建議：一個人想說什麼，就可以說什麼，但他的投資組合需要裝滿他所說的東西。而且，主管機關當然不應該當脆弱推手，認可他們的預測方法——因此而認可他們的垃圾科學。

心理學家捷爾德．蓋格連澤有個簡單的試探啓發法。不要問醫生你應該怎麼做。問他如果置身於和你相同的情況，他會怎麼做。兩者的差異會令你大吃一驚。

頻率的問題，或者爭論如何爭輸

記得胖子東尼喜歡的只是「賺錢」，而不是「證明正確」。其中的要點有個統計上的維度。且讓我們暫時回頭談談泰勒斯法和亞里士多德法之間的差別，並且觀察從下述觀點而來的進化。頻率，也就是一個人多常做對，在眞實的世界中大致無關緊要，但我們必須是實務工作者，而非空談者，才能明瞭它的意思。表面上，正確的頻率很重要，但那只是表面上——一般來說，脆弱的報償只有很小的（有時是沒有）上檔利益，而反脆弱的報償是下檔損失很小。這表示在脆弱的情況中，一個人只能賺很少，卻會賠很多錢；在反脆弱的情況中，則會賺大錢，但賠小錢。所以反脆弱可以賠很長的時間，但損傷不大，只要後來做對那麼一次；對於脆弱來說，單單一次損失就會讓人一蹶不振。

因此，如果你因爲金融機構的脆弱性，而賭某個投資組合會下跌，那麼在二〇〇八年金融機構終於崩垮之前的年頭中，你會像尼洛和東尼那樣賠小錢（請再次注意，站在脆弱的另一邊，會使你具有反脆弱性）。你錯了很多年，只對那麼一刻，賠小錢，賺大錢，所以遠比另一種做法要成功（事實上，另一種做法會破產）。所以你會像泰勒斯那樣賺到舍客勒，因爲和脆弱對賭，就是反脆弱。但是僅僅用言詞「預測」事件的人，會被新聞人稱作「錯了許多年」、「大部分時候都錯」等等。

如果我們繼續計數輿論製造者的「對」和「錯」，兩者的比例多寡並不重要，因爲我們需要將後果考慮在內。而由於這種事情不可能辦到，所以我們現在左右爲難。

再拿創業家來說。他們通常會看錯，並且犯下「錯誤」——許多錯誤。但他們展現凸性。所以重要的是從成功得到的報償。

且讓我用不同的方式再說一次。眞實世界中的決策，也就是放手去做，屬於泰勒斯法；而用**言詞**去預測，則屬於亞里士多德法。我們在第十二章的討論中看到，你所做決定的一邊，後果比另一邊要大——我們沒有證據證明人是恐怖份子，但還是會去檢查他們是否攜帶武器；我們不相信水有毒，但我們會避免去喝；在狹隘地應用亞里士多德法邏輯的人看來，這樣的行爲很荒謬。用胖子東尼的話來說：冤大頭試著表現正確，非冤大頭則是試著賺錢，或者：

冤大頭試著贏得爭論，非冤大頭則是試著贏。

再用不同的話來說：輸掉爭論是相當好的一件事。

因為錯誤的原因而做對決定

推而廣之，對大自然來說，意見和預測都不重要；重要的是生存。

這裡有個進化論點。進化對個人實幹者（也就是亞當·斯密所說的「冒險家」）驅動的自由企業和社會有利，不是對中央計畫者和官僚機構有利，但這個論點似乎最爲人低估。我們見到官僚（不管是在政府裡面，還是在大公司裡面）所在的系統，是根據敘事、「閒扯淡」，以及其他人的意見給予獎酬。他們的工作會受到考核，也會受到同儕的審查——換句話說，這就是我們所說的行銷，也就是採行亞里士多德法。可是生物世界的進化是靠生存，不是靠意見和「我預測」和「早告訴過你」。進化不喜歡確認謬誤，而這是社會特有的現象。

經濟世界也應該如此，但各個機構卻將事情搞亂，使得冤大頭可能變得更大——各個機構以紓困和中央集權封殺進化。於是長期而言，社會和經濟進化以令人驚訝、不連續和跳躍的方式，慘不忍睹地進行。③

我們曾經提到波普爾的進化認識論觀念；他不是做決定的人，因此有個錯覺，以爲觀念彼此競爭，任何時點，錯誤最少的觀念會存活下去。他忽視了一個要點，那就是生存下來的不是觀念，而是有正確觀念的人，或者擁有正確試探啓發法的社會，或者不論觀念對錯，都能使他們做出好事。他漏掉了泰勒斯的效應，也就是錯誤的觀念沒有造成傷害，也能存活下來。那些擁有錯

---

③關於如何防止「大到不能倒」和阻止雇主占大眾便宜，我的建議如下：一家公司如果被歸類爲一旦倒閉，**可以出手拯救**，那就不應該比相對應的公僕，更有能力付錢給任何人。否則就應該允許人民彼此自由地支付他們想要支付的人，因爲這並不影響納稅人。這種限制，將迫使公司保持夠小的規模，而不必在經營失敗時，被考慮是否要出手紓困。

誤——但在發生錯誤時，造成的傷害很小——的試探啓發法的人會生存下去。稱作「不理性」的行為，如果無害，可能是好行為。

舉個例子來說明有一種錯誤的信念有助於生存。依你的看法，下列何者比較危險：誤將一隻熊看成石頭，或者誤將一塊石頭看成熊？人類很難犯第一種錯誤；我們的直覺會在一有受到傷害最小可能性的情形下過度反應，而且會對某一類錯誤的型態信以為眞——那些看到可能像熊而過度反應的人，擁有生存優勢，犯下相反錯誤的人，則會離開基因庫。

我們背負的使命，是使空談不那麼廉價。

古人和史迪格里茲症候群

我們見到古人相當清楚史迪格里茲症候群——以及相關的症候群。事實上，不管是個人或集體（隱藏在集體背後的循環影響），他們有相當複雜的機制，以對抗代理問題的大部分層面。前面曾經提到羅馬人強迫工程師在他們興建的橋梁底下待一段時間。他們會要史迪格里茲、奧斯澤格睡在房利美的橋樑之下，並且退出基因庫（好讓他們不再傷害我們）。

羅馬人針對今天很少人想到的情況，甚至有更強而有力的試探啓發法，以解決力量強大的賽局理論問題。羅馬的士兵被強迫簽署誓約（sacramentum），在作戰失敗時接受懲罰——存在於士兵和軍隊之間的這紙合約，詳述了上檔利益和下檔損失的承諾。

假設你我在叢林中遇到一隻小美洲豹或野生動物。合我們兩人之力，有可能制服牠——但你我分開來，力量便顯得薄弱。如果你逃開，那麼你只需要跑得比我快就行，不必跑得比動物快。所以對跑得最快的人來說，這是最適當的做法，而跑得最快的人是最懦弱的；只要顯得懦弱，讓另一個人死亡就行。

羅馬人透過稱作**十殺其一**（decimation）的方法，消除士兵當懦夫和傷害別人的誘因。如果一個軍團打敗仗，而且懷疑是懦弱造成的，那麼會有一〇%的士兵和指揮官被處死，方法通常是採隨機抽籤的方式。十殺其一的意義，遭到現代的語言毀損。十分之一（或者與這個數字差不多）是個魔術數字：處死一〇%以上的人，會損傷軍隊的戰力；太少的話，懦弱便會居於主宰地位的策略。

這套機制一定運作得相當良好，能夠威懾懦弱的行爲，因爲不常派上用場。

英國人的做法不同。海軍艦隊司令官約翰．拜恩（John Byng）遭軍法審判，判處死刑，因爲被認爲沒有「盡其全力」，在一七五七年的米諾卡（Minorca）戰役之後，防止米諾卡落入法國人手中，而被認爲有罪。

燒毀船隻，背水一戰

利用一個人內心的代理問題，可以超越對稱性：不讓士兵有選擇，看看他們會變得多麼具有反脆弱性。

西元七一一年四月二十九日，阿拉伯司令官塔里克（Tarek）率領一小支軍隊，從摩洛哥橫渡直布羅陀海峽，進入西班牙（直布羅陀一詞，是從阿拉伯語 Jabal Tarek 而來，意思是「塔里克山」）。登陸之後，塔里克放火燒掉船隻，接著發表有名的演說，我在學校念書時，每位同學都記得，大意是：「你們後面是海，前面是敵人。我們的人數少得多。你們有的只是劍和勇氣。」

塔里克和他的一小支軍隊最後控制了西班牙。從八百年後的墨西哥科爾特斯（Cortés）到八百年前的敘拉古的阿加索克利斯（Agathocles of Syracuse），整個歷史中，相同的試探啓發法似乎都發揮功效——諷刺的是，阿加索克利斯行進的方向和塔里克相反，他和迦太基人戰鬥，並且登陸非洲。

千萬別把敵人逼到牆邊。

詩如何殺死你

詢問懂得包括阿拉伯語在內數種語言的人，誰是最優秀的詩人——不拘哪一種語言——他很可能答說約一千年前的艾爾穆太奈比（Almutanabbi）；他用原始文字寫的詩，對讀者（聽者）具有催眠效果，只有普希金（Pushkin）對講俄羅斯語的人能夠展現可相比擬的魔力。問題在於艾爾穆太奈比曉得這件事；他的名字在字面上的意義，就是「他認爲自己是個先知」，可見他過度膨脹自我。舉個例子來看他高調到什麼地步。他有一首詩，提到他的詩作力量十分強大，「盲人能讀」，「聾子能聽」。可是極少詩人像艾爾穆太奈比那樣，和自己的作品產生切身利害的關係，勇於爲他的詩而死。

艾爾穆太奈比在同樣自負的詩中，用令人屏息的方式，展現語言的魔力，誇稱他說做就做，而不只是最會想像的有力詩人。——我堅信他是——他懂「馬、夜晚、沙漠、筆、書」——而且由於他的勇氣，連獅子都尊敬他。

他寫的詩令他賠上了生命。艾爾穆太奈比——依他特有的性格——在一首詩中誣衊一個沙漠部落，氣得他們追殺他，並在他旅行途中找到他。由於寡不敵衆，他開始做出理性的事，也就是一點都不羞恥地逃跑，但一個同伴回頭對他吟誦「馬、夜晚……」。於是他回過身來，正面對抗那個部落，因而被殺死。直到一千年後，艾爾穆太奈比仍然是只因爲不想落跑蒙羞而死的詩人。所以當我們吟誦他的詩句，我們曉得那是發自眞心的。

法國冒險家兼作家安德烈．馬勒侯是我兒時的角色典範。他筆下的文字，充滿冒險精神：馬勒侯是學校中輟生——但好讀不倦——二十來歲到亞洲冒險。西班牙內戰期間，他是非常活躍的飛機駕駛員，也是二次世界大戰期間，法國地下反抗勢力的活躍成員。他後來變得有點喜歡渲染，愛談他和偉大的人物、政治家見過面的事。他無法忍受作家是知識分子的觀念。但是和海明威（Hemingway）主要著力於形象的塑造不同，他寫的是眞人實事。他絕不和人閒談——爲他寫傳的人說，當其他作家談起著作權和版稅，他會將話題轉移到神學（據稱他說過，**二十一世紀將是宗教的世紀，或者不是**）。他的去世令我十分哀傷。

隔絕問題

我們的系統不會給研究工作者當馬勒侯的誘因。偉大的懷疑論者休謨據說將令他懷疑而感到焦慮的事情丟進哲學的櫃子裡，然後和朋友參加愛丁堡的聚會（但是他的聚會觀念太過……愛丁堡）。哲學家邁爾斯．伯恩耶特（Myles Burnyeat）稱這為「隔絕問題」（problem of insulation），尤其是在某個領域感到懷疑，在其他領域卻不懷疑。他舉了一個例子，有位哲學家苦思時間的眞實性問題，卻還是申請了隔年休假期間的研究補助，以繼續探討時間的哲學問題——他竟然沒有懷疑隔年是否眞的會到來。在伯恩耶特看來，這位哲學家「將他普通的一階判斷和哲學思考的影響隔絕開來」。對不起，伯恩耶特教授；我同意只有哲學這個領域（以及它的兄弟純數學）不需要和眞實連結在一起。但是接著將它變成一種室內遊戲，給它另一個名稱就……

同樣的，蓋格連澤談到哈里．馬可維茨（Harry Markowitz）一個更為嚴重的違規行為。馬可維茨首創一種方法，稱作「投資組合選擇」，而且和莫頓、史迪格里茲等其他的脆弱推手一樣，都得到造成醫療傷害的瑞典中央銀行獎（稱作「諾貝爾」經濟學獎）。長大成人之後，我有一部分時間稱它為騙子，因為它在學術界的背書之外站不住腳，並且製造了爆炸（附錄會解釋）。原來脆弱推手馬可維茨博士教授並沒有在自己的投資組合使用他的方法；他改用比較複雜（也比較容易執行）的計程車司機方法，比較接近曼德伯和我所提出者。

我相信，只要有可能，就強迫研究工作者吃下自己煮的東西。這將能解決科學上的嚴重問題。這個試探啓發法很簡單——科學研究工作者提出用在現實世界上的觀念，但有沒有同樣將他的觀念用在自己的日常生活上？如果有的話，那就正視他。否則，別理他（如果這個傢伙正在研究純數學或神學，或者在教詩，那就沒有問題。但如果他做的是將觀念應用到現實世界，那就得提高警覺）。

這把我們帶到不同於塞內加的特里費特式造假行爲，也就是實幹者相對於空談者。有一位研究快樂問題的人，認爲**一個人賺的錢超過五萬美元，不會帶來額外的快樂**。我和他見面，便是用這種方法，也就是不理會一位學者到底寫了什麼，轉而將注意焦點集中在他實際上怎麼做——他後來在某所大學賺的錢是這個數字的兩倍以上，所以根據他自己的量尺，他相當安全。經由他的「實驗」產生的這個論點發表之後，成爲「高度引用的論文」（也就是被其他學者引用），在理論上似乎相當具有說服力——但我不是特別熱中「快樂」的概念，或者現代對於「追求快樂」所做的庸俗解讀。所以我像白癡那樣，相信他說的話。大約一年以後，我聽說他汲汲營營、馬不停蹄地到處演講賺取收入。在我看來，這樣的證據比被人引用幾千次還要充分。

香檳社會主義

再舉另一個大言不慚的隔絕例子。有時一個人的「鬧扯淡」和他的生活分道揚鑣，可以到達明目張膽、路人皆知的地步。例如有人希望別人以某種方式過活，自己卻不是眞正喜歡那種生活。

左派分子如果沒有放棄自己的財富，或者沒有像他希望別人如何生活那樣過活，千萬別信他的話。法國人所說的「魚子醬左派」，或者盎格魯撒克遜人說的香檳社會主義者，是指主張社會主義，有時甚至是共產主義，或者抑制生活揮霍的某種政治制度，自己卻公然過著豪奢生活的人（往往是靠繼承下來的財富過活）——他們並不知道這和他們希望別人避開的生活方式恰好抵觸。這和約翰十二世或波吉亞（Borgias）等淫亂的教皇沒有太大的不同。所說和所做抵觸，可以像法國總統弗朗索瓦・密特朗（François Mitterrand）那樣超越荒唐可笑的地步。密特朗以社會主義的政見上台，卻仿效法國君王那樣過著奢華的生活。更諷刺的是，他的死對頭、保守派的戴高樂將軍，卻過著老式的簡樸生活，太太為他縫襪子。

我親眼看過更糟的情形。我曾經有個客戶非常有錢，背負著社會使命，試圖向我施壓，要我開支票給主張提高稅負的一位候選人。我基於倫理上的理由婉拒，但覺得那個人是個英雄，因為萬一他支持的候選人勝出，他自己要繳的稅額會大幅增加。一年後，我聽說這位客戶涉及金額非常龐大的避稅手法而遭到調查。原來他只是希望別人支付更多的稅款。

過去幾年來，我和行動主義者納德發展出一段友誼，見到他和上面所說截然不同的特質。他除了驚人的勇氣和完全無畏於抹黑，所主張的事情和他所過的生活毫不背離。就像聖人心口合一，這個人是世俗的聖人。

心口合一

有一種人，不像官僚—新聞人那樣「閒扯淡」：他們不只說到做到，更是**心口合一**。以先知爲例來說。所謂的預言，就是押上自己的信念，此外沒有別的。先知不是首先有某個觀念的人；他是首先相信那個觀念的人——而且自始至終相信。

第二十章談過預言，如果做得正確，也就是用減法去做，便能察覺脆弱性。但是有切身利害（並且接受下檔損失），才能區分眞正的思想者和事後的「閒扯淡」。可是要達到先知的階級，必須再進一步。這和承諾有關，哲學家稱之爲**信念的許定**（doxastic commitment），或者押上信念。但是胖子東尼和尼洛需要將信念化爲行動（也就是反史迪格里茲）。希臘文中的 doxa 用來表示「信念」，但不同於「知識」（episteme）；要了解它如何包含超越言詞的承諾，不妨想想在教會希臘語中，它帶有**讚頌**的意義。

順帶一提，這個概念也適用於各式各樣的觀念和理論：一個理論背後的主要人物、稱作原創者的人，是眞心誠意信之不疑的人，並以很高的代價，承諾將它帶到自然的結局；他們不見得是在喝甜酒或在附註中首先提到它的人。

只有眞正相信的人，才會避免最後自相抵觸，並且犯下事後預測的錯誤。

選擇權、反脆弱性和社會公平

由於邪惡的不對稱切身利害形式，股票市場展開了有史以來規模最大的反脆弱性移轉。我在這裡談的不是投資——而是目前的體系，將投資包裝成「公開上市」公司的股票，允許經理人對體系上下其手，而且當然了，還能比眞正冒險犯難的人（也就是創業家）得到更多的威望。

代理問題的一種公然表現如下所述。經理人爲人經營公司和企業主自己經營是不同的，因爲經理人除了向自己，不需要向任何人報告數字，也不必承受下檔損失。企業經理人有誘因，卻沒有反誘因——這是一般大衆不太清楚的，因爲他們有個錯覺，以爲經理人受到適當的「誘因激勵」。不知道爲什麼，無辜的存款人和投資人給了這些經理人免費選擇權。我在這裡談的並非是業主自行經營的企業之經理人。

我在寫這些段落時，十二年來，美國的股票市場給退休人士造成的損失，和將錢留在政府貨幣市場基金相比，超過三兆美元（我所提的數字還只是保守估計，兩者的差異甚至更大），而由於認股權的不對稱性，企業經理人靠股票市場，比以前富有將近四千億美元。他們就像泰勒斯，從這些可憐的存款人身上榨出錢來。更叫人難以容忍的是銀行業的命運：銀行業從它有史以來，損失的錢就多於賺進的錢，可是經理人拿的薪酬卻高達數十億美元——納稅人承擔下檔損失，銀行人員則享受上檔利益。爲了矯正問題而實施的政策，正傷害無辜的人民，銀行家卻在聖特魯佩斯（St. Tropez）的遊艇上，輕啜普羅旺斯粉紅夏日葡萄酒。

不對稱性很明顯看得到：波動對經理人有利，因爲他們只得到一邊的報償。要點（幾乎每個人都漏掉了）在於他們勢必從波動得到好處——變動愈大，這種不對稱性的價值愈高。因此他們具有反脆弱性。

要了解反脆弱性的移轉如何運作，來看看兩個情境。這兩個情境，市場所做的事情平均而言相同，但是遵循兩條不同的路徑。

路徑一：市場上漲五〇%，然後回跌，漲幅一掃而光。

路徑二：市場文風不動。

路徑一很明顯，也就是波動愈大，經理人獲得的利益愈多，因爲他們可以將認股權換成鈔票。所以這一條路徑的鋸齒狀愈激烈，對他們愈好。

當然了，整個社會——這裡是指退休人士——得到恰好相反的報償，因爲他們必須把錢奉送給銀行家和企業執行長。退休人士得到的上檔利益低於下檔損失。銀行家的損失由社會支付，卻沒辦法從他們那裡得到紅利。如果你不認爲這種反脆弱性的移轉是偷竊行爲，那麼你的腦子肯定有問題。

更糟的是，這個系統稱作「以誘因爲基礎」，而且據稱符合資本主義。經理人的利益據稱與股東的利益取得一致。誘因在哪裡？只有上檔利益，沒有下檔損失，因此根本沒有反誘因。

羅伯・魯賓免費選擇權

美國前財政部長羅伯・魯賓大約十年內從花旗銀行賺得一億二千萬美元。這個機構承受的風險被隱藏起來，營運數字看起來很好……直到看起來不好（火雞大爲驚訝）的那一天。花旗銀行崩垮，但他的錢還是留著——我們納稅人必須事後給他薪酬，因爲政府接下這家銀行的虧損，並且協助它站起來。這種報償十分常見，其他數以千計的高階主管也擁有。

這樣的故事，和建築師將風險隱藏在地下室，房屋直到一段時間之後才崩塌，但現在除了領得鉅額支票，還受到法律體系複雜性的保護相同。

有人建議執行「沒回條款」作爲補救，也就是在機構經營失敗之後，要一些人將過去的獎金吐回來。做法如下所述：經理人不能立即領得獎金，只能在三或五年後不發生虧損才能領出獎金。但是這並沒有解決問題：經理人仍然享有淨上檔利益，卻不承受淨下檔損失。他們自己的財富淨値不會遭到損傷。所以這樣的系統，仍然包含程度很高的可選擇性和脆弱性移轉。

同樣的道理也適用於管理退休基金的基金經理人——他也不承受下檔損失。

但是以前的銀行家需要接受漢摩拉比規則的管理。西班牙加泰隆尼亞的傳統做法，是在銀行前面砍銀行家的頭（銀行家往往在經營失敗爲人所知之前落荒而逃，但至少有位銀行家，也就是佛朗西斯科・卡斯特羅〔Francesco Castello〕，於一三六〇年落到這樣的下場）。現代只有黑手黨執行這種策略，以消除免費選擇權。一九八〇年，「梵蒂岡銀行家」、安布羅西亞諾銀行（Banco Ambrosiano）的執行長羅伯托・卡爾維（Roberto Calvi）在銀行倒閉之後，逃到倫敦尋求庇護。據說他在那裡自殺——好像義大利不再是演出自行了結劇碼的好地方。最近才知道，那不是自殺，而是賠掉錢的黑手黨找人將他作掉。拉斯維加斯的開路先鋒巴格西・希格爾（Bugsy Siegel）遭遇相同的命運，因爲他經營的賭場沒賺錢，而黑道剛好投資那家賭場。

即使時至今日，在巴西等國家，銀行高階幹部必須視自己擁有多少資產，無條件負起經營責任。

哪一個亞當・斯密？

許多主張大公司的右翼人士，不斷引用亞當・斯密這位著名的「資本主義」守護神講的話，但他其實不曾講過「資本主義」這個字。他們沒有去讀他，只以滿足自己的選擇性方式消費他的觀念——這些觀念以那樣的形式呈現，亞當・斯密絕對不會背書。④

④我有相同的經驗，那就是新聞記者彼此引用我書中講的話，卻不肯翻開我的書，去看看我到底怎麼說——我的經驗是，大部分新聞記者、專業學者和類似虛假專業中的其他人，不會去閱讀原始出處，而只是彼此引用，主要是因爲他們需要曉得一致性的看法是什麼，才敢講出來。

亞當・斯密在《國富論》（*The Wealth of Nations*）第四卷中，對於給某人上檔利益，卻不必承受下檔損失的觀念，抱持十分謹慎的態度，並且質疑股份有限公司（現代的有限責任公司的前身）的有限責任。他並沒有想到反脆弱性移轉的概念，但已經夠接近了。而且，他可說察覺到管理他人業務的問題，也就是飛機上沒有駕駛員的問題：

> 但是這種公司的董事管理的是別人的錢，不是自己的錢，所以不能抱著很高的期望，認為他們會像私人合夥事業的合夥人經常照管自己的事業那樣，用同樣熱切且提高警覺的方式，照顧公司的業務。

此外，亞當・斯密甚至懷疑它們的經濟表現，所以寫道：「從事外貿業務的股份有限公司很少能與私人冒險家競爭。」

且讓我把要點講得更為清楚：「資本主義」的版本或者你需要擁有的任何經濟體系，落在三元組上欄的人數必須最少。沒人了解蘇聯系統的中心問題，在於它將負責經濟生活的每個人，放在醜陋、造成脆弱的上欄。

反脆弱性和（大）公司的倫理

你有注意到企業賣給你垃圾飲料，工匠卻賣給你乳酪和葡萄酒嗎？而且我們注意到反脆弱性從小公司移轉給大公司——直到大公司倒閉。

商務世界的問題，在於它只靠加法（肯定法），不是靠減法（否定法）：如果你避開糖不吃，製藥公司就得不到好處；如果你決定搬石頭健身和在岩石上行走（不帶行動電話），生產健身俱樂部機器的製造商得不到好處；如果你決定只投資於兩眼見得到的東西，例如表親的餐廳，或者正在所住社區興建公寓的公司，你的證券經紀商也撈不到好處；所有這些公司都必須創造「營業收入成長」，才能滿足坐在紐約辦公室、思想遲鈍或者至少半遲鈍的企業管理碩士分析師所用的量尺。他們最後當然會毀滅自我，但那是另一回事。

現在來談談可口可樂或百事可樂（Pepsi）之類的公司。我想，在讀者看這些段落的時候，它們仍然存在——而這是很不幸的事。它們經營的是什麼業務？賣你加糖的水，或者糖的替代物。送進你身體的東西，弄亂了你的生物傳訊系統，造成糖尿病，讓生產代償性藥物的公司發大財。大公司賣你自來水，絕對賺不到錢，生產葡萄酒也賺不到（葡萄酒似乎是對工藝經濟有利的最好論點）。但它們以龐大的行銷組織，將它們銷售的產品美化，用一些圖像欺騙喝飲料的人，並且喊出「提供歡樂一百二十五年」之類的口號。我不懂為什麼我們用來反對菸草公司的論點，不——在某種程度內——也用於其他所有這些大公司，因為它們試圖賣給我們的東西，可能損害我們的健康。

歷史學家尼爾．弗格森（Niall Ferguson）和我曾經在紐約公共圖書館舉辦的活動上，和百事可樂的董事長辯論。這是反脆弱性很棒的一課，因為尼爾和我都不在乎她是誰（我甚至不想知道她的姓名）。作家是具有反脆弱性的。我們兩個人完全沒有準備（甚至沒帶一張紙），她卻帶著一群助理亮相，而從那些助理所拿厚厚的檔案判斷，他們可能已經把我們研究得十分透澈，連鞋子穿幾號都知道（我在演說人的休息室，看到一位助理翻閱的文件中，有在下迷上骨頭和練習舉重之前的醜照）。我們可以毫無顧忌，說自己想說的話，她卻必須照本宣科，以免證券分析師發表不好的評論，在年底發放紅利之前，造成股價下跌二．三〇美元。此外，根據我和企業高階主管往來的經驗，從他們喜歡花費數千個小時開沉悶無聊的會議，或者閱讀寫得很糟的備忘錄，曉得他們不可能表現得非常亮麗。他們不是創業家——只是演員，圓滑的演員（商學院比較像是戲劇學校）。聰明人——或者自由人——在這樣的體制內，很可能內爆。所以尼爾立即察覺到她的弱點，直接攻其要害：她掛在嘴上的說詞是，她雇用了六十萬人，所以對就業有貢獻。尼爾馬上用相反的論點——實際上是馬克思和恩格斯（Engels）發展出來的——揭穿她的宣傳內容，說大官僚企業以「大雇主」的方式，控制住國家，然後犧牲小企業牟取利益。因此，雇用六十萬人的公司，獲准殘害公民的健康，卻什麼責任也不必負擔，並從紓困行動（就像美國的汽車公司那樣）隱含的保護，得到利益，而美容師和補鞋匠等工匠，卻得不到這種免疫力。

我突然想到一個準則：可能除了毒販例外，小公司和工匠總是賣給我們健康的產品。這些產品似乎相當自然，也是我們自發性需要的；比較大的公司——包括大藥廠——經營的業務可能製造大規模的醫療傷害，拿走我們的錢，然後在傷口撒鹽。而且，他們還派出遊說大軍，綁架了國家。此外，任何需要行銷的東西，似乎都帶有這種副作用。你當然需要廣告組織，去說服人們相信可口可樂帶給他們「歡樂」——而且這一招管用。

當然也有一些例外：具有工匠靈魂的公司，有些甚至擁有藝術家的靈魂。羅漢．席爾瓦曾說，賈伯斯希望蘋果產品的內部，也要有吸引人的美感，雖然顧客看不到內部的設計。只有眞正的工匠，才會做這種事——以個人的手藝爲豪的木匠，如果處理櫃子內部的方法和外部不同，會覺得自己很虛假。同樣的，這是一種備餘形式，具有美學和倫理上的報償。但在高談闊論卻完全誤解效率是什麼意思的企業全球經濟中，賈伯斯是極少數的例外。

工匠、行銷和交付最廉價的東西

再來談工匠的另一個特質。我從廣告和行銷發現的產品，沒有一樣是特別喜歡的：包括乳酪、葡萄酒、肉類、蛋類、番茄、紫蘇葉、蘋果、餐廳、理髮師、藝術品、書籍、飯店、鞋類、襯衫、眼鏡、長褲（家父和我在貝魯特用過三代的亞美尼亞裁縫師）、橄欖、橄欖油等等。城市、博物館、小說、音樂、繪畫、雕刻（有一陣子，我很迷人工物品和羅馬的人頭）也是。這些東西在某種意義上是「被行銷」的，目的是要人們曉得它們的存在，但這不是我用它們的方式——口碑才是強而有力的自然過濾器。事實上，是唯一的過濾器。

不管你在架子上看到什麼，**一定的規格交付最廉價的東西**這個機制彌漫各處。企業在賣給你它們所說的乳酪時，會有誘因提供你生產起來最便宜的橡膠，裡面含有適當的成分，所以還是可以稱之爲乳酪——它們也會做家庭功課，研究如何欺騙你的味蕾。事實上，這不只是誘因而已：它們在結構上設計得極爲擅長於交付符合規格、生產起來最爲便宜的產品。商業書籍也是一樣：

出版商和作者想要抓住你的注意力，把最容易損壞的新聞作品，但仍能稱爲書的東西，塞到你手裡。這是優化在最大化（圖像和包裝）或者最小化（成本和努力）等方面發揮作用。

我說過，清涼飲料公司的行銷活動，目的是盡可能混淆喝飲料的人。任何需要大力行銷的東西，不是產品品質不好，就是邪惡的東西。而把某樣東西講得比實際上要好，是非常不道德的。行銷商可以設法使人知道某種產品的存在，例如新的肚皮舞腰帶，但我不懂爲什麼人們不了解，依照定義，凡是正在行銷的東西必然差勁，否則就不需要做廣告。

行銷是不好的方式——所以我依賴自己的自然主義和生態本能。假設你搭船旅遊，遇到一個人。如果他開始吹噓自己的成就，告訴你他有多出色、富有、高大、引人注意、才能出衆、有名、肌肉結實、受過良好的教育、辦事有效率、在床上多行，加上其他的特質，你會怎麼做？你當然會掉頭而去（或者將他和另一個令人討厭、愛講話的人送作堆，好一次擺脫兩個人）。如果是別人說他好（最好不是他的母親），那會好得多，而如果他謙卑一點，那更好。

事實上，這種事情並非遠在天邊。我寫這本書時，無意間在英國航空公司的航班上，聽一位紳士和空服員講話不到兩秒（一開始是談他的咖啡要不要加奶精和糖），就說自己除了是一家有名的皇家學院校長，也榮獲諾貝爾醫學「和生理學」獎。空服員不懂諾貝爾是什麼，但彬彬有禮，所以他一再提起「諾貝爾獎」，希望她能從無知中覺醒過來。我轉過身子，認出他是誰，他突然之間就像洩了氣的皮球。常言道，一個人最難在女僕面前表現得偉大。行銷超越傳遞資訊的功能，是不安全的。

我們同意愛吹噓的人一定自負，並且使人掉頭而去。企業呢？對於那些大做廣告說自己有多棒的公司，我們爲什麼沒有掉頭而去？這方面的違規可分三層：

第一層，輕微的違規：企業恬不知恥，自吹自擂，就像英國航空公司班機上的那個男人，而這麼做只會傷害自己。第二層是比較嚴重的違規：企業試圖以盡可能對自己最有利的方式表述自己，將產品的瑕疵隱藏起來——這仍然無害，因爲我們通常料得到他們會這麼做，而且會參考其他使用者的意見。第三層是更爲嚴重的違規：企業玩弄我們的認知偏誤、我們無意識中的聯想，試圖用錯誤的方式表述他們的產品，而這是卑劣的行徑。後面這一層做法的例子有：在如詩如畫的落日背景中，一個牛仔在抽菸。這樣的畫面，強迫我們將美好的浪漫時刻和某種產品產生聯想，而這在邏輯上，根本不可能連結在一起。你想要浪漫時刻，得到的卻是癌症。

企業體系似乎將公司逐步推向第三層。資本主義——同樣的，請不要想起亞當・斯密——的問題核心，在於「單位」不同於「個人」的問題。一家公司不會有自然的倫理；它只看資產負債表。問題在於它唯一的使命，是滿足證券分析師訂定的某個量尺，而證券分析師本身（非常）傾向於行騙。

一家（公開上市）公司不會覺得羞恥。我們人類才會因爲身體上的自然障礙而受到限制。

一家公司不會覺得難過。

一家公司不會有榮譽感——雖然行銷文件會提到它們對自己的產品「引以爲傲」。

一家公司不會慷慨大方。它只會接受對自己有利的行動。不妨想想，一家公司——只是因爲想當好人——片面決定勾銷應收帳款，那會發生什麼事？可是人類社會的運作，得感謝人與人之間隨機出現的慷慨行爲，即使有時對待陌生人也是如此。

所有這些缺點，是不論在文化上，還是在生物上，缺乏切身利害的結果——這種不對稱性會損人利己。

這種系統傾向於內爆，而且到頭來一定內爆。俗話說，你沒辦法欺騙太多人太長的時間。但是內爆的問題，在於這件事對經理人來說根本無關緊要——由於代理問題，他們效忠的是自己私人的現金流量。公司後來經營失敗，不會傷害他們；他們會將獎金據爲己有，因爲現在並沒有所謂負經理人薪酬的那種東西。

總而言之，長期而言，企業是脆弱的，最後一定會在代理問題的重負之下崩垮，而經理人卻是從公司榨取紅利，並將骨頭丟給納稅人。要不是靠遊說機器，它們會更早崩垮：它們開始綁架國家，協助它們將含糖的飲料注入你的食道。在美國，大公司控制了一些國會議員。這樣的事情，延緩了企業的死亡，卻犧牲我們。⑤

阿拉伯的勞倫斯或邁耶・蘭斯基

最後，如果你必須在黑道大哥的承諾和公務人員的承諾之間做一選擇，那就聽信黑道大哥的話。任何時候都是這樣。機構沒有榮譽感，個人才有。

第一次世界大戰期間，勞倫斯（T. E. Lawrence ；暱稱是阿拉伯的勞倫斯）和阿拉伯的沙漠部

⑤中小型業主自行經營的公司或者家族企業，似乎享有生存優勢。

落達成協議，同意幫助英國人對抗鄂圖曼帝國。他承諾：回報他們一個阿拉伯國家。那些部落信以爲眞，做了他們答應做的事。但後來發現，法國和英國政府竟然訂立賽科斯—皮科協定（Sykes-Picot Agreement）密約，瓜分他們所說的地區。戰後，勞倫斯應該是在沮喪的情況下回到英國居住，但是除此之外，當然別無其他好說的。但是他留給我們很好的一課：絕對不要信任並不自由的人所說的話。

另一方面，黑道最大的資產是「一諾千金」。據說「和著名的黑道老大邁耶・蘭斯基（Meyer Lansky）握個手，價值比一大堆律師拼湊出來的最強合約還高」。事實上，他心裡記掛的是西西里島黑手黨的資產與負債，以及他們的銀行帳戶，但沒有留下紀錄。留下的只有他的榮譽。

身爲交易員，我絕不信任與機構「代表」做成的交易。場內交易員會信守他們的承諾。長達二十年的生涯中，我不曾見過有哪個自力營生的交易員，在握手之後不認帳的。

只有榮譽感才能成就商務。任何商務都是如此。

接下來

由於對反脆弱性（和不對稱性或凸性）的誤解，我們見到有些人如何運用隱形選擇權，傷害集體的利益，卻沒有任何人發現。我們也見到解決方案在於強迫他們付出切身利害。接下來，我們要觀察另一種形式的可選擇性：人們面對倫理準則，如何盡揀好的來說，以合理化自己的行爲。或者他們如何利用公職，作爲滿足個人貪欲的管道。

24 配適倫理到一種專業上

奴隸如何奪取控制權——消除懦弱——一山望一山高階級，永遠一山望一山高

人類歷史上，不曾見過下述的情況以那麼劇烈的形式呈現。假設小約翰．史密斯先生受雇於菸草工業，在華盛頓特區當說客，而我們都知道，菸草工業從事的是謀財害命的行業（我們見過減法的力量，如果藉禁菸之類的做法而使這個工業不存在，那麼醫藥所做的其他每一件事都將成爲註腳）。問他的親戚（或者朋友）爲什麼要容忍這件事，而不排斥他或騷擾他，讓他痛哭流涕，或者在下一次的家族葬禮上當作沒看到他。他們可能答說「每個人都需要謀生啊」——好像他們在爲自己終有一天落入相同的處境鋪哏似的。

我們需要測試箭頭的方向（利用我們在討論教鳥怎麼飛所用的相同邏輯）：

倫理（和信念）→專業

或者

專業→倫理（和信念）

在胖子東尼和蘇格拉底開始辯論之前，兩人相遇的第一分鐘，尼洛就很感好奇，因爲他們存在的時間相差約二十五個世紀。要找出我們的實體環境中，最令蘇格拉底驚訝的元素，可不簡單。胖子東尼對尼洛的歷史知識不怎麼尊敬，卻還是問了這個問題，尼洛投機性地答道：「最有可能的元素，是現在沒有奴隸。」

「這些人不曾自己動手做過一點小小的家事。因此不妨想像蘇格拉底小腹凸出，雙腿細長，那副醜樣，正想著僕人不知在哪兒。」

「但是，尼洛．屠利普，現在仍有奴隸啊，」胖子東尼脫口而出。「他們往往打著稱作領帶那種精巧的玩意兒，用來顯示自己和別人不一樣。」

尼洛：「東尼先生，一些打領帶的人可是非常富有，甚至比你有錢。」

東尼：「尼洛，你這個冤大頭，別被金錢愚弄，這些只是數字。自主是一種心態。」

有錢卻不能獨立自主

有一種現象，稱作**跑步機效應**，和我們見過的嗜新狂類似：你需要賺更多的錢，才能待在相同的位置。貪婪具有反脆弱性——但貪婪的受害者不然。

回到財富會使人更爲獨立的冤大頭問題上。看看現在發生的事，我們根本不需要更多的證據：我們說過，在人類的歷史上，我們不曾那麼富有，卻也不曾背負那麼多債務（對古人來說，背負債務的人不自由，身陷束縛之中）。「經濟成長」也不過如此。

在地方的層級，我們好像是在某個環境中社會化，因此就像在跑步機上跑步。與其搬到康乃狄克州的格林威治去住，隔壁有一棟二千萬美元的豪宅，主人肯砸下百萬美元辦生日宴會，相形之下使你變成窮人，不如待在原地不動更好。而且，你會愈來愈依賴你的工作，尤其是當鄰居得到納稅人贊助，從華爾街撈取一大筆紅利時。

這種人就像希臘神話中的坦塔羅斯（Tantalus），遭受無止境的懲罰：他站在一株水果樹下的水池裡，每當伸手去摘果子，樹就移開，每當他想要喝水，水就退去。

這種一山望一山高階級，正是現代生活的寫照。羅馬人有他們的一套，能夠避開這種社會跑步機效應：大部分社交生活發生在恩主和比較不幸的門客之間。門客因爲恩主的慷慨而受益，也在他的餐桌上吃飯——遇到麻煩時，更需要他的幫忙。那個時候沒有福利，也沒有教堂分發善款：每一件事都是私底下進行的（前面提過的塞內加所寫《論恩惠》，談的正是在這些情況之下，一個人應該負起的責任）。人們很少暴露在其他的大戶人家面前，就像黑手黨頭目不和其他的黑手黨頭目社交，只和自己的兄弟往來。我的祖父和曾祖父在很大的程度內就是這麼生活的。他們是地方上的地主和政治人物；權力隨著一小群的依賴者而來。鄉下的地主需要偶爾「開放房子」，並且開流水席讓人自行享用財富的果實。另一方面，宮廷生活會使人腐敗——貴族來自各地，現在卻被比了下去；他面對生活更加奢華、講話更為詼諧的人，承受著必須自抬身價的壓力。在都市中會失去身分地位的人，能在鄉下保有身分地位。

你不可能相信站在跑步機上的人。

專業人士與群體

一個人可以在一段灌輸階段之後，迅速成為一種專業的奴隸，針對任何主題發表的意見，出發點都只是為了自己，因此對群體來說變得不可靠。這是希臘人對專業人士有意見的原因。

我最初找的工作之一，是在華爾街一家公司工作。上班幾個月之後，常務董事把我們叫過去，說有必要捐錢給幾位政治人物，並且「建議」從收入提出一定的百分率。他說，那些政治人物「不錯」。所謂「不錯」，是指對公司的投資銀行業務不錯，因為這些政治人物會在立法上幫忙，保護公司的業務。要是我曾經這麼做，在倫理上就再也沒有立場，能夠振振有詞「為大眾」發表政治意見。

在爭辯了好幾個世紀的一個故事中，雅典的狄馬德斯（Demades the Athenian）譴責某個人買賣喪葬用品，理由是他只能靠許多人的死亡賺取利潤。蒙田重新講述塞內加在他的《論恩惠》中所提的論點，指出這麼一來，我們就有責任譴責每一項專業。他表示，商人只能靠年輕人的墮落增進業績，農民依賴穀物價格變貴，建築師依賴建築物倒塌，律師和司法官員依賴人與人之間互打官司和發生爭議。就算是朋友，醫生也不會因為別人身體健康而高興，士兵不希望國泰民安等等。更糟的是，我們如果進入一個人的內心，去看他不爲外人道的想法與動機，一定會見到他的願望和期待，幾乎總是犧牲別人以成就自己的目的。

但是蒙田和塞內加有點太過著重自私自利，錯過了某件相當重要的事情。他們顯然了解經濟生活不見得需要依賴利他的動機，而且群體的運作不同於個人。叫人驚訝的是，塞內加生於亞當・斯密之前約一千八百年，蒙田則早亞當・斯密約三百年，所以他們的思想存有對人的根本不誠實感到某種程度的痛恨，令我們印象相當深刻。自亞當・斯密以來，我們曉得群體不需要靠個人的善行，而且自利可以是成長的推動力量。但是所有這些，並沒有使一個人對群體表達個人意見時，變得比較不可靠。可以說，他們參與了別人的切身利害。

除了切身利害，蒙田和塞內加漏掉的一點是：一個人可以和公共事務劃清界線。他們錯過了代理問題——雖然透過試探啓發法而知道有這個問題存在（例如漢摩拉比，黃金準則），但這不是他們意識中的一部分。

重點不在於靠一種專業營生，本質上是壞的；而是要說，這種人在處理公共事務上，也就是和別人有關的事情時，自然而然就值得懷疑。根據亞里士多德的說法，自由人的定義是指能夠自由表達自己的意見——而這是能夠自由運用時間的副產品。

以這個意義來說，自由只是眞心誠意表達政治意見的問題。

希臘人把世界分成三種專業：工藝、武術、農耕。後面兩種專業，也就是武術和農耕，適合紳士從事，主要是因爲它們不是爲了滿足個人的利益，而且和群體的利益不發生衝突。但是雅典人鄙視工藝，也就是那些躲在暗室中製作物品的工匠——一般來說，他們坐著做事。在色諾芬看來，這種技藝會使工匠的體力退化，令他的精神衰弱，使他沒有時間留給朋友和城市。這種狹隘的藝術，將一個人侷限在工作室，使他的興趣變得狹窄，只顧**本身的福利**；武術和農耕則給人較爲寬廣的空間，因此便有時間照顧朋友和城市。色諾芬認爲，農村是其他技藝之母和護士（古人沒有公司；如果色諾芬活在今天，他會將對工匠的不信任，移轉到對企業員工的不信任）。

阿拉伯和希伯來有句俗話說：「自由之手是一具天秤。」但是人們並不十分理解自由的定義：自由的人有自己的意見。

在梅特涅（Metternich）看來，人文起於貴族階級；在亞里士多德看來也是一樣，但形式不一樣，在二十世紀英國人崛起之前，人文是起於閒散的自由人，也就是不被工作占據的人。它的意思不是**不**工作，而只是說不從你的工作得到個人和情感上的認同，並將工作看成可有可無的東西，比較像是一種嗜好。就某方面來說，你的專業和你的認同之間的關係，不像其他特質那麼重要，例如你出生於何處（但也可能是其他東西）。×錢讓米利都的泰勒斯能夠衡量本身的眞誠。對斯巴達人來說，一切都和勇氣有關。對胖子東尼來說，人文起於「自主」的層級。

我們的發福朋友所說的自主，遠比思想上的老前輩更爲民主。它的意思很簡單，就是意見是你自己的。而且這和財富、出身、智慧、外表、鞋子的尺寸無關，而是和個人的勇氣有關。

換句話說，在胖子東尼看來，這是非常明確的自由人定義：你無法逼他去做他本來不會做的事。

想想從雅典的精明跳躍到布魯克林的精明：如果對希臘人來說，只有時間自由的人才能自由表達意見，那麼對我們的發福朋友和顧問師來說，只有勇敢的人，才能自由表達意見。**懦弱是天生的，不是後天造就的。不管你讓他們多麼獨立，不管他們多麼富有，他們依然懦弱。**

抽象的現代單一民族國家和地方政府之間的不同，還有另一個面向。在古代的城邦國家，或者現代的市政府，羞恥是對違反倫理的懲罰——這使得事情更爲對稱。充軍和放逐，或者更糟的是，貝殼流放（ostracism），是十分嚴重的懲罰——人們並非自願遷徙，而且認爲被連根拔起是件可怕的不幸。在巨大的神聖單一民族國家等比較大的有機體中，面對面的接觸扮演比較不重要的角色，社會的根，或者羞恥，不再履行它的懲戒任務。我們需要將它重新建立起來。

而且，除了羞恥，還有在特定環境中的友誼、社會化，也就是成爲興趣和群體不同的某個團體中的一員。伯羅奔尼撒戰爭（Peloponnesian War）的英雄克里昂（Cleon）主張在接管公共事務的時候，公開斷絕和朋友的關係——他付出的代價，是遭到歷史學家謾罵。

一個簡單、但相當激烈的做法是：出任公職的任何人，以後從任何商務賺到的錢，都不能高於待遇最高的公僕的收入。這就像是自動設定的上限（如此便能防止有些人利用公職，作爲累積資歷的臨時落腳處，然後前往華爾街賺取數百萬美元）。這一來，清廉之士才會進入政府。

正如克里昂遭到咒罵，在現代世界中，做正確事情的人，似乎遇到反代理問題：爲公衆服務，卻會遭到抹黑和羞辱。行動主義者兼代言人的納德便因爲汽車工業緊咬不放，遭遇不計其數的抹黑。

倫理與法律

有很長一段時間，我因為沒有揭露下述的詐騙手法而慚愧不已（我說過，**如果你看到有人在詐騙……**）。且讓我們稱之為艾倫．布林德（Alan Blinder）問題。

故事如下：在達沃斯一次私底下的喝咖啡閒聊中，我本來以為目的是拯救世界不受道德風險和代理問題的傷害。但是我被美國聯邦準備銀行前副董事長布林德打斷。他想賣我一種特別的投資商品，可以合法矇騙納稅人。財富淨值高的投資人，買了它之後，可以規避存款保險有其上限的規定（那時是十萬美元），而取得金額幾乎沒有限制的保障。投資人可以將任何金額的錢存進來，布林德教授的公司會將它拆分成較小的金額，投資到銀行，因而規避存款保險的金額限制；這看起來像是單一帳戶，但實際上獲得全額保險。換句話說，超級巨富可以免費得到政府資助的保險，因而詐騙納稅人。是的，**詐騙納稅人**。而且是合法的。還有，是在享有內部人優勢的前公僕的幫助之下。

我脫口而出：「這不是不合倫理嗎？」我聽到的答覆是：「這是絕對合法的。」然後補上一句更膽大包天的話：「我們有許多工作人員曾經當過主管官員。」(a)這意味著合法的事情是合乎倫理的，以及(b)強調前主管官員相對於一般公民占有優勢。

過了一段很長時間，也就是兩三年之後，我才對這件事有所反應，公開指控。和我的倫理感抵觸的人，布林德當然不是最嚴重的一位；他之所以激怒我，可能是因為擔任過顯赫的公職，而達沃斯的對話，用意是在拯救世界不受邪惡力量的影響（我當時還跟他提到銀行家如何犧牲納稅人而去冒險）。但我們在這裡看到的是：人們如何在某個時點利用公職，從公眾身上合法撈取利潤。

請告訴我，你是否了解這個簡單的問題：受雇於公民，照顧他們最佳利益的前主管官員和公務員，可以利用他們在工作上取得的專長和人脈，進入民間機構（例如法律事務所）服務之後，鑽體系的漏洞而牟取利益。

再進一步想：法令規定愈是複雜，整個網絡愈是官僚，懂得門道和漏洞的主管官員，日後受益愈大，因爲他的主管官員優勢，是他的差別化知識的凸性函數。這是一種特權，犧牲他人的一種不對稱性（請注意這種特權散布在整個經濟的不同地方，例如汽車公司豐田雇用前美國主管官員，利用他們的「專長」，以因應汽車瑕疵所引起的調查）。

現在到了第二個階段——事情更爲嚴重。布林德和哥倫比亞大學商學院院長寫了一篇言論版文章，反對政府提高個人保險的上限。這篇文章辯稱，民眾不應該享有無限制的保險，可是布林德的客戶卻能享受。

我想說幾句話。

第一，法令規定愈是繁複，內部人愈有可能上下其手套利。這是我們主張試探啓發法的一個論點。厚達二千三百頁的法令規定——我可以用漢摩拉比法則來取代——會是前主管官員的金礦。所以對主管官員產生誘因，希望法令規定變得愈繁複愈好。在這方面，內部人又是少即是多準則的大敵。

第二，在複雜的系統中，法令規定的字面和精神兩者之間的差異很難察覺。要點雖然是在技術上，但是具有非線性的複雜環境，比起只有少數變數的線性環境，更容易揩油。同樣的道理也適用於法律和倫理之間的缺口上。

第三，非洲國家的政府官員公然索賄。但在美國，他們得到的是不曾公開表示的默許，允許日後在銀行坐領乾薪，例如一年五百萬美元，只要他們受那個行業歡迎。而且，這種行為的「法令規定」很容易規避。

關於艾倫·布林德問題，最叫我不安的是聽我談這件事的人的反應：他們認為，前官員試圖利用以前的職位去「賺錢」——但是犧牲我們——是很自然的事。他們表示：**人不都喜歡賺錢嗎**？

拿詭辯當作可選擇性

你總是能在事後找到一個論點或合乎倫理的理由，去為某個意見辯護。這是很冒險的做法，但是就像盡揀好的來說，一個人應該在行動之前，就提出合乎倫理的準則，不是在之後才找。我們必須防止編一套故事，配適到自己的所作所為上——長久以來，「詭辯」，也就是辯稱自己所做的決定有微妙道理的藝術，所做的正是那樣，也就是編一套合情合理的故事。

我們先來定義什麼叫作欺人之論。這很簡單，也就是將個人的既得利益，概化成公益——例如理髮師說理髮「有益民眾的健康」，或者遊說槍枝買賣的人宣稱擁槍自重「對美國有好處」，都只是在說對自己有利的話，卻將那些話美化成看起來好像是爲了群體的利益。換句話說，他是不是落在表七的上欄？同樣的，布林德寫文章反對普遍提高存款保險金額，理由不是他的公司將損失業務，而是**為了公益**。

但是問個簡單的問題，很容易執行試探啓發法。我在塞普勒斯參加一場研討會的晚宴，另一位演說者是在美國一所大學教石化工程的塞普勒斯教授，高聲批評氣候行動人士尼可拉斯．史特恩（Nicholas Stern）勳爵。史特恩也參加研討會，但沒有出席晚宴。那位塞普勒斯人精力旺盛。我對於他談的問題毫無概念，但聽到他將「沒有證明」和「證明沒有」混爲一談，於是炮火對準他，爲不曾謀面的史特恩辯護。那位石化工程師表示，我們**沒有證據**證明化石燃料對地球造成傷害，然後在語義上話鋒一轉，變成我們**有證據顯示化石燃料沒有造成傷害**。他犯下的錯誤是說，史特恩建議的是沒用的保險。我忍不住跳起來問他，他的汽車、健康和其他保險，是不是爲了還沒發生的事件而投保的？然後我開始介紹一個觀念，說我們正在對地球做一些新的事情，舉證的責任落在擾亂自然系統的人肩上，以及大自然懂得比他將來會知道的還要多，而不能反過來說。但那就像是對辯護律師講話——他們只會詭辯，不會想要往眞相靠攏。

然後我想到一個試探啓發法。我偷偷問坐在旁邊的一位主持人：這個人是不是能從他的論點得到好處：原來他涉足石油工業很深，是顧問師，也是投資人。我馬上對他必須要講的話失去興趣，也沒那個力氣，在別人面前和他辯論——他說的話毫無價值，一派胡言亂語。

請注意這和切身利害觀念的關係。如果某個人發表意見，例如說銀行體系十分脆弱，應該會崩垮，我會希望他做相關的投資，如此當聽信他意見的聽眾受到傷害，他也會受到傷害——這樣他才不會空口無憑。但是相反的，如果有人對群體的福利發表一般性的聲明，那麼我們要求他不應該投資。這就是否定法。

我剛提的是合乎倫理的可選擇性機制，**說人應該根據信念，採取行動，而不是視他們的行動，選用信念**。表八比較各種專業的倫理向後配適（back-fitting）做法。

表八　比較各種專業和活動

受邀成為見機而作者（將倫理套用到專業）	**被保護，不受玩弄假倫理遊戲的傷害**
淘金者	妓女
網路人	社交人
妥協	不妥協
「來這裡幫忙」的人	博學、業餘愛好者、玩家
商人、專業人士（古典時期）	地主（古典時期）
員工	工匠
研究型大學的學者、依賴「獎助」的研究工作者	鏡片製造者、大學或中學的哲學老師、獨立學者

有一種反艾倫．布林德問題存在，稱作「有違個人利益的證據」。當一個人提出的見證和意見，與利益衝突剛好相反，我們應該更重視它們。藥劑師或大藥廠的高階主管如果主張用飢餓和否定法來治療糖尿病患者，會比主張服用藥物的另一個人更爲可信。

巨量資料和研究工作者的選擇權

這一節有點技術性，讀者即使跳過不看，也不會有任何損失。但是可選擇性到處都有，我們這裡要討論一種「盡揀好的來說」的版本。它摧毀了整個研究精神，並使豐富的資料對知識產生極大的害處。更多的資料或許意味著更多的資訊，但也意味著更多的假資訊。我們發現重製的論文愈來愈少——例如，心理學的教科書需要修訂。至於經濟學，不曉得在談些什麼。你很難信任以統計爲取向的許多科學——尤其是當研究工作者承受壓力，必須爲了自己的生涯發表論文。可是他們總是宣稱是爲了「增進知識」。

記得我們利用副現象的概念，區分眞實生活和圖書館。從圖書館的角度去看歷史的人，和觀察正在發展中事情（以我們觀察眞實生活的一般順序）的人比起來，必然見到更多的虛假關係。他會被更多的副現象欺騙，其中之一是和眞實的訊號相比，資料過多的直接結果。

我們在第七章討論過雜訊增加的情形。在這裡，問題變得更爲嚴重，因爲研究工作者這一邊擁有可選擇性，而這和銀行家擁有可選擇性沒有兩樣。研究工作者獲得上檔利益，眞相則承受下檔損失。研究工作者的免費選擇權，是指他可以選取任何能夠證實他所持信念——或者顯示好結果——的統計數字，同時拋棄其他的統計數字。一旦他得到正確的結果，便有就此打住的**選擇權**。但是更進一步探討，他可以發現統計關係——虛假的東西會浮現到表面。資料有一種特質：在大資料集裡面，大偏差可歸因於雜訊（或者變異）的部分，遠比可歸因於資訊（或者訊號）的部分要多。①

(a)觀察性研究（研究工作者在他的電腦上觀察統計關係）和(b)雙盲隊列實驗（double-blind cohort experiments；以實際的方式模仿眞實生活，以擷取資訊）的醫學研究之間存有差異。前者，也就是從電腦觀察，會產生各式各樣的結果，而根據約翰·約安尼季斯（John Ioannides）最近的計算，現在有超過十分之八的結果是虛假的——可是報紙和一些科學期刊，總是報告這些觀察性研究的結果。幸好食品藥物管理局（Food and Drug Administration）不接受這些觀察性研究，因爲這個機構的科學家頭腦十分清楚。偉大的史丹·楊格（Stan Young）是個反虛假統計學的行動人士，而且我發現《新英格蘭醫學期刊》（*The New England Journal of Medicine*）有一篇以基因爲基礎的研究，宣稱從統計資料找到顯著性——可是在我們看來，那些結果不比隨機得到的要好。我們寫信給那本期刊，但徒勞無功。

圖十八畫出潛在的假關係數量激增的情形。說明如下：如果我有一組二百個隨機變數，彼此

①這是一種抽樣特質。眞實生活中，如果你即時觀察事情，那麼大偏差很重要。但當研究工作者尋找它們，它們便有可能是假的——眞實生活中無法盡撿好的來說，但在研究工作者的電腦上卻有。

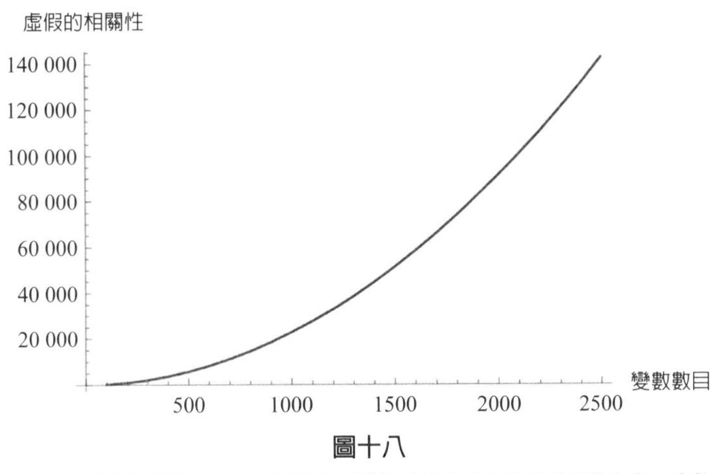

圖十八

巨量資料的悲劇。變數愈多，「熟練的」研究工作者手上的顯著相關愈多。虛假成長得比資訊要快；資料呈現的是非線性（凸性）。

完全無關，但我們幾乎不可能不在其中約三〇%找到高度相關，不過那完全是假的。有一些技術可以控制這種「盡揀好的來說」行爲（其中一種稱作邦費朗尼校正〔Bonferroni adjustment〕），但即使如此，還是抓不出元兇——就像法令規定無法制止內部人詐騙系統那樣。這解釋了爲什麼從我們將人類基因組解碼以來約十二年，發現的顯著性始終不多的原因。我並不是說資料裡面找不到資訊：問題在於針是藏在乾草堆裡。

連實驗也受到偏誤的傷害：研究工作者有那個誘因，去選擇執行某種實驗，以得到符合他想要的結果，並把失敗的實驗隱藏起來。他也能在實驗結果出來之後才擬定假說——因此這是先有實驗，再配適假說的行爲。但是這方面的偏誤比前面所說的要小。

被資料愚弄的影響正在加快速度。有一種稱作「巨量資料」的討厭現象，研究工作者將「盡揀好的來說」用到數量十分龐大的資料上。現在的世界供應我們太多的變數（但是每個變數的資料太少），而且假關係成長得遠比眞正的資訊要快，因爲雜訊呈現凸性，而資訊呈現凹性。

資料日增，只能交付否定法式的知識——可以有效用來揭穿某些事情的眞相，而不是證實某些事情。

不幸的是，我們很難找到資金，去重製——和駁斥——現有的研究。即使有資金，也很難找到願意接受資金的人，因爲重製研究不會使任何人成爲英雄。所以除了那些負面的結果，我們被不信任實證結果所癱瘓。想起我說過的業餘玩家和喝茶的英國神職人員那個充滿浪漫的觀念。但專業研究工作者竟然競相「尋找」關係。科學不應該是競賽；它不能有排名——我們可以看到這種系統最後會如何爆炸。知識不能有代理問題。

群體的專制

有組織的知識一個正字標記是群體犯錯，而不是個人犯錯——這是我們反對這種知識的最好論點。「因爲每個人都這麼做」或者「別人就是這麼做的」之類的說法，隨處可聞。這可不是一件小事：人們本來自己不會做某些事情，因爲他們覺得那些事情很蠢，可現在卻會做相同的事，不過是在群體裡面做。這是學術界以其機構性的結構，傾向於違背科學的原因。

麻州大學一位博士生克里斯（Chris S.），曾經告訴我，他相信我的「厚尾」觀念，以及我對目前所用的風險管理方法抱持的懷疑態度，但是這對於他在學術界找工作沒幫助。「每個人教的，以及論文中用的，是另外一套，」他說。另一個學生解釋道，他想在好大學找一份工作，賺錢養家活口，但他以專家證人的身分作證說：他們不會接受我的強固風險管理觀念，因爲「每個人都用那些教科書」。同樣的，某大學的行政單位曾經請我教標準的風險方法，但我相信那全在騙人（所以拒絕了）。身爲教授，我的責任是讓學生犧牲社會但找到工作，還是要履行我的公民義務？嗯，如果是前者，那麼經濟學和商學院都有嚴重的倫理問題。由於這種情形普遍存在，所以儘管經濟學明顯胡說八道——而且**有科學上的證據，證明它胡說八道**——卻還沒有崩垮（在我的第四象限論文中——見附錄的討論——我說明了這些方法在實證上如何站不住腳，也指出它們在數學上有嚴重的不足，換句話說，那是科學騙術）。記得我們說過，教授教你的東西，導致金融體系爆炸，卻不會因此受到懲罰，於是這方面的詐欺永遠存在。各個系所需要**教些東西**，好讓學生找到工作，即使它們教的是蛇油——這導致我們陷在循環系統中，每個人都知道所用的教材錯了，卻沒人擁有足夠的自由，或者有足夠的勇氣，去對它做出任何事情。

問題在於，這個世界上，可以使用「其他人都這麼想」作爲論點的最後一個地方是科學：科學談的應該是自己站得住腳的論點，而且，在實證上或數學上證明是錯的事情，絕對是錯的，不管是不是有一百位「專家」，或者三兆人不同意這句話。而利用「別人」來支撐自己的論點，正好顯示那個人——或者構成「其他人」的整體——軟弱無力。附錄指出經濟學上的哪些事情被戳破，以及有哪些事情，人們一直在使用，因爲他們沒有被錯誤傷害，而這是保住工作或得到升遷的最適當策略。

但好消息是，我相信一個有勇氣的人，可以扳倒由軟弱無力的人所組成的群體。

在這方面，我們同樣需要回到歷史，尋求矯治方法。古人相當清楚分散責任的問題，並且指出，追隨衆人作惡是犯罪行爲——作僞證以求從衆也是一樣。

我用一個想法，爲第七冊畫下句點。每當我聽到有人說「我合乎倫理」，神經就會緊繃。當我聽到談倫理的課程，神經繃得更厲害。我只想要消除可選擇性，以減少某些人犧牲他人以取得反脆弱性的行爲。這是簡單的否定法。其餘的會照顧好自己。

25 結語

如同以往，旅程結束的時候，我在一家餐館的桌子上看整部書的手稿。從閃米特文化來的一個人，要我單腳站立，解釋我的書。這次是個叫夏伊．皮爾普（Shaiy Pilpel）的人。他是機率學家，二十年來，我一直和他平靜地交談，不曾有過閒聊。難得找到一個有學問且信心足夠的人，喜歡探討事物的精髓，而不是只在雞蛋裡挑骨頭。

前一本書，他的一個同胞問我相同的問題。那時我得想一下才答得出來。這一次，我連想都不必想。

答案很清楚，夏伊用相同的口氣，自行摘要。他眞的相信所有眞實的觀念可以抽絲剝繭，只剩一個中心議題，可是某個領域中的絕大多數人因爲專業分工和虛有其表，卻完全錯過。宗教律法中的每一件事，歸根究底在於改進、應用和解讀這句金科玉律：「己所不欲，勿施於人。」我們在漢摩拉比法典看到這個邏輯。而且這句金科玉律是眞正的精華，不是普羅克拉斯提斯之床。中心論點絕對不是摘要——它比較像是發動機。

夏伊萃取的精華是：**每一件事情都會從波動得到利益或承受損失。脆弱性是指因為波動和不**

確定而發生損失。桌子上的玻璃杯是短波動。

卡繆（Albert Camus）的小說《瘟疫》（*The Plague*）中，有個人用了一生中的部分時間，尋找一本小說的完美開頭句。一旦有了這一句，整本書就會從起頭開展出來。但是讀者要了解和理解第一句，將必須看完整本書。

我瀏覽著手稿，平靜中帶點興奮。書中的每一句，都是從那句短格言衍生出來的，或者它的應用，或者它的解讀。有些細節和延伸出來的內容，可能有違直覺且過於詳盡複雜，尤其是在不透明的情況下做決定時，但是到頭來每一件事都從它那邊流瀉而出。

我請讀者也做相同的事。看看你身邊，看看你自己的生活、環境中的事物、你和別人的關係、其他的實體。你可以在書內的任何地方，用混亂聚落中的其他字詞來取代**波動**，讓內容更加清楚，但其實沒這個必要——正式表示的時候，它們全是相同的符號。時間是波動的。就品格、個性的養成和眞正知識的吸收來說，教育喜歡混亂；以標籤爲導向的教育和教育工作者厭惡混亂。有些東西會因爲錯誤而破損，其他東西卻不會。有些理論會瓦解，其他理論卻不會。創新正是從不確定而得到的東西：有些人坐在那邊，等候不確定來臨，並以它爲原料，就像我們的祖先獵人那樣。

普羅米修斯是長混亂；伊皮米修斯是短混亂。我們可以根據暴露在混亂中的程度，以及喜愛混亂的程度，區分人和他們的經驗品質：斯巴達的裝甲步兵不同於部落客，冒險家不同於文字編輯，腓尼基貿易商不同於拉丁文法教師，海盜不同於探戈老師。

每一件非線性的東西，不是凸性，就是凹性，或兩者兼具，視壓力因子的強度而定。我們見到凸性之間的連結，以及它喜歡波動。所以每一樣東西會在某一點之內，喜歡或討厭波動。每一樣東西都是如此。

由於凸性或者加速和較高階效應，所以我們能夠察覺什麼東西喜歡波動，因爲凸性是一樣東西喜歡混亂的反應。由於能夠察覺凹性，所以我們能夠建立受到保護、不會遭到「黑天鵝」傷害的系統。我們可以藉了解傷害的凸性和大自然修補的邏輯，而做出醫療決定、要在哪一邊面對不透明、應該承受犯下哪一種錯誤的風險。倫理大致上是談遭到偷竊的凸性和可選擇性。

講得更技術性一點，我們可能永遠不知道 x，但是可以操弄 x 的暴露程度，也就是利用槓鈴，拔除它們的堅牙；即使我們非常不了解 x，還是能夠控制 x 的函數，也就是 $f(x)$。我們可以不斷改變 $f(x)$，直到藉一個稱作**凸性轉換**（convex transformation；槓鈴比較時髦的名稱）的機制，覺得放心爲止。

這句短格言也告訴你，脆弱性會在什麼地方取代眞理、爲什麼我們要對小孩說謊，以及爲什麼我們人類在稱作現代化的這件大業上有點衝過頭。

分散式的隨機性（相對於集中的隨機性）有其必要，而不是可有可無的選項：每一樣大的東西都屬於短波動。每一樣快的東西也一樣。大且快是可憎的。現代不喜歡波動。

三元組給了我們若干提示，告訴我們應該做什麼事，好活在這個不希望我們了解它的世界。這個世界的魅力，來自於我們沒有能力眞正了解它。

玻璃杯是死的東西；活的東西才屬於長波動。驗證你還活著的最好方式，是檢查你是否喜歡變動。不要忘了，如果你不餓，食物吃在嘴裡不會有味道；不去努力而取得的成果，是沒有意義的，沒有悲傷的歡樂，沒有不確定的堅信，以及被剝奪了個人風險，合乎倫理的生活也沒有意義。

再次感謝讀者讀我的書。

後記：從復活到復活

那是主動脈瘤。

尼洛正在黎凡特，參加他去世一週年紀念和希臘愛神阿多尼斯再生的慶典。這段期間，婦女痛哭著，接著歡慶復活。他看著大自然從溫和的地中海冬天甦醒過來，山上的融雪流進河流和小溪，河流充滿紅色的水，也就是腓尼基的神被公豬傷害所流的血。

大自然萬物從復活前進到復活。

東尼的司機就在這個時候叫了起來。他的名字也叫東尼，雖然被稱作司機東尼，他卻假裝自己是保鏢（事實上，從相對的體型來看，東尼比較像是他的保鏢）。尼洛不曾喜歡他，總有一種奇怪的不信任感浮上心頭，所以分享新聞的那一刻顯得很奇怪。他站在旁邊靜默不語時，覺得相當同情司機東尼。

尼洛被東尼指定爲遺囑執行人，起初令他相當緊張。不曉得爲什麼，他擔心東尼的智慧會在某個地方露出很大的破綻。但是後來發現，根本沒有什麼嚴重的事。那是完美無瑕的遺產，當然沒有債務，分配得相當保守且公平。有些錢審愼地給了一個可能是娼妓的婦女。東尼在具有某種反脆弱性的情形下深深愛著她。和東尼的妻子相較，她比較老，魅力低得多，這樣的事實當然有幫助。所以沒有什麼大不了的事情。

除了那樁死後的玩笑。東尼遺贈給尼洛總共二千萬美元，隨他花用……在秘密任務上；當然必須是高尚的任務，但屬於秘密性質。沒錯，文字寫得曖昧不明，而且相當危險。這是尼洛從東尼那邊得到的最好恭維：信任尼洛能夠了解他在想什麼。

他眞的了解。

詞彙表

Triad（三元組）：指反脆弱性（Antifragility）、強固性（Robustness）、脆弱性（Fragility）等三個特質。

Fundamental Asymmetry（**基礎不對稱；也稱作塞內加的不對稱**〔Seneca's Asymmetry〕）：當一個人所處的情況，**上檔利益**（upside）**多於下檔損失**（downside），他便具有反脆弱性，而且通常會因爲下列因素而受益：(a)波動性、(b)隨機性、(c)錯誤、(d)不確定性、(e)壓迫因子、(f)時間。反之亦然。

Procrustean bed（**普羅克拉斯提斯之床**）：普羅克拉斯提斯把人的四肢切短或拉長，好讓他們剛剛好躺上他的床。相當於爲了簡化反而沒使事情簡化的情況。

Fragilista（**脆弱推手**）：認爲自己了解發生了什麼事而造成脆弱的人。通常也缺乏幽默感。參考 Iatrogenics（**醫療傷害**）。脆弱推手往往將變異性從喜愛變異性的系統中去除，或者將錯誤從喜愛錯誤的系統中去除，而造成系統的脆弱。他們常常誤將有機體當作機器和工程計畫。

Lecturing-Birds-How-to-Fly Effect（**教鳥怎麼飛效應**）：翻轉知識形成的箭頭，讓人以

爲先有學術，再有實務（學術→實務），或者先有教育，再有財富（教育→財富），好像技術是從學術機構的科學而來，其實不然。

Touristification（**觀光化**）：試圖將隨機性從生活中抽走。適用於足球媽媽、華盛頓的公僕、策略規劃者、社會工程師、「輕推」操縱者等。相反詞：rational flâneur（**理性的漫遊者**）。

Rational flâneur（**理性的漫遊者**；或者就稱爲**漫遊者**）：和觀光客不一樣，每一步都見機而作下決定，以修改他的行程（或者目的地），好讓他能根據所獲得的新資訊，研判怎麼做最好。在研究和創業的領域中當漫遊者，是在「尋找可選擇性」。這是對人生採取非敘事性的做法。

Barbell Strategy（**槓鈴策略**）：由兩個極端做法（一個安全，一個投機）組合而成的雙管齊下策略，相信比「單峰模態」策略更爲強固；通常是反脆弱性的必要條件。舉例來說，生物系統中，相當於和會計師結婚，但偶爾和搖滾樂明星偷情；對作家來說，則是謀得一份閒差事，公餘之暇在沒有市場壓力的狀況下寫作。連試誤法也是一種槓鈴形式。

Iatrogenics（**醫療傷害**）：治療者製造的傷害，例如醫生的干預行動造成的傷害多於益處。

Generalized Iatrogenics（**一般性的醫療傷害**）：推而廣之，適用於政策制定者的行動和學者的活動造成有害的副作用。

Tantalized Class（**一山望一山高階級**）：賺進的收入高於最低工資，卻希望擁有更多財富的一種經濟狀況。勞工、僧侶、嬉皮、若干藝術家、英國貴族不在此列。中產階級往往掉進其中；俄羅斯的億萬富翁、遊說者、大部分銀行家和官僚也是。只要給他們合適的說詞（主要是運用詭辯），這個階級的成員是可以賄賂的。

黑天鵝錯誤

Nonpredictive Approach（非預測方法）：以不受混亂影響的方式建立東西——因此未來的結果面對變動呈現強固性。

Thalesian versus Aristotelian（泰勒斯法相對於亞里士多德法）：泰勒斯法的注意焦點放在暴露程度、從決定而得的報償上；亞里士多德法的注意焦點則放在邏輯、眞或假的分辨上。對胖子東尼來說，問題只在於冤大頭或非冤大頭，或者風險和報酬（也請參考 nonlinearities, convexity effects〔非線性、凸性效應〕）。

Conflation of Event and Exposure（事件和暴露程度混為一談）：誤將某個變數的函數當作變數本身。

Naturalistic Risk Management（自然主義風險管理）：相信在風險管理方面，大自然的紀錄遠比理性的人類要好。雖然不完美，卻好得多。

Burden of evidence（舉證責任）：舉證責任落在破壞大自然或者主張採取積極政策的人身上。

Ludic Fallacy（戲局謬誤）：誤將數學和實驗室實驗的適定問題（well-posed problems），當作生態複雜的實際世界。包括誤將賭場的隨機性當作實際生活也是如此。

Antifragile Tinkering, Bricolage（反脆弱修補、拼裝）：某一類試誤法，小錯誤是「正

確」的錯誤種類。相當於 rational flâneur（**理性的漫遊者**）。

Hormesis（毒物興奮效應）：一點點有害的物質或者壓迫因子，劑量正確或者強度正確，會刺激有機體，使它變得更好、更強、更健康，爲下次暴露在更強的劑量中做好準備（試想骨骼和空手道）。

Naive Interventionism（天真的干預主義）：不顧醫療傷害而插手干預。偏好或甚至有義務「做點事情」甚於什麼事都不做。雖然在急診室或者祖先的環境中，這種本能有其利益，但在有「專家問題」的其他情況中，卻會造成傷害。

Naive Rationalism（天真的理性主義）：認爲事物的理由預設能由大學校園理解。也稱作**蘇聯—哈佛錯覺**（Soviet-Harvard illusion）。

Turkey and Inverse Turkey（火雞與反火雞）：屠夫餵火雞一千天，每一天，火雞都宣稱屠夫「永遠不會傷害牠」的統計信賴度升高——直到感恩節那天，火雞將「黑天鵝」納入考慮，修正了牠的信念。**反火雞錯誤**則是如鏡像般的混淆，沒見到機會來臨——宣稱有證據顯示挖掘黃金或尋找治療方法的人「永遠找不到」任何東西。

Doxastic Commitment 或 "Soul in the Game"（信念的許定，或者「心口合一」）：你只能相信獻身於某個信念、而且會因爲錯誤而付出代價、失去某些東西的人所作的預測和發表的意見。

Heuristics（試探啓發法）：簡單、務實、容易應用的經驗法則，能使生活過得容易。這些方法有其必要（因爲我們缺乏吸收所有資訊的心理力量，也往往被細節搞混），但如果我們在做判斷的時候，不知道自己正在用它們，也會因此陷入麻煩。

Opaque Heuristic（不透明的試探啓發法）：社會執行似乎沒有道理的例行活動，可是已經做了很長一段時間，而且因爲未知的理由而堅持繼續做下去。

Dionysian（酒神精神）：看起來不合理性的不透明試誤法，名稱取自迪奧尼修斯（Dionysos；羅馬人的酒神則是巴克斯〔Bacchus〕）的飲酒狂歡場景。與代表秩序的太陽神精神（Apollonian）形成對比。

Agency Problem（代理問題）：企業經理人不是眞正的所有權人，因此他採取的策略，表面上似乎完好合理，卻暗中對自己有利，使他具有反脆弱性，卻犧牲社會的眞正所有權人（使他們變得脆弱）。當他做對，自己可以收取很大的利益；當他做錯，付出代價的是別人。一般來說，這個問題會造成脆弱，因爲很容易隱藏風險。它也影響政治人物和學者。這是脆弱性的主要來源。

Hammurabi Risk Management（漢摩拉比風險管理）：指建築商所知比檢查人員要多，而且可以將風險隱藏在最看不到的地基；解決方法是消除有利於風險延後出現的誘因。

Green Lumber Fallacy（綠木材謬誤）：誤將重要或甚至必要知識——例如木材之綠——的來源，當作從外部來看沒那麼清楚、比較不容易理解的另一個來源。理論家對於某個行業應該知道的事情，如何給了錯誤的分量，或者推而廣之，我們稱之爲「相關知識」的許多事情，如何不是那麼相關。

Skin in the Game / Captain and Ship Rule（切身利害／船長與船準則）：這可以消除代

理問題和缺乏信念的許定。

Empedocles' Tile（**恩貝多克利斯的地磚**）：一條狗老是睡在相同的地磚上，可見一長串一再重複發生的經常性事件，證實有一種自然的、生物上的、可以解釋或不可以解釋的適配性。我們可能永遠不知道理由，但適配性就在那裡。實例：我們爲何看書。

Cherry-picking（**盡揀好的來說**）：只選能夠證明自己觀點的資料，忽視反證要素。

Ethical Problems as Transfers of Asymmetry (fragility)（**移轉不對稱性〔脆弱性〕的道德問題**）：從別人那裡偷走反脆弱性和可選擇性，得到上檔利益，卻讓別人承受下檔損失。「別人有切身利害」。

The Robert Rubin violation（**羅伯．魯賓自肥**）：被偷的可選擇性。採取的策略能夠從中得到上檔利益，自己卻不必承受下檔損失，將傷害留給社會。魯賓從花旗銀行拿到一億二千萬美元的薪酬；納稅人事後得爲他犯下的錯誤花錢。

The Alan Blinder problem（**艾倫．布林德問題**）：⑴回溯運用公職的特權，卻犧牲公民。⑵非常合法，但違背道德準則；混淆倫理和法律。⑶主管官員有制定複雜法令規定的誘因，好在日後賣自己的「專長」給民間部門。

The Joseph Stiglitz problem（**約瑟夫．史迪格里茲問題**）：壞建議造成別人受到傷害，自己卻不受懲罰。心理上盡揀好的來說對危機的成因助以一臂之力，卻以爲自己做了好事——並且認爲自己預測到危機會發生。指發表意見、但自己沒有切身利害的人。

Rational Optionality（**理性的可選擇性**）：沒有套牢在某個特定的計畫中，因此可以在發現新的資訊之後，改變心意。也適用於 rational flâneur（**理性的漫遊者**）。

Ethical Inversion（**倫理倒置**）：先有行爲（或專業），再找倫理來配適，而非反過來做。

Narrative Fallacy（**敘事謬誤**）：爲一連串連貫或不連貫的事實，配上一個故事或者型態。統計上的運用是資料採擷（data mining）。

Narrative Discipline（**敘事學科**）：爲過去配上令人信服和動聽故事的學科。和實驗學科相反。愚弄他人的一個好方法，是盡揀好的來說，從資料中挖出「好故事」，拿統計數字作爲敘事的一部分；醫學中，流行病學研究往往毀於敘事謬誤。對照實驗比較不會這樣。對照實驗較爲嚴謹，比較不會**盡揀好的來說**。

Non-narrative action（**非敘事行動**）：行動不需要依賴敘事才正確——敘事會存在，只是爲了激勵、娛樂或者激起行動。參考 flâneur（**漫遊者**）。

Robust Narrative（**強固式敘事**）：在假設或環境改變的情形下，敘事並沒有產生相反的行動結論或者建議。如果不是這樣，敘事便是脆弱的。同樣的，強固式模型或者數學工具不會在你改變模型的某些部分時，得出不同的政策。

Subtractive Knowledge（**減法知識**）：你知道什麼是錯的，比起你知道其他任何事情更爲確定。這是 via negativa（否定法）的應用。

Via negativa（**否定法**）：在神學和哲學中，指只看某樣東西不是什麼，也就是只給間接的定義。在行動時，指應該避開什麼、不要做什麼——例如醫療中用減法，而不是加法。

Subtractive Prophecy（**減法預言**）：預測未來時，將脆弱的東西消除，而不是天眞地添加。這是 via negativa（否定法）的應用。

Lindy Effect（**林迪效應**）：一種技術或者不易損的任何東西，會因爲每多活一天，而使預期壽命增長——這和易損的東西（例如人、貓、狗和番茄不同）。所以已經印行一百年的書，可能繼續存在一百年。

Neomania（**嗜新狂**）：只是爲了改變而喜愛改變。這種庸俗的形式不符合**林迪效應**，也不了解脆弱性。以加法去預測未來，而不是用減法。

Opacity（**不透明**）：就像玩俄羅斯輪盤，不知道扣下扳機會不會有子彈射出。推而廣之，有些事情對我們來說一直不透明，卻產生了解它們的錯覺。

Mediocristan（**平常世界**）：由平凡無奇的事情所主宰的過程，極少有極度的成功或失敗出現（例如牙醫的收入）。沒有任何單一的觀察值能對總數產生顯著的影響。也稱作「薄尾」或者高斯分布的一種。

Extremistan（**極端世界**）：單一觀察值能對總體造成明顯影響的過程（例如作家的收入）。也稱作「厚尾」。包括碎形或者冪次法則的分布。

Nonlinearities, Convexity Effects (Smiles and frowns)(**非線性**、**凸性效應**〔**微笑和噘嘴**〕)：非線性可以是凹性或凸性，或兩者兼而有之。**凸性效應**一詞是 fundamental asymmetry（基礎不對稱）的延伸和概化。脆弱性的技術性名稱是負凸性效應，反脆弱性則是正凸性效應。凸性是好事（笑臉），凹性是壞事（哭臉）。

Philosopher's Stone（**點金石**，也稱作**凸性偏誤**〔Convexity Bias，非常技術性的東

西」）：從非線性或可選擇性而來的利益之精確量數（或者用更爲技術性的方式來說，指 x 和 x 的凸函數兩者之差）。舉例來說，這種偏誤可以將壓力穩定下各種不同的肺通氣強度所帶來的健康利益加以量化，或者計算非經常性進食的好處。忽視非線性的**普羅克拉斯提斯之床**（爲了「簡化」）會出現，是因爲假設這種凸性偏誤不存在。

附錄一：本書附圖

本附錄供喜歡看圖，不是看文字，以了解非線性的讀者參考，而且只供他們參考。

非線性與少即是多（以及普羅克拉斯提斯之床）

圖十九　這張圖解釋了非線性反應和「少即是多」的觀念。當劑量增加到某一點之上，利益就會反轉。我們見到呈現非線性的每一樣東西不是凸性、凹性，就是如這張圖所示，兩者兼而有之。這張圖也顯示，在非線性之下，減量無法達成所要的結果：普羅克拉斯提斯之床說的「對你有好處」或者「壞處」，遭到嚴重的扭曲。

這張圖也顯示爲何從修補而來的試探啓發法很重要，因爲它們不會將你帶進危險區——言詞和敘事卻會。請注意「多即是多」區如何呈現凸性，意思是說起初的利益加速增加（以黎凡特的阿拉伯語來說，超過飽和的區塊有個名稱：[illegible]「增多卻好像減少」）。

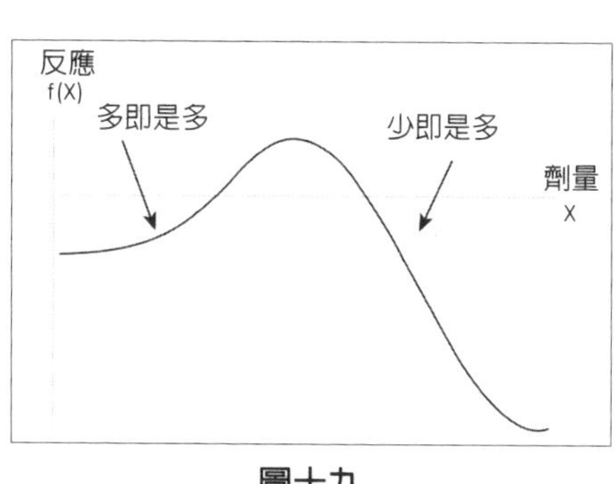

圖十九

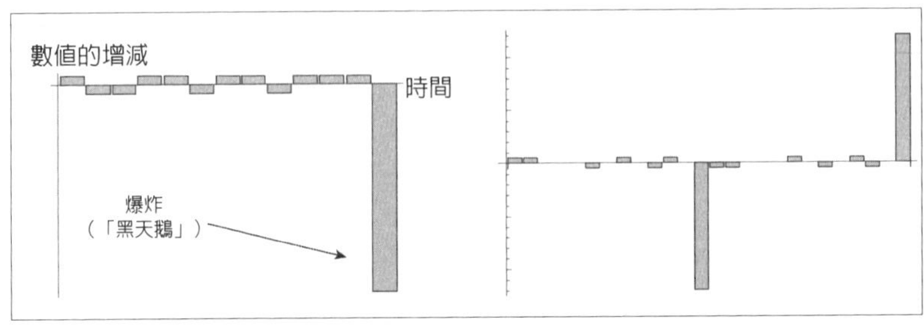

圖二十

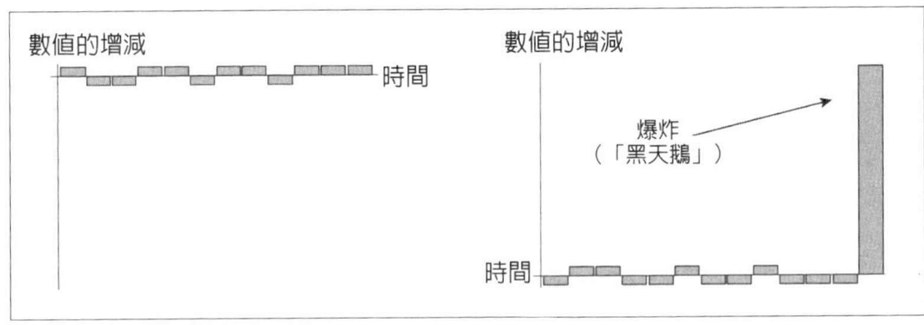

圖二十一

最後，這張圖顯示爲何競爭性的「精明」（而不是僞裝成精明的複雜），相較於實務工作者渴望最適化的簡單是有害的。

脆弱性移轉定理：

請注意脆弱性移轉定理，

凸性暴露（在某個範圍內）↔（在某個點之下）喜歡波動

（波動和混亂聚落中的其他成員），以及

凹性暴露↔不喜歡波動

脆弱性圖示

在時間系列空間中

圖二十　隨著時間流逝而呈現的兩種脆弱性。這是具有代表性的系列。橫軸表示時間，縱軸表示變異。這可用於任何東西：健康指標、財富的變動、你的快樂等等。我們可以看

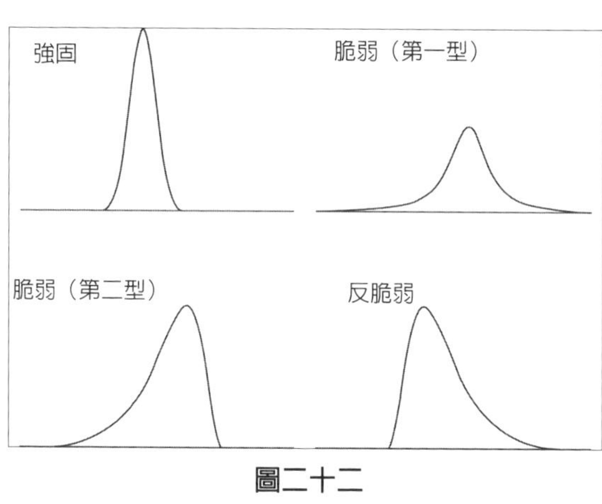

圖二十二

到大部分時候，利益和變異很小（或者沒有），偶爾出現很大的不利結果。不確定可以造成重擊。請注意損失隨時可能發生，並且超越之前累積的利得。第二型（左圖）和第一型（右圖）的不同，在於第二型並沒有從不確定得到很大的正效益，而第一型有。

圖二十一　只是強固而已（沒有反脆弱性）（左圖）：隨著時間的行進，變異很小或者沒有。不曾出現大變異。**反脆弱系統**（右圖）：不確定帶來的利益遠高於造成的傷害——和圖二十的第一圖恰好相反。

用機率來看

圖二十二　橫軸代表結果，縱軸代表它們的機率（亦即它們發生的頻率）。**強固**：正結果和負結果都很小。脆弱（**第一型**，非常少見）：可以帶來很大的負結果和很大的正結果。爲何少見？在經驗上，對稱非常少見，可是所有的統計分布往往用它來簡化。**脆弱（第二型）**：我們見到很不可能發生的大下檔損失（經常隱藏起來且爲人忽視）、小上檔利益。發生嚴重不利結果（左）的可能性，遠高於發生非常有利的結果，因爲左邊比右邊還要厚。**反脆弱性**：大上檔利益、小下檔損失。有可能出現很大的有利結果，很大的不利結果比較少發生（如果不是不可能發生的話）。出現有利結果的右「尾」比左尾要大。

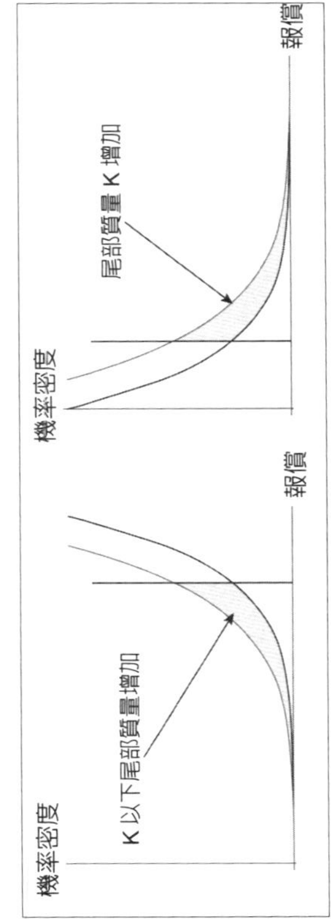

圖二十三

表九　四類不同的報償

分布的左尾	分布的右尾	情況
薄	厚	反脆弱
厚	厚	脆弱（第一型）（非常少見）
厚	薄	脆弱（第二型）
薄	薄	強固

脆弱性有左尾，而且很重要的一點是：因此對機率分布左邊的混亂相當敏感。

圖二十三　脆弱性的定義（左圖）：陰影區是脆弱性，來源變數（source variable）的參數如有任何變化——主要是波動或者某樣東西稍微調諧——會導致指標變數（target variable）K 水準之下的左尾質量增加。我們將所有這些變動納入 s^-，註釋會再說明（我在那裡將方程式隱藏起來）。

至於不是完全對稱的反脆弱性的定義（右圖），是右尾相同的鏡像加上左尾的強固性。擾動的參數是 s^+。

雖然我們無法非常精確地指定機率分布，但關鍵是：由於 Taleb and Douady (2012) 的「移轉定理」（transfer theorem），我們可以透過試探啓發法去探討反應。換句話說，我們不需要了解各種事件的未來機率，但能夠研判這些事件的脆弱

性。

時間系列中的槓鈴轉換

圖二十四　時間系列空間中看到的槓鈴。底部報償受到限制，但保有上檔利益。

槓鈴（凸性轉換）和它們在機率空間中的特質

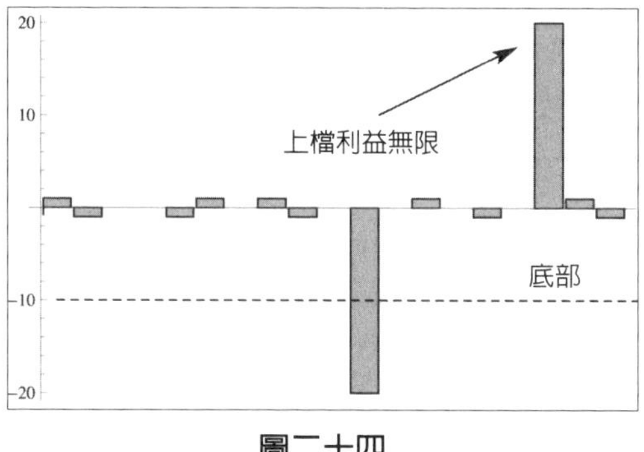

圖二十四

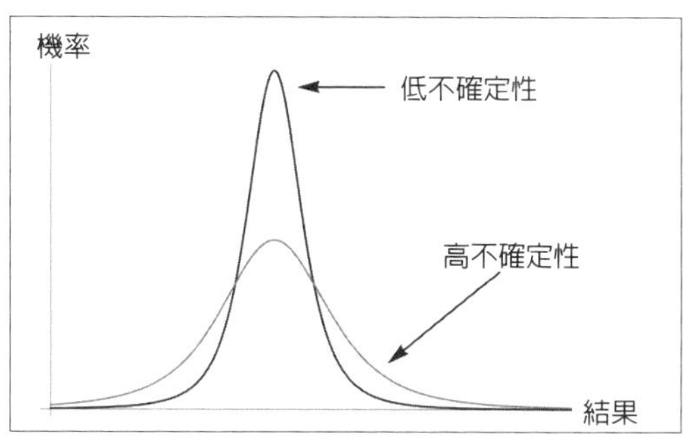

圖二十五

槓鈴觀念的圖示。

圖二十五　第一例是對稱情況。

將不確定注入系統，會使我們從一種鐘形——各種可能結果較少的第一種——移動到第二種，也就是高峰比較低，但結果分布得比較廣的鐘形。所以這會導致正驚訝和負驚訝都增加，也就是正「黑天鵝」和負「黑天鵝」都增加。

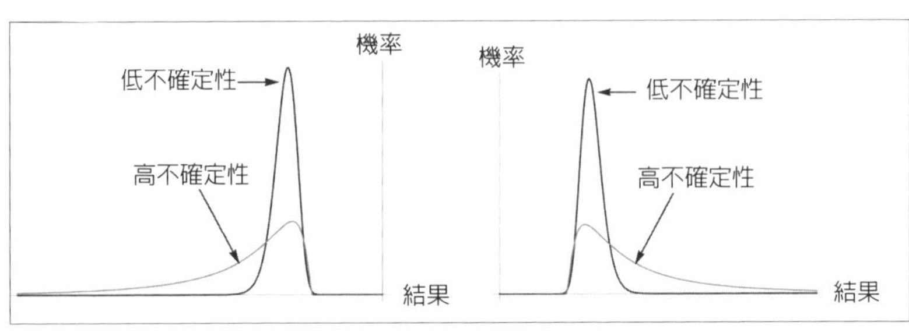

圖二十六

圖二十六　第二例（左）：**脆弱**。利得有限，損失較大。提高系統中的不確定，會使大都是（有時是只有）負結果的情況惡化，也就是只見到負「黑天鵝」。第三例（右）：**反脆弱**。提高系統中的隨機性和不確定，會提高非常有利的結果發生的機率。因此擴增預期報償。這張圖顯示從數學上看，「發現」正好像是反飛機延誤。

胖子東尼「不是同一回素」的技術版本，或者混淆事件和暴露在事件中受到的影響

本註釋也解釋了一種「凸性轉換」。

$f(x)$暴露在變數 x 中。$f(x)$可以稱爲「來自 x 的報償」、「暴露於 x」，甚至「來自 x 的報償之效用」，在 f 中引進一個效用函數。x 可以是任何東西。

例如：x 是某地區的地震強度，$f(x)$ 是因地震而死亡的人數。我們可以看出 $f(x)$ 比 x 容易預測（如果我們強迫人們遠離某個特定地區，或者依某些標準興建房屋等）。

例：某人從 x 公尺高的地方把我推下去，$f(x)$ 是我跌到地面後身體狀況的量數。顯然我無法預測 x（誰會推我），但能預測 $f(x)$。

例如：x 是明天中午紐約市的汽車數目，$f(x)$ 是某代理商從A點到B點所花的交通時間。$f(x)$ 比 x 易預測(因此能夠決定要不要搭地鐵，或甚至最好走路）。

有些人在談 $f(x)$ 時，以爲他們是在談 x。這是**混淆事件和暴露程度**的問

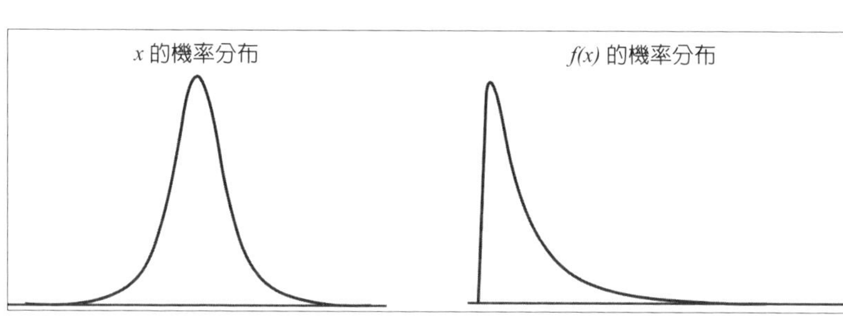

圖二十七

題。亞里士多德所犯的錯誤，在機率哲學中幾乎到處看得到（例如哈金〔Hacking〕）。

一個人可以在不了解 x 的情形下，透過 $f(x)$ 的凸性，對 x 呈現反脆弱性。「在你不了解的世界中做什麼事？」這個問題的答案很簡單：設法處理 $f(x)$ 的不理想狀態。

修正 $f(x)$ 通常比更深入了解 x 容易（換句話說，設法做好強固，而不是去預測「黑天鵝」）。

例如：如果我在市場上買了保險產品 x，價格下跌二〇%以上，那麼 $f(x)$ 會和 x 的機率分布低於二〇%的部分無關，而且不受它的尺度參數影響（這是槓鈴的一個例子）。

圖二十七　凸性轉換（$f(x)$ 是 x 的凸函數）。x 和暴露於 x 有差別。第二個圖沒有下檔損失風險。關鍵在於修正 $f(x)$，使分布左邊的 x 特質盡可能不必知道。這個運算稱作凸性轉換，這裡的暱稱是「槓鈴」。

綠木材謬誤：當一個人將 $f(x)$ 和非線性不同的另一個函數 $g(x)$ 混淆。

更技術性的說明：如果一個人對 x 呈現反脆弱性，那麼 x 的變異（或者波動，或者其他的變異量數）對 $f(x)$ 有利，因爲分布偏移之後，平均數取決於變異數，而當右偏，它們的期望值會隨著變異數而增加（例如對數常態分布的平均數包含 $+\frac{1}{2}\sigma^2$ 的一項）。

此外，$f(x)$ 的機率分布顯著不同於 x 的機率分布，尤其是在非線性存在的情形下。

當 $f(x)$ 是單調的凸性（凹性），$f(x)$ 爲右（左）偏。

當 $f(x)$ 遞增，而且在左邊呈凸性，然後在右邊呈凹性，那麼 $f(x)$ 的機率分布尾部比 x 的機率分布尾部要薄。舉例來說，在康尼曼—特佛斯基的前景理論（prospect theory）中，所謂的財富變動的效用，比財富的效用要「強固」。

為何報償比機率重要（技術性）：$p(x)$ 是密度、期望，也就是 $\int f(x)p(x)dx$，將愈來愈依賴 f，而不是 p，而且 f 的非線性程度愈高，它會愈依賴 f，而不是 p。

第四象限（TALEB，2009）

觀念在於（厚尾領域中的）尾端事件是無法計算的，但我們可以評估我們對問題的暴露程度。假設 $f(x)$ 是個遞增函數，表十將這個觀念和第四象限（Fourth Quadrant）的概念連結起來。

表十

	X 的薄尾分布	**X 的厚尾分布**
$f(x)$ 因爲減除極端結果而「緩和」，亦即凸性—凹性	非常強固的結果	相當強固的結果
$f(x)$ 凹性—凸性，使遠端結果惡化	（類似於）強固的結果	第四象限 脆弱（如果 $f(x)$ 是凹性）或者反脆弱

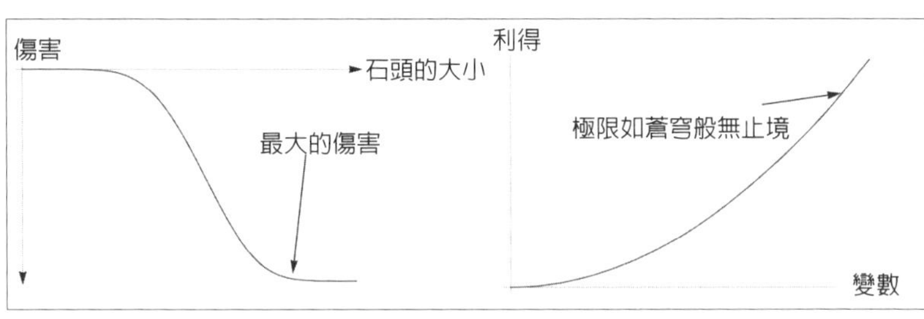

圖二十八

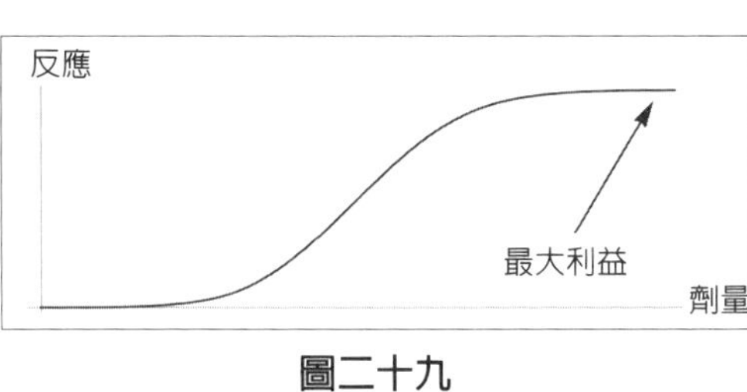

圖二十九

局部和全盤凸性（技術性）

沒有什麼東西的性質屬於開放式——死亡是一個單位的最大結果。因此各種事物最後是在一端呈現凸性，在另一端呈現凹性。

事實上，生物承受的傷害會在某個點達到最大。我們來溫習第十八章大石頭和小石子的凹形：擴大範圍，我們見到有界的傷害，會在某個地方帶來凸性。凹性本來居於主宰地位，但屬局部性質。圖二十八呈現大石頭和小石子故事的連續畫面。

圖二十八　左圖呈現第十八章大石頭和小石子故事中範圍比較寬的畫面。到了某一點，到達最大的傷害之後，凹性會轉成凸性。右圖顯示強反脆弱性，上限不知在哪裡（進入極端世界）。這些報償只在經濟變數才有，例如書籍的銷售量，或者沒有界限或近乎沒有界限的事情。我無法在大自然找到這種效應。

圖二十九　弱反脆弱性（平常世界），被最大值所界定。通常存在於大自然。

奇特的非線性（非常技術性）

接下來兩種非線性，幾乎不曾在經濟變數以外的地方看過；尤其是衍生性金融商品所造成者。

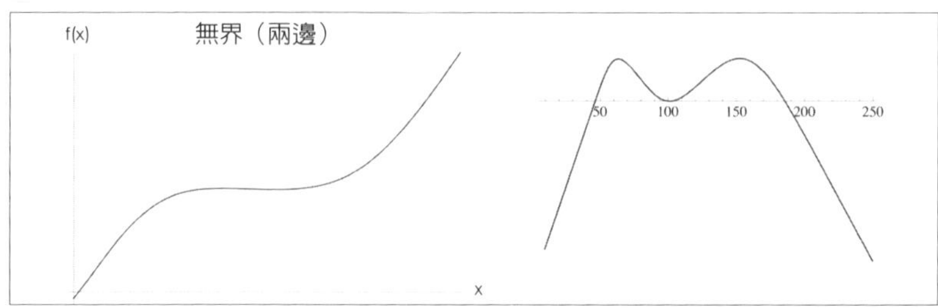

圖三十

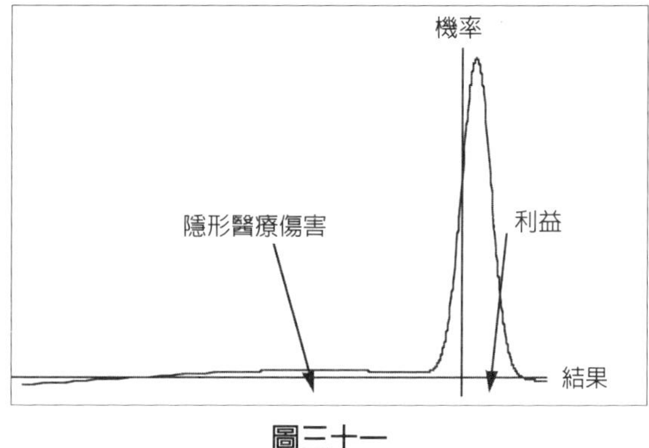

圖三十一

圖三十　左圖畫出一個凹性－凸性遞增函數，這和我們在大自然中看到的有界劑量反應函數剛好相反。這帶出了第二型，脆弱（非常厚的尾部）。右圖畫出最危險的一種函數：假凸性。局部反脆弱性，全盤脆弱。

醫療非線性以及它們的機率對應（第二十一章與二十二章）

圖三十一　醫療傷害：在機率空間看到利益小和「黑天鵝」式損失大的情況。當可以確認的利得（例如避免小小的不舒服或輕微的感染）很小，但是暴露在無形的大副作用（例如死亡）延後出現的「黑天鵝」中，就會發生醫療傷害。從醫療而來的這些凹性利益，就像銷售一種金融選擇權（風險很大），只為立即得到一點小小的利益，同時宣稱「有證據顯示不會造成傷害」。

簡言之，對健康的人來說，造成災難性結果的機率小（因為看不到，以及未曾考慮而忽視它），獲得溫和利益的機率很高。

圖三十二　生物的非線性。這種凹性—凸性形狀必然來自遞增（單調遞增，亦即永遠不會減少）和有界的任何東西，數值有最大和最小，也就是說，不會從任何一邊無止境延伸出去。在低水準，劑量反應呈現凸性（效果慢慢地愈來愈好）。再增加劑量，效果往往愈來愈差，或者開始造成傷害。任何東西太過於規律地消耗，也會有同樣的情形。這種圖必然適用於兩邊有界的任何情況（包括快樂），最小值和最大值（飽和）已知。

舉例來說，如果我們認為快樂和不快樂有最高水準，那麼左邊呈凸性和右邊呈凹性的這條曲線，一般形狀必然可用於快樂（用「財富」取代「劑量」，「快樂」取代「反應」）。康尼曼—特佛斯基的前景理論模型中的財富變動「效用」形狀類似，而這是他們經由實證發現的。

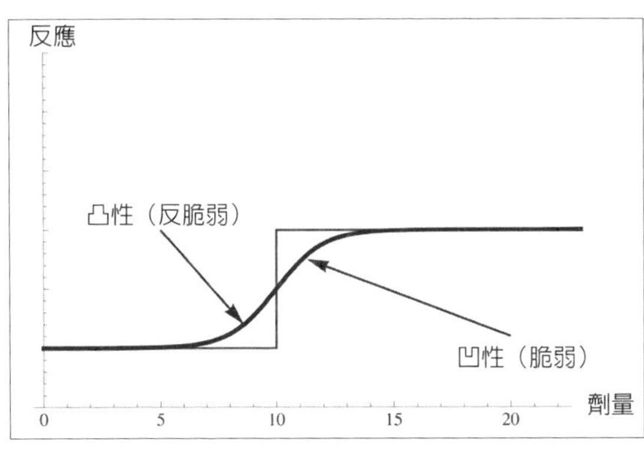

圖三十二

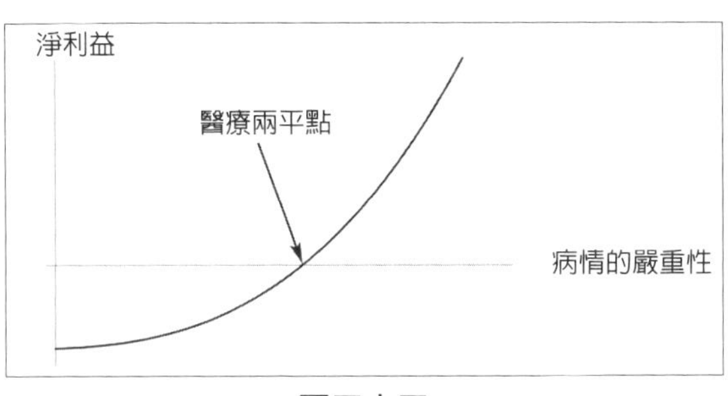

圖三十三

圖三十三　記得我們說過高血壓的例子。縱軸是治療的利益，橫軸是病情的嚴重性。箭頭指向機率性利得和機率性傷害相當的地方。病情嚴重性的函數以非線性的方式呈現，醫療傷害在兩平點消失。這表示當患者病重，分布會移向反脆弱（比較厚的右尾），治療利益大，可能的醫

療傷害小，幾乎沒什麼好損失的。

請注意，如果你增加治療，便會到達從最高利益而來的凹性，但是這張圖並沒有畫出這塊區域——如果把圖放大，看起來會像上一張圖。

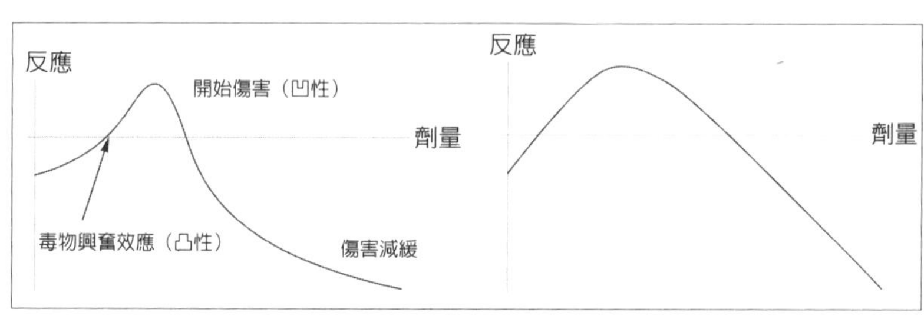

圖三十四

圖三十四 左圖顯示某個有機體的毒物興奮效應（和圖十九類似）：我們可以看到，隨著劑量增加，有個階段出現利益（起初呈現凸性），然後利益慢慢減緩，再加重劑量，便會進入傷害的階段（起初呈現凹性）；接著到了最大傷害的水準，曲線走平（超過某個點，有機體死亡，因此生物會有其界限和最糟情況已知等情況）。右圖是醫學教科書畫的錯誤毒物興奮效應圖，起初呈現凹性，一開始看起來像線性或者略微凹性。

反火雞問題

圖三十五 反脆弱，反火雞問題：沒有看到的稀有事件是正面的。當你看到正偏（反脆弱）的時間系列，並且推論看不到的事情，你會漏掉好東西，並且低估利益（Pisano, 2006a, 2006b, mistake）。右圖是 Froot (2001) 的哈佛問題。陰影區是我們在小樣本中通常看不到的，因爲點數不足。有趣的是，陰影區會隨著模型誤差而增加。比較技術性的說法，將這稱爲 ω_B 區（火雞）和 ω_C 區（反火雞）。

點估計和分布的差異

我們來將這個分析用到規劃者如何犯下他們所犯的錯誤，以及爲何赤字往

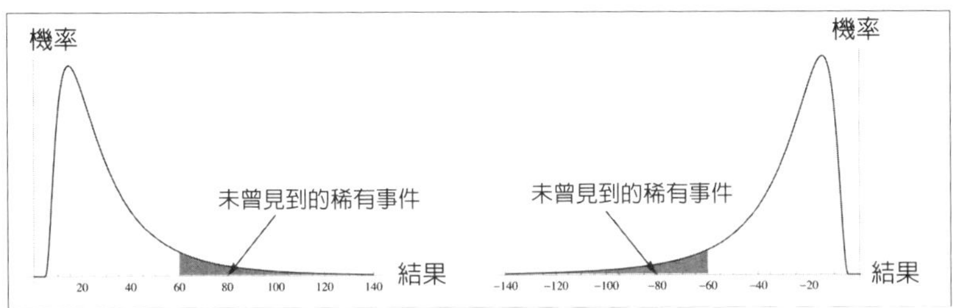

圖三十五

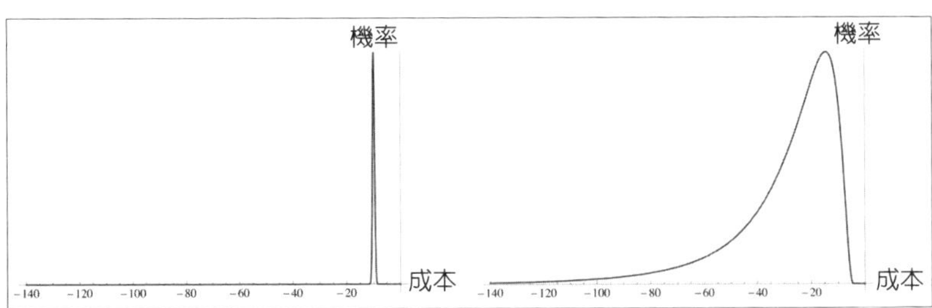

圖三十六

往比規劃要糟：

圖三十六　預測和現實之間的缺口：規劃者心中的專案成本，可能結果的機率分布（左）和實際狀況（右）。第一個圖中，他們假設成本偏低且相當確定。右邊的圖則顯示結果比較嚴重，也分散得較廣，尤其是不利的結果發生的機率較高。請注意，由於左尾增厚，脆弱性增加。

誤解不確定造成的影響，也適用於政府的赤字、帶有資訊科技成分的計畫、交通時間（程度比較輕），以及其他許多方面。我們會用相同的圖，顯示因爲假設參數是常數，而實際是隨機時，低估脆弱性所產生的模型誤差。這是令官僚驅動的經濟學引以爲苦的原因（接下來討論）。

附錄二（非常技術性）：大部分經濟模型在何處顯得脆弱和使人爆破

我在本書內文提到「技術性」時，也許是在撒謊。但這裡不是。

馬可維茨（Markowitz）不連貫：假設有人告訴你，某件事情發生的機率剛好是零。你問他從哪裡得到這個數字，他答說「太陽神告訴我的」。光是這樣，這個人可說相當連貫，但是不信奉太陽神的人，會認爲他不切實際。但如果這個人告訴你「零是我**估計**出來的」，那麼我們就遇到問題了，因爲這個人既不切實際，又不連貫。我們估計事情，會有估計誤差。所以如果是用估計的，機率不會是零，它的下界和估計誤差有關；估計誤差愈高，機率愈高，但最高到某個點。正如拉普拉斯（Laplace）的一無所知論點說的，無限的估計誤差會將機率推向二分之一。

我們會再回頭談這種錯誤的含義；現在只要知道，任何事情估計一個參數值，然後將它放進方程式，這樣的做法不同於用不同的參數值去估計方程式（這和祖母健康的故事相同，也就是平均溫度並不重要，我們需要的是跨越各個溫度的平均健康，在這裡則是指「估計出來的數值」無關緊要）。馬可維茨在他那「深具啓發性的」論文，探討他的不連貫論點時，一開始就「假設你知道E和V」（也就是期望值和變異數）。論文結束時，他同意它們需要估計，更糟的是，需要結合各種統計技術和「實務工作者的判斷」。嗯，如果這些參數需要在帶有誤差的情形下估計，那麼推導式就要用不同的方式寫出來，而當然了，這一來就沒有論文——沒有馬可維茨的論文、沒有爆炸、沒有現代金融、沒有脆弱推手教學生一些垃圾……經濟模型對於假設極爲脆弱，因爲這些假設稍有變動，就會如同後面將談到的，使得結果出現極大的不同。更糟的是，許多模型是「向後配適」假設，也就是選擇假說，使數學行得通，因此導致它們超級脆弱。

簡單的例子：政府的赤字。

由於政府使用的計算方式，以及政府機構目前遺漏凸性項（而且很難接受它），所以我們用下述的赤字爲例。他們眞的沒有將凸性項納入考慮。這個例子說明了：

(a)遺漏了已經知道會影響模型的一個變數的隨機特質，將它視為確定（和固定），以及

(b)這個變數的函數 F，相對於這個變數呈現凸性或凹性。

假設政府估計未來三年的失業率平均值是 9％；它使用的經濟模型，預測以本國貨幣計，赤字 B 是 2000 億。但它沒想到（和經濟學中幾乎每一件事情一樣）失業是隨機變數。三年內失業率平均波動一％。我們計算誤差造成的影響如下：

失業率為 8% 時，赤字 B(8%) = −750 億（改善 1250 億）

失業率為 9% 時，赤字 B(9%) = −2000 億

失業率為 10% 時，赤字 B(10%) = −5500 億（惡化 3500 億）

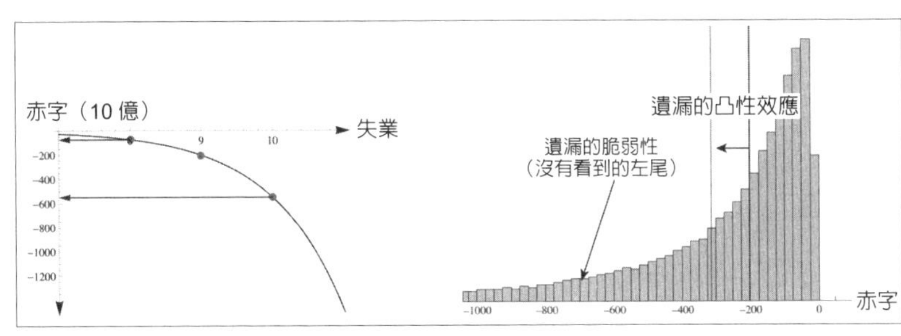

圖三十七

從低估赤字而來的凹性偏誤或負凸性偏誤是 −1125 億，因為 ½{B(8%) + B(10%)}= −3120 億，不是 −2000 億。這正是反點金石的情況。

圖三十七　非線性轉換讓我們能夠察覺模型凸性偏誤和脆弱性。本例說明：將失業率隨機化，以蒙第卡羅（Monte Carlo）法，模擬政府赤字這個左尾隨機變數得到的長柱圖；政府赤字是個凹函數。點估計法假設狄拉克（Dirac）一直維持在 −200，因此低估期望赤字（−312）和它的尾部脆弱性（摘自 Taleb and Douady, 2012）。

應用：李嘉圖模型和左尾——葡萄酒的價格是會變動的

將近兩百年來，我們一直在談經濟學家大衛．李嘉圖（David Ricardo）所說的「比較優勢」（comparative advantage）觀念。簡單的說，這是指一個國家應該根據它生產葡萄酒或成衣，表現出來的比較優勢，而訂定某種政策。假設一個國家既擅長於生產葡萄酒，也擅長於生產成衣，而且比它可以自由貿易的鄰國生產得更好。那麼明顯的最適策略，將是專心生產葡萄酒或成衣，視何者最好並能將機會成本降到最低而定。這一來，每個國家都會很快樂。經濟學家保羅．薩繆遜（Paul Samuelson）所做的類比是：如果某個人碰巧是鎮內最優秀的醫生，也是最優秀的秘書，那麼他最好當收入較高的醫生——因為這能將機會損失降到最低——並讓別人當秘書，自己再向人購買秘書服務。

我同意**某種**形式的分工有其利益，但利益不是來自證明這件事所用的模型。這種推理的缺點如下所述：沒錯，只因爲醫生也擅長於秘書工作，就兼職當秘書確實不可思議。但是在此同時，我們可以安全地假設當醫生可以確保某種專業穩定：人不會停止生病，而且和秘書比起來，這種專業的身分地位較高，所以醫生是比較理想的工作。但現在假設世界上只有兩個國家，一個國家專門生產葡萄酒，希望在市場上銷售它的特長給另一個國家，但是**突然之間，葡萄酒價格暴跌**。由於品味改變，導致價格波動。李嘉圖的分析假設葡萄酒的市場價格和生產成本固定不變，而且這個故事沒有「二階」的部分。

表十一　李嘉圖的原始例子（每單位的生產成本）

	成衣	葡萄酒
英國	一〇〇	一二〇
葡萄牙	九〇	八〇

邏輯：上表將生產成本正規化，也就是依照每一種產品一單位的價格爲準，假設它們以相同的價格交易（一單位的成衣可以交換一單位的葡萄酒）。看起來矛盾的地方如下所述：葡萄牙生產的成衣比英國便宜，卻應該利用銷售葡萄酒的利得，改爲向英國購買成衣。在沒有交易和運輸成本的情況下，英國只生產成衣，葡萄牙只生產葡萄酒，是有效率的做法。

這個**觀念**因爲它的矛盾和有違直覺的面向，而一直吸引經濟學家。舉例來說，保羅．克魯曼在他寫的〈爲何知識分子不了解比較優勢〉（Why Intellectuals Don't Understand Comparative Advantage, Krugman, 1998）一文中，取笑古爾德（S. J. Gould）等知識分子。克魯曼其實並不了解這個概念，因爲從這篇文章和他的技術性研究，可以看出他完全不懂尾部事件和風險管理，而古爾德了解尾部事件，只是他是根據直覺，卻不是從分析去了解（一個人如果不沖銷風險而折算利益，顯然無法談論報酬和利得）。這篇文章暴露克魯曼犯下極其重要和危險的錯誤，將「平均數的函數」和「函數的平均數」混爲一談（傳統的李嘉圖分析假設變數是內生的，但沒有加上一層隨機性）。

現在考慮葡萄酒和成衣價格會隨著高於無偏誤長期平均值的數字而變動——但李嘉圖不是如此假設。進一步假設它們呈現厚尾分布。或者考慮它們的生產成本是依照厚尾分布而變動。

如果國際市場上的葡萄酒價格上漲四〇％，那麼這會有明顯的利益。但是萬一價格同樣下跌四〇％，則會造成巨大的傷害，規模大於相同漲幅所帶來的利益。這種暴露具有凹性，而且是嚴重的凹性。

而且，如果價格下跌九〇％，影響顯然會是災難性的。不妨想像你在沒有預警的情況下，薪資立即被減四〇％，你家會發生什麼事。歷史上有些國家專業生產某些產品、商品和作物，價格不只波動，而且波動得相當激烈，結果給它們帶來問題。還有，災難不見得來自價格的變動，也有可能是生產出了問題，例如由於病菌、天候不良，或者其他某種阻礙，突然之間你無法生產某種作物。

收成不良，例如一八五〇年左右那個年代，愛爾蘭發生馬鈴薯飢荒，造成一百萬人死亡，以及一百萬人外移（本書撰稿時，愛爾蘭包括北部在內，總人口只有約六百萬）。我們很難轉換資源——國家缺乏改變的能力，而這和醫生兼打字員的故事不同。沒錯，單一栽培（只生產一種農作物）在歷史上是致命的做法——一次收成不良，就會造成災難性的飢荒。

醫生兼秘書的類比中，遺漏的另一部分是國家沒有家人和朋友。醫生有他的支持社群、朋友圈、一群人照顧他，以及萬一需要改行投入其他的專業，可以向岳父借錢，也就是說，遇到他無法應付的狀況時，有地方求助。國家卻不然。此外，醫生有積蓄；國家卻往往必須借錢。

這裡同樣對二階效應呈現脆弱性。

機率匹配：比較優勢的觀念在機率上有個類比：如果你從一個甕中抽取樣本（抽完再放回去），六〇%的時候抽到黑球，其餘四〇%抽到白球，那麼根據教科書，最適當的策略是每次都賭抽到黑球。至於六〇%的時候賭黑球、四〇%的時候賭白球的策略，稱作「機率匹配」（probability matching）。決策科學文獻（我要提醒讀者，這正是第十章中，特里費特所用的方法）認爲這是錯誤的做法。人們採用機率匹配的本能是合理的，並沒有犯錯。就性質來說，機率是不穩定的（或者未知的），機率匹配和備餘類似，可以作爲緩衝。所以如果機率改變，換句話說，如果有另一層隨機性，那麼最適當的策略是機率匹配。

專業分工行得通：讀者不應該將我說的話，解讀成專業分工好像不是好事——我只是表示，應該在處理脆弱性和二階效應之後才專業分工。現在我確實相信李嘉圖是對的，但不是從所用的模型來看。有機系統如果不採行由上而下的控制，會緩步漸進分工，而且經過一段長時間，可望透過試誤法——而不是透過使用模型的官僚——得到數量正確的分工。再說一次，系統會犯下一些小錯誤，人爲設計的東西則會犯下大錯誤。

所以社會計畫者實施從李嘉圖的洞見轉成的模型，勢必造成爆炸；讓修補緩慢做工，會帶來效率——而且是真正的效率。政策制定者扮演的角色，應該是採用否定法，防止阻礙這個過程的東西出現，好讓分工出現。

更為一般性的察覺模型誤差方法

將二階效應和脆弱性建模：假設我們有正確的模型（這是非常寬大的假設），但不確定參數的值。爲了將前一節所舉的赤字／就業例子概化，我們使用一個簡單的函數：$f(x/\overline{\alpha})$，其中$\overline{\alpha}$是平均期望輸入變數，並以φ作爲α在它的$\wp_\alpha$域中的分布，$\overline{\alpha}=\int_{\wp_\alpha}\alpha\varphi(\alpha)d\alpha$。

點金石：單單由於 α 不確定（因爲它是估計值）這個事實，如果我們由（積分）內擾動，亦即將被認爲固定的參數隨機化，可能就會帶來偏誤。因此，凸性偏誤很容易衡量：(a)將各可能 α 值作積分運算的函數 f 和(b)被視爲平均值的單一 α 值估計出來的 f 兩者之間的差值就是。凸性偏誤（點金石）ω_A 成爲：①

$$\omega_A \equiv \int_{\wp x}\int_{\wp \alpha} f(x|\alpha)\,\varphi(\alpha)\,d\alpha\,dx - \int_{\wp x} f\left(x \,\middle|\, \left(\int_{\wp x} \alpha\,\varphi(\alpha)\,d\alpha\right)\right) dx$$

中心方程式：脆弱性是K以下的部分點金石，因此遺漏的脆弱性 ω_B，是以比較K之下的兩個積分加以評估，以捕捉左尾的效應：

$$\omega_B(K) \equiv \int_{-\infty}^{K}\int_{\wp \alpha} f(x|\alpha)\,\varphi(\alpha)\,d\alpha\,dx - \int_{-\infty}^{K} f\left(x \,\middle|\, \left(\int_{\wp x} \alpha\,\varphi(\alpha)\,d\alpha\right)\right) dx$$

這可以藉由以下方式來逼近：根據 $\Delta\alpha$ 加減 α 的平均差（mean deviation），從中點算出兩個值進行內插法估計，並且計算

$$\omega_B(K) \equiv \int_{-\infty}^{K} \frac{1}{2}\left(f(x|\overline{\alpha}+\Delta\alpha) + f(x|\overline{\alpha}-\Delta\alpha)\right) dx - \int_{-\infty}^{K} (x|\overline{\alpha})\,dx$$

請注意反脆弱性 ω_C 是K到無限大的積分。我們可以在 $X \leq K$ 的條件下計算 f 的點估計，以算出 ω_B。

$$\omega'_B(X) = \frac{1}{2}\left(f(X|\overline{\alpha}+\Delta\alpha) + f(X|\overline{\alpha}-\Delta\alpha)\right) - f(X|\overline{\alpha})$$

---

① 詹森不等式兩邊之間的差，相當於資訊理論的布雷格曼背離（Bregman divergence）概念（Briys, Magdalou, and Nock, 2012）。

所以

$$\omega_B(K) = \int_{-\infty}^{K} \omega'_B(x)\,dx$$

這把我們帶到脆弱性偵測試探啓發法（Taleb, Canetti, et al., 2012）。尤其是，如果我們假設 $\omega'_B(X)$ 有個常數符號恆滿足於 $X \leq K$，那麼 $\omega_B(K)$ 也有相同的符號。偵測試探啓發法是在尾部進行擾動，以探索脆弱性，所用的方法是檢查任何 X 水準上的函數 $\omega'_B(X)$。

表十二

模型	脆弱性來源	補救方法
投資組合理論，平均數—變異數等	假設參數已知，不橫跨各參數整合模型，依賴（非常不穩定）相關。假設 ω_A（偏誤）和 ω_B（脆弱性）= 0	1/n（在處理得來的情況下，暴露數盡可能大且分散），槓鈴，漸進和有機建構
李嘉圖比較優勢	在葡萄酒的價格中遺漏隨機層，可能意味著配置會整個倒轉。假設 ω_A（偏誤）和 ω_B（脆弱性）= 0	自然系統和它們本身透過修補而進行配置
薩繆遜最適化	在損失函數呈現凹性的情況下，隨機來源集中。假設 ω_A（偏誤）和 ω_B（脆弱性）= 0	分散式隨機

艾羅—德布魯（Arrow-Debreu）晶格狀態空間	戲局謬誤：假設所有的結果和機率都已知。假設 ω_A（偏誤）、ω_B（脆弱性）和 ω_C（反脆弱性）= 0	利用元機率（metaprobabilities），改變整個模型的含義
股利現金流量模型	遺漏隨機性，導致凸性效應。主要考慮 ω_C（反脆弱性）= 0	試探啓發法

投資組合謬誤：請注意馬可維茨使用者所造成的一種謬誤：**投資組合理論誘使人們分散投資，因此這比什麼都沒做要好**。錯了，你們這些金融傻瓜：這會把他們推向最適化，因此過度配置。這並沒使人因爲分散投資而承受比較少的風險，而由於他們以爲這麼一來，就擁有沖銷風險的統計特質，於是他們建立起更多的未軋平部位——使得他們容易受到模型誤差的傷害，尤其是低估尾部事件的傷害。要了解何以如此，假設有兩位投資人，需要選擇配置三個項目：現金和證券 A 與 B。投資人如果不知道 A 和 B 的統計特質，也知道自己不知道的話，會將他不想失去的部分配置爲現金，其餘投入 A 和 B——根據傳統使用的任何試探啓發法去做。認爲自己知道統計特質的投資人，在參數 σA、σB、$\rho A,B$，會配置 ωA、ωB，目的是將總風險壓到某個目標水準（我們暫時忽視期望報酬）。他認知的相關性 $\rho_{A,B,}$ 愈低，則暴露在模型誤差的程度愈嚴重。假設他認爲相關性 $\rho_{A,B,}$ 是 0，他會過度配置三分之一於極端事件。但如果可憐的投資人產生錯覺，以爲相關性是 −1，他會將過度配置於 A 和 B 的投資極大化。如果投資人運用槓桿，最後就會出現長期資本管理公司的故事。這家公司後來發現是被參數所愚弄（眞實生活和經濟論文不同，事情通常會改變，天啊，會改變！）。我們可以針對每一個參數 σ 重複這個觀念，看看這個 σ 的較低認知如何導致過度配置。

我在當交易員的時候，注意到——也沉迷在這個觀念中——不同量數的相關性絕對不會相同。對它們來說，「不穩定」是個溫和的詞：一段長期間內的 0.8，變成另一段長期間內的 -0.2。這根本就是冤大頭遊戲。受到壓力時，相關性甚至會變動得更爲急遽——儘管人們試著將「壓力相關性」建模，卻找不到任何可靠的規律性。Taleb（1997）談到隨機相關的效應：只有在相關爲 1 時放空，以及在 -1 時買進才安全——這似乎符合 1/n 的試探啓發法所做的事。

凱利公式相對於馬可維茨：爲了執行完全的馬可維茨式最適化，我們需要知道整個未來所有資產的全部聯合機率分布，加上所有未來時間的精確效用函數。而且不能有錯！（我們見過估計誤差導致系統爆破。）凱利的方法是在大約同一時期發展出來的，不需要用到聯合分布或者效用函數。實務上，我們需要期望利潤相對於最糟情況報酬的比率——而且用動態方式去調整，以避免毀滅。在槓鈴轉換的情況中，最糟情況獲得保障。而且在凱利公式（Kelly criterion）中，模型誤差遠爲溫和（Thorp,1971, 1998; Haigh, 2000）。

強到令人生畏的阿倫．布朗表示，凱利的觀念雖然在實務上具有吸引力，卻遭到經濟學家排斥，因爲他們喜歡用一般理論處理所有的資產價格。

請注意，持有潛在報酬的觀念時，有界的試誤法與凱利公式相容——即使不知道報酬，如果損失有界，報償會具有強固性，而且這種方法的表現應該會優於脆弱推手馬可維茨。

企業財務：簡單的說，企業財務似乎是根據點估計，不是根據分布估計；因此，如果有人去擾動高登（Gordon）計價模型的現金流量預估（尤其是在厚尾分布的情況下），以不斷變化的跳動去取代固定——和已知——的成長（以及其他參數），企業看起來會「十分昂貴」，或者高成長但低盈餘的公司，期望價值可能顯著升高，這是市場以試探啓發法訂出的價格，卻沒有給予明確的理由。

小結與摘要：經濟學界遺漏的一件事是，擁有正確的模型（這是非常寬大的假設），但參數不確定的話，一定會在凸性和非線性的情況下，導致脆弱性上升。

忘了小機率

現在來談經濟學以外有料的東西，也就是和機率及其衡量錯誤有關，比較一般性的問題。

厚尾（極端世界）如何來自模型參數的非線性反應

稀有事件有一種特質——直到寫這段文字時，仍然爲人所遺漏。我們是用模型去處理它們，也就是用一種數學玩意兒，輸入參數之後，輸出機率。設計來計算機率的模型中，參數愈不確定，小機率愈有可能遭到低估。簡單的說，小機率對運算錯誤呈現凸性，就像搭乘飛機對於各種錯誤和干擾呈現凹性（也就是飛航時間變長，不是變短）。忘記考慮的干擾來源愈多，搭乘飛機的時間相較於天眞的估計愈長。

我們都知道，要使用標準常態統計分布去計算機率，我們需要一個稱作**標準差**（standard deviation）的參數——或者具有類似特質的東西，能夠呈現結果的尺度或離散情形。但是這種標準差的不確定會造成影響，使得小機率上升。舉例來說，對「三希格瑪」的標準差來說，本來在七四〇次觀察值中，發生次數不超過一次的事件，如果將標準差增加五%，機率會上升六〇%，但如果將標準差減少五%，則會下降四〇%。所以如果你的誤差平均數只是小小的五%，天眞模型的低估幅度會高達二〇%左右。這是很大的不對稱，但還不算糟。標準差愈大，情況會更糟，「六希格瑪」（經濟學中常見的數字）：增加五倍以上。事件如果更稀有（亦即比較高的「希格瑪」），輸入方程式的小小不確定，會造成更糟的影響。對於十希格瑪等事件來說，差異則超過十億倍。我們可以利用這個論點，說機率愈小，運算需要更加精確。機率愈小，非常小的化整運算，愈有可能使不對稱變得非常不顯著。對於極小的機率來說，你的參數需要近乎無限精確；最小的不確定也會造成很大的破壞。它們對於擾動呈現很高的凸性。我便是因爲這樣而提出論點說：小機率是無法計算的，即使是在正確的模型中——而我們當然不會有正確的模型。

同樣的論點也可用於無參數推導機率，也就是從過去的頻率去推算。如果機率接近（1／樣本大小），錯誤會暴增。

這當然解釋了福島犯下的錯誤。房利美也類似。總而言之，在我們改變運算所用的參數時，小機率會加速上升。

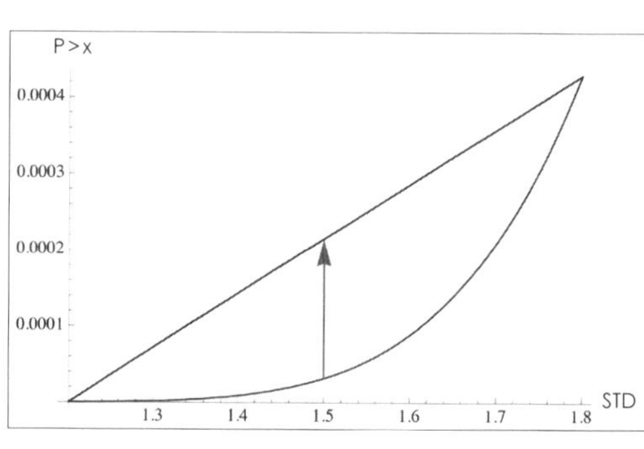

圖三十八

高斯模型中，機率對標準差呈現凸性。這張圖畫出了 STD 對 P>x 的影響，並且比較 STD 爲 1.5 時的 P>6，和 1.2 與 1.8 的線性組合下的 P>6（這裡 a(1)=1/5）。

叫人擔心的事實，在於 σ 的擾動會以凸性的方式進入分布的尾部；對尾部敏感的投資組合，風險會暴增。也就是說，我們仍處於高斯的世界中！這種爆炸性不確定，不是來自分布中的自然厚尾，而只是因爲未來的參數出現小小的不精確。這只屬認識論性質！所以使用這些模型，同時存在參數不確定的人，必然會有嚴重的不一致性。②

當然了，當我們複製非高斯眞實世界的狀況，去擾動尾部指數，不確定會暴增得更加厲害。就算是冪次法則分布，結果也十分嚴重，尤其是在尾部指數出現變動時，因爲這會帶來重大的後果。厚尾眞的難以計算尾部事件，就這麼簡單。

不確定更加惡化（福島）

拿前面所說，**估計意味著錯誤**而言，我們將邏輯進一步擴延：錯誤會帶來錯誤；然後進一步帶來錯誤。考慮這方面的影響，會使所有的小機率上升，而不管使用什麼模型——即使是在高斯的世界中也一樣——當較高階的不確定很大，更會上升到厚尾和冪次法則的效應（即使是所謂的無限變異數）。就算是標準差爲 σ 的高斯分布，也會有比例誤差 a (1)；a (1) 有誤差率 a (2) 等等。現在這取決於 a(n) 相對於 a (n–1) 的較高階錯誤；如果比例固定，我們會收斂到非常厚尾的分布。如果比例誤差下降，我們仍然會有厚尾。所有的情況中，光是有誤差，對小機率來說就不是好事。

遺憾的是，我們幾乎不可能讓人接受每一種量數都有誤差——福島事件本來是每百萬年發生一次，如果以適當的方式滲透到不同的不確定層，則會變成每三十年發生一次。

---

②這進一步顯示「奈特不確定性」（Knightian uncertainty）的缺點，因爲**所有的尾部**在最小的擾動之下，也是不確定的，而且它們在厚尾的領域（也就是經濟生活）中造成的影響十分嚴重。

附註、追記和延伸閱讀

寫完這本書，我又有一些額外的讀物和想法要分享，例如神學家認爲上帝是強固，還是反脆弱，或者在機率的領域，衡量的歷史是個冤大頭問題。至於進一步的讀物，我避免和以前提過的書重複，尤其是和歸納的哲學問題、「黑天鵝」問題，以及不確定的心理有關者。我成功地將一些數學材料隱藏在文字之中，沒被害怕數學的倫敦編輯亞歷克西斯（Alexis K.）逮到（尤其是在第五冊的註釋中提到脆弱性的定義，以及擇要推導「小就是美」）。網路上有更多相關的技術討論。

遺世獨立：自《黑天鵝效應》寫成之後，我閉門獨居一千一百五十天，一年有超過三百天處於寧靜的狀態，極少和外部世界接觸——加上思考非線性和非線性暴露問題長達二十年。所以我可說對機構知識和化妝知識失去耐性。科學和知識是將有說服力和深度嚴謹的論點，帶到它的結論，而不是採用天真的（肯定法）實證主義或浮誇不實的手法。這是我拒絕使用商品化（和詭計多端）的新聞報導式「參考文獻」觀念的原因——所以改用「延伸閱讀」一詞。我整理出來的結果不應該依賴、也沒有依賴單一的論文或結果，除了以否定法戳破眞面目之外——這些很具說明力。

騙子：我在《國際預測期刊》（*International Journal of Forecasting*；《黑天鵝效應》的支持性文件之一，可在網路上看到）發表的「第四象限」，**以實證方式**，利用所有可用的經濟資料，指出厚尾既嚴重又難以處理——因此所有帶「平方」的方法（迴歸、標準差、相關等等），都無法處理社會經濟變數（技術上來說，一萬個資料中，八〇％的峰度〔Kurtosis〕可能來自**單一**的觀察，這表示厚尾的所有量數只是抽樣誤差）。這是很強的否定法陳述：表示我們不能使用共變異數矩陣——它們既不可靠，也不能提供什麼資訊。事實上，光是接受厚尾，就會引導我們到這個結果——不需要實證；不過我還是處理了資料。任何誠實的科學專業都會說：「我們要拿這種證據怎麼辦？」——經濟學和財務學界都忽略了它。所以依據任何科學標準和倫理尺度來說，有一堆騙子存在。許多「諾貝爾獎得主」（恩格爾〔Engle〕、莫頓、史科爾茲、馬可維茨、米勒、薩繆遜、夏普〔Sharpe〕和其他更多）的研究成果植基於這些中心假設，如果不這樣的話，他們所有的研究都會煙消雲散。騙子（和脆弱推手）在機構中的表現很好。這是和倫理有關的問題；見第七冊的註釋。就我們的目的來說，我忽視了在厚尾的領域中使用迴歸的任何經濟論文——當它們是熱空氣——除了少數例外，例如 Pritchet (2001)，因爲結果不受厚尾影響。

前言與第一冊：反脆弱：導讀

反脆弱性和深奧： Bar-Yam and Epstein (2004) 定義了敏感性、對小刺激出現大反應的可能性，以及強固、對大刺激出現小反應的可能性。事實上，當反應是正面的，這種敏感性很像反脆弱性。

與 Bar-Yam 的私人通信： Yaneer Bar-Yam 大方地分享他說的話：「如果我們後退一步，推而廣之考慮分割的系統相對於連結的系統問題，會發現分割的系統比較穩定，連結的系統比較容易受傷害，以及有比較多機會採取集體行動。容易受傷害（脆弱性）是指有連結，卻沒回應。回應會使連結帶來機會。如果我們可以運用集體行動以處理威脅，或者掌握利用機會，那麼容易遭受傷害會因爲得到利益而緩和，甚至被利益超越。

這是我們所說的敏感性觀念，和你的反脆弱性概念之間的基本關係。」（獲准使用。）

達摩克里斯與深奧化：Tainter (1988) 表示，複雜化帶來脆弱性——但是依循非常不同的推理方法。

創傷後成長：Bonanno (2004)、Tedeschi and Calhoun (1996)、Calhoun and Tedeschi (2006)、Alter et al. (2007)、Shah et al. (2007)、Pat-Horenczyk and Brom (2007)。

飛機駕駛員把責任推給系統：FAA report: John Lowy, AP, Aug. 29, 2011。

盧克萊修效應：《黑天鵝效應》的「後記」中討論的第四象限，以及相關論文的實證證據。

最高水位：Kahneman (2011) 以非常有見地的 Howard Kunreuther 之研究，支持他的論點，說：「不管是個人，還是政府的保護性行動，設計的目的通常是爲了適用於曾經經歷的最糟災難……他們不容易想到更糟的災難畫面。」

心理學家與「堅韌」（resilience）：Seery 2011，承蒙 Peter Bevelin 同意。「但是若干理論和實證證據顯示，面對困難，這樣的經驗也會帶來利益，因爲會以更大的堅韌傾向之形式，因應日後的壓力情況。」他們使用堅韌一詞！同樣的，這不是堅韌。

丹欽的論文：Danchin et al. (2011)。

工程師的錯誤和對安全的後續影響：Petroski (2006)。

雜訊與努力：Mehta et al. (2012)。

努力與流暢：Shan and Oppenheimer (2007)、Alter et al. (2007)。

路障：與 Saifedean Ammous 談起的觀念。

布札第：Una felice sintesi di quell'ultimo capitolo della vita di Buzzati è contenuto nel libro di Lucia Bellaspiga《Dio che non esisti, ti prego. Dino Buzzati, la fatica di credere》。

自知之明：《隨機的致富陷阱》一書提到 Daniel Wegner 對有意識的意志所產生的錯覺。

書籍銷售與反應不好的書評：艾茵・蘭德：Michael Shermer, "The Unlikeliest Cult in History," *Skeptic* vol. 2, no. 2, 1993, pp. 74-81。這只是舉例；請不要誤以爲本書作者是艾茵・蘭德的書迷。

抹黑：德國哲學家 Brentano 對馬克思發動匿名攻擊。起初指控他掩飾和《資本論》（*Das Kapital*）觀念完全無關的一些微不足道的事實；Brentano 的討論完全偏離中心主題，甚至在死後，恩格斯（Engels）繼續積極辯論，在論文的第三冊序言中爲馬克思辯護。

從路易十四到拿破崙如何抹黑：Darnton (2010)。

沃爾夫定律和骨頭、運動、游泳者的骨礦物質密度：Wolff (1892)、Carbuhn (2010)、Guadaluppe–Grau (2009)、Hallström et al. (2010)、Mudd (2007)、Velez (2008)。

混亂之美：Arnheim (1971)。

奈米複合材料：Carey et al. (2011)。

卡森提與骨頭：感謝 Jacques Merab 討論和介紹 Karsenty；Karsenty (2003, 2012a)、Fukumoto and Martin (2009)；男性的生育力與骨骼，Karsenty (2011, 2012b)。

誤將經濟當作鐘錶：Grant (2001) 犯下令人爲之氣結的典型錯誤：「社會被視爲一具巨大和精巧的鐘錶，一旦發動，就會自動和可預測地運轉。整個系統由力學定律所掌管，組織每一部分的關係。就像牛頓發現的萬有引力定律，管理著自然世界的運動，亞當・斯密發現供給與需求法則，管理著經濟的運動。亞當・斯密在描述社會系統時，以鐘錶和機器爲譬喻。」

自私基因：「自私基因」是羅伯特・崔佛斯（Robert Trivers）提出的觀念（證據非常令人信服）——卻常被說成是 Richard Dawkins 提出的——與崔佛斯的私人通訊。眞是糟透的故事。

丹欽的系統反脆弱性和毒物興奮效應重新定義：丹欽和我寫了回饋模態的論文。Danchin et al. (2011)：「對於暴露在嚴重挑戰中的集合實體的命運來說，我們有可能取得正面的整體結果。在集合裡面，某個實體會表現得極好，以補償其他所有實體的崩解，甚至在沒有受到挑戰的情況下，表現得遠比大部分的實體要好。從這個觀點來看，毒物興奮效應只是對根本情境所做的整體描述，而這些情境是在一群程序、結構或分子的層級上運作，但是我們只注意到整體的正面結果。對活著的有機體來說，這可能是在有機體群、細胞群，或者細胞內分子群的層級上運作。我們這裡探討反脆弱性可以如何在後者的層級上運作，並且注意到它在執行時所展現的特性，令我們想起天擇的命名。尤其是，如果反脆弱性是一種內建的程序，允許若干個別實體在受到挑戰的情況中鶴立雞群，因而改善整體的命運，這會說明收集和利用資訊的程序如何執行。」

史帝夫・賈伯斯：「死亡是生命最神奇的發明。它從系統中清除落伍的舊模式。」Beahm (2011)。

瑞士的布穀鳥鐘：Orson Welles , *The Third Man*。

布魯諾・萊奧尼（Bruno Leoni）：感謝 Alberto Mingardi 讓我了解法律強固性的觀念——以及有幸受邀於二〇〇九年在米蘭發表演說。Leoni (1957, 1991)。

大平穩：這是火雞問題。二〇〇八年開始動亂之前，有個叫班傑明・柏南克的紳士，當時是普林斯頓教授，後來當上美國聯邦準備銀行主席，也是經濟和金融世界最有權勢的人，稱我們看到的那段期間為「大平穩」——因此使我的處境非常尷尬，難以主張脆弱性增加。這就好比宣稱剛在無菌室待了十年的人「十分健康」——這個時候，他最容易受到傷害。

請注意，火雞問題是從羅素的雞演化而來（《黑天鵝效應》）。

盧梭：詳《社會契約論》（*Contrat Social*）。也見 Joseph de Maistre, *Oeuvres,* Éditions Robert Laffont。

第二冊：現代化與否定反脆弱性

城邦國家：支持邁向半自治城市的絕佳論調。Benjamin Barber、Long Now Foundation Lecture (2012)、Khanna (2010)、Glaeser (2011)。市長比總統更會處理垃圾收集的問題——而且比較不可能把我們捲入戰爭。關於黎凡特，也見 Mansel (2012)。

奧匈帝國：Fejtö (1989)。反事實歷史：Fejtö 主張，第一次世界大戰將不會發生。

隨機尋寶與石油探勘：Menard and Sharman (1976)，引人爭論的 White et al. (1976)、Singer et al. (1981)。

政治人士隨機指派：Pluchino et al. (2011)。

瑞士：博覽會詳 Fossedal and Berkeley (2005)。

現代國家：Scott (1998) 批評高度現代化國家。

黎凡特經濟：Mansel (2012) 談城邦國家。經濟歷史，Pamuk (2006)、Issawi (1966, 1988)、von Heyd (1886)。洞見詳 Edmond About (About, 1855)。

歷史上的城邦國家：Stasavage (2012) 批評以寡頭政治城邦國家作爲長期成長的引擎（但是一開始的成長率很高）。不過這篇論文在計量經濟上完全不可信，因爲它漏掉了厚尾。問題在於脆弱性和風險管理，不在於化妝成長。除了 Weber and Pirenne，支持這個模型的，還有 Delong and Schleifer (1993)。見 Ogilvie (2011)。

扁桃腺切除手術：Bakwin (1945)，Bornstein and Emler (2001) 引用，Freidson (1970) 討論。Avanian and Berwick (1991) 重製。

奧爾洛夫：Orlov (2011)。

發展的天真干預主義：Easterly (2006) 報告一種綠木材問題：「由於我在不知爲何終於繁榮與和平的社會中研究與生活，就認爲我懂得更多，能夠爲其他的社會規劃繁榮與和平，這實在是一種謬誤。正如我的朋友 April

說過的，這就好比認爲可以派遣賽馬去主持跑道興建工程那樣。」

關於發展的運氣，也請見 Easterly et al. (1993)、Easterly and Levine (2003)、Easterly (2001)。

中國的飢荒：Meng et al. (2010)。

華盛頓之死：Morens (1999)；Wallenborn (1997)。

《可蘭經》與醫療傷害：

واذا قيل لهم لا تفسدوا في الأرض قالوا انما نحن مصلحون. الا انهم هم المفسدون ولكن لا يعلمون
وإذا قيل لهم آمنوا كما آمن الناس قالوا أنؤمن كما آمن السفهاء ألا إنهم هم السفهاء ولكن لا يعلمون

塞梅爾威斯：最不可能想到的參考文獻，見 Louis-Ferdinand Céline 的博士論文，Gallimard (1999) 重印，承蒙 Gloria Origgi 同意。

假穩定：第七章的一些論點，是和馬克．布萊斯在《外交事務》（*Foreign Affairs*）共同發展出來的，Taleb and Blyth (2011)。

瑞典：「經濟菁英自行當家作主的程度高於任何成功的民主政體，」Steinmo (2011)。

交通和拆除標示牌：Vanderbilt (2008)。

中國的歷史：Eberhard (reprint, 2006)。

輕推：他們稱之爲現狀偏差（status quo bias），而且有些人希望政府操縱人民擺脫現狀。不錯的主意，除了輕推我們的「專家」根本不是專家之外。

拖延與優先試探啓發法：Brandstetter and Gigerenzer (2006)。

法國的情形：Robb (2007)。法國的暴動是一種全國運動，Nicolas (2008)。一六八〇年到一八〇〇年間法國的單一民族國家，Bell (2001)。

深奧：我們這裡比較感興趣的是對厚尾甚於對其他屬性產生的影響。見 Kaufman (1995)、Hilland (1995)、Bar-Yam (2001)、Miller and Page (2007)、Sornette (2004)。

深奧與厚尾：這裡不需要栽進數學之中（把這件事留給懂技術的夥伴）；簡單的嚴謹論點可以用最少的字詞，證明厚尾如何從深奧系統的某些屬性出現。重要的數學效應來自隨機變數缺乏獨立，因而阻止它們收斂到高斯盆地（Gaussian basin）。

我們來探討從動態避險（dynamic hedging）和投資組合修正而來的效應。

A——爲何厚尾從槓桿和回饋環而來，單一代理人簡化情況。

A1〔槓桿〕——如果某位代理人擁有槓桿L，因爲財富增加（由於他所持有的證券價值上漲）而買進證券，以及在它們的價值下跌時賣出，以維持某種水準的槓桿L（他的暴露呈現凹性），以及

A2〔回饋效應〕——如果證券的價值因爲買盤而呈現非線性上漲，以及因爲賣盤而使價值下跌，由於違反證券變動的獨立性，中央極限定理（the central limit theorem; CLT）不再成立（沒有收斂到高斯盆地）。所以厚尾是回饋和槓桿的直接結果，因爲槓桿水準L的凹性而惡化。

A3——如果回饋效應對規模呈現凹性（賣出十個單位的每單位成本高於賣出一個單位），那麼會出現證券和財富程序的負偏態（negative skewness）（簡單的說，就像投資組合保險的「負伽馬」，代理人有買進的選擇權，卻沒有賣出的選擇權，因此出現負偏態。強迫賣出就像賣出選擇權〔short option〕的避險。）

請注意路徑相依（path dependence）**會使偏態惡化**：更明確的說，如果財富先增加，這會造成更多的風險和偏態。在價格下跌途中遭到軋壓和強迫賣出：市場下跌得比上漲時多（但是比較不常下跌）。

B——多代理人：此外，如果有多於一位的代理人參與，那麼產生的效應會因爲某位代理人的動態調

整（避險）造成其他人的調整而愈滾愈大，這種情形通稱爲「感染」。

C——我們可以概化到任何事情，例如房屋價格會因爲過多的流動性等因素，使得房屋買氣增加而上漲。

強迫執行的相同一般性觀念加上成本的凹性，使得具有分散式隨機性的系統居於優越地位。

提供數字後，風險增加：見定錨（anchoring）方面的文獻（《黑天鵝效應》一書有提到）。也請參考 Mary Kate Stimmler 的博士論文，Berkeley (2012)，承蒙 Phil Tetlock 同意。

Stimmler 的實驗如下所述。在簡單的情況中，告訴受測者：

供您參考：期初投資（*I*）獲得報酬率（*R*），三個月後的總金額（*T*）計算公式如下：

$$T=I*R$$

在複雜的情況中，告訴受測者：

供您參考：期初投資 A_{n-1} 獲得的報酬率爲 *r*，三個月後的總金額 A_n 計算公式如下：

$$A_n=A_{n-1}+(n+1)\sum_{j=1}^{n-1}\left[A_j r_j\frac{j}{n^2-n+j}-jA_{j-1}rj\text{-}1\frac{1}{j+(n-1)^2+n-2}+A_j r_{j-1}\frac{1}{j+(n-1)^2+n-2}\right]$$

不用說，簡單的狀況和複雜的狀況算出來的數字相同。但是複雜狀況中的人，會去冒比較高的風險。

誤解機率衡量：計程車司機和祖母看得一清二楚的事情，到了大學走道上竟然消失無蹤。歷史學家 Alfred Crosby 在他寫的 *The Measure of Reality* (Crosby, 1997) 一書提出下述的命題：西歐和世界其他地方不同之處，在於沉迷於衡量之中，將計性的東西轉換成計量（這句話不能說百分之百正確，因爲古人也沉迷於衡量之中，但他們缺少阿拉伯數字去做合適的運算）。他的觀念是說，我們是透過學習，去精確衡量事物——這是科學革命的先聲。他提到第一具機械鐘（將時間量化）、海圖和透視畫（將空間量化）和複式簿記法（將財務帳戶量化）。沉迷於衡量始於正確的地方，卻慢慢侵入錯誤的地方。

現在我們的問題，在於這種衡量開始用於衡量錯誤很高的要素上——某些情況中，衡量錯誤無限高（記得前一節提過的福島）。來自平常世界的錯誤微不足道，來自極端世界的錯誤則十分劇烈。當衡量錯誤高得離譜，我們就不應該使用「衡量」一詞。顯然我能「衡量」正在寫這些段落的桌子大小。我能「衡量」溫度的高低。但是我無法「衡量」未來的風險。我也不能「衡量」機率——和這張桌子不一樣的地方，是它無法供我們調查。我們頂多只能用猜測的方式，去估計某樣東西。

請注意，Hacking (2006) 壓根兒沒想過厚尾！Hald (1998, 2003)、von Plato (1994)、Salsburg (2001) 一樣，應該懂得更多的 Stigler (1990) 也不例外。Bernstein (1996) 介紹我們使用不好的風險模型。Daston (1988) 將機率衡量和啓蒙時期搭上關係。

將機率當作計量而非計性結構的觀念，事實上一直困擾著我們。而且「科學」等於「不會有錯的衡量」這個概念——大部分是這樣，但不是每樣東西都如此——會把我們帶到各式各樣的摩擦、誤解和夢想。

對機率和懷疑主義的關係了解得很透澈：Franklin (2001)。其他很少哲學家會回頭探討機率的眞正問題。

第四象限：見《黑天鵝效應》的討論或論文 Taleb (1999)。

核子，新的風險管理：私人通訊，Atlanta, INPO, Nov. 2011。

傳聞軼事知識和證據的力量：有位叫 Karl Schluze 的讀者寫道：「一位年紀相當大的老師和同事（喝波旁威士忌時）告訴我，『如果砍掉一隻狗的頭，牠還在吠，那你就不必重複做實驗』。」這很容易找到例子：沒有一位律師會引用「N=1」的論點，爲某個人辯護，說：「他只殺一次。」沒人認爲飛機墜毀是「傳聞軼事」。

我將進一步在 N=1 充分的地方，提出反證。

有時當結果和設想剛好相反，研究工作者的本能反應，是將結果稱爲「傳聞軼事」。約翰．葛雷指出兩次世界大戰是史蒂芬．平克（Steven Pinker）所說大平穩（great moderation）故事的相反證據，平克稱葛雷的說法爲「傳聞軼事」。根據我的經驗，社會科學家在談到「證據」時，很少人知道自己在講什麼。

第三冊：非預測的世界觀

決策理論家教實務工作者：更侮辱人的是，決策科學家使用「實務」的概念，名稱剛好相反。見 Hammond, Keeney, and Raiffa (1999) 試著教我們如何做決策。有一本書正好描述實務工作者如何不採取行動，而是學術界認爲實務工作者如何行動：Schon (1983)。

好事和壞事的不對稱：李維（Livy）所著 *Annals* (XXX, 21) 中寫的 Segnius homines bona quam mala sentiunt。

斯多噶學派和情緒：和一般人所認爲的剛好相反，斯多噶學派不是想將人變成植物那樣沒有情緒，Graver (2007)。

經濟成長沒那麼快速：Crafts (1985)、Crafts and Harley (1992)。

和搖滾明星偷情：Arnavist and Kirkpatrick (2005)、Griffith et al. (2002)、Townsend et al. (2010)。

西默農："Georges Simenon, profession: rentier," Nicole de Jassy *Le Soir illustré* 9 janvier 1958, N° 1333, pp. 8-9, 12。

達里奧：Bridgewater-Associates-Ray-Dalio-Principles。

第四冊：可選擇性、技術與反脆弱的智慧

目的論

亞里士多德和他的影響力：Rashed (2007)，他既是阿拉伯研究專家，也是希臘文化研究者。

失敗得十分光榮：Morris (1975)。

可選擇性

拼裝：Jacob (1977a, 1977b)、Esnault (2001)。

富者愈富：關於高淨値個人（High Net Worth Individuals; HNWI）的總財富增加，見美林公司（Merrill Lynch）在「世界首富現在比信用緊俏前更加富有」（World's wealthiest people now richer than before the credit crunch），Jill Treanor, *The Guardian*, June 2012。上圖畫出爲什麼這件事和成長、總財富的資訊無關。

阿拉伯的駱駝：Lindsay (2005)。

不明：Kay (2010)。

實質選擇權方面的文獻：Trigeorgis (1993)、Dixit and Pindyck (1994) 中的評論、Trigeorgis (1996)、Luehrman (1998)、McGrath (1999)——重點在於可取消和不可取消的投資。

轉譯醫學障礙：Wooton (2007)；Arikha (2008b)；現代 Contopoulos-Ioannidis et al. (2003, 2008)、評論性 Bosco and Watts (2007)。

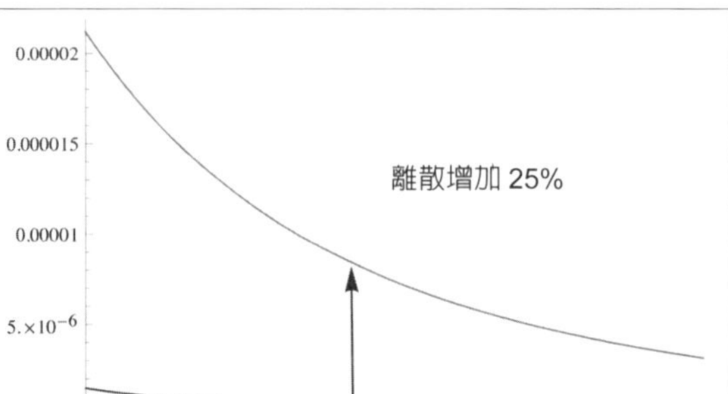

圖三十九

奢侈品和可選擇性。縱軸是機率，橫軸是財富的積分。反脆弱城市：分配不均的變動對非常富有的人產生的影響，在厚尾會以非線性的方式增加：巨富的錢會對分配不均有所反應，而不是對世界上的總財富有所反應。財富離散變動二五％。他們占財富的比率需要乘以將近五十倍。基尼係數（GINI coefficient）小幅變動〇・〇一（當分配絕對平均，基尼係數爲〇，如果一個人擁有全部的財富，基尼係數是一・〇〇），相當於實質國內生產毛額（Gross Domestic Product）上升八％——就機率分布來說，影響相當顯著。

伍頓的批評：Brosco and Watts (2007)。

副現象與葛蘭傑因果關係：見 Granger (1999) 中的評論。

教鳥怎麼飛：伊拉斯謨提到一些先例，「教魚怎麼游」。Adages, 2519, III, VI, 19。“Piscem nature doces I’χθ□ν νήχεσθαι διδάσκεις, id est piscem nature doces. Perinde est ac si dicas : Doctum doces. Confine illi, quod alibi retulimus : Δελφ□να νήχεσθαι διδάσκεις, id est Delphinum natare doces.” 這樣的表示方法，是 Haug and Taleb (2010) 首創，張貼於二〇〇六年，後來寫成一本書，Triana (2009)。我們並不清楚伊拉斯謨的意象，否則就會選用。

教育與它對成長和財富的影響：Pritchett (2001)、Wolf (2002)、Chang (2011)。

熊彼得的破壞以求進步的觀念：Schumpeter (1942)。哈佛經濟學家批評缺乏技術方法，見 McCraw (2007)。

業餘愛好者：Bryson (2010)、Kealey (1996)。

巴舍利耶、索普和其他人的研究中科學歸因錯誤：Haug and Taleb (2010)。Triana (2009, 2011) 中的討論。

噴射引擎：Scranton (2006, 2007, 2009)、Gibbert and Scranton (2009)。

戳破神經機械學的認識理論：Mindell, 2002。感謝大衛．艾傑頓介紹我去看他的研究。

大教堂與理論幾何和公理化幾何：Beaujoan (1973, 1991)、Portet (2002)。沙特爾大教堂建築史參考 Ball (2008)。

認識基礎與混為一談：認識基礎有點像是 x，不是 $f(x)$。Michael Polanyi 用一個很好的方法，觀察技術中，x 和 $f(x)$ 之間的不同：我們可以申請一項技術（也就是 $f(x)$）的專利，但不能申請科學知識（也就是 x）的專利。見 Mokyr (2005)。

認識基礎：Mokyr (1999, 2002, 2005, 2009)。Mokyr 最大的問題：沒有取得 ω_C。此外，東方缺乏試誤法的概念（也見有關中國的論點）：見 Tetlock in Tetlock et al. (2009)。Mokyr and Meisenzahl 的說法不同，認爲微觀發明會增進宏觀發明。但是這在知識上仍然很弱。

經濟學中的技術認識論：Marglin (1996)，但是傳統並沒有很悠久。

李約瑟的中國研究：Winchester (2008)。

終身職：Kealey (1996)：「亞當・斯密將英格蘭教授素質每下愈況，歸因於他們的薪水獲得保障和終身職工作（和蘇格蘭的大學比較）。」

信仰主義：Popkin (2003)。

線性模式：Edgerton (1996a, 1996b, 2004)。艾傑頓指出，這是向後配適的觀念，也就是配適到過去。艾傑頓也寫道：「**從現代科學強調非學術起源**（黑體是我標示以強調的）的漫長傳統來看，尤其是從工藝的傳統來看，二十世紀科學這種深厚的學術研究取向模式，以及堅持不少科學的歷史和科學的工業情境（從染色到釀造，再到引擎製造）的重要性有關（而且過去二十年來進一步強化），更爲叫人驚訝。」

凸性偏誤：商品和金融期貨很早就發現了這件事；Burghardt and Hoskins (1994)、Taleb (1997)、Burghardt and Liu (2002)、Burghardt and Panos (2001)、Kirikos and Novak (1997)、Pieterbarg and Renedo (2004)。許多人因爲誤解這種效應而栽了大跟頭。

察覺與描繪凸性偏誤（ω_A）**的例子，摘自本書作者的博士論文**：我用的方法是找出什麼東西需要動態避險和動態修正。在不被認爲屬於狹義的選擇權，但需要動態避險的工具類中，馬上可以想到範圍很廣的一類凸性工具：⑴低息票利率的長天期債券。假設有個不連續的時間架構。$B(r,T,C)$ 中，債券到期時間爲 T，支付的息票利率爲 C，其中 $rt = \int rs\, ds$。凸性 $\partial^2/B\partial r^2$ 隨著 T 而增加，隨著 C 而下降。⑵資金籌措和期貨價格相關性極高的合約。⑶計算時有幾何特色的一籃商品。⑷「**雙幣種定義**」（quanto-defined）合約，是大致上爲人忽視的一類資產（報償不是以合約中的本地貨幣計算），例如日本ＮＩＫＥＩ期貨的報償，是以美國貨幣計算。簡言之，雖然以日圓計價的 NIKEI 合約屬於線性，美元計價的合約卻屬非線性，需要動態避險。

將期初時間訂為 t_0，最後的狀況為 $V(S,T) = S_T$，其中 T 是到期日。更簡單的是，剛剛描述的證券是普通遠期期貨，假設呈現線性。這似乎還沒有 Ito 項。但如果有個期中報償，也就是有個會計期間 i/T，變動保證金（variation margin）是以現金支付，那麼就會出現某種複雜性。假設 $\Delta(t_i)$ 是投資組合在 (t_i, t_{i-1}) 期間的價值變動，$\Delta(t_i) = (V(S, t_i)-V(S, t_{i-1}))$。如果變動保證金是在期間 t_i 支付，那麼運算子將必須以期間 t_i 和 T 之間的遠期利率去借，這裡是 $r(t_i ,T)$。這種資金籌措是使 $V(S,T)$ 和 S_T 的現值相當所必需。有期望值時，我們將必須利用遠期現金流量法，將 t_{i-1} 到 t_i 會計期間的變動保證金折算成現值。從期間 T 來看，變動值成為 $E_t[exp[-r(t_i,T)(T-t_i)]\ \Delta(t_i)]$，其中 E_t 是時間 t 的期望運算子(例如，在風險中性的機率量數之下）。因此，我們是在期間 t_0 期望在期間 T 交付一連串未來變動 $E_{t0}[\Sigma \exp[-r(t_i,T)(T-t_i)]\ \Delta(t_i)]$ 的期望值。但是我們需要利用期間利率（term rate）$r(T)$ 折算成現值。前面的方程式成為 $V(S,T)|_{t=t0}= V[S,t_0] + exp[r(T)]\, E_{t0}[\Sigma\, exp[-r(t_i,T)(T-t_i)]\ \Delta(t_i)]$，這和任何遠期利率為隨機時的 S_T 不同。**結果**（「定理」的禮貌說法）：**當遠期折現率** $r(t_i,T)$ **的變異和標的證券** S_T **為嚴格正值，且兩者的相關低於** 1，$V(S,T)|_{t=t0} \neq S_T$。證明：檢視期望運算子的特質。因此：$F(S, t_0) = F(S,t_0 +\Delta t)$，而非線性工具將只滿足：$E[V(S,t_0)]=E[V(S,t_0+\Delta t)]$。

基萊的批評：Posner (1996)。

科技通史：漏掉了凸性偏誤，Basalla (1988)、Stokes (1997)、Geison (1995)。

創新的觀念：Berkun (2007)、Latour and Woolfar (1996)、Khosla (2009)、Johnson (2010)。

醫療發現與缺乏因果式知識：Morton (2007)、Li (2006)、Le Fanu (2002)、Bohuon and Monneret (2009)。Le Fanu (2002)：「醫生和科學家在不承認，或者事實上沒有認清大自然的神秘扮演如此重要角色的情形下，在現代醫療的進步中居功，或許是可以預料之事。他們相信自己的知識貢獻大於實際、他們的了解多於實際的了解，一點也不叫人驚訝。他們沒有承認技術創新和藥品創新中，實證居於壓倒性的地位，因此不需要深入了解疾病的因果關係或自然歷史，便可能在疾病的治療上取得驚人的突破。」

商務呈現凸性：Ridley (2010) 對腓尼基人發表評論；Aubet (2001)。

大藥廠的內部人：La Matina (2009)。

呈倍數增加的副作用：Tatonetti et al. (2012) 提到低估交互作用：他們只發掘人們同時服用幾種藥物所產生的副作用，這實際上使得副作用大增（他們指出，副作用增加的倍數高達四）。

策略規劃：Starbuck et al. (1992, 2008)、Abrahamson and Freedman (2007)。後者歌頌混亂（disorder）和「雜亂」（mess）。

創業精神：Elkington and Hartigan (2008)。

哈佛商學院教授對小機率懷有病態的誤解：這並非經過實證的聲明，只是好玩而已：舉例來說，一個冤大頭漏掉 ε_B 和 ε_C，總是往哈佛內部看起。Froot (2001)、Pisano (2006a, 2006b)。Froot：「由於保險公司的經理人以遠高於合理價格購買再保險，他們一定相信這樣的風險管理增添了很大的價值。」他認為自己知道合理價格。

勒高夫：Le Goff (1985)：「L’un est un professeur, saisi dans son enseignement, entouré d’élèves, assiégé par les bans, où se presse l’auditoire. L’autre est un savant solitaire, dans son cabinet tranquille, à l’aise au milieu de la pièce où se meuvent librement ses pensées. Ici c’est le tumulte des écoles, la poussière des salles, l’indifférence au décor du labeur collectif,” “Là tout n’est qu’ordre et beauté / Luxe, calme, et volupté.」

馬提格隆：Geschlechtsspezifische Unterschiede im Gehirn und mögliche Auswirkungen auf den Mathematikunterricht. Wissenschaftliche Hausarbeit zur Ersten Staatsprüfung für das Lehramt an Realschulen nach der RPO I v. 16.12.1999. Vorgelegt von: Ulmer, Birgit. Erste Staatsprüfung im Anschluss an das Wintersemester 2004/05, Pädagogische Hochschule Ludwigsburg. Studienfach: Mathematik. Dozent-en: Prof. Dr. Laura Martignon, Prof. Dr. Otto Ungerer。

勒南：*Averroès et l'averroïsme*, p. 323 (1852)。

蘇格拉底：與 Mark Vernon (Vernon, 2009) 交談，他相信蘇格拉底比較像胖子東尼。Wakefield (2009) 提供很好的情境。Calder et al. (2002) 描述得或多或少像是至聖先賢。

蘇格拉底謬誤：Geach (1966)。

認識—技藝：Alexander of Aphrodisias, *On Aristotle's Metaphysics*, *On Aristotle's Prior Analytics* 1.1-7, *On Aristotle's Topics* 1, *Quaestiones* 2.16-3.15。

內隱—外顯知識：Colins (2010)、Polanyi (1958)、Mitchell (2006)。

表十三　「知道如何」相對於「知道什麼」，以及它們的表親

第一型	第二型
知道什麼（know what）	知道如何（know how）
外顯	內隱、默示
證明用的知識	非證明用的知識
認識	技藝
認識基礎	經驗知識
命題式知識	試探啓發法
字面	比喻

定向活動	拼裝
理性主義	經驗主義
學識	實務
數學	工程
歸納性知識，利用亞里士多德的目的論原則	完結篇主義（epilogism；曼諾多圖斯和經驗醫療學派）
因果式史料編纂	歷史是明智的裁判官
診斷	解剖
法律的字義	法律的精神
觀念	慣例
戲局機率，統計教科書	生態不確定，在教科書上不容易處理
理法	神話
福音傳道（宗教中能夠解釋和可以教導的部分）	教條（依宗教的意義來說，指無法解釋的部分）
通俗的神學（阿維羅伊和斯賓諾莎）	玄秘的神學（阿維羅伊和斯賓諾莎）

上欄所有的名詞似乎容易聯想在一起。我們可以很容易解釋**理性主義**、**外顯**和**字面**互有關聯。但是下欄的名詞似乎在邏輯上沒有相關。是什麼東西將**慣例**、**拼裝**、**神話**、**知道為何**和**比喻**連結起來？是什麼東西將宗教教條和修補連結起來？是有**某樣**東西將它們串連在一起，但是我無法言簡意賅地解釋，不過，這

裡面是有維特根斯坦家族的相似性。

李維—史陀：Lévi-Strauss (1962) 談不同形式的智慧。他在一九八〇年代接受訪問時，似乎相信未來某一天，「一旦我們懂得事物的理論」，科學很快會讓我們以可接受的精準度做出預測，詳 Charbonnier (2010)。Wilken (2010) 說明生物學領域的狀況。也見 Bourdieu (1972)，從社會學家的角度看類似的問題。

進化試探啓發法：這是中心論點，但我隱藏在這裡。總結這個觀點——合併文獻上的說法和本書的觀念：某個活動的進化試探啓發法有下列的屬性：(a)你不知道自己正在用它，(b)一代又一代的實務工作者，在非常相同或者相當類似的環境中，已經長期在做這件事，並且反映了某種進化的集體智慧，(c)它沒有代理問題，而且用它的人存活了下來（但是這排除醫生所用的醫療試探啓發法，因爲病人可能無法活下來，以及有利於社會所用的集體試探啓發法），(d)它取代了需要數學解法的複雜問題，(e)你只能靠實踐和觀察別人的方式去學習，(f) 你總是能夠在電腦上做得「更好」，而且在電腦上做得比眞實生活中要好。由於某種原因，這些次佳的試探啓發法做得似乎比最好的方法要好，(g)在它發展出來的領域中，允許迅速回饋，意思是說犯下錯誤的人會遭到懲罰，不會得意太久。最後，正如心理學家康尼曼和特佛斯基所說的，在它們形成的領域之外，可能錯得十分可怕。

爭論和綠木材問題：詳見 Mercier and Sperber (2011)。後蘇格拉底將推理當作尋求眞相的工具，這個觀念最近進一步貶值——但是蘇格拉底的討論方法似乎有它的用處，但只有在對話的形式中有用。Mercier and Sperber 戳破了我們利用推理以尋求眞相的觀念。他們在一項精彩的研究中指出，爭論的目的不是做決定，而是說服別人——因爲我們靠推理而做成的決定，充滿很大的扭曲。他們用實驗得到證據說，個人在社會的情境中（有別人需要說服時）形成論點，做得比獨自一人時要好。

反啓蒙運動：評論見 Sternhell (2010)、McMahon (2001)、Delon (1997)。Horkheimer and Adorno 以強而有力的方式，批評

現代觀念中的化妝主義和冤大頭陷阱。當然還可以參考約翰．葛雷的研究，尤其是 Gray (1998) 和 *Straw Dogs*, Gray (2002)。

維根斯坦與內隱知識：Pears (2006)。

論約瑟夫．德．邁斯特：Companion (2005)。

生態、非足球媽媽經濟：Smith (2008)，也請參考和康尼曼一起發表的諾貝爾演說。蓋格連澤更進一步。

古老的智慧：Oakeshott (1962, 1975, 1991)。請注意 Oakeshott 的保守主義意味著接受某種改變率爲必要。我倒是覺得，他想要的是有機的改變，不是理性主義的改變。

第五冊：非線性與非線性

更正式的說，爲了彌補來自 Taleb and Douady (2012) 的圖說，在壓力水準 K 和半偏差水準 $s^-(\lambda)$，隨機變數 X_λ 的**局部脆弱性**取決於參數 λ，pdf f_λ 是它的 K 左**尾半維加敏感度**（K-left-tailed semi-vega sensitivity；「維加」是某種波動量數的敏感度），對 Ω 以下的平均絕對半偏差 s^- 來說，$V(X, f\lambda, K, s^-)$，其中，$s^-(\lambda) = \int_{-\infty}^{\Omega} (\Omega - x) f_\lambda(x)\, dx$, $\xi(K, s^-) = \int_{-\infty}^{K} (\Omega - x) f_{\lambda(s^-)}(x)\, dx$, $V(X, f, K, s^-) = \frac{\partial \xi}{\partial s^-}(K, s^-)$。在壓力水準 $L = \varphi(K)$ 和 X 的左半偏差水準 $s^-(\lambda)$，Y 從 X **繼承而得的脆弱性**是偏導數 $V_x(Y, g_\lambda, L, s^-(\lambda)) = \frac{\partial \xi}{\partial s^-}(L, u^-(\lambda))$。壓力水準和 pdf 是針對變數 Y 去定義，但是用於微分的參數是 X 的左半絕對偏差。至於反脆弱性，除了低於相同壓力水準 K 的強固性，還有 Ω 以上的翻轉部分。依據**移轉定理**，Y 的脆弱性和二階導數 $\varphi(K)$ 有關，並顯示尾部經由**移轉函數** H^K 的凸性（凹性或混合非線性）轉換效應。至於反脆弱性，則利用高於 K 的積分 s^+。

脆弱性不是心理現象：我們從脆弱性的定義是尾部維加敏感度（tail vega sensitivity）談起，最後帶到非線性是繼承情況中這種脆弱性來源的必要屬性。但是經濟學家和決策科學家有很多文獻，將風險嵌入心理偏好——人們一向稱風險是從風險規避而來，而風險規避是報償「效用」這個混淆概念呈現凹性的不確定之下，選擇結構產生的結果；見 Pratt (1964)、Arrow (1965)、Rothschild and Stiglitz (1970, 1971)。但是「效用」除了轉圈子，哪裡也沒去，如同 Machina and Rothschild (2008) 所說：「風險是風險規避者所討厭的。」事實上，限制風險於規避「選擇的凹性」，是相當不愉快的結果。

瓷杯和它的凹性：一個咖啡杯、一棟房子或一座橋梁顯然沒有心理偏好、主觀效用等。但它們對於傷害的反應，都呈現凹性：簡單的說，以 z 爲壓力水準，$\Pi(z)$ 爲傷害函數，足以看出當 $n>1$，所有滿足條件：$0<nz<Z^*$ 的 n 都可成立此算式：$\Pi(n\,z) < n\,\Pi(z)$，其中 Z^* 是會使物體碎裂的水準（不必然是指定的水準）。這種分配不均導致 $\Pi(z)$ 在初值 z，有負二階導數。因此，如果一個咖啡杯受強度 Z 的壓力因子傷害 n 次的程度，低於一次承受壓力因子 n Z，那麼傷害（作爲負函數）需要在碎裂點之下，對壓力因子呈現凹性；存活機率的結構和有害事件的分布施加了這個限制，和主觀效用或其他某些虛構事物無關。

以正面方式擴大規模，城市的凸性：Bettencourt and West (2010, 2011)、West (2011)。城市就像動物那樣，屬於三維項目，而且這些有利的非線性對效率有幫助，可是要考慮交通問題！

「更多就是不一樣」：Anderson (1972)。

動物的比較脆弱性：Diamond (1988).

傳萊傑格及其同事談延誤：Flyvbjerg (2009)、Flyvbjerg and Buzier (2011)。

小就是美，浪漫觀點：Dahl and Tufte (1973)、Schumacher (1973) 有摘要，Kohr (1957) 首次證明治理單位大並不好。

政府的規模：我找不到有人以凸性效應的方式在思考，連自由意志主義者也沒有——詳見 Kahn (2011)。

小國表現得比較好：研究城邦國家治理的傳統相當悠久。我們解讀爲政治體系的東西，看起來似乎可能來自規模。證據詳 Easterly and Kraay (2000)。

脆弱性增加的時代：Zajdenwebber，見《黑天鵝效應》的討論。《經濟學人》雜誌最近又收集一些數字，"Counting the Cost of Calamities," Jan. 14, 2012。

平均數的凸性效應：Jensen (1906)、Van Zwet (1966)。詹森用單調函數處理，Van Zwet 則用凹性－凸性和其他的混合方式處理——但是這些仍然是簡單非線性。Taleb and Douady (2012) 將它用於所有的局部非線性形式。

規模更大的實證紀錄：合併和自負假說（hubris hypothesis）：詳 Roll (1986)；此後則見 Cartwright and Schoenberg (2006)。

古歷史的債務：巴比倫慶典，Hudson et al. (2002)。雅典，Harrison (1998)、Finley (1953)。債務的歷史，Barty–King (1997)、Muldrew (1993)、Glaeser (2001)。後者採無政府主義者的觀點。他其實相信背負債務之後會出現易貨交換。

食物網：Dunne et al. (2002)、Perchey and Dunne (2012)、Valdovinos and Ramos–Jiliberto (2010)。脆弱性與資源，Nasr (2008, 2009)。

房利美：它們面對所有重要的變數呈現凹性。歐巴馬政府的委員會中，有個不懂機率和非線性的傢伙，調查危機的成因時，散播謠言，說我只查房利美的利率風險：事實不然。

執行成本：「價格衝擊」，也就是執行成本隨著規模而增加；它們傾向於依循平方根而增加——意思是總價格呈現凸性，並以指數 3/2 成長（意思是說成本是凹性）。但是問題在於像興業銀行那樣的大偏差中，情況會糟得多；交易成本會以愈來愈不精確的方式加快上升——依新的研究傳統，所有這些談價格衝擊的論文，在你需要它們的時候都沒有意義。叫人驚訝的是，班特．傅萊傑格發現類似的效應，但是總價格的凹性程度略低，橋梁和隧道的等比例成本以規模的 10 Log $[x]$ 速度成長。

小就是美，技術方法：要解釋城邦國家、小公司等面對有害的事件，強固性較高的原因，我們以 X 作爲代表

「意外暴露」（unintended exposure）、不確定來源的隨機變數（對興業銀行來說，這是指它沒有看到的部位，對一家公司來說，可能是緊急需要某些存貨等）。假設這種意外傷害的規模和單位的規模成比例——較小的實體進行的交易，比較大的實體要小。我們使用所有意外暴露變數的機率分布 ΣX_i，其中 X_i 是獨立隨機變數，並用簡單的切割比例 $X_i = X/N$。以 k 爲尾部振幅，α 爲尾部指數，$\pi(k, \alpha, X) = \alpha k^{\alpha} x^{-1-\alpha}$。意外總部位的 N 迴旋帕雷托分布（Pareto distribution）是 $N \sum X_i$: $\pi(k/N, \alpha, X)^N$，其中 N 是分布的迴旋（convolutions）數。分布的平均值不因 N 而變化，爲 $\alpha k / \alpha - 1$。

從忍痛和超支而來的損失：損失函數是 $C[X] = -b X^{\beta}$，傷害成本（costs of harm）是 X 的凹函數。對小偏差來說，微觀結構和討論執行的文獻中，β 取 3/2。

傷害產生的機率分布：我們對 y 的分布感興趣，所以將隨機變數加以轉換。傷害 $y = C[X]$ 的分布爲 $\pi[C^{-1}[x]]/C'[C^{-1}[x]]$。考慮它呈帕雷托分布，尾部振幅是 k^{β}，尾部指數是 α/β，損失函數可以改寫成 $L_1(Y) = \frac{\alpha}{\beta} K^{\alpha} Y^{-1-\alpha/\beta}$，平均值爲 $\frac{k^{\beta}\alpha}{\alpha-\beta}$。現在和數爲：$N$ 個實體的迴旋和漸近分布成爲：$L_N(Y) = N\frac{\alpha}{\beta}\left(\frac{K}{N}\right)^{\alpha} Y^{-1-\alpha/\beta}$，平均值（由於相加性）爲含有 N 的變數之函數：$M(\alpha,\beta,k,N) = \frac{N\left(\frac{k}{N}\right)^{\beta}\alpha}{\alpha-\beta}$。如果我們根據不同的 β/α 比率，去檢查尾部的期望損失比率（從 $N = 1$ 到 $N = 10$），那麼在十個單位中一個單位的期望值比率 $\frac{M(\alpha=3,\beta/\alpha,k,N=1)}{M(\alpha=3,\beta/\alpha,k,N=10)}$，便能顯示不同的凹性水準下「小就是美」的效應。

第六冊：否定法

減法知識

地圖：有位名叫 Jean-Louis 的讀者，是個地圖繪製者，寫信給我：「身爲地圖繪製者，很早以前我就學會，做出好地圖的關鍵，正是在於你選擇不畫進地圖裡面的資訊。我讓不計其數的客戶知道，如果一張地圖太過巨細靡遺和精確，那會讓人眼花撩亂。」

伊瑪目阿里：Nahj-el-Balagha, Letter. 31。

摩西的神沒有反脆弱性：神——（猶太教、基督教和回教的）亞伯拉罕—摩西的神——代表完全的強固和不謬。請注意和起初的印象恰好相反：完美的精髓在於強固，不是反脆弱。我接到許多人的意見，表示（黎凡特的）神應該放進反脆弱類。根據東地中海的宗教，這將是極爲嚴重的錯誤。神具有反脆弱性，或許適用於巴比倫、希臘、敘利亞和埃及的神話。但是黎凡特的一神論，從古閃米特的厄爾（El；或艾爾〔Al〕）到現代的阿拉，或者在比較輕的程度內，聖經地帶（Bible Belt）從創世紀到可蘭經，人們所說的「主」，逐步進展到定義愈來愈抽象的神——因此最接近純強固的定義。一神論的神絕對不脆弱；但祂沒有反脆弱性。根據定義，由於祂極大化的抽象特性，祂無法改善，而這正是完美的特質——只有不完美的凡人才能改善，因此需要反脆弱性，試著去改善。可蘭經中，神的特質之一是 Smd，連阿拉伯語中也沒有這個字的同義字，因此無法翻譯；它的意義只能透過不斷地部分描述才能傳達。Smd 是已經達到這種完全的程度，不需要依賴外界的情況，也就是不依賴任何事或任何人——這座堡壘經得起各式各樣的攻擊；祂超越了時間的概念。這個觀念也存在於黎凡特的其他系統。正統神學透過**神化**，尋求與神結合，渴望到達完全的層級，因此而不受其他任何事情左右。

宗教禁止的事情：Fourest and Venner (2010) 提出超越各種信念的一張清單。

史帝夫・賈伯斯：Beahm (2011)。

葛拉威爾：「如果你將他在街道上的十年，所有的醫院帳單加起來——以及濫用藥物的治療成本、醫生的費用和其他的支出——Murray Barr 的醫療帳單可能和內華達州的任何人一樣多。『不對 Murray 做點事情，花掉我們一百萬美元，』O'Bryan 說。」Gladwell (2009)。

否證與歸納的問題：見《黑天鵝效應》的參考資料。

抽菸與整體的醫療效應：Burch (2009)。

碎形：Mandelbrot (1983)。

艾傑頓的年老震撼：Edgerton (2007)。

決策理論中的少即是多

簡單與史帝夫・賈伯斯：「這是我的密咒之一——專注於簡單。簡單比複雜還要困難：你必須非常賣力釐清你的思緒，讓它變得簡單。但是這麼做，最後是値得的，因爲一旦你到達那裡，連山也能移動。」*BusinessWeek*, May 25, 1998。

試探啓發法是力量強大——且必要——的捷徑：Gigerenzer and Brighton (2009) 戳破 Richard Dawkins 所著《自私基因》（*The Selfish Gene*）中提到和棒球外野手如何接球有關的迷思：「他的行爲，就好像解開了預測球所走軌跡的一組微分方程式……在某個潛意識層次，有相當於數學計算的某種東西在運作。」

不見得如此，Dawkins 教授。Gerd Gigerenzer et al. 表示，並沒有做那種事。他們寫道：

> 相反的，實驗顯示球員依賴幾個試探啓發法。凝視試探啓發法是其中最簡單的一個，而且在球已經飛得很高的時候運作：眼睛盯住球，開始跑，並且調整跑步的速度，好讓視角維持一定。依賴凝視試探啓發法的球員，可以忽視計算棒球軌跡需要的所有原因變數（causal variables）——起初的距離、速度、角度、空氣的阻力、風的速度和方向，以及球的轉速等因素。只要注意一個變數，球員最後就會站在球的落點，

不需要計算精確的位置。

動物也使用同樣的試探啓發法，以捕捉獵物和攔截可能的交配目標。蝙蝠、鳥和蜻蜓在追求與掠奪的時候，會在牠們自己和獵物之間保持固定的視角，狗在接飛盤時也一樣。

其他的例子：

雌孔雀選擇配偶時，是使用試探啓發法：牠並沒有調查所有急著吸引牠注意的所有開屏孔雀，或者權衡和加進所有的雄性特徵，以計算最高的期望效用。牠只找三或四隻雄孔雀，選擇眼睛接觸次數最多的那隻。

這和人一樣。另一個例子：

為了在岩石細小的裂縫中，衡量蟻穴的大小，沒有拿碼尺的螞蟻只好靠經驗法則：牠以不規則的路徑，前進一段固定的時間，同時留下費洛蒙，然後離去。回來的時候，再走另一條不規則的路徑，並以遇到舊路徑的頻率，估計蟻穴的大小。這種試探啓發法十分精準。

其他：Czerlinski and Gigerenzer et al. (1999)、Goldstein and Gigerenzer (1999)、Gigerenzer (2008)。

馬克里達吉斯，預測和少即是多： Makridakis et al. (1982, 1993)、Makridakis and Hibon (2000)、Makridakis and Taleb (2009)。

試探啓發法： Taleb, Canetti et al. (2012)——和國際貨幣基金員工。

林迪效應與相關的主題

Mandelbrot (1997) 證明了林迪效應。起初他用在藝術品的生產上，受到生產者壽命的限制。在他生命快結束時，我建議以易損／不易損爲界線，他同意不易損呈現冪次法則分布，而易損（林迪原來的故事是這麼說的）

只是作爲比喻。視我們是否知道起初的時間而定，指數分布剩下的壽命，不管未來的狀況爲何，都保持固定，至於冪次法則分布，壽命則會隨著起初的時間後過了多少時間而增加，倍數是 (α/1−α)，其中 α 是尾部指數；對高斯或半高斯分布來說，壽命則減少。

戈特：Gott (1993, 1994) 提出哥白尼的觀念，但沒有設定適當的機率條件；Caves (2000) 修正。見 Rees (2003) 的討論，Bostrom (2002) 談到悖論。

生存論文和分散式特質：冪次法則往往被誤認爲是指數分布，因爲尾部缺乏資料。所以我用先驗方式，假設指數分布可能是冪次法則分布，但反過來則不如此假設，因爲反方向的錯誤非常不可能發生。Pigolotti et al. (2005)。帝國：參考 Arbesman (2011)、Khmaladze et al. (2007, 2010)、Taagepera (1978, 1979)。公司：Fujiwara。也請參考 Turchin (2003, 2009)。

各種分布的條件生存期望時間：Sornette and Knopoff (1997)。他們指出，一個人等地震發生的時間愈久，很奇怪的，預料他們會等得更久。

其他的嗜新狂

勒・柯比意：Christopher Caldwell, "Revolting High Rises," *New York Times*, November 27, 2005。

凱恩斯與古代的衡量：Cairns (2007)。Yoav Brand 引起我注意到他的著作。Yoav Brand 在演講之後，很客氣地送我他的書。

非目的論設計：建築物如何突變和改變，Brand (1995)。

狗：Moral, ii. 11; 1208 b 11。「他說，當一隻狗總是習慣於睡在相同的地磚上，恩貝多克利斯被問到狗爲何總是睡在相同的地磚上，他答道，狗和地磚有某種相似性，所以這種相似性是牠經常睡在它上面的原因。」

醫療的一般和哲學性討論

醫學或哲學：反思醫療史，Mudry (2006)、Pigeaud (2006)；Camguillem (1995) 討論醫療傷害。至於精神，Pager (1996)、Bates (1995)。

伊斯蘭醫療：Porman and Savage-Smith (2007)、Djebbar (2001)。

《論動物的運動》與試圖將醫療數學化：詳 Wear (1995)。且讓我再說一遍：數學是好的，但錯誤的數學並不好。

古代醫療：Edelstein (1987)、Lonrig (1998)。Vivian Nutton 的 *Ancient Medicine* (Nutton [2004]) 資訊豐富，但幾乎一字不提經驗主義者，而且除了一些標準的論文，對於古代實務沒有講得太詳細。不朽的 Zeller (1905) 談到更多的醫療（懷疑論者和方法論者），或甚至最好參考 Brochard 寫得十分精彩的 *Les Sceptiques Grecs*。

橘子：以現代希臘語命名，但「葡萄牙語」以訛傳訛為 portokali——黎凡特的阿拉伯語進一步以訛傳訛成 burduqan，目前是用西西里島方言使用的名稱。

醫療試探啓發法：Palmieri (2003)。

中世紀與文藝復興：French (2003)。

通史：Conrad et al. (1995)、Porter (2002, 2003)、Meslin et al. (2006)、Kennedy (2004)。

醫療傷害：Sharpe and Faden (1998) 最為完整；Illich (1995) 談第一次運動；Hadler (2009) 談背部，Duffin (1999)、Welsh et al. (2011) 談過度診斷（但沒有提到雜訊／訊號和過濾），Lebrun (1995)。

代理與醫療傷害：只是隨便舉個例子：「外科醫生如果列席手術中心董事，會動比較多的手術，」June 22, 2012, "The Daily Stat," *Harvard Business Review*。

更有趣的醫療傷害歷史觀點：Gustave Jules A. Witkowski, 1889, *Le mal qu'on a dit des médecins*。

理性主義／加倫主義：Garicia-Ballester (1995)。

蒙田："Mais ils ont cet heur, selon Nicocles, que le soleil esclaire leur succez, et la terre cache leur faute; et, outre-cela, ils ont une façon bien avantageuse de se servir de toutes sortes d'evenemens, car ce que la fortune, ce que la nature, ou quelque autre cause estrangere (desquelles le nombre est infini) produit en nous de bon et de salutaire, c'est le privilege de la medecine de se l'attribuer. Tous les heureux succez qui arrivent au patient qui est soubs son regime, c'est d'elle qu'il les tient. Les occasions qui m'ont guery, moy, et qui guerissent mille autres qui n'appellent point les medecins à leurs secours, ils les usurpent en leurs subjects; et, quant aux mauvais accidents, ou ils les desavouent tout à fait, en attribuant la coulpe au patient par des raisons si vaines qu'ils n'ont garde de faillir d'en trouver tousjours assez bon nombre de telles...."（請注意他察覺到歸因問題。）

On demandoit à un Lacedemonien qui l'avoit fait vivre sain si long temps: L'ignorance de la medecine, respondit il.

Et Adrian l'Empereur crioit sans cesse, en mourant, que la presse des medecins l'avoit tué.

現代另類醫療：Singh and Edzard (2008)——他們有切身利害，因為他們因此被告。

順勢療法與經驗證據：Goldacre (2007)。也見非常值得一讀的 *Bad Science*, Goldacre (2009)。

現代的證據基礎醫療：手稿詳 Sacket et al. (1998)。理性主義方法的缺失，Silverman (1999)、Gauch (2009)、Sestini and Irving (2009)。

冰敷：Collins (2008)：「並沒有充分的證據顯示，冷療法能夠改善軟組織損傷管理的臨床結果。」我找不到說法相反的論文。所提供的利益似乎微不足道，甚至一點都不有趣。

血壓的凸性：數據取自 Welch et al. (2011)。

詹森不等式與肺部呼吸器：Brewster et al. (2005)、Graham et al. (2005)、Mutch et al. (2007)。

帕拉塞爾蘇斯：這位反叛者是個有趣的人物；可是似乎被 Coulter (2000) 等順勢療法的支持者綁架。傳記詳 Ball

(2006)、Bechtel (1970)、Alendy (1937)。

永生：Gray (2011).

斯湯達爾：Le Rouge et le noir: "La besogne de cette journée sera longue et rude, fortifions-nous par un premier déjeuner; le second viendra à dix heures pendant la grand'messe." Chapitre XXVIII。

特定的醫療主題

請注意本書作者關心的不是證據，而是缺乏證據，以及研究工作者如何管理這種問題。重點放在察覺失去的凸性。

低熱量甜味劑的效果：看那些有既得利益的自我衛護者所寫的研究，可以得到很多資訊。De la Hunty et al. (2006) 以統合分析（meta-analysis）指出阿斯巴甜的「各種好處」，但是重點放在「熱量進熱量出」的方法，而不是整體的體重增加。仔細拜讀，可以發現漏掉了核心問題：「被替代的能量會有若干補償，但只占被替代能量的三分之一左右，而且**可能**（黑體是我標示以強調的）低於當阿斯巴甜用來讓清涼飲料具有甜味。不過這些補償值是從短期研究而來。」這篇論文顯然是阿斯巴甜的製造商資助寫成的。Anderson et al. (2012) 的研究做得更好，但毀於利益衝突（作者得到食品公司的補助），做成結論說：「沒有證據顯示低熱量甜味劑（LCS）可說是造成成人體重增加的原因。同樣的，找不到證據支持它在體重管理上扮演某種角色。」我只注意最後一句，因為它是「反利益」的證據。如果有好處的話，我們會已經知道。換句話說，迄至二〇一二年止，我們正承受這些無熱量甜味劑的醫療傷害，但沒有證據顯示它們有好處！

米特拉達提斯化與毒物興奮效應：詳 Pliny, Kaiser (2003)、Rattan (2008)、Calabrese and Baldwin (2002, 2003a, 2003b)。請注意他們遺漏了凸性論點，或者偏離常態的洞見——毒物興奮效應或許只是恢復正常狀態而已。

禁食與毒物興奮效應：Martin, Mattson et al. (2006)。癌症治療與禁食，Longo et al. (2008)、Safdie et al. (2009)、Raffaghelo et al. (2010)；酵母與受到限制下的長壽，Fabrizio et al. (2001)；SIRT1，Longo et al. (2006)、Michan et al. (2010)；評論研究詳 Blagosklonny et al. (2010)。

毒物興奮效應的定義：Mattson (2008) 有局部定義，Danchin et al. (2011) 有較爲複雜系統的方法。

老化、長壽與毒物興奮效應：極其豐富的研究；Radak et al. (2005)、Rattan (2008)、Cypster and Johnson (2002) 討論線蟲（C-elegans）；Gems and Partridge (2008)、Haylick (2001)、Masoro (1998)、Parsons (2000)；炎症和老人癡呆症，Finch et al. (2001)。

骨質密度與負重：Dook (1997) 談女性，Andreoli et al. (2001) 談比較一般性的運動員；Scott, Khan, et al. (2008) 談一般運動。女性老化：Solomon (1997)、Rautava et al. (2007)；Conroy et al. (1993) 談年輕女性。

骨質密度與騎腳踏車：Nichols et al. (2003)、Barry et al. (2008)。

骨質密度與奧運會式舉重：若干「舉重」研究誤將在機器上的阻力運動當作強化骨骼的眞實自然舉重。Conroy et al. (1993) 是在生態上比較強固的研究，因爲將重點放在重量上。

甲狀腺：Earle (1975)。

膽固醇：非天眞觀點，Scanu and Edelstein (2008)。

雷萬廷與預期壽命：Lewontin (1993)。了解雷萬廷估計的潛在不可靠性，並從網路上某篇我記不得的文章導向CDC資料。

戶外不是運動：Rose et al. (2008)。經過接近工作場所、父母近視、種族等因素的調整後，待在戶外的總時間愈長，而不是做運動，和近視較少、遠視平均折射較多有關。

「神經嘮叨」、「大腦色情」研究：Weisberg (2008), McCabe (2008)，也請參考英國皇家協會（U.K. Royal Society）的「神經科學與法律」報告。請注意作家 Jonah Lehrer 使用大腦色情取得相當大的效果。他利用某種寬鬆的大腦故事建立起敘事，將敘事謬誤發揮到極致——直到他被抓到一邊敘事，一邊製造支持敘事的資料為止。

牙醫承受創造營業收入的壓力："Dental Abuse Seen Driven by Private Equity Investments," Sydney P. Freedberg, Bloomberg News, May 17, 2012。

顯著性：簡單的說，社會科學的研究者不應該使用統計，就像不應該給會計師手術刀一樣。誤解顯著性的問題，會影響專業人員。見 McCloskey and Ziliak (1996)、Ziliak and McCloskey (2008)、Soyer and Hogarth (2011)、Kahneman and Tversky (1971)、Taleb and Goldstein (2012)。

儘管一頭熱，數學財務領域的實務工作者和理論家卻不了解統計的基本概念：證據見 Taleb and Goldstein (2007)。

遺漏劑量反應的非線性：輻射方面的情況相當鮮明，Neumaier et al. (2012)。「目前使用中的標準模型採用線性標度，將游離輻射的罹癌風險，從高劑量外推到低劑量。但是根據我們在這麼大距離中的ＤＳＢ集群（DSB clustering）發現，我們非常懷疑一般假設游離輻射的風險與劑量成正比，並且轉而提供一個機制，可以更為準確地處理游離輻射的風險劑量相依（risk dose dependency）。」輻射的毒物興奮效應是指低水準的輻射，能夠產生毒物興奮反應，進而產生保護效果。也見 Aurengo (2005)。

他汀類藥物和凸性：舉例來說，醫生經常開出他汀類藥物，以降低血脂，雖然對某一類人來說，結果具有統計顯著性，但效果相當輕微。「年齡在三十到六十九歲的高風險男人，應該告訴他們約五十個病患需要治療五年，才能防止一例（心血管疾病）」(Abramson and Wright, 2007)。

他汀類藥物副作用與（或多或少的）隱形風險：傷害肌肉骨骼的副作用，或者只是疼痛，Women, Speed et al. (2012)。一般性評估，Hilton-Jones (2009)、Hu Chung et al. (2012)。Roberts (2012) 指出利益凸性的另一個層面，因此在邊際案例中造成傷害。Fernandez et al. (2011) 指出臨床試驗沒有反映疾病風險。Blaha et al. (2012) 指出「增加健康病患的風險」。也見 Reedberg and Katz (2012)；Hamazaki et al.：「他汀類藥物對各種原因的死亡率造成的絕對影響相當小，如果有的話。」

哈倫‧克魯姆霍爾茨（Harlan Krumholz），*Forbes*, April 29, 2011：

問題在於改善驗血結果的藥物可能沒有降低風險。舉例來說，許多藥物雖然減少低密度脂蛋白（LDL）或增加高密度脂蛋白（HDL），或者降低血糖或血壓，卻沒有降低風險，而這和所有的期望不符——並且在某些病例中，反而增加風險。

當考慮治療選項，以防止心臟病等將來的事件時，更是如此。對許多影響風險因素（risk factors）的藥物來說，很遺憾的，調查病患是否受益的研究不是沒有執行，就是延後執行。默克藥廠（Merck）的降LDL藥物ezetimibe，便是如此。由於包含病患服用結果資訊的研究，要到ezetimibe專利期滿才會完成，所以未來好幾年內，我們不會知道它實際上如何影響風險。耗資十億美元的這種藥物，只根據它對驗血的影響而批准和銷售。

但是就貝特類藥物(fibrates)來說，我們比較幸運。病患服用結果已有研究報告出爐，而艾波特(Abbott)的非諾貝特類藥物（fenofibrate）已經在大型研究中測試過兩次。這兩次，即使它非常有效地降低三酸甘油酯，卻未能降低服用這種藥物的病患承受的風險。最近國家衛生研究院斥資三億美元進行實驗，發現當艾波特的藥物和一種他汀類藥物結合，並沒有產生效益——而且顯示可能傷害婦女。這樣的關切，高到足以促使聯邦食品藥物管理局召開諮詢委員會，以檢討相關的研究發現。

背部：McGill (2007)；造成醫療傷害的手術或無痛分娩，Hadler (2009)、Sayre (2010)。

醫生罷工：曾經有幾次發生醫院罷工，取消非急需手術，但和緊急治療有關的服務除外。雖然資料不是很多，如果以否定法模態去解讀，卻能給我們一些洞見。關於非急需手術的影響，Argeseanu et al. (2008)。

糖尿病和藥物治療（ACCORD 研究）：控制糖尿病患者心血管疾病風險的行動（Action to Control Cardiovascular Risk in Diabetes; ACCORD）發現，降低血糖或其他指標沒有好處——這可能比用藥物方法矯治的簡單葡萄糖問題不透明。綜合，Skyler et al. (2009)，古方法，Westman and Vernon (2008)。

糖尿病和節食的討論：Taylor (2008)，逆轉詳 Lim et al. (2011)、Boucher et al. (2004)、Shimakuru et al. (2010)；光是靠節食的糖尿病管理，早期的洞見詳 Wilson et al. (1980)。Couzin, "Deaths in Diabetes Trial Challenge a Long-Held Theory," *Science* 15 (February 2008): 884-885。糖尿病逆轉和減肥（或其他）手術：Pories (1995)、Guidone et al. (2006)、Rubino et al. 2006。

癌症自體吞噬：Kondo et al. (2005)。

自體吞噬（一般）：Danchin et al. (2011)、Congcong et al. (2012)。

醫療和健身的詹森不等式：Schnohr and Marott (2011) 等許多人差一點指出，極限疾跑和什麼事也不做（就像槓鈴那樣）的表現，會超越穩定的運動，但是他們漏掉了凸性偏誤的部分。

與亞特・德・瓦尼的私人通訊：「組織的增長會逐漸增加，但是相對於營養的攝取呈現凸性（曲線不斷上升，但上升速率減緩）。起始點要保持穩定狀態的解決方法，必須是如此。這意味著均衡攝取而增加的體重（包括脂肪），會高於相同的熱量和營養以忽多忽少的方式攝取。肌肉和脂肪會競相取得受質，所以比較胖的人會將營養分配給肌肉，因爲身體脂肪會在肌肉中引起胰島素抗性。胰島素是以脈衝式釋放的方式運作，而且以那種型態運作的效果，遠高於一天六餐所誘發的慢性升高。就下檔來說，也就是減少脂肪和肌肉的情況，曲線的斜率爲負，但下降的速率減緩（呈現凹性）。這表示以間歇性的方式進食，比連續不斷進食會失去更多脂肪。均衡攝取的損失（一天六餐會使平均值的變動變得很小）低於攝取相同的數量、但每次攝取忽大忽小所造成的損失。更細微的一點：當你均衡進食，失去的體重會多於間歇性進食，但那是因爲在慢性剝奪的情況下失去的肌肉多於間歇性剝奪。間歇性剝奪會產生優異的身體組成。」

飢餓、間歇性禁食和老化：神經元抗性和大腦老化，Anson, Guo, et al. (2003)、Mattson et al. (2005)、Martin, Mattson et al. (2006)、Halagappa, Guo, et al. (2007)、Stranahan and Mattson (2012)。

熱量限制： Harrison (1984), Wiendruch (1996), Pischon (2008)。

劇烈運動：偶發性能量失衡產生的影響之文獻綜合，De Vany (2011)。他也探討冪次法則效應。

遺漏藥丸比較投機性的要點： Stip (2010) 花時間用複雜的製藥大廠故事，探討肯定法延長生命的情況。

葡萄糖與意志力：見 Kahneman (2011) 提到 Baumeister 做的實驗，顯示葡萄糖使人頭腦更敏銳，並且有助於意志力，或許只適用於新陳代謝不適的人。見 Kurzban (2010) 看各種統計工具。

如同前言所說，因為缺乏隨機性導致病痛叢生： Yaffe and Blackwell (2004)、Razay and Wilcock (1994)；老人癡呆症和高胰島素血症，Luchsinger, Tang, et al. (2004)、Janson, Laedtke, et al. (2004)。

飢餓與頭腦： Stranahan and Mattson (2012)。人們長期以來相信大腦需要葡萄糖，不是酮，而且大腦不會經過自體吞噬，逐步矯正。

齋月和禁食的影響：齋月一點都不有趣，因爲只禁食約十二個小時，視季節而定（有人從晚餐禁食到午餐，有十七個小時不進食，本書作者就是這麼做的）。此外，他們在破曉時大吃大喝，拚命塞進碳水化合物，而根據我的經驗，還會加上的黎波里（黎巴嫩）的甜食。不過仍然有些作用。Trabelsi et al. (2012)、Akanji et al. (2012)。

壓力的好處：關於短期和長期這兩種壓力因子的不同影響，Dhabar (2009)；至於壓力有助於提升免疫力和抗癌，Dhabhar et al. (2010)、Dhabhar et al. (2012)。

衛生和系統性消除病菌的醫療傷害：Rook (2011)、Garner et al. (2006)、Mégraud and Lamouliatte (1992) 談幽門螺旋桿菌。

古法群衆、德・瓦尼，加里・陶布斯和朋友們：Taubes (2008, 2011)、De Vany (2011)；進化人類學，Carrera-Bastos et al. (2011)、Kaplan et al. (2000)。

第七冊：脆弱性和反脆弱性的倫理

資本主義的現代哲學討論：即使 Cuillerai (2009) 等見識不俗的論述，也對切身利害這種簡單的試探啓發法不感興趣。

歷史中的勇氣：Berns et al. (2010)。

角鬥士：Veyne (1999)。

跑步機：Lucretius, Nimirum quia non bene norat quæ esset habendi / Finis, et omnino quoad crescat vera voluptas。

群體與集體：Haidt (2012)。

亞當・斯密談資本主義：「這個字他不曾講過」與 Simon Schama 的私人通訊。

史迪格里茲等人的危險報告：Joseph E. Stiglitz, Jonathan M. Orszag, and Peter R. Orszag, "Implications of the New Fannie Mae and Freddie Mac Risk-based Capital Standard," *Fannie Mae Papers*, Volume I, Issue 2, March 2002。

邁耶・蘭斯基：已經退休的紐約市警察局黑幫調查員 Ralph Salerno 如此表示，詳 Ferrante (2011)。

製藥大廠找病人而不是找治療方法，令人不快的活動：直接和間接貪腐的故事，尤其是在精神病領域。哈佛醫學院一位精神病教授獲得製藥大廠一百六十萬美元，「多虧他，二歲的孩子現在被診斷罹患躁鬱症……」Marcia Angell, *The New York Review of Books*。Angell 曾是《新英格蘭醫學期刊》的編輯，不信任許多臨床研究。此外，錢如何沒有花在投機性研究，而是下在一般藥物的「安全」賭注上，Light and Lexchin (2012)。

相互矛盾的研究：康尼曼引起我注意 Malmendier and Tate (2008, 2009) 等研究。他們指出經理人在公司的投資多於需要，所以因為過度自信而產生過度的切身利害。麥爾隆．史科爾茲和羅伯．莫頓投資於長期資本管理公司。沒錯——但是整體而言，免費選擇權居於支配地位（只要衡量經理人總共拿到的薪酬，相對於股東的獲利就知道）。這個世界上有「隨機性傻瓜」，也有「隨機性騙子」；我們經常看到兩者並存（感謝：Nicolas Tabardel。）。

不對稱性和榨取：Acemoglu and Robinson (2012) 利用他們的榨取式經濟機構和環境概念，討論不對稱性，其中有人因為犧牲他人而致富，這和凸性協作架構中，一個人的財富使得餅做大相反。機構扮演的角色，North (1990)。

魚子醬資本主義和伯恩耶特的問題：Riffard (2004)、Burnyeat (1984)、Wai-Hung (2002)。

集體視盲和責任分散：在動物的領域（螞蟻），Deneubourg, Goss et al. (1983)、Deneubourg, Pasteels et al. (1983)。

羅馬的生活與社會化：Veyne (2001)。

房間中的大象：指每個人都知道，卻一直不去討論的事情。Zerubavel (2006)。

大公司的死亡率：高於預期，Greenwood and Suddaby (2006)，Stubbart and Knight (2006) 的評論。最好的檢定是拿標準普爾一百或者標準普爾五百，看它們經過一段時間的成分股變化。另一種方法是看企業合併的文獻。

資訊瀑流：群眾導致謬誤、錯覺和謠言惡化的機制，Sunstein (2009) 綜合報告。

艾倫．布林德問題：《華爾街日報》文章，帶有未揭露的利益衝突：〈地毯式存款保險是個爛主意〉（Blanket Deposit Insurance Is a Bad Idea），Oct. 15, 2008，與哥倫比亞大學商學院院長 R. Glenn Hubbard 合撰。

家族企業的相對表現：McConaughy and Fialco (2001)、Le Breton-Miller and Miller (2006)、Mackie (2001)。

切身利害：Taleb and Martin (2012a)。

資料採擷、巨量資料和研究工作者的選擇權等

社會科學文獻中的誤解：典型的錯誤，如非常積極推廣這個觀念的 Ayres (2007) 對問題的無知：「大買歐元需要做避險動作嗎？看起來你應該賣掉包含沃爾瑪（Wal-Mart）股票在內的其他二十六檔股票和商品構成的審慎平衡投資組合，」p. 11。

史丹．楊格的聖戰：Young and Carr (2011). 亦見 Ioannides (2005, 2007)。

信念的許定：Levi (1980)。

鹽：Freedman and Petitti (2001) 依賴資料的視覺化，而不是靠指標，非常具有說服力。請注意「兩位作者都沒有擔任鹽業顧問」，這樣的東西，我會優先拜讀。

巨量資料的圖：利用蒙第卡羅模擬；用於 >0.1，或者超過相關係數，是社會科學所喜歡的（很難用分析性的方法去做分析，因爲需要很大的矩陣，才能維持正定〔positive-definite〕）。凸性相對於相關係數門檻值不變。

臨床試驗中研究工作者偏誤的解決方法：Goldacre (2009) 建議設立試驗資料庫，強迫研究工作者將失敗記錄下來。任何做法都比我們現在要好。

集體和脆弱性：集體的力量來自效率等方面的利益，因此具有脆弱性：人們開始用集體判斷取代個人判斷。這運作得相當好——比個人必須重起爐灶，速度要快且便宜（因此更有效率）。但是和任何走捷徑的東西一樣，最後會在我們眼前爆炸。在我們生活的世界中，它的影響更加嚴重——規模愈來愈大；集體等於整個地球。

賈伯斯與工匠倫理：這件事令我憂慮：「花花公子：『你的意思是說，生產小型個人電腦的人，對產品沒有那種自豪？』賈伯斯：『如果他們有的話，就不會做小型個人電腦。』」*Playboy [sic]*, Feb. 1, 1985。

戳破雙曲線貼現的假說：Read and Airoldi (2012)。

關於巨量資料和研究工作者詭詐系統的其他討論：Baumeister et al. (2007) 談到心理學中的自行報告。Kerr (1998) 談有了結果才定假說的問題，Yauan and Maxwell 談事後；Yarkoni 談大M（維度）低N（資料）的問題。

謝辭

Peter Bevelin、Jazi Zilber、Peter Tanous 和 Rolf Dobelli 非常詳盡地讀完全部手稿幾個不同的版本數次之多，並且大方表示意見，或者提示相關的研究。Will Murphy、Evan Camfield、Alexis Kirshbaum、Cynthia Taleb、Will Goodlad、Stefan McGrath 和 Asim Samiuddin 等人特別熱心貢獻，除了見證本書的推進，也協助它的開展。

感謝惠賜指教與助益良多：Peter Nielsen、Rory Sutherland、Saifedean Ammous、Max Brockman、John Brockman、Marcos Carreira、Nathan Myhrvold、Aaron Brown、Terry Burnham、Peter Boettke、Russ Roberts、Kevin Horgan、Farid Karkaby、Michael Schrague、Dan Goldstein、Marie-Christine Riachi、Ed Frankel、Mika Kasuga、Eric Weinstein、Emanuel Derman、Alberto Mingardi、Constantine Sandis、Guy Deutscher、Bruno Dupire、George Martin、Joelle Weiss、Rohan Silva、Janan Ganesh、Dan Ariely、Gur Huberman、Cameron Williams、Jacques Merab、Lorenzo Savorelli、Andres Velasco、Eleni Panagiotarakou、Conrad Young、Melik Keylan、Seth Roberts、John McDonald、Yaneer BarYam、David Shaywitz、Nouriel Roubini、Philippe Asseily、Ghassan Bejjani、Alexis Grégoire Saint-Marie、Charles Tapiero、Barry Blecherman、Art De Vany、Guy Riviere、

Bernard Oppetit、Brendon Yarkin和Mark Spitznagel；以及我的線上協助者Jean-Louis Reault、Ben Lambert、Marko Costa、Satiyaki Den、Kenneth Lamont、Vergil Den、Karen Brennan、Ban Kanj、Lea McKay、Ricardo Medina、Marco Alves、Pierre Madani、Greg Linster、Oliver Mayor、Satyaki Roy、Daniel Hogendoorn、Phillip Crenshaw、Walter Marsh、John Aziz、Graeme Blake、Greg Linster、Sujit Kapadia、Alvaro De La Paz、Apoorv Bajpai、Louis Shickle、Ben Brady、Alfonso Payno de las Cuevas、"Guru Anaerobic," Alexander Boland、David Boxenhorn、Dru Stevenson和Michal Kolano。我肯定忘了其他許多人。

參考書目

About, Edmond, 1855, *La Grèce contemporaine*.

Abrahamson, Eric, and David H. Freedman, 2007, *A Perfect Mess: The Hidden Benefits of Disorder: How Crammed Closets, Cluttered Offices, and On-the-Fly Planning Make the World a Better Place*. Little, Brown.

Abramson, J., and J. Wright, 2007, "Are Lipid-Lowering Guidelines Evidence-Based?" *Lancet* 369(9557): 168–169.

Acemoglu, Daron, and James A. Robinson, 2012, *Why Nations Fail: The Origins of Power, Prosperity and Poverty*. New York: Crown Books.

ACCORD Study Group, 2007, "Action to Control Cardiovascular Risk in Diabetes (ACCORD) Trial: Design and Methods." *American Journal of Cardiology* 99 (suppl): 21i–33i.

Akanji, A. O., O. A. Mojiminiyi, and N. Abdella, 2000, "Beneficial Changes in Serum Apo A-1 and Its Ratio to Apo B and HDL in Stable Hyperlipidaemic Subjects After Ramadan Fasting in Kuwait." *European Journal of Clinical Nutrition* 54(6): 508–13.

Allendy, René, 1937, *Paracelse; le médecin maudit*. Gallimard.

Alter, A. L., D. M. Oppenheimer, et al., 2007, "Overcoming Intuition: Metacognitive Difficulty Activates Analytic Reasoning." *Journal of Experimental Psychology: General* 136(4): 569.

Anderson, G., J. Foreyt, M. Sigman-Grant, and D. Allison, 2012, "The Use of Low-Calorie Sweeteners by Adults: Impact on Weight Management." *Journal of Nutrition* 142(6): 1163s–1169s.

Anderson, P. W., 1972, *Science*, New Series, Vol. 177, No. 4047 (Aug. 4), pp. 393–396.

Anderson, R. C., and D. M. Reeb, 2004, "Board Composition: Balancing Family Influence in S&P 500 Firms." *Administrative Science Quarterly* 209–237.

Andreoli, A., M. Monteleone, M. Van Loan, L. Promenzio, U. Tarantino, and A. De Lorenzo, 2001, "Effects of Different Sports on Bone Density and Muscle Mass in Highly Trained Athletes." *Medicine & Science in Sports & Exercise* 33(4): 507–511.

Anson, R. M., Z. Guo, et al., 2003, "Intermittent Fasting Dissociates Beneficial Effects of Dietary Restriction on Glucose Metabolism and Neuronal Resistance to Injury from Calorie Intake." *Proceedings of the National Academy of Sciences of the United States of America* 100(10): 6216.

Arbesman, S., 2011, "The Life-Spans of Empires." *Historical Methods: A Journal of Quantitative and Interdisciplinary History* 44(3): 127–129.

Arikha, Noga, 2008a, *Passions and Tempers: A History of the Humours*. Harper Perennial.

Arikha, Noga, 2008b, "Just Life in a Nutshell: Humours as Common Sense," *Philosophical Forum Quarterly* XXXIX: 3.

Arnheim, Rudolf, 1971, *Entropy and Art: An Essay on Disorder and Order*. Berkeley: University of California Press.

Arnqvist, G., and M. Kirkpatrick, 2005, "The Evolution of Infidelity in Socially Monogamous Passerines: The Strength of Direct and Indirect Selection on Extrapair Copulation Behavior in Females." *American Naturalist* 165 (s5).

Aron, Raymond, 1964, *Dimensions de la conscience historique*. Agora/Librairie Plon.

Arrow, Kenneth, 1971, "Aspects of the Theory of Risk-Bearing," Yrjö Jahnsson Lectures (1965), reprinted in *Essays in the Theory of Risk Bearing,* edited by Kenneth Arrow. Chicago: Markum.

Atamas, S. P., and J. Bell, 2009, "Degeneracy-Driven Self-Structuring Dynamics in Selective Repertoires." *Bulletin of Mathematical Biology* 71(6): 1349–1365.

Athavale, Y., P. Hosseinizadeh, et al., 2009, "Identifying the Potential for Failure of Businesses in the Technology, Pharmaceutical, and Banking Sectors Using Kernel-Based Machine Learning Methods." IEEE.

Aubet, Maria Eugenia, 2001, *The Phoenicians and the West: Politics, Colonies and Trade,* Cambridge: Cambridge University Press.

Audard, Catherine, ed., 1993, *Le respect: De l'estime à la déférence: une question de limite*. Paris: Éditions Autrement.

Aurengo, André, 2005, "Dose-Effect Relationships and Estimation of the Carcinogenic Effects of Low Doses of Ionizing Radiation." Académie des Sciences et Académie Nationale de Médecine.

Ayanian, J. Z., and D. M. Berwick 1991, "Do Physicans Have a Bias Toward Action?" *Medical Decision Making* 11(3): 154–158.

Ayres, Ian, 2007, *Super Crunchers: Why Thinking-by-Numbers Is the New Way to Be Smart*. New York: Bantam.

Bakwin, H., 1945, "Pseudodoxia Pediatrica." *New England Journal of Medicine* 232(24): 692.

Ball, Philip, 2006, *The Devil's Doctor: Paracelsus and the World of Renaissance Magic and Science*. New York: Farrar, Straus and Giroux.

Ball, Philip, 2008, *Universe of Stone: A Biography of Chartres Cathedral*. New York: Harper.

Bar-Yam, Yaneer, and I. Epstein, 2004. "Response of Complex Networks to Stimuli." *Proceedings of the National Academy of Sciences of the United States of America* 101(13): 4341.

Bar-Yam, Yaneer, 2001, *Introducing Complex Systems*. Cambridge, Mass.: New England Complex Systems Institute, 57.

Barkan, I., 1936, "Imprisonment as a Penalty in Ancient Athens." *Classical Philology* 31(4): 338–341.

Barry, D. W., and W. M. Kohrt, 2008, "BMD Decreases over the Course of a Year in Competitive Male Cyclists." *Journal of Bone and Mineral Research* 23(4): 484–491.

Barty-King, H., 1997, *The Worst Poverty: A History of Debt and Debtors*. Budding Books.

Basalla, George, 1988, *The Evolution of Technology*. Cambridge: Cambridge University Press.

Bates, Don, ed., 1995, *Knowledge and the Scholarly Medical Traditions*. Cambridge: Cambridge University Press.

Baumeister, R. F., K. D. Vohs, and D. C. Funder, 2007, "Psychology as the Science of Self-Reports and Finger Movements: Whatever Happened to Actual Behavior?" *Perspectives on Psychological Science* 2: 396–403.

Beahm, George, 2011, *I, Steve: Steve Jobs in His Own Words*. Perseus Books Group.

Beaujouan, G., 1991, *Par raison de nombres: L'art du calcul et les savoirs scientifiques médiévaux*. Variorum Publishing.

Beaujouan, G., 1973, *Réflexions sur les rapports entre théorie et pratique au moyen age*. D. Reidel Publ. Co.

Bechtel, Guy, 1970, *Paracelse et la naissance de la médecine alchimique*. Culture, Art, Loisirs.

Bell, David A., 2001, *The Cult of the Nation in France: Inventing Nationalism 1680–1800*. Cambridge, Mass.: Harvard University Press.

Bennett, G., N. Gilman, et al., 2009, "From Synthetic Biology to Biohacking: Are We Prepared?" *Nature Biotechnology* 27(12): 1109–1111.

Berkun, Scott, 2007, *The Myths of Innovation*. Sebastol, Calif.: O'Reilly.

Berlin, Isaiah, 1990, *The Crooked Timber of Humanity*. Princeton, N.J.: Princeton University Press.

Berns, Thomas, Laurence Blésin, and Gaelle Jeanmart, 2010, *Du courage: une histoire philosophique*. Encre Marine.

Bernstein, Peter L., 1996, *Against the Gods: The Remarkable Story of Risk*. New York: Wiley.

Bettencourt, L., and G. West, 2010, "A unified theory of urban living," *Nature* 467(7318): 912–913.

Bettencourt, L., and G. West, 2011, "Bigger Cities Do More with Less." *Scientific American* 305(3): 52–53.

Beunza, D., and D. Stark, 2010, "Models, Reflexivity, and Systemic Risk: A Critique of Behavioral Finance." Preprint.

Biezunski, Michel, ed., 1983, *La recherche en histoire des sciences*. Paris: Éditions du Seuil.

Blagosklonny, M., J. Campisi, D. Sinclair, A. Bartke, M. Blasco, W. Bonner, V. Bohr, R. Brosh Jr., A. Brunet, and R. DePinho, 2010, "Impact Papers on Aging in 2009." *Aging* (Albany, N.Y.), 2(3): 111.

Blaha, M. J., K. Nasir, R. S. Blumenthal, 2012, "Statin Therapy for Healthy Men Identified as 'Increased Risk.'" JAMA 307(14): 1489–90.

Bliss, Michael, 2007, *The Discovery of Insulin*. Chicago: University of Chicago Press.

Blundell-Wignall, A., G. Wehinger, et al., 2009, "The Elephant in the Room: The Need to Deal with What Banks Do." *OECD Journal: Financial Market Trends* (2).

Boehlje, M., 1999, "Structural Changes in the Agricultural Industries: How Do We Measure, Analyze and Understand Them?" *American Journal of Agricultural Economics* 81(5): 1028–1041.

Bohuon, Claude, and Claude Monneret, 2009, *Fabuleux hasards: histoire de la découverte des médicaments*. EDP Sciences.

Bonanno, G. A., 2004, "Loss, Trauma, and Human Resilience: Have We Underestimated the Human Capacity to Thrive After Extremely Aversive Events?" *American Psychologist* 59: 20–28.

Borkowski, M., B. Podaima, et al., 2009, "Epidemic Modeling with Discrete-Space

Scheduled Walkers: Extensions and Research Opportunities." *BMC Public Health* 9 (Suppl 1): S14.

Bostrom, Nick, 2002, *Anthropic Bias: Observation Selection Effects in Science and Philosophy*. London: Routledge.

Boucher, A., et al., 2004, "Biochemical Mechanism of Lipid-Induced Impairment of Glucose-Stimulated Insulin Secretion and Reversal with a Malate Analogue." *Journal of Biological Chemistry* 279: 27263–27271.

Bourdieu, Pierre, 1972, *Esquisse d'une théorie de la pratique*. Paris: Éditions du Seuil.

Brand, Stewart, 1995, *How Buildings Learn: What Happens After They're Built*. Penguin.

Brandstätter, E., G. Gigerenzer, et al., 2006, "The Priority Heuristic: Making Choices Without Trade-offs." *Psychological Review* 113(2): 409.

Brewster, J. F., M. R. Graham, et al., 2005, "Convexity, Jensen's Inequality and Benefits of Noisy Mechanical Ventilation." *Journal of the Royal Society* 2(4): 393–396.

Brosco, J., and S. Watts, 2007, "Two Views: 'Bad Medicine: Doctors Doing Harm Since Hippocrates.' By David Wootton." *Journal of Social History* 41(2): 481.

Bryson, Bill, 2010, *At Home: A Short History of Private Life*. New York: Doubleday.

Burch, Druin, 2009, *Taking the Medicine: A Short History of Medicine's Beautiful Idea, and Our Difficulty Swallowing It*. Chatto and Windus.

Burghardt, G., and W. Hoskins, 1994, "The Convexity Bias in Eurodollar Futures." *Carr Futures Research Note*, September.

Burghardt, G., and G. Panos, 2001, "Hedging Convexity Bias." *Carr Futures Research Note*, August.

Burnyeat, F., 1984, "The Sceptic in His Place and Time." In R. Rorty, J. B. Schneewind, and Q. Skinner, eds., *Philosophy in History*. Cambridge: Cambridge University Press, p. 225.

Cairns, Warwick, 2007, *About the Size of It: The Common Sense Approach to Measuring Things*. London: Pan Books.

Calabrese, E. J., 2005, "Paradigm Lost, Paradigm Found: The Re-emergence of Hormesis as a Fundamental Dose Response Model in the Toxicological Sciences." *Environmental Pollution* 138(3): 378–411.

Calabrese, E. J., and L. Baldwin, 2002, "Defining Hormesis." *Human & Experimental Toxicology* 21(2): 91.

Calabrese, E. J., and L. A. Baldwin, 2003a, "Toxicology Rethinks Its Central Belief." *Nature* 421(6924): 691–692.

Calabrese, E. J., and L. A. Baldwin, 2003b, "Hormesis: The Dose-Response Revolution." *Annual Review of Pharmacology and Toxicology* 43(1): 175–197.

Calder, William M. III, Bernhard Huss, Marc Mastrangelo, R. Scott Smith, and Stephen M. Trzaskoma, 2002, *The Unknown Socrates*. Wauconda, Ill: Bolchazy-Carducci Publishers.

Calhoun, L. G., and R. G. Tedeschi, 2006, *Expert Companions: Post-Traumatic Growth in Clinical Practice*. Lawrence Erlbaum Associates Publishers.

Canguilhem, Georges, 1966, *Le normal et le pathologique*. Presses Universitaires de France.

Canguilhem, Georges, 1995, *Études d'histoire et de philosophie des sciences*. Librairie Philosophique J. Vrin.

Carbuhn, A., T. Fernandez, A. Bragg, J. Green, and S. Crouse, 2010, "Sport and Training Influence Bone and Body Composition in Women Collegiate Athletes." *Journal of Strength and Conditioning Research* 24(7): 1710–1717.

Carey, B., P. K. Patra, et al., 2011, "Observation of Dynamic Strain Hardening in Polymer Nanocomposites." *ACS Nano.* 5(4): 2715–2722.

Carrera-Bastos, P., M. Fontes Villalba, et al., 2011, "The Western Diet and Lifestyle and Diseases of Civilization." *Research Reports in Clinical Cardiology* 2: 215–235.

Cartwright, S., and R. Schoenberg, 2006, "Thirty Years of Mergers and Acquisitions Research: Recent Advances and Future Opportunities." *British Journal of Management* 17(S1): S1–S5.

Caves, Carlton M., 2000, "Predicting Future Duration from Present Age: A Critical Assessment," *Contemporary Physics* 41: 143–153.

Chang, H. J., 2011, *23 Things They Don't Tell You About Capitalism.* London: Bloomsbury Press.

Charbonnier, Georges, 2010, *Entretiens avec Claude Lévi-Strass.* Les Belles Lettres.

Collins, Harry, 2010, *Tacit and Explicit Knowledge.* Chicago: University of Chicago Press.

Collins, N. C., 2008, "Is Ice Right? Does Cryotherapy Improve Outcome for Acute Soft Tissue Injury?" *Emergency Medicine Journal* 25: 65–68.

Compagnon, Antoine, 2005, *Les antimodernes de Joseph de Maistre à Roland Barthes.* Paris: Gallimard.

Congcong, He, et al., 2012, "Exercise-Induced BCL2-Regulated Autophagy Is Required for Muscle Glucose Homeostasis." *Nature*, 2012.

Conrad, Lawrence I., Michael Neve, Vivian Nutton, Roy Porter, and Andrew Wear, 1995, *The Western Medical Tradition: 800 BC to AD 1800.* Cambridge: Cambridge University Press.

Conroy, B. P., W. J. Kraemer, et al., 1993, "Bone Mineral Density in Elite Junior Olympic Weightlifters." *Medicine and Science in Sports and Exercise* 25(10): 1103.

Contopoulos-Ioannidis, D. G., E. E. Ntzani, et al., 2003, "Translation of Highly Promising Basic Science Research into Clinical Applications." *American Journal of Medicine* 114(6): 477–484.

Contopoulos-Ioannidis, D. G., G. A. Alexiou, et al., 2008, "Life Cycle of Translational Research for Medical Interventions." *Science* 321(5894): 1298–1299.

Convery, F. J., C. Di Maria, et al., 2010, "ESRI Discussion Paper Series No. 230."

Coulter, Harris L., 1994, *Divided Legacy: A History of the Schism in Medical Thought,* Vol. I. Center for Empirical Medicine.

Coulter, Harris L., 2000, *Divided Legacy: A History of Schism in Medical Thought,* Vol. II. North Atlantic Books.

Cowan, R., P. A. David, et al., 2000, "The Explicit Economics of Knowledge Codification and Tacitness." *Industrial and Corporate Change* 9(2): 211.

Coy, P., 2009, "What Good Are Economists Anyway?" *BusinessWeek* 27: 26–29.

Crafts, Nicholas F. R., 1985, *British Economic Growth During the Industrial Revolution.* New York: Oxford University Press.

Crafts, Nicholas F. R., and C. Knick Harley. "Output Growth and the British Industrial Revolution: A Restatement of the Crafts-Harley View." *Economic History Review* 45 (1992): 703–730.

Cretu, O., R. B. Stewart, et al., 2011, *Risk Management for Design and Construction.*

Crosby, Alfred W., 1997, *The Measure of Reality: Quantification and Western Society, 1250–1600.* Cambridge: Cambridge University Press.

Cuillerai, Marie, 2009, *Spéculation, éthique, confiance: Essai sur le capitalisme vertueux.* Éditions Payots-Rivages.

Cunningham, Solveig Argeseanu, Kristina Mitchell, K.M. Venkat Narayan, Salim Yusuf, 2008, "Doctors' Strikes and Mortality: A Review." *Social Science & Medicine* 67(11), 1784–1788.
Cypser, J. R., and T. E. Johnson, 2002, "Multiple Stressors in *Caenorhabditis Elegans* Induce Stress Hormesis and Extended Longevity." *Journals of Gerontology: Series A: Biological Sciences and Medical Sciences* 57(3): B109.
Czerlinski, J., G. Gigerenzer, et al., 1999, "How Good Are Simple Heuristics?"
Dahl, Robert A., and Edward R. Tufte, 1973, *Size and Democracy*. Stanford: Stanford University Press.
Danchin, A., P. M. Binder, et al., 2011, "Antifragility and Tinkering in Biology (and in Business) Flexibility Provides an Efficient Epigenetic Way to Manage Risk." *Genes* 2(4): 998–1016.
Darnton, Robert, 2010, *The Devil in the Holy Water, or The Art of Slander from Louis XIV to Napoleon*. University of Pennsylvania Press.
Daston, Lorraine, 1988, *Classical Probability in the Enlightenment*. Princeton, N.J.: Princeton University Press.
Davidson, P., 2010, "Black Swans and Knight's Epistemological Uncertainty: Are These Concepts Also Underlying Behavioral and Post-Walrasian Theory?" *Journal of Post Keynesian Economics* 32(4): 567–570.
Davis, Devra, 2007, *The Secret History of the War on Cancer*. Basic Books.
Dawes, Robyn M., 2001, *Everyday Irrationality: How Pseudo-Scientists, Lunatics, and the Rest of Us Systematically Fail to Think Rationally*. Westview.
De Finetti, B., 1937, *La prévision: ses lois logiques, ses sources subjectives*. Institut Henri Poincaré.
De Finetti, B., 1974, *Theory of Probability*, Vol. 1. London: John.
De Finetti, B., 1989, "Probabilism." *Erkenntnis* 31(2): 169–223.
De la Hunty, A., S. Gibson, and M. Ashwell, 2006, "A Review of the Effectiveness of Aspartame in Helping with Weight Control." *Nutrition Bulletin* 31(2):115–128.
De Long, J. Bradford, and Andrei Shleifer, 1993, "Princes and Merchants: European City Growth Before the Industrial Revolution." *Journal of Law and Economics* 36: 671–702.
De Soto, H., 2000, *The Mystery of Capital: Why Capitalism Triumphs in the West and Fails Everywhere Else*. Basic Books.
De Vany, A., 2011, *The New Evolution Diet*. Vermilion.
Delon, Michel, ed., 1997, *Dictionnaire européen des lumières*. Presses Universitaires de France.
Deneubourg, J. L., S. Goss, N. Franks, and J. M. Pasteels, 1989, "The Blind Leading the Blind: Modelling Chemically Mediated Army Ant Raid Patterns." *Journal of Insect Behavior* 2: 719–725.
Deneubourg, J. L., J. M. Pasteels, and J. C. Verhaeghe, 1983, "Probabilistic Behavior in Ants: A Strategy of Errors?" *Journal of Theoretical Biology* 105: 259–271.
Derman, E., and N. N. Taleb, 2005, "The Illusions of Dynamic Replication." *Quantitative Finance* 5: 4.
Dhabhar, F. S., 2009, "Enhancing Versus Suppressive Effects of Stress on Immune Function: Implications for Immunoprotection and Immunopathology." *Neuroimmunomodulation* 16(5): 300–317.
Dhabhar, F. S., A. N. Saul, C. Daugherty, T. H. Holmes, D. M. Bouley, T. M. Oberyszyn, 2010, "Short-term Stress Enhances Cellular Immunity and Increases Early Resistance to Squamous Cell carcinoma." *Brain, Behavior and Immunity* 24(1): 127–137.
Dhabhar, F. S., A. N. Saul, T. H. Holmes, C. Daugherty, E. Neri, J. M. Tillie, D. Kuse-

witt, T. M. Oberyszyn, 2012, "High-Anxious Individuals Show Increased Chronic Stress Burden, Decreased Protective Immunity, and Increased Cancer Progression in a Mouse Model of Squamous Cell Carcinoma." *PLOS ONE* 7(4): e33069.

Diamond, Jared, 1988, "Why Cats Have Nine Lives." *Nature*, Vol. 332, April 14.

Dixit, A. K. and R. S. Pindyck, 1994, *Investment Under Uncertainty*. Princeton, N.J.: Princeton University Press.

Djebbar, Ahmed, 2001, *Une histoire de la science arabe*. Éditions du Seuil.

Dook, J. E., C. James, N. K. Henderson, and R. I. Price, 1997, "Exercise and Bone Mineral Density in Mature Female Athletes." *Medicine and Science in Sports and Exercise* 29(3): 291–296.

Douady, R. and N. N. Taleb, 2011, "Statistical Undecidability," preprint.

Driver, P. M., and D. A. Humphries, 1988, *Protean Behaviour: The Biology of Unpredictability*. Oxford: Oxford University Press.

Duffin, Jacalyn, 1999, *History of Medicine: A Scandalously Short Introduction*. Toronto: University of Toronto Press.

Dunne, J. A., R. J. Williams, et al., 2002, "Network Topology and Biodiversity Loss in Food Webs: Robustness Increases with Connectance." *Ecology Letters* 5(4): 558–567.

Earle, J., 1975, "Thyroid Cancer. Delayed Effects of Head and Neck Irradiation in Children (Medical Information)." *Western Journal of Medicine* 123:340, October.

Easterly, W., 2001, *The Elusive Quest for Growth: Economists' Adventures and Misadventures in the Tropics*. Cambridge, Mass.: The MIT Press.

Easterly, W., and A. Kraay, 2000, "Small States, Small Problems? Income, Growth, and Volatility in Small States." *World Development* 28(11): 2013–2027.

Easterly, W., M. Kremer, L. Pritchett, and L. Summers, 1993, "Good Policy or Good Luck? Country Growth Performance and Temporary Shocks" *Journal of Monetary Economics* 32(3): 459–483.

Easterly, William, 2006, *The White Man's Burden: Why the West's Efforts to Aid the Rest Have Done So Much Ill and So Little Good*. Penguin Group.

Eberhard, Wolfram, 1950, 1977, *A History of China*. University of California Press.

Edelstein, Ludwig, 1987, *Ancient Medicine*. Johns Hopkins University Press.

Edgerton, David, 1996a, "The 'White Heat' Revisited: British Government and Technology in the 1960s." *Twentieth Century British History* 7(1): 53–82.

Edgerton, David, 1996b, *Science, Technology, and the British Industrial 'Decline,' 1870–1970*. Cambridge: Cambridge University Press.

Edgerton, David, 2004, "The 'Linear Model' Did Not Exist: Reflections on the History and Historiography of Science and Research in Industry in the Twentieth Century." In Karl Grandin and Nina Wormbs, eds., *The Science–Industry Nexus: History, Policy, Implications*. New York: Watson.

Edgerton, David, 2007, *The Shock of the Old: Technology and Global History Since 1900*, Oxford.

Ekern, S., 1980, "Increasing Nth Degree Risk." *Economics Letters* 6(4): 329–333.

Elkington, John, and Pamela Hartigan, 2008, *The Power of Unreasonable People: How Social Entrepreneurs Create Markets That Change the World*. Cambridge, Mass.: Harvard Business Press.

Emer, J., 2009, "An Evolution of General Purpose Processing: Reconfigurable Logic Computing." *Proceedings of the 7th Annual IEEE/ACM International Symposium*.

Esnault, Y., 2001, "Francois Jacob, l'éloge du bricolage." *Biofutur* (213).

Fabrizio, P., F. Pozza, S. Pletcher, C. Gendron, and V. Longo, 2001, "Regulation of Longevity and Stress Resistance by Sch9 in Yeast." *Science's STKE* 292(5515): 288.

Fejtö, François, 1989, *Requiem pour un Empire défunt. Histoire de la destruction de l'Autriche-Hongrie*. Paris: Lieu Commun.

Ferguson, Niall, 2011, *Civilization: The West and the Rest*. Penguin.

Fernandez, G., E. S. Spatz, C. Jablecki, P. S. Phillips, 2011, "Statin Myopathy: A Common Dilemma Not Reflected in Clinical Trials." *Cleveland Clinic Journal of Medicine* 78(6): 393–403.

Ferrante, Louis, 2011, *Mob Rules: What the Mafia Can Teach the Legitimate Businessman*. Penguin.

Finch, C., V. Longo, A. Miyao, T. Morgan, I. Rozovsky, Y. Soong, M. Wei, Z. Xie, and H. Zanjani, 2001, "Inflammation in Alzheimer's Disease." In M.-F. Chesselet, ed., *Molecular Mechanisms of Neurodegenerative Diseases*, pp. 87–110.

Fink, W., V. Lipatov, et al., 2009, "Diagnoses by General Practitioners: Accuracy and Reliability." *International Journal of Forecasting* 25(4): 784–793.

Finley, M. I., 1953, "Land, Debt, and the Man of Property in Classical Athens." *Political Science Quarterly* 68(2): 249–268.

Flyvbjerg, Bent, 2001, *Making Social Science Matter: Why Social Inquiry Fails and How It Can Succeed Again*. Cambridge: Cambridge University Press.

Flyvbjerg, Bent, and Alexander Budzier, 2011, "Are You Sitting on a Ticking Time Bomb?" *Harvard Business Review*, September.

Flyvbjerg, Bent, 2009, "Survival of the Unfittest: Why the Worst Infrastructure Gets Built—and What We Can Do About It." *Oxford Review of Economic Policy*, Vol. 25, No. 3, 344–367.

Fossedal, G. A., and A. R. Berkeley III, 2005, *Direct Democracy in Switzerland*. Transaction Pub.

Fourest, Caroline, and Fiametta Venner, 2010, *Les interdits religieux*. Éditions Dalloz.

Franklin, James, 2001, *The Science of Conjecture: Evidence and Probability Before Pascal*. Baltimore: Johns Hopkins University Press.

Freedman, D. A., and D. B. Petitti, 2001, "Salt and Blood Pressure: Conventional Wisdom Reconsidered." *Evaluation Review* 25(3): 267–287.

Freedman, D., D. Collier, et al., 2010, *Statistical Models and Causal Inference: A Dialogue with the Social Sciences*. Cambridge: Cambridge University Press.

Freeman, C., and L. Soete, 1997, *The Economics of Industrial Innovation*. London: Routledge.

Freidson, Eliot, 1970, *Profession of Medicine: A Study of the Sociology of Applied Knowledge*. Chicago: University of Chicago Press.

French, Roger, 2003, *Medicine Before Science: The Rational and Learned Doctor from the Middle Ages to the Enlightenment*. Cambridge: Cambridge University Press.

Froot, K. A., 2001, "The Market for Catastrophe Risk: A Clinical Examination," *Journal of Financial Economics* 60(2–3): 529–571.

Fujiwara, Y., 2004, "Zipf Law in Firms Bankruptcy." *Physica A: Statistical and Theoretical Physics* 337: 219–30.

Fukumoto, S., and T. J. Martin, 2009, "Bone as an Endocrine Organ." *Trends in Endocrinology and Metabolism* 20: 230–236.

Fuller, Steve, 2005, *The Intellectual*. Icon Books.

García-Ballester, Luis, 1995, "Health and Medical Care in Medieval Galenism." In Don Bates, ed., *Knowledge and the Scholarly Medical Traditions*. Cambridge: Cambridge University Press.

Garland, Robert, 1998, *Daily Life of the Ancient Greeks*. Indianapolis: Hackett.

Gauch, Ronald R., 2009, *It's Great! Oops, No It Isn't: Why Clinical Research Can't Guarantee the Right Medical Answers*. Springer.

Gawande, Atul, 2002, *Complications: A Surgeon's Note on an Imperfect Science*. Picador.
Geach, Peter, 1966, "Plato's Euthyphro," *The Monist* 50: 369–382.
Geison, Gerald L., 1995, *The Private Science of Louis Pasteur*. Princeton, N.J.: Princeton University Press.
Gems, D., and L. Partridge, 2008, "Stress-Response Hormesis and Aging: That Which Does Not Kill Us Makes Us Stronger." *Cell Metabolism* 7(3): 200–203.
Gibbert, M. and P. Scranton, 2009, "Constraints as Sources of Radical Innovation? Insights from Jet Propulsion Development." *Management & Organizational History* 4(4): 385.
Gigerenzer, Gerd, 2008, "Why Heuristics Work." *Perspectives on Psychological Science* 3(1): 20–29.
Gigerenzer, Gerd, and H. Brighton, 2009, "*Homo heuristicus:* Why Biased Minds Make Better Inferences." *Topics in Cognitive Science* 1(1): 107–143.
Gigerenzer, Gerd, and W. Gaissmaier, 2011, "Heuristic Decision Making." *Annual Review of Psychology* 62: 451–482.
Gladwell, Malcolm, 2009, *What the Dog Saw: And Other Adventures*. Hachette Group.
Glaeser, E., 2011, *Triumph of the City: How Our Greatest Invention Makes Us Richer, Smarter, Greener, Healthier, and Happier.* New York: Penguin
Glaser, Scott, and Rinoo Shah, 2010, "Root Cause Analysis of Paraplegia Following Transforaminal Epidural Steroid Injections." *Pain Physician* 13: 237–244.
Gold, Rich, 2007, *The Plenitude: Creativity, Innovation, and Making Stuff*. Cambridge, Mass.: The MIT Press.
Goldacre, B., 2007, "Benefits and Risks of Homoeopathy." *Lancet* 370(9600): 1672–1673.
Goldacre, B., 2009, *Bad Science: Quacks, Hacks, and Big Pharme Flacks*. London: Harper Perennial.
Goldstein, D. G., and G. Gigerenzer, 1999, "The Recognition Heuristic: How Ignorance Makes Us Smart."
Goldstein, D. G., and G. Gigerenzer, 2002, "Models of Ecological Rationality: The Recognition Heuristic." *Psychological Review* 109(1): 75.
Goldstein, D. G., and N. N. Taleb, 2007, "We Don't Quite Know What We Are Talking About When We Talk About Volatility," *Journal of Portfolio Management*, Summer.
Gott, J. Richard III, 1993, "Implications of the Copernican Principle for Our Future Prospects." *Nature* 363(6427): 315–319.
Gott, J. Richard III, 1994, "Future Prospects Discussed." *Nature* 368: 108.
Graeber, David, 2011, *Debt: The First 5000 Years*. Melville House Publishing.
Graham, M. R., C. J. Haberman, et al., 2005, "Mathematical Modelling to Centre Low Tidal Volumes Following Acute Lung Injury: A Study with Biologically Variable Ventilation." *Respiratory Research* 6(1): 64.
Granger, Clive W. J., 1999, *Empirical Modeling in Economics: Specification and Evaluation*. Cambridge: Cambridge University Press.
Grant, Ruth W., 2011, *Strings Attached: Untangling the Ethics of Incentives*. Princeton, N.J.: Princeton University Press.
Graver, M., 2007, *Stoicism and Emotion*. Chicago: University of Chicago Press.
Gray, John, 1998, *Hayek on Liberty*. Psychology Press.
Gray, John, 2002, *Straw Dogs: Thoughts on Humans and Other Animals*. London: Granta Books.

Gray, John, 2011, *The Immortalization Commission: Science and the Strange Quest to Cheat Death*. Allen Lane.

Greenwood, R., and R. Suddaby, 2006, "The Case of Disappearing Firms: Death or Deliverance?" *Journal of Organizational Behavior* 27(1): 101–108.

Grice, E. A., and J. A. Segre, 2011, "The Skin Microbiome." *Nature Reviews Microbiology* 9(4): 244–253.

Griffith, S. C., I.P.F. Owens, and K. A. Thuman, 2002, "Extrapair Paternity in Birds: A Review of Interspecific Variation and Adaptive Function." *Molecular Ecology* 11: 2195–212.

Grob, Gerald N., 2002, *The Deadly Truth: A History of Disease in America*. Cambridge, Mass.: Harvard University Press.

Guadalupe-Grau, A., T. Fuentes, B. Guerra, and J. Calbet, 2009, "Exercise and Bone Mass in Adults." *Sports Medicine* 39(6): 439–468.

Guarner, F., R. Bourdet-Sicard, et al., 2006, "Mechanisms of Disease: the Hygiene Hypothesis Revisited." *Nature Clinical Practice Gastroenterology & Hepatology* 3(5): 275–284.

Guidone, C., et al., 2006, "Mechanisms of Recovery from Type 2 Diabetes After Malabsorptive Bariatric Surgery." *Diabetes* 55: 2025–2031.

Hacking, Ian, 1984, *The Emergence of Probability: A Philosophical Study of Early Ideas About Probability, Induction and Statistical Inference*. Cambridge: Cambridge University Press.

Hacking, Ian, 1990, *The Taming of Chance*. Cambridge: Cambridge University Press.

Hacking, Ian, 2006, *The Emergence of Probability*, 2nd ed. New York: Cambridge University Press.

Hadler, Nortin M., M.D., 2008, *Worried Sick: A Prescription for Health in an Overtreated America*. Chapel Hill: University of North Carolina Press.

Hadler, Nortin M., M.D., 2009, *Stabbed in the Back*. Chapel Hill: University of North Carolina Press.

Haidt, J., 2012, *The Righteous Mind: Why Good People Are Divided by Politics and Religion*. New York: Pantheon.

Haigh, J., 2000, "The Kelly Criterion and Bet Comparisons in Spread Betting." *Journal of the Royal Statistical Society: Series D (The Statistician)* 49(4): 531–539.

Hajek, A., 2003, *Interpretations of Probability*. Citeseer.

Halagappa, V.K.M., Z. Guo, et al., 2007, "Intermittent Fasting and Caloric Restriction Ameliorate Age-Related Behavioral Deficits in the Triple-Transgenic Mouse Model of Alzheimer's Disease." *Neurobiology of Disease* 26(1):

Hald, Anders, 1998, *A History of Mathematical Statistics from 1750 to 1930*. New York: Wiley.

Hald, Anders, 2003, *A History of Probability and Statistics and Their Applications Before 1750*. Hoboken, N.J.: Wiley.

Haleblian, J., C. E. Devers, et al., 2009, "Taking Stock of What We Know About Mergers and Acquisitions: A Review and Research Agenda." *Journal of Management* 35(3): 469–502.

Hallström, H., H. Melhus, A. Glynn, L. Lind, A. Syvänen, and K. Michaëlsson, 2010, "Coffee Consumption and CYP1A2 Genotype in Relation to Bone Mineral Density of the Proximal Femur in Elderly Men and Women: A Cohort Study." *Nutrition and Metabolism* 7:12.

Hamazaki, T., et al, 2012, "Rethinking Cholesterol Issues," *Journal of Lipid Nutrition* 21.

Hammond, John S., Ralph L. Keeney, and Howard Raïffa, 1999, *Smart Choices: A*

Practical Guide to Making Better Life Decisions. Cambridge, Mass.: Harvard Business Press.

Harrison, A.R.W., 1998, *The Law of Athens: The Family and Property*. Indianapolis: Hackett.

Harrison, D. E., J. R. Archer, and C. M. Astle, 1984, "Effects of Food Restriction on Aging: Separation of Food Intake and Adiposity." *Proceedings of the National Academy of Sciences USA* 81: 1835–1838.

Haug, E. G., 1998, *The Complete Guide to Option Pricing Formulas*. McGraw-Hill Companies.

Haug, E. G., and N. N. Taleb, 2010, "Option Traders Use Heuristics, Never the Formula Known as Black-Scholes-Merton Equation," *Journal of Economic Behavior and Organizations* 27.

Hayek, F. A., 1945, "The Use of Knowledge in Society." *American Economic Review* 35(4): 519–530.

Hayek, F. A., 1991, *The Fatal Conceit: The Errors of Socialism*. Chicago: University of Chicago Press.

Hayflick, L., 2001, "Hormesis, Aging and Longevity Determination." *Human & Experimental Toxicology* 20(6): 289.

Heyde, C. C., and E. Seneta, eds., 2001, *Statisticians of the Centuries*. New York: Springer.

Hilton-Jones, D., 2009, "I-7. Statins and Muscle Disease." *Acta Myologica* 28(1): 37.

Hind, K. and M. Burrows, 2007, "Weight-Bearing Exercise and Bone Mineral Accrual in Children and Adolescents: A Review of Controlled Trials." *Bone* 40: 14–27.

Holland, John H., 1995, *Hidden Order: How Adaptation Builds Complexity*. Basic Books.

Hollis, Martin, 1994, *The Philosophy of Social Science: An Introduction*. Cambridge: Cambridge University Press.

Horkheimer, Max, and Theodor W. Adorno, 2002, *Dialectic of Enlightenment*. Stanford: Stanford University Press.

Hu, M., B.M.Y. Cheung, et al., 2012, "Safety of Statins: An Update." *Therapeutic Advances in Drug Safety* 3(3): 133–144.

Huang, Chi-fu, and Robert H. Litzenberger, 1988, *Foundations of Financial Economics*. Prentice-Hall, Inc.

Hudson, M., M. Van de Mieroop, et al., 2002, *Debt and Economic Renewal in the Ancient Near East: A Colloquium Held at Columbia University*. Potomac: CDL Press.

Illich, Ivan, 1995, *Limits to Medicine: Medical Nemesis, the Expropriation of Health*. London: Marion Boyars.

Ioannidis, J.P.A., 2005, "Why Most Published Research Findings Are False." *PLoS Medicine* 2(8), 696–701, doi:10.1371/journal.pmed.0020124.

Ioannidis, J.P.A., and T. A. Trikalinos, 2007, "An Exploratory Test for an Excess of Significant Findings." *Clinical Trials* 4: 245–253, doi:10.1177/1740774507079441.

Issawi, Charles, 1988, *The Fertile Crescent, 1800–1914: A Documentary Economic History*. Oxford: Oxford University Press.

Issawi, Charles, 1966, in Charles Issawi, ed., *The Economic History of the Middle East, 1800–1914*. Chicago: University of Chicago Press.

Jacob, François, 1977a, "Evolution et bricolage." *Le Monde* 6(7): 8.

Jacob, François, 1977b, "Evolution and Tinkering," *Science* 196(4295): 1161–1166.

Janson, J., T. Laedtke, et al., 2004, "Increased Risk of Type 2 Diabetes in Alzheimer Disease." *Diabetes* 53(2): 474–481.

Jaynes, E. T., 2003, 2004, *Probability Theory: The Logic of Science*. Cambridge: Cambridge University Press.

Jensen, J.L.W.V., 1906, "Sur les fonctions convexes et les inégalités entre les valeurs moyennes." *Acta Mathematica* 30.

Johnsgard, P. A., 2010, "Ducks, Geese, and Swans of the World: Tribe Stictonettini (Freckled Duck)." In Paul A. Johnsgard, *Ducks, Geese, and Swans of the World*. University of Nebraska Press.

Johnson, P.D.R., 2011, "Extensively Resistant Tuberculosis in the Lands Down Under." *Medical Journal of Australia* 194(11): 565.

Johnson, Steven, 2010, *Where Good Ideas Come From: The Natural History of Innovation*. Riverhead Books.

Josipovici, Gabriel, 2010, *What Ever Happened to Modernism?* New Haven: Yale University Press.

Kahn, James, 2011, "Can We Determine the Optimal Size of Government?" *Cato Institute* No. 7, September.

Kahneman, D., 2011, *Thinking, Fast and Slow*. New York: Farrar, Straus and Giroux.

Kahneman, D., 1982, "On the Study of Statistical Intuitions." In D. Kahneman, P. Slovic, and A. Tversky, eds., *Judgment Under Uncertainty: Heuristics and Biases*. Cambridge: Cambridge University Press.

Kahneman, D., and Amos Tversky, 1979, "Prospect Theory: An Analysis of Decision Under Risk." *Econometrica* 46(2): 171–185.

Kaiser, Jocelyn, 2003, "Hormesis: Sipping from a Poisoned Chalice." *Science* 302 (5644): 376–379.

Kantorovich, Aharon, 1993, *Scientific Discovery: Logic and Tinkering*. State University of New York Press.

Kaplan, H., K. Hill, J. Lancaster, and A. M. Hurtado, 2000, "A Theory of Human Life History Evolution: Diet, Intelligence, and Longevity." *Evolutionary Anthropology* 9:156–185.

Karsenty, G., 2003, "The Complexities of Skeletal Biology." *Nature* 423 (6937): 316–318.

Karsenty, G., 2011, *Regulation of Male Fertility by Bone*. Cold Spring Harbor Laboratory Press.

Karsenty, G., 2012a, "Bone as an endocrine tissue." *Annual Review of Physiology* 74(1).

Karsenty, G., 2012b, "The Mutual Dependence Between Bone and Gonads." *Journal of Endocrinology* 213(2): 107–114.

Kauffman, Stuart, 1995, *At Home in the Universe: The Search for Laws of Self-Organization and Complexity*. Oxford: Oxford University Press.

Kay, John, 2010, *Obliquity*. Penguin.

Kealey, T., 1996, *The Economic Laws of Scientific Research*. London: Macmillan.

Kennedy, Michael T., 2004, *A Brief History of Disease, Science and Medicine: From the Ice Age to the Genome Project*. Mission Viejo, Calif.: Asklepiad Press.

Kerr, N. L., 1998, "HARKing: Hypothezising After the Results Are Known." *Personality and Social Psychology Review* 2: 196–217, doi:10.1207/s15327957 pspr0203_4.

Khanna, P., 2010, "Beyond City Limits." *Foreign Policy* 181: 120–128.

Khmaladze, E. V., R. Brownrigg, and J. Haywood, 2010, "Memoryless Reigns of the 'Sons of Heaven.'" *International Statistical Review* 78: 348–62.

Khmaladze, E., R. Brownrigg, and J. Haywood, 2007, "Brittle Power: On Roman Emperors and Exponential Lengths of Rule." *Statistics & Probability Letters* 77: 1248–1257.

Khosla, V., 2009, "Whose Rules? Terms of Discussions Around a Global Cap-and-Trade System." *Innovations: Technology, Governance, Globalization* 4(4): 23–40.
Kirikos, G., and D. Novak, 1997, "Convexity Conundrums." *Risk Magazine*, March: 60–61.
Kohr, Leopold, 1957, *The Breakdown of Nations*. Rinehart.
Kondo, Y., T. Kanzawa, and R. Sawaya, 2005, "The Role of Autophagy in Cancer Development and Response to Therapy." *Nature Reviews Cancer* 5: 726–734.
Krugman, P., 1998, "Why Intellectuals Don't Understand Comparative Advantage." *Freedom and Trade: The Economics and Politics of International Trade* 2: 22.
Kurzban, R., 2010, "Does the Brain Consume Additional Glucose During Self-Control Tasks?" *Evolutionary Psychology* 8: 244–259. Retrieved from http://www.epjournal.net/wp-content/uploads/ep08244259.pdf.
La Mattina, John L., 2009, *Drug Truths: Dispelling the Myths About Pharma R&D*. Wiley.
Latour, Bruno, and Steve Woolgar, 1996, *La vie de laboratoire: La production des faits scientifiques*. La Découverte.
Laumakis, M., C. Graham, et al., 2009, "The Sloan-C Pillars and Boundary Objects as a Framework for Evaluating Blended Learning." *Journal of Asynchronous Learning Networks* 13(1): 75–87.
Lavery, J. V., 2011, "How Can Institutional Review Boards Best Interpret Preclinical Data?" *PLoS Medicine* 8(3): e1001011.
Le Bourg, Eric, 2009, "Hormesis, Aging and Longevity." *Biochimica et Biophysica Acta (BBA): General Subjects* 1790(10): 1030–1039.
Le Breton–Miller, I., and D. Miller, 2006, "Why Do Some Family Businesses Out-Compete? Governance, Long-Term Orientations, and Sustainable Capability." *Entrepreneurship Theory and Practice* 30(6): 731–746.
Le Fanu, James, M.D., 2002, *The Rise and Fall of Modern Medicine*. Carroll and Graf.
Le Goff, Jacques, 1985, *Les intellectuals au moyen age*. Éditions du Seuil.
Le Goff, Jacques, 1999, *Un autre moyen age*. Gallimard.
Lebrun, François, 1995, *Se soigner: Médicins, saints et sorciers aux XVII et XVIII siècles*. Éditions du Seuil.
Leoni, B., 1957, "The Meaning of 'Political' in Political Decisions." *Political Studies* 5(3): 225–239.
Leoni, B., and A. Kemp, 1991, *Freedom and the Law*. Indianapolis: Liberty Fund.
Levi, Isaac, 1980, *The Enterprise of Knowledge*. Cambridge, Mass.: The MIT Press.
Lévi-Strauss, Claude, 1962, *La pensée sauvage*. Plon.
Lewis, Ben, 2008, *Hammer and Tickle*. London: Weidenfeld & Nicolson.
Lewontin, Richard, 1993, *Biology as Ideology: The Doctrine of DNA*, Harper Perennial.
Li, Jie Jack, 2006, *Laughing Gas, Viagra, and Lipitor: The Human Stories Behind the Drugs We Use*. Oxford: Oxford University Press.
Light, D. and J. Lexchin, 2012, "Pharmaceutical Research and Development: What Do We Get for All That Money?" *British Medical Journal*, 345.
Lim, E. L., et al., 2011, "Reversal of Type 2 Diabetes: Normalisation of Beta Cell Function in Association with Decreased Pancreas and Liver Triacylglycerol." *Diabetologia* 54: 2506–2514.
Lindsay, James E., 2005, *Daily Life in the Medieval Islamic World*. Indianapolis: Hackett.
Lloyd, R., K. Hind, et al., 2010, "A Pilot Investigation of Load-Carrying on the Head and Bone Mineral Density in Premenopausal, Black African Women." *Journal of Bone and Mineral Metabolism* 28(2): 185–190.

Longo, V., and B. Kennedy, 2006, "Sirtuins in Aging and Age-Related Disease." *Cell* 126(2): 257–268.

Longo, V., M. Lieber, and J. Vijg, 2008, "Turning Anti-Ageing Genes Against Cancer." *National Review of Molecular Cell Biology* 9(11): 903–910, 1471–1472.

Longrigg, James, 1998, *Greek Medicine from the Heroic to the Hellenistic Age: A Source Book*. London: Routledge.

Luchsinger, J. A., M. X. Tang, et al., 2004, "Hyperinsulinemia and Risk of Alzheimer Disease." *Neurology* 63(7): 1187–1192.

Luehrman, T. A., 1998, "Strategy as a Portfolio of Real Options." *Harvard Business Review* 76: 89–101.

Lustick, I., B. Alcorn, et al., 2010, "From Theory to Simulation: The Dynamic Political Hierarchy in Country Virtualization Models." *American Political Science Association.*

Machina, Mark, and Michael Rothschild, 2008, "Risk." In Steven N. Durlauf and Lawrence E. Blume, eds., *The New Palgrave Dictionary of Economics,* 2nd ed. London: Macmillan.

Mackie, R., 2001, "Family Ownership and Business Survival: Kirkcaldy, 1870–1970." *Business History* 43: 1–32.

Makridakis, S., and N. N. Taleb, 2009, "Decision Making and Planning Under Low Levels of Predictability," *International Journal of Forecasting* 25 (4): 716–733.

Makridakis, S., A. Andersen, R. Carbone, R. Fildes, M. Hibon, R. Lewandowski, J. Newton, R. Parzen, and R. Winkler, 1982, "The Accuracy of Extrapolation (Time Series) Methods: Results of a Forecasting Competition." *Journal of Forecasting* 1: 111–153.

Makridakis, S., and M. Hibon, 2000, "The M3–Competition: Results, Conclusions and Implications." *International Journal of Forecasting* 16: 451–476.

Makridakis, S., C. Chatfield, M. Hibon, M. Lawrence, T. Mills, K. Ord, and L. F. Simmons, 1993, "The M2–Competition: A Real-Time Judgmentally Based Forecasting Study" (with commentary). *International Journal of Forecasting* 5: 29.

Malhotra, Y., 2000, "Knowledge Assets in the Global Economy: Assessment of National Intellectual Capital." *Journal of Global Information Management* 8(3): 5.

Malmendier, U., and G. Tate, 2008, "Who Makes Acquisitions? CEO Overconfidence and the Market's Reaction." *Journal of Financial Economics* 89(1): 20–43.

Malmendier, U., and G. Tate, 2009, "Superstar CEOs." *Quarterly Journal of Economics* 124(4): 1593–1638.

Mandelbrot, Benoît B., 1983, *The Fractal Geometry of Nature*. W. H. Freeman.

Mandelbrot, Benoît B., 1997, *Fractals and Scaling in Finance: Discontinuity, Concentration, Risk*. New York: Springer-Verlag.

Mandelbrot, Benoît B., and N. N. Taleb, 2010, "Random Jump, Not Random Walk." In Richard Herring, ed., *The Known, the Unknown, and the Unknowable*. Princeton, N.J.: Princeton University Press.

Mansel, P., 2012, *Levant*. Hachette.

Marglin, S. A., 1996, "Farmers, Seedsmen, and Scientists: Systems of Agriculture and Systems of Knowledge." In Frédérique Apffel-Marglin and Stephen A. Marglin, *Decolonizing Knowledge: From Development to Dialogue*. Oxford University Press, 185–248.

Martin, B., M. P. Mattson, et al., 2006, "Caloric Restriction and Intermittent Fasting: Two Potential Diets for Successful Brain Aging." *Ageing Research Reviews* 5(3): 332–353.

Masoro, E. J., 1998, "Hormesis and the Antiaging Action of Dietary Restriction." *Experimental Gerontology* 33(1–2): 61–66.

Mattson, M. P., 2008, "Hormesis Defined." *Ageing Research Reviews* 7(1): 1–7.

Mattson, M. P., and R. Wan, 2005, "Beneficial Effects of Intermittent Fasting and Caloric Restriction on the Cardiovascular and Cerebrovascular Systems." *Journal of Nutritional Biochemistry* 16(3): 129–137.

Matz, David, 2002, *Daily Life of the Ancient Romans*. Indianapolis: Hackett.

McAleer, M., A. Pagan, and P. Volker, 1985, "What Will Take the Con Out of Econometrics?" *American Economic Review* 75(3): 293–307.

McCabe, D. P., and A. D. Castel, 2008, "Seeing Is Believing: The Effect of Brain Images on Judgments of Scientific Reasoning." *Cognition* 107: 343–352.

McCloskey, D., and S. Ziliak, 1996, "The Standard Error of Regressions." *Journal of Economic Literature* 34(1): 97–114.

McConaugby, D., C. Matthews, and A. Fialko, 2001, "Founding Family Controlled Firms: Performance, Risk and Value." *Journal of Small Business Management* 39: 31–49.

McCraw, Thomas 2007, *Prophet of Innovation: Joseph Schumpeter and Creative Destruction*. Cambridge, Mass.: The Belknap Press of Harvard University.

McGill, S., 2007, *Low Back Disorders: Evidence-Based Prevention and Rehabilitation*. Human Kinetics Publishers.

McGrath, R. G., 1999, "Falling Forward: Real Options Reasoning and Entrepreneurial Failure." *Academy of Management Review*: 13–30.

McKnight, Scot, 2009, *Fasting*. Thomas Nelson.

McMahon, Darrin M., 2001, *Enemies of the Enlightenment: The French Counter-Enlightenment and the Making of Modernity*. Oxford: Oxford University Press.

Mégraud, F., and H. Lamouliatte, 1992, "*Helicobacter pylori* and Duodenal Ulcer." *Digestive Diseases and Sciences* 37(5): 769–772.

Mehta, R., R. J. Zhu, et al., 2012, "Is Noise Always Bad? Exploring the Effects of Ambient Noise on Creative Cognition."

Meisenzahl, R., and J. Mokyr, 2011, *The Rate and Direction of Invention in the British Industrial Revolution: Incentives and Institutions*. National Bureau of Economic Research.

Menard, W., and G. Sharman, 1976, "Random Drilling." *Science* 192(4236): 206–208.

Meng, X., N. Qian, and P. Yared, 2010, *The Institutional Causes of China's Great Famine, 1959–61*. National Bureau of Economic Research.

Mercier, H., and D. Sperber, 2011, "Why Do Humans Reason? Arguments for an Argumentative Theory." *Behavioral and Brain Sciences* 34(2) 57–74.

Meslin, Michel, Alain Proust, and Ysé Tardan-Masquelier, eds., 2006, *La quête de guérison: Médicine et religions face à la souffrance*. Paris: Bayard.

Meyers, Morton A., M.D., 2007, *Happy Accidents: Serendipity in Modern Medical Breakthroughs*. New York: Arcade.

Michán, S., Y. Li, M. Chou, E. Parrella, H. Ge, J. Long, J. Allard, K. Lewis, M. Miller, and W. Xu, 2010, "SIRT1 Is Essential for Normal Cognitive Function and Synaptic Plasticity." *Journal of Neuroscience* 30(29): 9695–9707.

Micklesfield, L., L. Rosenberg, D. Cooper, M. Hoffman, A. Kalla, I. Stander, and E. Lambert, 2003, "Bone Mineral Density and Lifetime Physical Activity in South African Women." *Calcified Tissue International* 73(5): 463–469.

Miller, John H., and Scott E. Page, 2007, *Complex Adaptive Systems: An Introduction to Computational Models of Social Life*. Princeton, N.J.: Princeton University Press.

Mindell, D. A., 2002, *Between Human and Machine: Feedback, Control, and Computing Before Cybernetics*. Baltimore: Johns Hopkins University Press.

Mitchell, Mark T., 2006, *Michael Polanyi: The Art of Knowing*. ISI Books.

Mokyr, Joel, 1990, *The Lever of Riches: Technological Creativity and Economic Progress*. Oxford: Oxford University Press.

Mokyr, Joel, ed., 1999, *The British Industrial Revolution: An Economic Perspective*. Westview Press.

Mokyr, Joel, 2002, *The Gifts of Athena: Historical Origins of the Knowledge Economy*. Princeton, N.J.: Princeton University Press.

Mokyr, Joel, 2005, "Long-Term Economic Growth and the History of Technology." In Philippe Aghion and Steven N. Durlauf, eds., *Handbook of Economic Growth*, Vol. 1B. Elsevier.

Mokyr, Joel, 2009, *The Enlightened Economy: An Economic History of Britain, 1700–1850*. New Haven: Yale University Press.

Morens, David M., 1999, "Death of a President." *New England Journal of Medicine* 342: 1222.

Morris, Ivan I., 1975, *The Nobility of Failure: Tragic Heroes in the History of Japan*. Farrar, Strauss and Giroux.

Mudd, L., W. Fornetti, and J. Pivarnik, 2007, "Bone Mineral Density in Collegiate Female Athletes: Comparisons Among Sports." *Journal of Athletic Training*, Jul-Sep 42(3): 403–408.

Mudry, Philippe, 2006, *Medicina, soror philosophiae*. Éditions BHMS.

Muldrew, C., 1993, "Credit and the Courts: Debt Litigation in a Seventeenth-Century Urban Community." *Economic History Review* 46(1): 23–38.

Mutch, W.A.C., T. G. Buchman, et al., 2007, "Biologically Variable Ventilation Improves Gas Exchange and Respiratory Mechanics in a Model of Severe Bronchospasm." *Critical Care Medicine* 35(7): 1749.

Nasr, G., 2008, "Applying Environmental Performance Indices Towards an Objective Measure of Sustainability in the Levant." *International Journal of Sustainable Development* 11(1): 61–73.

Nasr, G., 2009, "Limitations of the Hydraulic Imperative: The Case of the Golan Heights." *Water Resources Development* 25(1): 107–122.

Nelson, R. R., 2005, *Technology, Institutions, and Economic Growth*. Cambridge, Mass.: Harvard University Press.

Neumaier, T., J. Swenson, et al., 2012, "Evidence for Formation of DNA Repair Centers and Dose-Response Nonlinearity in Human Cells." *Proceedings of the National Academy of Sciences* 109(2): 443–448.

Nicholas, Jean, 2008, *La rebellion française: Mouvements populaires et conscience sociale 1661–1789*. Gallimard.

Nichols, J. F., J. E. Palmer, et al., 2003, "Low Bone Mineral Density in Highly Trained Male Master Cyclists." *Osteoporosis International* 14(8): 644–649.

North, Douglass C., 1990, *Institutions, Institutional Change and Economic Performance*. Cambridge: Cambridge University Press.

Nowak, Martin A., 2006, *Evolutionary Dynamics: Exploring the Equations of Life*. Cambridge, Mass.: The Belknap Press of Harvard University.

Nutton, Vivian, 2004, *Ancient Medicine*. Psychology Press.

O'Hara, Kieron, 2004, *Trust: From Socrates to Spin*. Icon Books.

Oakeshott, Michael, 1975, *On Human Conduct*. Oxford: Clarendon Press.

Oakeshott, Michael, 1991, "The Rationalist." *Quadrant* 35(3): 87.

Oakeshott, Michael, 1962, 1991, *Rationalism in Politics and Other Essays*. Liberty Fund.

Ober, J., 2010, *Wealthy Hellas*, Vol. 140. Baltimore: Johns Hopkins University Press.
Ogilvie, Sheilagh, 2011, *Institutions and European Trade: Merchant Guilds 1000–1800*. Cambridge: Cambridge University Press.
Orlov, Dmitry, 2011, *Reinventing Collapse: The Soviet Experience and American Prospects*. New Society Publishers.
Palmieri, Nicoletta, ed., 2003, *Rationnel et irrationnel dans la médecine ancienne et médiévale*. Saint-Étienne: Université de Saint-Étienne.
Pamuk, Sevket, 2006, "Estimating Economic Growth in the Middle East Since 1820." *Journal of Economic History* 66(3).
Parsons, P. A., 2000, "Hormesis: An Adaptive Expectation with Emphasis on Ionizing Radiation." *Journal of Applied Toxicology* 20(2): 103–112.
Pat-Horenczyk, R., and D. Brom, 2007, "The Multiple Faces of Post-Traumatic Growth." *Applied Psychology* 56(3): 379–385.
Pautler, P. A., 2003, "Evidence on Mergers and Acquisitions." *Antitrust Bulletin* 48: 119.
Pavitt, K., 1998a, "The Inevitable Limits of EU R&D Funding." *Research Policy* 27(6): 559–568.
Pavitt, K., 1998b, "The Social Shaping of the National Science Base." *Research Policy* 27(8): 793–805.
Payer, Lynn, 1996, *Medicine and Culture*. New York: Henry Holt.
Pears, David, 2006, *Paradox and Platitude in Wittgenstein's Philosophy*. Oxford: Oxford University Press.
Pérez-Jean, Brigitte, 2005, *Dogmatisme et scepticisme*. Presses Universitaires du Septentrion.
Petchey, O. L., and J. A. Dunne, 2012, "Predator-Prey Relations and Food Webs." *Metabolic Ecology: A Scaling Approach*. Wiley, p. 86.
Petroski, Henry, 2006, *Success Through Failure: The Paradox of Design*. Princeton, N.J.: Princeton University Press.
Pigeaud, Jackie, 2006, *La maladie de l'âme*. Les Belles Lettres.
Pigolotti, S., A. Flammini, et al., 2005, "Species Lifetime Distribution for Simple Models of Ecologies." *Proceedings of the National Academy of Sciences of the United States of America* 102(44): 15747.
Pirenne, Henri, 2005, *Mahomet et Charlemagne*. Presses Universitaires de France.
Pisano, G. P., 2006a, "Can Science Be a Business?" *Harvard Business Review* 10: 1–12.
Pisano, G. P., 2006b, *Science Business: The Promise, The Reality, and the Future of Biotech*. Cambridge, Mass.: Harvard Business Press.
Pischon, T., et al., 2008, "General and Abdominal Adiposity and Risk of Death in Europe." *New England Journal of Medicine* 359: 2105–2120.
Pi-Sunyer, X., et al., 2007, "Reduction in Weight and Cardiovascular Disease Risk Factors in Individuals with Type 2 Diabetes: One-Year Results of the Look AHEAD Trial." *Diabetes Care* 30: 1374–1383.
Piterbarg, V. V., and M. A. Renedo, 2004, "Eurodollar Futures Convexity Adjustments in Stochastic Volatility Models." Working Paper.
Pluchino, A., C. Garofalo, et al., 2011, "Accidental Politicians: How Randomly Selected Legislators Can Improve Parliament Efficiency." *Physica A: Statistical Mechanics and Its Applications*.
Polanyi, M., 1958, *Personal Knowledge: Towards a Post-Critical Philosophy*. London: Routledge and Kegan Paul.
Pomata, Gianna, and Nancy G. Siraisi, eds., 2005, *Historia: Empiricism and Erudition in Early Modern Europe*. Cambridge, Mass.: The MIT Press.

Popkin, Richard, 2003, *The History of Scepticism: From Savonarola to Bayle*. Oxford: Oxford University Press.

Popper, Karl, 1961, *The Poverty of Historicism*. London: Routledge.

Pories, W. J., et al., 1995, "Who Would Have Thought It? An Operation Proves to Be the Most Effective Therapy for Adult-Onset Diabetes Mellitus." *Annals of Surgery* 222: 339–350; discussion 350–352.

Pormann, Peter E., and Emilie Savage-Smith, 2007, *Medieval Islamic Medicine*. Georgetown University Press.

Porter, Roy, 2002, *Blood and Guts: A Short History of Medicine*. Penguin.

Porter, Roy, 2003, *Flesh in the Age of Reason*. W. W. Norton.

Portet, P., 2002, *La mesure géométrique des champs au moyen âge*. Librairie Droz.

Posner, M. V., 1996, "Corrupted by Money?" *Nature* 382: 123–124.

Pratt, John W., 1964, "Risk Aversion in the Small and in the Large," *Econometrica* 32 (January–April), 122–136.

Pritchard, James B., ed., 2011, *The Ancient Near East: An Anthology of Texts and Pictures*. Princeton, N.J.: Princeton University Press.

Pritchett, L., 2001, "Where Has All the Education Gone?" *World Bank Economic Review* 15(3): 367.

Radak, Z., H. Y. Chung, et al., 2005, "Exercise and Hormesis: Oxidative Stress-Related Adaptation for Successful Aging." *Biogerontology* 6(1): 71–75.

Raffaghello, L., F. Safdie, G. Bianchi, T. Dorff, L. Fontana, and V. Longo, 2010, "Fasting and Differential Chemotherapy Protection in Patients." *Cell Cycle* 9(22): 4474.

Rashed, Marwan, 2007, *L'héritage aristotélien*. Les Belles Lettres.

Rattan, S.I.S., 2008, "Hormesis in aging." *Ageing Research Reviews* 7(1): 63–78.

Rautava, E., M. Lehtonen-Veromaa, H. Kautiainen, S. Kajander, and O. J. Heinonen, 2007, "The Reduction of Physical Activity Reflects on the Bone Mass Among Young Females: A Follow-Up Study of 143 Adolescent Girls." *Osteoporosis International* (18)7: 915–922.

Razay, G. and G. K. Wilcock, 1994, "Hyperinsulinaemia and Alzheimer's Disease." *Age and Ageing* 23(5): 396–399.

Read, D., S. Frederick, and M. Airoldi, 2012, "Four Days Later in Cincinnati: Longitudinal Tests of Hyperbolic Discounting." *Acta Psychologica* 140(2): 177–185, PMID: 22634266.

Redberg, R. F., and M. H. Katz, 2012, "Healthy Men Should Not Take Statins." JAMA 307(14): 1491–1492.

Rees, Martin, 2003, *Our Final Century: Will Civilisation Survive the Twenty-First Century?* Arrow Books.

Rein, R., K. Davids, et al., 2010, "Adaptive and Phase Transition Behavior in Performance of Discrete Multi-Articular Actions by Degenerate Neurobiological Systems." *Experimental Brain Research* 201(2): 307–322.

Ridley, Matt, 2010, *The Rational Optimist: How Prosperity Evolves*. 4th Estate.

Riffard, Pierre, 2004, *Les philosophes: Vie intime*. Presses Universitaires de France.

Robb, Graham, 2007, *The Discovery of France*. Picador.

Roberts, B. H., 2012, *The Truth About Statins: Risks and Alternatives to Cholesterol-Lowering Drugs*. New York: Simon and Schuster.

Roberts, Royston M., 1989, *Serendipity: Accidental Discoveries in Science*. Wiley.

Roll, R., 1986, "The Hubris Hypothesis of Corporate Takeovers." *Journal of Business* 59:197–216.

Rook, G.A.W., 2011, "Hygiene and Other Early Childhood Influences on the Subsequent Function of the Immune System." *Digestive Diseases* 29(2): 144–153.

Rose, K. A., I. G. Morgan, et al., 2008, "Outdoor Activity Reduces the Prevalence of Myopia in Children." *Ophthalmology* 115(8): 1279–1285.

Rothschild, M., and J. E. Stiglitz, 1970, "Increasing Risk: I. A Definition." *Journal of Economic Theory* 2(3): 225–243.

Rothschild, M., and J. E. Stiglitz, 1971, "Increasing Risk: II. Its Economic Consequences." *Journal of Economic Theory* 3(1): 66–84.

Rubino, F., et al., 2006, "The Mechanism of Diabetes Control After Gastrointestinal Bypass Surgery Reveals a Role of the Proximal Small Intestine in the Pathophysiology of Type 2 Diabetes." *Annals of Surgery* 244: 741–749.

Sackett, David L., W. Scott Richardson, William Rosenberg, and R. Brian Haynes, 1998, *Evidence-Based Medicine: How to Practice and Teach EBM*. Churchill Livingstone.

Safdie, F., T. Dorff, D. Quinn, L. Fontana, M. Wei, C. Lee, P. Cohen, and V. Longo, 2009, "Fasting and Cancer Treatment in Humans: A Case Series Report." *Aging* (Albany, N.Y.), 1(12): 988.

Salsburg, David, 2001, *The Lady Tasting Tea: How Statistics Revolutionized Science in the Twentieth Century*. Freemen.

Sandis, Constantine, 2012, *The Things We Do and Why We Do Them*. London: Palgrave Macmillan.

Scanu, A. M., and C. Edelstein, 2008, "HDL: Bridging Past and Present with a Look at the Future." *FASEB Journal* 22(12): 4044–4054.

Schlumberger, M. J., 1998, "Papillary and Follicular Thyroid Carcinoma," *New England Journal of Medicine* 338(5) 297–306.

Schnohr, P., J. L. Marott, et al., 2011, "Intensity Versus Duration of Cycling: Impact on All-Cause and Coronary Heart Disease Mortality: The Copenhagen City Heart Study." *European Journal of Cardiovascular Prevention & Rehabilitation*.

Schon, Donald, 1983, *The Reflective Practitioner: How Professionals Think in Action*. Basic Books.

Schumacher, E. F., 1973, *Small Is Beautiful: A Study of Economics as if People Mattered*. London: Blond & Briggs.

Schumpeter, Joseph A., 1942, *Capitalism, Socialism and Democracy*. New York: Harper and Brothers. 5th ed., London: George Allen and Unwin, 1976.

Schumpeter, Joseph A., 1994, *History of Economic Analysis*. Oxford: Oxford University Press.

Scott, A., K. M. Khan, V. Duronio, and D. A. Hart, 2008, "Mechanotransduction in Human Bone: In Vitro Cellular Physiology That Underpins Bone Changes with Exercise." *Sports Medicine* 38(2): 139–160.

Scott, James C., 1998, *Seeing like a State: How Certain Schemes to Improve the Human Condition Have Failed*. New Haven: Yale University Press.

Scranton, P., 2006, "Urgency, Uncertainty, and Innovation: Building Jet Engines in Postwar America." *Management & Organizational History* 1(2): 127.

Scranton, P., 2007, "Turbulence and Redesign: Dynamic Innovation and the Dilemmas of US Military Jet Propulsion Development." *European Management Journal* 25(3): 235–248.

Scranton, P., 2009, "The Challenge of Technological Uncertainty." *Technology and Culture* 50(2): 513–518.

Seery, M. D., 2011, "Resilience." *Current Directions in Psychological Science* 20(6): 390–394.

Sestini, P., and L. B. Irving, 2009. "The Need for Expertise and the Scientific Base of Evidence-Based Medicine." *Chest* 135(1): 245.

Shackle, G.L.S., 1992, *Epistemics and Economics: A Critique of Economic Doctrines*. Transaction Publishers.

Shah, A. K., and D. M. Oppenheimer, 2007, "Easy Does It: The Role of Fluency in Cue Weighting." *Judgment and Decision Making* 2(6): 371–379.

Sharpe, Virginia A., and Alan I. Faden, 1998, *Medical Harm: Historical, Conceptual, and Ethical Dimensions of Iatrogenic Illness*. Cambridge: Cambridge University Press.

Shelford, April G., 2007, *Transforming the Republic of Letters: Pierre-Daniel Huet and European Intellectual Life, 1650–1720*. Rochester, N.Y.: University of Rochester Press.

Shimabukuro, M., et al., 1998, "Lipoapoptosis in Beta-Cells of Obese Prediabetic Fa/Fa Rats. Role of Serine Palmitoyltransferase Overexpression." *Journal of Biological Chemistry* 273: 32487–32490.

Silverman, William A., 1999, *Where's the Evidence: Debates in Modern Medicine*. Oxford: Oxford University Press.

Singer, S. Fred Charles A. S. Hall, Cutler J., 1981, Cleveland: Science, New Series, Vol. 213, No. 4515 (Sep. 25, 1981).

Singh, Simon, and Ernst Edzard, M.D., 2008, *Trick or Treatment: The Undeniable Facts About Alternative Medicine*. New York: W. W. Norton.

Skyler, J., R. Bergenstal, R. Bonow, J. Buse, P. Deedwania, E. Gale, B. Howard, M. Kirkman, M. Kosiborod, and P. Reaven (2009), "Intensive Glycemic Control and the Prevention of Cardiovascular Events: Implications of the ACCORD, ADVANCE, and VA Diabetes Trials." *Circulation* 119(2): 351–357.

Smith, V. L., 2008, *Rationality in Economics: Constructivist and Ecological Forms*. Cambridge: Cambridge University Press.

Sober, Elliott, 2008, *Evidence and Evolution: The Logic Behind Science*. Cambridge: Cambridge University Press.

Solomon, L., 1979, "Bone Density in Ageing Caucasian and African Populations." *Lancet* 2: 1326–1330.

Sorabji, Richard, 2000, *Emotion and Peace of Mind: From Stoic Agitation to Christian Temptation*. Oxford: Oxford University Press.

Sornette, Didier, and L. Knopoff, 1997, "The Paradox of the Expected Time Until the Next Earthquake." *Bulletin of the Seismological Society of America* 87(4): 789–798.

Sornette, Didier, and D. Zajdenweber, 1999, "Economic Returns of Research: The Pareto Law and Its Implications." *The European Physical Journal, B: Condensed Matter and Complex Systems* 8(4): 653–664.

Sornette, Didier, 2003, *Why Stock Markets Crash: Critical Events in Complex Financial Systems*. Princeton, N.J.: Princeton University Press.

Sornette, Didier, 2004, *Critical Phenomena in Natural Sciences: Chaos, Fractals, Self-organization and Disorder: Concepts and Tools*, 2nd ed. Berlin and Heidelberg: Springer.

Stanley, J., 2010, "Knowing (How)." *Noûs*.

Starbuck, W. H., 1992, "Strategizing in the Real World," in "Technological Foundations of Strategic Management." Special issue, *International Journal of Technology Management* 8, no. 1/2.

Starbuck, W. H., 2004, "Why I Stopped Trying to Understand the Real World." *Organizational Studies* 25(7).

Starbuck, W. H., M. L. Barnett, et al., 2008, "Payoffs and Pitfalls of Strategic Learning." *Journal of Economic Behavior & Organization* 66(1): 7–21.

Stasavage, D., 2012, "Was Weber Right? City Autonomy, Political Oligarchy, and the Rise of Europe." Preprint.

Steinmo, S., 2010, *The Evolution of Modern States: Sweden, Japan, and the United States (Cambridge Studies in Comparative Politics)*. Cambridge University Press

Steinmo, S., 2012, "Considering Swedish Exceptionalism," draft, European University Institute.

Sternberg, Robert J., 2003, *Wisdom, Intelligence and Creativity Synthesized*. Cambridge: Cambridge University Press.

Sternhell, Zeev, 2010, *The Anti-Enlightenment Tradition*. New Haven: Yale University Press.

Steven, S., et al., 2010, "Dietary Reversal of Type 2 Diabetes Motivated by Research Knowledge." *Diabetic Medicine* 27: 724–725.

Stigler, Stephen M., 1990, *The History of Statistics: The Measurement of Uncertainty Before 1900*. Cambridge, Mass.: The Belknap Press of Harvard University.

Stipp, David, 2010, *The Youth Pill*. Current.

Stokes, Donald E., 1997, *Pasteur's Quadrant: Basic Science and Techonological Innovation*. Brookings Institution Press.

Stranahan, A. M., and M. P. Mattson, 2012, "Recruiting Adaptive Cellular Stress Responses for Successful Brain Ageing." *Nature Reviews Neuroscience*.

Stroud, Barry, 1984, *The Significance of Philosophical Scepticism*. Oxford: Oxford University Press.

Stubbart, C. I., and M. B. Knight, 2006, "The Case of the Disappearing Firms: Empirical Evidence and Implications." *Journal of Organizational Behavior* 27(1): 79–100.

Sunstein, Cass, 2009, *On Rumors: How Falsehoods Spread, Why We Believe Them, What Can Be Done*. Allen Lane.

Taagepera, R., 1978, "Size and Duration of Empires: Growth-Decline Curves, 3000 to 600 B.C." *Social Science Research* 7: 180–196.

Tainter, J., 1988, *The Collapse of Complex Societies: New Studies in Archaeology*. Cambridge: Cambridge University Press.

Taleb, N. N., and M. Blyth, 2011, "The Black Swan of Cairo." *Foreign Affairs* 90(3).

Taleb, N. N., and A. Pilpel, 2007, "Epistemology and Risk Management." *Risk and Regulation* 13, Summer.

Taleb, N. N., and C. Tapiero, 2010, "The Risk Externalities of Too Big to Fail." *Physica A: Statistical Physics and Applications*.

Taleb, N. N., D. G. Goldstein, and M. Spitznagel, 2009, "The Six Mistakes Executives Make in Risk Management," *Harvard Business Review* (October).

Taleb, N. N., 2008, "Infinite Variance and the Problems of Practice." *Complexity* 14(2).

Taleb, N. N., 2009, "Errors, Robustness, and the Fourth Quadrant." *International Journal of Forecasting* 25.

Taleb, N. N., 2011, "The Future Has Thicker Tails than the Past: Model Error as Branching Counterfactuals." *Benoît Mandelbrot's Scientific Memorial*, Preprint (see Companion Volume).

Taleb, N. N., and R. Douady, 2012, "A Map and Simple Heuristic to Detect Fragility, Antifragility, and Model Error," arXiv Preprint.

Taleb, N. N., and G. Martin, 2012a, "How to Avoid Another Crisis," *SIAS Review of International Affairs*.

Taleb, N. N., and G. Martin, 2012b, "The Illusion of Thin Tails Under Aggregation (A Reply to Jack Treynor)." *Journal of Investment Management.*

Taleb, N. N., and D. Goldstein, 2012, "The Problem Is Beyond Psychology: The Real World Is More Random Than Regression Analyses," *International Journal of Forecasting* 28(3), 715–716.

Taleb, N. N., Elie Canetti, Elena Loukoianova, Tidiane Kinda, and Christian Schmieder, 2012, "A New Heuristic Measure of Fragility and Tail Risks: Application to Stress Testing," IMF Working Paper.

Tatonetti, Nicholas P., et al., 2012, "Data-Driven Prediction of Drug Effects and Interactions." *Science Translational Medicine* 4, 125ra31, doi: 10.1126/scitransl med.3003377.

Taubes, G., 2008, *Good Calories, Bad Calories: Fats, Carbs, and the Controversial Science of Diet and Health*. New York: Anchor Books.

Taubes, G., 2011, *Why We Get Fat: And What to Do About It*. New York: Anchor Books.

Taylor, R., 2008, "Pathogenesis of Type 2 Diabetes: Tracing the Reverse Route from Cure to Cause." *Diabetologia* 51: 1781–1789.

Tedeschi, R. G., and L. G. Calhoun, 1996, "The Posttraumatic Growth Inventory: Measuring the Positive Legacy of Trauma." *Journal of Traumatic Stress* 9(3): 455–471.

Tetlock, Philip E., Richard Ned Lebow, and Geoffrey Parker, eds., 2009, *Unmaking the West: "What-If?" Scenarios That Rewrite World History*. Ann Arbor: University of Michigan Press.

Thomas, Keith, 1997, *Religion and the Decline of Magic*. Oxford: Oxford University Press.

Thompson, M. R., 2010, "Reformism vs. Populism in the Philippines." *Journal of Democracy* 21(4): 154–168.

Thorp, E., 1971, "Portfolio Choice and the Kelly Criterion." *Stochastic Models in Finance,* 599–619.

Thorp, E., 1998, "The Kelly Criterion in Blackjack, Sports Betting, and the Stock Market." *Finding the Edge: Mathematical Analysis of Casino Games.*

Thorsrud, Harald, 2009, *Ancient Scepticism*. Acumen.

Todd, E., 2010, "The International Risk Governance Council Framework and Its Application to *Listeria monocytogenes* in Soft Cheese Made from Unpasteurised Milk." Food Control.

Townsend, A., A. Clark, and K. McGowan, 2010, "Direct Benefits and Genetic Costs of Extrapair Paternity for Female American Crows (*Corvus brachyrhynchos*)." *American Naturalist* 175 (1).

Trabelsi, K., K. El Abed, S. R. Stannard, K. Jammoussi, K. M. Zeghal, and A. Hakim, 2012, "Effects of Fed- Versus Fasted-State Aerobic Training During Ramadan on Body Composition and Some Metabolic Parameters in Physically Active Men." *International Journal of Sport Nutrition and Exercise.*

Triana, P., 2009, *Lecturing Birds on Flying: Can Mathematical Theories Destroy the Financial Markets?* Wiley.

Triana, P., 2011, *The Number That Killed Us: A Story of Modern Banking, Flawed Mathematics, and a Big Financial Crisis*. Wiley.

Trigeorgis, L., 1993, "Real Options and Interactions with Financial Flexibility." *Financial Management,* 202–224.

Trigeorgis, L., 1996, *Real Options: Managerial Flexibility and Strategy in Resource Allocation*. Cambridge, Mass.: The MIT Press.

Trivers, Robert, 2011, *The Folly of Fools: The Logic of Deceit and Self-Deception in Human Life*. Basic Books.

Turchin, P., 2003, *Historical Dynamics: Why States Rise and Fall*. Princeton, N.J.: Princeton University Press.

Turchin, P., 2009, "A Theory for Formation of Large Empires." *Journal of Global History* 4(02): 191–217.

Urvoy, Dominique, 1996, *Les penseurs libres dans l'Islam classique*. Champs Flammarion.

Valdovinos, F., R. Ramos-Jiliberto, et al., 2010, "Consequences of Adaptive Foraging for the Structure and Dynamics of Food Webs." *Ecology Letters* 13: 1546–1559.

Vanderbilt, T., 2008a, "The Traffic Guru." *Wilson Quarterly* (1976), 32(3): 26–32.

Vanderbilt, T., 2008b, *Traffic: Why We Drive the Way We Do (and What It Says About Us)*. New York: Knopf.

Van Zwet, W. R., 1964, *Convex Transformations of Random Variables*. Mathematical Center Amsterdam, 7.

Velez, N., A. Zhang, B. Stone, S. Perera, M. Miller, and S. Greenspan, "The Effect of Moderate Impact Exercise on Skeletal Integrity in Master Athletes." *Osteoporosis International* (October 2008), 19(10): 1457–1464.

Vermeij, Geerat J., 2004, *Nature: An Economic History*. Princeton, N.J.: Princeton University Press.

Vernon, Mark, 2009, *Plato's Podcasts: The Ancient's Guide to Modern Living*. London: Oneworld.

Veyne, Paul, 1999, "Païens et chrétiens devant la gladiature." *Mélanges de l'École française de Rome. Antiquité,* vol. 111, issue 111–2, 883–917.

Veyne, Paul, 2001, *La société romaine*. Paris: Éditions du Seuil.

Vigarello, Georges, 1998, *Histoire des pratiques de santé*. Paris: Éditions du Seuil.

von Heyd, Wilhelm, 1886, *Histoire du commerce du Levant au moyen-âge* (French translation). Éd. fr., refondue et augmentée, Leipzig.

von Plato, Jan, 1994, *Creating Modern Probability: Its Mathematics, Physics and Philosophy in Historical Perspective*. New York: Cambridge University Press.

Wagner, Andreas, 2005, *Robustness and Evolvability in Living Systems*. Princeton, N.J.: Princeton University Press.

Wai-Hung, Wong, 2002, "The Problem of Insulation," *Philosophy,* vol. 77, no. 301 (July 2002), 349–373.

Wales, J. K., 1982, "Treatment of Type 2 (Non-Insulin-Dependent) Diabetic Patients with Diet Alone." *Diabetologia* 23: 240–245.

Wallenborn, White McKenzie, 1997, "George Washington's Terminal Illness: A Modern Medical Analysis of the Last Illness and Death of George Washington." The Papers of George Washington, University of Virginia.

Waller, John, 2002, *Fabulous Science: Fact and Fiction in the History of Scientific Discovery*. Oxford: Oxford University Press.

Waterfield, Robin, 2009, *Why Socrates Died: Dispelling the Myths*. London: Faber and Faber.

Wear, Andrew, 1995, "Anatomy." In Lawrence Conrad et al., eds., *The Western Medical Tradition,* Vol. 1, Cambridge: Cambridge University Press.

Weber, Max, 1905, 2000, *L'éthique protestante et l'esprit du capitalisme*. Flammarion.

Weindruch, R., 1996, "The Retardation of Aging by Caloric Restriction: Studies in Rodents and Primates." *Toxicologic Pathology* 24: 742–745.

Weisberg, D., F. Keil, J. Goodstein, E. Rawson, and J. R. Gray, 2008, "The Seductive Allure of Neuroscience Explanations." *Journal of Cognitive Neuroscience* 20: 470–477.

Welch, H. Gilbert, Lisa M. Schwartz, and Steven Woloshin, 2011, *Overdiagnosed: Making People Sick in the Pursuit of Health*. Boston: Beacon Press.

West, G. B., 2011, "Can There Be a Quantitative Theory for the History of Life and Society?" *Cliodynamics* 2(1).

Westman, E. and Vernon, M., 2008, "Has Carbohydrate Restriction Been Forgotten as a Treatment for Diabetes Mellitus? A Perspective on the ACCORD Study Design." *Nutrition and Metabolism* (Lond), 5:10.

Whitacre, J. M., 2010, "Degeneracy: A Link Between Evolvability, Robustness and Complexity in Biological Systems." *Theoretical Biology and Medical Modelling* 7(1): 6.

White, David A., and Thomas A. Fitzgerald, "On Menard and Sharman Random Drilling." *Science*, New Series, Vol. 192, No. 4236 (Apr. 16, 1976).

Whitehead, Alfred North, 1967, *Science and the Modern World*. The Free Press.

Wilcken, Patrick, 2010, *Claude Lévi-Strauss: The Poet in the Laboratory*. Penguin.

Wilson, E. A., et al., 1980, "Dietary Management of Maturity-Onset Diabetes." *BMJ* 280: 1367–1369.

Wilson, Emily, 2007, *The Death of Socrates: Hero, Villain, Chatterbox, Saint*. London: Profile Books.

Wilson, Stephen, 2003, *The Bloomsbury Book of the Mind*. London: Bloomsbury.

Winchester, Simon, 2008, *Bomb, Book and Compass: Joseph Needham and the Great Secrets of China*. New York: Viking.

Wolf, Alison, 2002, *Does Education Matter? Myths About Education and Economic Growth*. London: Penguin UK.

Wolff, J., 1892, *Das Gesetz der Transformation der Knochen*. Reprint: Pro Business, Berlin 2010.

Women, P., W. Speed, et al., 2012, "Statins and Musculoskeletal Pain."

Wootton, David, 2006, *Bad Medicine: Doctors Doing Harm Since Hippocrates*. Oxford: Oxford University Press.

Yaffe, K., T. Blackwell, et al., 2004. "Diabetes, Impaired Fasting Glucose, and Development of Cognitive Impairment in Older Women." *Neurology* 63(4): 658–663.

Yarkoni, T., 2009, "Big Correlations in Little Studies: Inflated Fmri Correlations Reflect Low Statistical Power," commentary on Vul et al., 2009, *Perspectives on Psychological Science* 4(3), 294–298, doi:10.1111/j.1745–6924.2009.01127.x.

Young, S. S., and A. Karr, 2011, "Deming, Data and Observational Studies." *Significance* 8(3): 116–120.

Yuan, K. H., and S. Maxwell, 2005, "On the Post Hoc Power in Testing Mean Differences." *Journal of Educational and Behavioral Statistics* 30(2), 141–167.

Zeller, Eduard, 1905 (reprint), *Outlines of History of Greek Philosophy*. Whitefish, Mont.: Kessinger Publishing.

Zerubavel, Eviatar, 2006, *The Elephant in the Room: Silence and Denial in Everyday Life*. Oxford: Oxford University Press.

Ziliak, S., and D. McCloskey, 2008, *The Cult of Statistical Significance: How the Standard Error Costs Us Jobs, Justice, and Lives*. Ann Arbor: University of Michigan Press.

納西姆·尼可拉斯·塔雷伯
（NASSIM NICHOLAS TALEB）作品

《不確定》（*INCERTO*）探討不透明、運氣、不確定、機率、人的錯誤、風險，以及我們不了解世界時所做的決定。以個人隨筆的形式表現，加上自傳式內容、故事、格言，以及哲學、歷史和科學方面的討論。內容互不重疊，能以任何順序閱讀。

《反脆弱》（*ANTIFRAGILE*；本書）

《黑天鵝效應》（*THE BLACK SWAN*；二〇〇七年，二〇一〇年）談衝擊大但少見的事件如何主宰歷史；我們如何編造故事，事後帶給自己錯覺，以為了解它們；它們如何不可能以科學方法估計；這如何使得某些領域－但不是其他的領域－完全無法預料和無法預測；知識的確認方法如何行不通；以及「假專家」如何無視於「黑天鵝」，所以我們打造出來的系統，面對極端事件愈來愈脆弱。

《隨機騙局》（*FOOLED BY RANDOMNESS*，二〇〇一年，二〇〇四年）談我們如何錯將運氣好當作能力強；隨機看起來如何不像隨機；當買賣比煎蛋容易，談績效就沒意義；以及牙醫和投機客大不同。

《黑天鵝語錄》（*THE BED OF PROCRUSTES*；哲學警句，二〇一〇年）

《不確定》的技術附件（免費提供的電子文件）由學術式論文、註釋和（非常）技術性評論構成。

國家圖書館出版品預行編目資料

反脆弱／Nassim Nicholas Taleb著；羅耀宗譯. --
初版. -- 臺北市：大塊文化, 2013.07
面；　公分. --（from ； 92 ）
譯自：Antifragile : things that gain from disorder

ISBN 978-986-213-446-7（平裝）

1.資訊理論　2. 預言

173.7　　102010564

LOCUS

LOCUS

LOCUS

LOCUS